Luigi Giannitrapani

Il Viaggio dei Romantici alla Ricerca della Felicità

Con introduzione di
Cristiano Turbil, University of Kent

Eccolo Editions

L'immagine di copertina riproduce il quadro di Caspar
David Friedrich intitolato "Le tre età dell'uomo" conservato
presso il Museum der bildenden Künste di Lipsia

Published 17/9/2014 by Eccolo Editions
www.eccoloeditions.com
ISBN 978-88-98507-00-9

*Ai miei nipoti che rappresentano
il radioso futuro del malinconico presente.*

INDICE

*Un buon viaggiatore non ha un programma preciso
e non ha intenzione di arrivare.
Lao Tzu - VI secolo a.C.*

Premessa

Una tra le gioie più grandi è quella di iniziare un lungo viaggio di piacere, senza obblighi, né orari, né appuntamenti e questa gioia aumenta se il viaggio, soprattutto per chi ha raggiunto la mia età, è un viaggio intellettuale che ci si augura possa essere pieno di avventure insolite, soprese improvvise e scoperte inaspettate. Ebbene il cortese lettore che si accingesse a leggere questo libro, e che avesse la pazienza di arrivare con calma fino alla fine, si prepari per un tale viaggio che faremo attraversando, con la nostra immaginazione, uno dei periodi più interessanti ed esaltanti della Letteratura Inglese: il Romanticismo.

Questo libro nasce da alcune "conversazioni" da me tenute presso l'UNITRE di Bogliasco durante l'anno accademico 2011-2012 per un corso di Letteratura Inglese avente come oggetto lo stesso del titolo di questo libro. Ho chiamato questi miei interventi "conversazioni" e non "lezioni" o "conferenze" per alcuni motivi. Innanzitutto non posseggo né i titoli né la preparazione per fare delle vere lezioni, e poi perché ho ritenuto opportuno dare ai miei interventi un tono semplice, narrativo più che pedante, come un discorso fra amici, una conversazione appunto anche se a parlare è uno solo. Chi scrive infatti è soltanto un grande ed appassionato lettore dilettante della Letteratura Inglese, che ha avuto modo di approfondire durante le molte estati trascorse frequentando la Summer School dell'Università di Cambridge.

Trasformare degli appunti redatti per una presentazione orale, fatta per lo più a braccio, in un testo scritto che risulti coerente, facile da leggere, non noioso ma interessante non è impresa facile, e non sono certo di esservi riuscito. Volutamente ho mantenuto, anche nel testo scritto, un tono discorsivo che risulti più facile da leggere, augurandomi di essere riuscito a rendere semplici anche alcuni concetti certamente complessi. Il paziente lettore troverà quindi alcune ripetizioni ed alcune espressioni, che non avrebbe trovato in un testo accademico, che ho tuttavia mantenuto proprio per dare un tono naturale ad un difficile argomento. Questo libro non si rivolge infatti a degli studenti né tantomeno agli accademici, ma piuttosto a dei lettori interessati alla poesia di quello straordinario periodo che è stato il Romanticismo nella Letteratura Inglese. I lettori troveranno infatti che tutto il testo è dedicato ad alcuni tra i più grandi poeti di quel periodo, breve ma intenso. In questo testo non si parla dei romanzi scritti durante il Romanticismo non perché non ve ne siano, o perché non siano importanti, ma per una scelta ben precisa che è illustrata all'inizio del Quinto Capitolo e che quindi non ripeto qui. Di rado un lettore normale legge un romanzo più di una volta, mentre invece molti rileggono una poesia, spesso la imparano a memoria e ogni rilettura è, come dice Borges, una nuova scoperta.[1]

Il poeta tedesco Heinrich Heine nel suo *"The Romantic School"* scrive:

> La Storia della Letteratura è come un grande obitorio, dove ognuno cerca i morti che gli sono più cari.[2]

Ecco che quindi anch'io, nella mia facoltà di autore, ho scelto tra i tanti letterati del passato quelli che a me sono più cari: i poeti romantici inglesi. L'aver scelto la poesia pone un grande problema, quello della traduzione dei testi. Robert Frost, un poeta americano di cui parleremo, ha scritto che

---

[1] J. L. Borges – *L'Invenzione della Poesia* – *Le Lezioni Americane* – a cura di C. A- Mihailescu, Mondadori, 2001
[2] Heinrich Heine - *The Romantic School and Other Essays* - Bloomsbury, 1985

"*La Poesia è quello che si perde nella traduzione*", ovvero che la poesia è intraducibile. Purtuttavia senza la traduzione la cultura non potrebbe progredire. Ho quindi inserito in questo testo alcune traduzioni fatte da illustri traduttori, altri brani sono stati invece da me liberamente tradotti in quanto, con non poca presunzione, ho preferito cercare di restare il più fedele possibile a quello che ritengo fosse lo spirito originario del poeta.

Il Primo Capitolo è un capitolo introduttivo del tema ed illustra in particolare il significato del viaggio per i romantici, il loro modo di viaggiare, soprattutto a piedi, e quale sia stata la vera espressione della Felicità per loro. Nel Secondo Capitolo si descrivono invece delle opere, legate al tema, di alcuni tra i più importanti autori che hanno preceduto il periodo Romantico ed a cui i Romantici si sono ispirati: Shakespeare, Milton e Blake. Shakespeare e Milton appartengono a periodi storici di gran lunga anteriori al Romanticismo, Blake invece ne fa parte integrante, ma un po' per la sua storia personale e un po' per il suo stile poetico è sempre stato considerato dalla critica ufficiale come un isolato e un preromantico ed io, pur non condividendo questa valutazione ad essa mi sono attenuto. Nel Terzo Capitolo vengono discussi i due grandi poeti della Prima Generazione di romantici e cioè: Wordsworth e Coleridge, mentre nel Quarto Capitolo si affrontano i tre esponenti principali della Seconda Generazione: Byron, Shelley e Keats. Il Quinto ed ultimo Capitolo tratta dei cosiddetti Post-Romantici, ovvero di alcuni poeti dei periodi successivi al Romanticismo nelle opere dei quali è possibile scorgere traccia dell'influenza che su di loro hanno avuto i poeti romantici, ed in particolare esaminerò alcune poesie di Tennyson, Whitman, Frost, Yeats, Thomas e Walcott.

Prima di iniziare la lettura desidero fornire al lettore un'importante avvertenza. Essendo, come vedremo, l'uso dell'immaginazione una delle più importanti caratteristiche del Movimento Romantico, per poter capire ed apprezzare le opere qui descritte è necessario far ricorso a quello che Coleridge chiamò "la temporanea sospensione dell'incredulità". Si dovrà cioè leggere con la mente sgombra da pregiudizi o sospetti, aperta e ricettiva, simile a quella che si propone di avere Amleto dopo la terribile rivelazione ricevuta dal fantasma del padre circa la colpevolezza dello zio, e forse della madre, nel suo assassinio. Amleto infatti dirà:

> *Dalle tavole della memoria*
> *Cancellerò tutti i frivoli ricordi.*
> (*Amleto* - 1,5,98-99)

Anche il lettore dovrà dunque annullare dalla propria mente *i frivoli ricordi*, così facendo egli sarà pronto ad esprimere quella meraviglia e quello stupore che sono tra le più importanti caratteristiche fondanti del Romanticismo e che, purtroppo, la modernità sembra aver cancellato.

Molte sono le persone che voglio ringraziare e che mi hanno aiutato nella preparazione di questo libro. Il primo ringraziamento va ai tanti studiosi, di molte generazioni, che con le loro numerose pubblicazioni, la maggior parte delle quali sono elencate nelle Bibliografia, mi hanno aiutato a capire e mi hanno fornito spunti, idee e suggerimenti tanto da poter affermare che questo testo nasce proprio da loro. I loro libri sono stati da me avidamente letti e riletti, consultati sino alla noia nello sforzo di chiarire un dubbio o approfondire un argomento, in tante ore trascorse sia nel mio studio che nelle varie Biblioteche da me frequentate e che mi piace qui ricordare: la Biblioteca Berio e quella della Facoltà di Lingue dell'Università a Genova, la London Library e la British Library a Londra e, soprattutto, la Cambridge University Library e la English Faculty Library a Cambridge; colgo l'occasione per ringraziare tutti gli addetti a queste librerie che con professionalità e cortesia mi hanno sempre aiutato a trovare i volumi da me desiderati. Un altro grande ringraziamento va ai miei insegnanti dell'università di Cambridge che, con le loro appassionate lezioni, mi hanno aperto più di un orizzonte facendomi amare gli autori da me qui trattati. In particolare ringrazio (in stretto ordine alfabetico): Catherine Alexander, Philippa Berry, Christopher Bristow, Simon Browne, John Gilroy, Michael

Hathaway, John Joughin, Stephen Logan, Laurence Lerner, Charles Moseley, Fred Parker e Clive Wilmer. Un altro sentito ringraziamento va a Cristiano Turbil che oltre a rileggere e correggere il testo mi ha fornito preziosi suggerimenti, scrivendo anche un'Introduzione. Maria Teresa Rodolico e Maria Giannitrapani hanno corretto con attenzione e professionalità il testo iniziale e un ringraziamento anche a Silvia Fallanti. Ovviamente gli eventuali errori ed omissioni residui sono da attribuire esclusivamente a me. Un grazie particolare a Lynn e Antonino Rodolico senza i quali questo libro non sarebbe mai nato.

Infine un sincero ed affettuoso grazie a mia moglie Maria Grazia che ha sopportato, sempre con il suo dolce sorriso, la mia assenza fisica e intellettuale per molte settimane e per molte serate.

Un viaggio nel romanticismo inglese

Introduzione critica di Cristiano Turbil

Il Viaggio dei Romantici alla Ricerca della Felicità offre al lettore una perfetta sintesi tra la storia e l'interpretazione del romanticismo anglosassone. Attraverso cinque 'conversazioni' l'autore affronta, miscelando un acuto resoconto biografico ad una profonda critica poetico letteraria, il lavoro, la vita e i sogni di due generazioni di poeti.

In un viaggio da Wordsworth a Shelley e da Coleridge a Byron, passando anche attraverso l'opera immortale di Shakespeare, Milton e Blake, *Il Viaggio dei Romantici* ci rende partecipi di una storia fatta di mille volti ed emozioni. Ripercorrendo fedelmente la vita dei principali poeti romantici, i loro amori e successi, delusioni e sconfitte e i loro atti eroici, questo lavoro ci fornisce gli 'strumenti' necessari per capire cosa sia stato e che conseguenze abbia avuto il romanticismo Inglese sulla cultura del XIX secolo.

Nato in Germania sul finire del Settecento e sviluppatosi in Inghilterra come risposta all'illuminismo francese nel primo ventennio del secolo decimo-nono, il romanticismo si è posto come rifiuto della ragione pura e calcolatrice in virtù di un ritorno ad una natura letteratura più libera e selvaggia. Spirito poetico sempre in viaggio tra la realtà ed il sogno, il romanticismo ha radicalmente cambiato l'arte, la filosofia, la musica e la politica. Un movimento culturale votato all'esperienza del singolo in contrapposizione alle rivoluzioni sociali prodotte dal neo-classicismo sette-centesco e della prima rivoluzione industriale.

Da un punto di vista storico, il romanticismo nasce come reazione alla cultura dominatrice e centralizzante dell'impero napoleonico ed al successivo congresso di Vienna (1814-1815) sebbene preservasse un forte interesse per le questioni sociali e politiche nazionali e internazionali. Nella poesia romantica inglese gli esempi sono vari: Shelley nei sui lavori esprime il suo sdegno per il massacro di Peterloo, mentre Byron combatte attivamente a fianco di Italiani e Greci trovando persino la morte sul campo di battaglia.

Il romanticismo è letteratura, arte e poesia. Nelle loro opere i romantici vanno alla ricerca del Bello, di ideali di Libertà, Giustizia sociale ed Innocenza, considerando lo spirito rivoluzionario come il simbolo di un Eroismo ormai dimenticato dalla società moderna. Viaggiatori esperti e instancabili, i poeti romantici esplorano l'Europa ed il mondo vivendo e raccontando nelle loro poesie di paesi ed usanze lontane. Le poesie ed i romanzi romantici sdoganano una letteratura fatta di emozioni e di fantasia, una poesia onirica che, rievocando il passato attraverso una 'meraviglia infantile', riscopre il mondo in un modo tanto semplice quanto naturale. Questa 'meraviglia infantile' permette ai romantici di esplorare luoghi esotici, di compiere viaggi onirici in mondi soprannaturali viaggiando anche nello spazio e nel tempo. La forza di questo pensiero viene descritta chiaramente da Lord Byron nel primo capitolo de *Il sogno*: 'Poiché in sé un pensiero, un pensiero assopito, racchiude anni, e in un'ora condensa una lunga vita'.

Sul romanticismo, sulla vita e le imprese de suoi poeti e scrittori, sui loro amori e sui loro viaggi, sono stati scritti saggi, sono state redatte biografie e sono stati commissionati film. Tutto questa letteratura ha abituato il pubblico a pensare al romanticismo come ad un emisfero lontano, idilliaco ed irraggiungibile. Un universo distante, fatto di un pensiero difficile da capire. Un modo in cui il poeta diventa il genio, la personalità solitaria sempre in bilico tra la passione e l'abisso dell'infinito. Su questo le parole di Novalis, poeta e filosofo romantico tedesco, sono chiare e perentorie: 'Senza genialità tutti noi non esisteremmo. In tutto è necessario il genio'. Il romanticismo è la produzione di questa genialità fatta di passione, di eroismo e di coraggio nel narrare il cambiamento che avviene nell'uomo moderno nel passaggio dalla staticità simmetrica del XVIII secolo alla velocità del progresso ed all'evoluzione della conoscenza che esplode all'inizio del XIX secolo.

Consiglio la lettura di questo volume a tutti coloro che hanno un interesse per il romanticismo e la sua poesia. Nella sua natura estremamente accessibile, il saggio introduce - ed allo stesso tempo discute - il pensiero romantico andando a sviscerarne il potenziale in modo sempre fresco e mai tedioso. L'autore sembra accompagnarci in una 'passeggiata' culturale in cui passo dopo passo si ascolta la storia di una delle più complesse rivoluzioni artistiche e filosofiche avvenuta nel periodo moderno. Il lavoro di Luigi Giannitrapani è scritto con la più sincera intenzione di discutere e non di insegnare, di contestualizzare senza salire in cattedra lasciando al lettore la possibilità di vivere insieme all'autore la sua passione per la letteratura. Un passaggio del testo merita di essere riportato. All'inizio del quarto capitolo l'autore nell'introdurre la poesia di Shelley e Byron scrive le seguenti parole:

> Commentare la poesia di questi poeti rappresenta per me sempre una grande gioia ed una forte emozione. Ciò è dovuto non soltanto alla consapevolezza della loro grandezza, che resiste immutata con il passare degli anni, ma soprattutto perché ogni volta che leggo dei brani delle loro poesie vengo colto come da una sorta di estasi, che mi trasporta in un altro mondo, nel loro mondo, non certamente in quello reale in cui vissero, ma in quello creato dalla loro immaginazione poetica.

Questo libro è un esempio della gioia che ancora oggi la letteratura romantica riesce a creare nei suoi lettori. E' omaggio alla genialità della poesia che riesce e riuscirà sempre ad appassionare generazioni di lettori avidi di passione e di conoscenza.

Cristiano Turbil

Capitolo Primo

In via molto esemplificativa vi possono essere sostanzialmente due modi per affrontare un'analisi del Romanticismo in Letteratura. Il primo, e forse il più diffuso, è il cosiddetto approccio storico ovvero un esame dei grandi eventi storici che hanno caratterizzato quel periodo (come la rivolta delle colonie americane, o la rivoluzione francese, e il successivo Bonapartismo, o la rivoluzione industriale etc.) e poi studiare l'influenza che quegli eventi ebbero sulle opere degli scrittori di allora. Un secondo modo è quello cosiddetto tematico, ovvero scegliere un tema, come ad esempio "la natura", "l'amore", "l'immaginazione" o altro e poi sviluppare quel tema attraverso l'analisi delle opere degli scrittori che vissero nel periodo romantico. I due approcci non possono tuttavia esser totalmente esclusivi l'uno dell'altro. Non si può infatti scegliere l'approccio storico ignorando i temi fondamentali del romanticismo, così come non si può scegliere l'approccio tematico ignorando il contesto storico del romanticismo.

Come appare evidente dal titolo di questo saggio, io ho privilegiato l'approccio tematico, scegliendo un tema molto articolato *Il Viaggio dei romantici alla ricerca della felicità*. Un tema complesso ma intrigante per quanti siano interessati al romanticismo ed alla sua componente più stimolante e cioè la forza dell'immaginazione. Molti romantici fecero infatti dei lunghi viaggi, alcuni dei quali a piedi, come Wordsworth o Coleridge, altri via mare come Byron, ma altri come Blake viaggiarono soltanto con l'immaginazione, senza quasi muoversi dalla loro stanza ma il loro viaggio non fu per questo meno stancante o faticoso di quello reale. Tutti scrissero dei loro viaggi, reali o immaginari, e tutta la poesia, e gran parte della letteratura romantica, è impregnata dalle immagini di questi viaggi.

Che cosa fu veramente il romanticismo? Una sua definizione, comprensibile e condivisa, è praticamente impossibile. Uno studioso americano Arthur O. Lovejoy, che dedicò molti anni allo studio di questo movimento, portandolo quasi alle soglie di un forte esaurimento nervoso, in un suo famoso saggio, pubblicato nel 1924 ed intitolato *Sulla Diversità del Romanticismo* scrisse: "Il Romanticismo non può essere definito".[3] Questo dunque sarà il nostro punto di partenza.

Quando parliamo di Romanticismo, così come quando parliamo di Rinascimento o di Barocco, usiamo una sorta di convenzione, che è utile sia per identificare un determinato periodo storico, che per ricordare le circostanze che, in quel periodo, dettarono alcune caratteristiche comuni alle forme artistiche espresse dagli artisti di quel periodo. L'utilizzo quindi di questi termini rappresenta sempre una semplificazione, utile ma grezza, inoltre non sempre lo stile di un periodo rimane sempre costante. Questo è ancor più vero proprio nel Romanticismo, i cui protagonisti adottarono stili molto diversi tra di loro, molto di più di quanto non abbiano fatto scrittori di altri periodi. Tuttavia per quanto diversi furono i loro stili, tutti i romantici ebbero quello che, un importante critico letterario di quel periodo, William Hazlitt (1778-1830) definì come "The Spirit of the Age", ovvero lo "Spirito dei Tempi". Vedremo in seguito in cosa consista questo Spirito.

Il termine "Romanticismo" è dunque una comoda convenzione formale, che tuttavia è molto elastica e non va quindi presa alla lettera. Esistono infatti scrittori romantici che vissero prima del periodo storico del Romanticismo, come Marlowe, Shakespeare, o Milton, e ne esistono altri che vissero dopo, come l'irlandese Yeats o l'americano Wallace Stevens. Per inquadrare le caratteristiche del periodo sarà

---

[3] Il saggio di Lovejoy è riportato in M. H. Abrams – *English Romantic Poets: Modern Essays in Criticism* – Cornell University Press, 1975

bene iniziare ad illustrare il contesto storico in cui sorse il Movimento Romantico.

Il Romanticismo storico

Il periodo storico a cui la convenzione prevalente assegna il nome di Romanticismo, è relativamente breve, circa cinquant'anni ma è un periodo denso di grandi ed importanti eventi che cambiarono radicalmente il corso della storia, gli assetti politici di molti paesi, ed influenzarono il destino di milioni di persone.

Si può affermare che il Romanticismo inizi all'incirca verso il 1770 e termini nel 1824, con la morte di Byron, a Missolungi in Grecia. Il 1770 fu l'anno in cui si inizia a manifestare il dissenso dei coloni americani nei confronti della madre patria: l'Inghilterra. Dissenso che sfocerà nel 1776 nella dichiarazione d'Indipendenza, un documento redatto a Filadelfia da Thomas Jefferson, John Adams e Benjamin Franklin. Questo episodio provocherà una sanguinosa guerra, durata circa otto anni e conclusasi con la traumatica (per la società inglese) vittoria delle ex-colonie, e con il Trattato di Parigi del 1783 che sancì il riconoscimento ufficiale, da parte della comunità politica mondiale, dell'indipendenza del nuovo stato che, da allora, si chiamò Stati Uniti d'America. Ma questo, per quanto importante, è un evento storico che non spiega da solo la nascita del Romanticismo. Dobbiamo fare quindi un passo indietro e chiederci quale fosse la cultura dominante all'inizio del 1700, in quello che venne chiamato il Secolo dei Lumi. Un secolo raffinato, elegante, dominato dalla grande cultura francese. Il secolo di Voltaire, di Diderot, di D'Alembert e della loro *Enciclopedia*, l'epoca dell'Illuminismo, dell'avanzamento della ragione, della razionalità, del continuo progresso scientifico. La chiesa e la religione sembravano battere in ritirata. Si diffuse in quel periodo una fiducia incondizionata nella ragione universale applicata sia ai rapporti ed alle cose degli uomini, che alle arti, alla morale, alla politica e alla filosofia. Il mondo, l'universo, erano visti come una perfetta macchina il cui funzionamento la scienza riusciva a spiegare chiaramente e senza equivoci, e dove ogni parte, ogni componente, lavorava armonicamente con le altre. Tutto sembrava procedere per il meglio. Ma sotto la cenere covavano i sintomi della Rivoluzione Romantica. L'uomo infatti iniziò ad essere nervoso, insoddisfatto, le sue emozioni represse, i suoi sentimenti accantonati per far posto al dominio della ragione. Subentrò allora in molti la consapevolezza che la scienza e la ragione, per quanto importanti, non fossero in grado da soli di risolvere i grandi scompensi sociali che si stavano verificando. Tutto questo esplose quasi improvvisamente, dando luogo a quel grande momento della storia dell'Umanità che fu la Rivoluzione Francese. Il modello razionale fisico-matematico venne sfidato da una nuova disciplina scientifica nata in quel periodo: la Biologia ovvero la scienza dell'uomo. Si assistette allora al passaggio da una visione pressoché statica ad una visione fortemente dinamica. Il mondo non è né perfetto né immutabile, ma cambia ogni giorno, anche in funzione delle azioni degli uomini. Il mondo non è una macchina costruita razionalmente, ma un organismo che vive e si sviluppa in modo imprevedibile. Si passò da una concezione meccanicista della società ad una visione organica della stessa. Questa fu la grande rivelazione del romanticismo, il suo importante contributo allo sviluppo della cultura moderna. Si affermò la concezione che gli esseri umani, e quindi la loro civiltà e le loro società, sono coinvolti in una continua evoluzione e in una permanente lotta, e che la nostra vita spirituale ha il carattere transitorio di un processo in trasformazione continua.

Questo sentimento venne espresso sinteticamente durante una conversazione in uno di quei famosi salotti letterari parigini nel 1765, da una scrittrice che faceva parte dell'aristocrazia, Marie Anne de Vichy-Chamrond, Marchesa du Deffand, che, rivolgendosi proprio a Voltaire, avrebbe detto "Caro Voltaire, voi siete alla ricerca di tutti gli errori e li combattete, ma che cosa metterete al loro posto?" ed i ragazzi di Parigi, come il personaggio di Gavroche nei *Miserabili* di Victor Hugo (1802-1885), un grande romantico francese, per le strade cantavano:

> *Io non sono notaio*
> *E la colpa è di Voltaire.*
> *Ma sono un uccellino,*
> *E la colpa è di Rousseau.*[4]

Ecco dunque il senso filosofico del romanticismo, che potremmo sintetizzare affermando: dal cuore più che dalla mente.

Oltre alle rivoluzioni politiche di cui si è accennato, ve ne fu un'altra, apparentemente meno cruenta delle altre, ma non per questo meno rilevante: la cosiddetta Rivoluzione Industriale che inizia in Inghilterra, intorno al 1780, nel settore tessile. Il progresso tecnico applicato all'industria manifatturiera, incise profondamente nei costumi e nei modi di vivere della società inglese per prima e, dopo pochi anni anche nelle altre nazioni. Lo stesso paesaggio ne fu sconvolto. La creazione di grandi fabbriche, lo sfruttamento dei giacimenti minerari, i grandi spostamenti di ingenti masse di popolazione dalla campagna alle città, con la conseguente espansione delle stesse, portarono a grandi cambiamenti del paesaggio, del modo di vivere, delle abitudini, con conseguenze sociali talvolta anche molto pesanti. Queste grandi innovazioni offrivano anche incredibili nuove prospettive: nel 1800 Alessandro Volta realizza il primo generatore elettrochimico di energia elettrica, nel 1804 venne costruita la prima locomotiva a vapore, e nel 1813 iniziò a navigare la prima nave dotata di un impianto di propulsione a vapore.

All'inizio del periodo Romantico, quando Blake e Wordsworth erano bambini, l'Inghilterra era ancora prevalentemente una società agricola in cui oltre il 75% della popolazione viveva nelle campagne o nei piccoli borghi rurali.

---

[4]Bernard Vargaftig, (ed.) – *La Poésie des Romantiques* – Editions J'ai lu, 1993

Alla morte di Byron, nel 1824, ed ancor più a quella di Blake, nel 1828, l'Inghilterra era diventata una nazione industriale e alcuni anni dopo, nel 1851, celebrerà questo suo risultato con la prima Grande Esposizione Universale di Londra. In poco più di cinquant'anni la popolazione rurale era scesa sotto il 50%. Questo grande cambiamento comportò anche dei notevoli mutamenti sociali, con la graduale perdita di potere della classe aristocratica, che basava essenzialmente la propria ricchezza sull'agricoltura, insieme alla nascita di una borghesia legata all'industria ed al commercio. Insieme a questa nacque anche la classe operaia, formata prevalentemente dai contadini e dai loro figli che abbandonarono la campagna per lavorare nell'industria. Questa classe era però mal pagata, sfruttata e viveva in condizioni altamente disagiate, al limite della povertà, e la loro vita sarà raccontata da tanti romanzieri, Dickens in testa. Questo sconvolgimento sociale diventerà il soggetto ispiratore del *Capitale* di Karl Marx.

Questi dunque in estrema sintesi furono gli avvenimenti storicamente importanti che cambiarono in modo radicale sia gli assetti politici di molte nazioni che i loro aspetti socio economici.

Anche le scienze umanistiche fecero dei grandi progressi. La filosofia con David Hume, Adam Smith, William Godwin, scrittori ideologici come Edmund Burke e il suo oppositore Thomas Paine, la prima femminista Mary Wollstonecraft con il suo *La Rivendicazione dei diritti delle donne* e così via.

Shelley, uno dei più importanti rappresentanti della seconda generazione dei poeti romantici in un suo importante saggio del 1821, denominato *In Difesa della Poesia*, scriverà "La letteratura dell'Inghilterra si è risvegliata ad una nuova nascita". Il romanticismo quindi come punto di partenza per una nuova vita.

Il romanticismo fu pertanto un periodo di conflitti, di cambiamenti, di sconvolgimenti sociali, di tumulti ma anche di grandi speranze, di aspettative di cambiamento migliorative della società. Queste aspettative crearono, in alcuni circoli di intellettuali, grandi entusiasmi e fervori di ogni genere. Si guardava al futuro con ottimismo. In Inghilterra tuttavia, questa ondata di novità si scontrò con una politica governativa conservatrice e rigida, che non solo non era pronta ad accettare il cambiamento, ma che invece lo temeva. La disastrosa, economicamente e politicamente, rivolta delle colonie americane contro la madre patria Inglese prima, e la rivoluzione francese dopo, con il successivo periodo di sanguinoso terrore, ebbero un effetto traumatico sul governo inglese e su gran parte dell'opinione pubblica inglese. La paura che la febbre rivoluzionaria potesse trasmettersi anche all'Inghilterra fu molto forte e questo portò a politiche interne molto severe e restrittive che giunsero, nel 1817, anche alla sospensione dell'Habeas Corpus (ovvero alla sospensione dei più elementari diritti civili). Inoltre la guerra contro la Francia di Napoleone, che durò circa venti anni, ebbe conseguenze molto pesanti, sia in termini di vite umane che di costi economici, e impoverì fortemente l'Inghilterra, aggravando ulteriormente la già difficile situazione sociale. Per molti cittadini queste transizioni radicali erano il segnale che la loro civiltà stava finendo, altri invece vedevano in esse la possibilità di realizzare un nuovo e più moderno ordine sociale, economico e politico. In quel periodo in Inghilterra vigeva un sistema politico non rappresentativo, il Parlamento infatti non rappresentava la società inglese, in quanto il diritto di voto era limitato soltanto agli uomini di un determinato censo, (il suffragio universale maschile arriverà soltanto nel 1918 quello femminile dieci anni dopo), la stessa libertà di parola e di riunione erano spesso negate. Il re era Giorgio III che negli ultimi anni del suo regno dette segni di squilibrio mentale e, nel 1811, venne dichiarato ufficialmente pazzo. Suo figlio, il Reggente, diventerà alla morte del padre, nel 1820, re con il nome di Giorgio IV, ma non era certamente un abile politico, era un debole e fortemente condizionato dall'aristocrazia e dai suoi consiglieri conservatori.

Questo dunque il complesso e tormentato scenario storico che fa da sfondo al Romanticismo. Uno scenario che se non produrrà un vero cambiamento politico, fornirà il maggior contributo inglese alla letteratura mondiale dopo il

Rinascimento di Shakespeare e degli Elisabettiani, con lo strabiliante fenomeno di un elevato numero di grandissimi scrittori nell'arco di due generazioni.

Il Romanticismo letterario

In termini puramente letterari l'Illuminismo, in Inghilterra, dette luogo al cosiddetto periodo Augusteo o Neo-Classico, il periodo di John Dryden (1631-1700), che riscrisse alcune opere di Shakespeare giudicandole troppo rozze, di Alexander Pope (1646-1784), grandissimo versificatore, che dedicò un poema di ben cinque canti e di quasi 800 versi, al taglio di una ciocca di capelli ad una giovane fanciulla da parte di un giovane aristocratico, di Jonathan Swift (1667-1745) che, dopo la pubblicazione del suo *I Viaggi di Gulliver*, venne considerato uno dei più importanti scrittori satirici, di Joseph Addison (1672-1719), fondatore dell'influente rivista *The Spectator*, ma soprattutto del Dr. Samuel Johnson (1709-1784), notevole figura di critico letterario che, con i suoi giudizi, condizionò tutti i gusti letterari dell'intero secolo. La letteratura di quel periodo era caratterizzata dalla forma, dall'eleganza, dallo stile che prevalevano sui sentimenti, sulle emozioni, sulle passioni e quindi, come già detto, dalla mente ma non dal cuore. Per gli scrittori l'immaginazione doveva essere posta sotto il controllo della ragione; per loro il poeta avrebbe dovuto essere più un interprete che un creatore.

A tutto questo si oppose il Romanticismo che ebbe certamente maggiore successo nelle Arti che in politica dove in realtà, almeno per quanto riguarda l'Inghilterra, ne ebbe molto poco. Il sistema socio-politico inglese cambierà infatti molto lentamente.

Molti critici, allora come oggi, pensano che la rivoluzione romantica sia stata una forma di opposizione al Classicismo. In realtà non fu affatto così. Se rivolta vi fu essa è stata semmai contro il cosiddetto Neo-classicismo della prima parte del 18° secolo, considerato come una copia, mal realizzata, dello stile Classico, ma mai contro la cultura Classica originale.

Proust ha scritto "Solo i romantici sanno leggere le opere classiche, perché loro le leggono come sono state scritte, romanticamente." Stendhal (1783-1842), in un suo importante libro, in cui confronta le opere di Racine con quelle di Shakespeare,[5] scrive che il Classico rappresenta lo spirito del passato, mentre il romantico è lo spirito del presente ed anche del futuro, mentre invece Wolfgang Goethe (1749-1832) affermava che il Romanticismo era la malattia, mentre il Classicismo era la salute. Tuttavia lo stesso Goethe, soprattutto nel suo periodo giovanile, non sfuggì al fascino del romanticismo, e dopo il suo viaggio in Italia e in Sicilia, egli scrisse uno dei suoi più famosi romanzi, *La Vocazione Teatrale di Wilhelm Master*, che è un vero e proprio romanzo romantico di viaggio. All'inizio del quarto capitolo di quel romanzo egli scrive questa nota e bella poesia:

Conosci tu la terra dove fioriscono i limoni?
e tra brune foglie splendono arance dorate,
Nel cielo azzurro spira vento lieve,
Umile germoglia il mirto, alto l'alloro.
La conosci allora? Laggiù, laggiù
Con te vorrei viaggiare, amore mio!

Conosci tu la casa? Su colonne poggia il tetto
Risplende la sala e rifulgono le stanze,
Statue di marmo mi guardano dolenti
Povera bambina, cosa ti hanno fatto?
La conosci allora? Laggiù, laggiù
Con te vorrei andare, protettore mio!

Conosci il monte e i suoi sentieri nuvolosi?
Cerca il mulo la strada tra la nebbia
L'antica stirpe dei draghi in caverne dimora
Precipita la rupe e su di essa il torrente.

---

[5] Stendhal – *Racine e Shakespeare* – Sellerio Editore, 1980

La conosci allora? Laggiù, laggiù è la via
Che noi faremo! Andiamo, o padre mio.

Una poesia profondamente romantica, in cui la voglia di viaggiare, di andare verso una sorta di paradiso in terra, una Sicilia, o Italia, più idealizzata che reale, è espressa con trasporto ed emozione dalla piccola Mignon, una delle protagoniste di quel romanzo. L'ansia espressa dalle domande, è tale che Mignon non aspetta la risposta, ma l'anticipa lei stessa. In effetti la poesia è un monologo ininterrotto, in cui la conoscenza ed il desiderio sono in continuazione messe in discussione e ansiosamente riaffermate. Dall'ascoltatore, e quindi dal lettore, ci si aspetta non soltanto un accordo ma una stessa identità di emozioni e di sentimenti. Il tema della poesia è evidentemente il desiderio di andare verso una nuova terra, forse la terra di origine, già conosciuta da Mignon. La stessa figura della giovane ragazza è una personalizzazione idealizzata del desiderio dell'Italia, come fonte di bellezza naturale ed artistica, dove il sole illumina le case, sia in senso reale che metaforico. Non è un caso che questa poesia venne in parte copiata da Byron ed anche messa in musica da Schubert, musicista romantico per eccellenza, ed anche da altri. Vi sarebbe molto da dire su questo complesso romanzo di Goethe, ma questo esula dal nostro tema.

La contrapposizione tra Romanticismo e Classicismo è quindi del tutto errata. Proprio per quanto detto prima a proposito delle approssimazioni delle convenzioni con cui noi identifichiamo i periodi artistici, possiamo dire che vi furono scrittori romantici anche tra i Greci e i Romani, così come vi furono scrittori classici nel Medioevo. Eschilo può essere definito come romantico mentre Sofocle come classico. Omero, il padre della letteratura occidentale, può essere considerato sia classico che romantico. Achille, Ettore, Andromaca sono infatti rappresentazioni di eroi romantici, mentre Ulisse è invece un eroe classico.

È interessante notare come Ulisse, nella prima parte del suo viaggio, che durò ben dieci anni, dopo la caduta di Troia, dopo aver attraversato avventure di ogni sorta, finalmente ritorna a casa. E sarà proprio l'ansia del ritorno la molla che lo spingerà a trascurare prospettive di vita diverse e forse più affascinanti. Ma il suo obiettivo era il *nostos*, il ritorno. Per Theodor Adorno Ulisse è assunto a "paradigma della razionalità disincantata, strumentale e calcolante"[6] la cui forma originaria è l'astuzia. Ulisse dunque non è un eroe romantico, infatti anche la sua scelta di rifiutare l'allettante offerta fattagli dalla bella e innamorata ninfa Calipso, e cioè di renderlo immortale, a condizione che restasse sempre con lei, fu una scelta razionale, giustificata dalle sagge parole: "Una vita da mortale realizzata è preferibile ad una vita da immortale fallita". Parole che un romantico non avrebbe mai pronunciato.

L'atteggiamento dei romantici venne anche influenzato da alcuni libri importanti. Tra questi due in particolare. Il primo fu l'opera del tedesco Johan Joachim Winckelman (1717-1768) dal titolo *La Storia dell'Arte antica*, pubblicato nel 1763, il secondo un libro intitolato *The Ruin, A Survey of the Revolution of Empire and the law of Nature* (*La Rovina, Una Storia della rivoluzione dell'Impero e la Legge della Natura*) scritto da Constantin François de Chassebœuf, Conte de Volney (1757–1820)[7] pubblicato nel 1796 di cui parleremo in seguito. L'opera di Winckelman portò alla nascita del cosiddetto stile neo-classico, sia in architettura che nelle arti figurative ed addirittura nel vestiario femminile. Si arrivò anche a degli eccessi, al punto che la studiosa di Cambridge Eliza Marian Butler (1885-1959) coniò la definizione: "La tirannia della Grecia".

Quando pensiamo al Classico, pensiamo a qualcosa di ben definito, di armonico, di bello, di completo, a cui cioè è difficile, se non impossibile, aggiungere o togliere qualcosa. Un tempio greco, una statua classica o una poesia non ha imperfezioni, ogni cosa è perfettamente al proprio posto; non vi è nulla da aggiungere e nulla da togliere. Essi tuttavia non

---

[6] Theodor W. Adorno - *Interpretazione dell'Odissea* - a cura di Stefano Petriccioli, manifestolibri, 2011
[7] Volney, Constantine-Francois – *Ruins or Meditation on the Revolutions of Empires* – G. Vale, 1853

offrono alcuna promessa o speranza futura. Non indica nulla al di fuori di quello che esprime, satura i nostri sensi, la sua perfezione non lascia nulla all'immaginazione: è esatto, corretto, definito e immutabile. Non è così per l'arte romantica. In essa raramente vi è il senso della completezza, ma predomina il contrario, talvolta accompagnato dalla frammentazione, dall'irregolarità, da imperfezioni. Nel Romanticismo vi è, quasi sempre, un esplicito riferimento a quanto detto da Francis Bacon (1561-1626), il grande filosofo del Rinascimento inglese che ha scritto "non esiste una bellezza eccellente senza qualche stranezza ben proporzionata".[8]

L'artista dunque lotta per raggiungere il suo traguardo, ma spesso non vi riesce del tutto. È una cattedrale gotica realmente finita? Sembra quasi che la sua architettura esprima più un'aspirazione che una concretezza. Sono le opere letterarie romantiche realmente finite? Nessuna opera di Shakespeare lo è. Lo spirito romantico è forse più mistico, nel senso che la sua architettura, la sua pittura, la sua poesia, impiega delle ombre per produrre gli effetti più alti: ombre e colori piuttosto che contorni precisi. Da qui l'alta spiritualità della letteratura romantica, le sue emozioni più profonde, la sua più accentuata e passionale tenerezza, ma anche la sua melanconia, e in particolare la sua attrazione morbosa con la persistenza del pensiero della morte, dell'aldilà, di quel *"paese misterioso dai cui confini nessun viaggiatore ritorna"*.[9]

William Hazlitt, nel commentare le *Lezioni sull'Arte Drammatica*, tenute dal romantico tedesco Wilhelm Schleghel, ha scritto:

> La più ovvia distinzione tra lo stile Classico e quello Romantico, è che il classico è relativo agli oggetti che sono maestosi o belli in se stessi, o in relazione ad associazioni ovvie e universali; mentre il romantico riguarda gli oggetti che sono

---

[8] Francis Bacon – *Of Beauty* – in *British Essays* - The Colonial Press, 1900
[9] William Shakespeare – *Amleto* – 3.1.79-80

interessanti a causa della forza delle circostanze e dell'immaginazione. Un tempio greco, ad esempio, è un oggetto classico: è bello in se stesso, e suscita una immediata ammirazione. Ma le rovine di un castello gotico non hanno né bellezza né simmetria, eppure esse eccitano un forte interesse romantico collegato con le idee con le quali esso è normalmente associato.

Pensando al romantico pensiamo quindi a qualcosa di incompiuto, ad una ricerca non finita, al desiderio di una bellezza da ricercare ma non ancora trovata. Così facendo tuttavia stiamo ricadendo nel tranello di definire il Romanticismo come contrapposizione al Classico il che, come detto, è sbagliato. Dobbiamo quindi cercare una definizione più ampia, più estesa che accerti, o forse immagini alcune qualità, degli atteggiamenti mentali, dei modi di pensare e di sentire che siano propri dello stile che caratterizza l'arte romantica rispetto a quella classica. Una prima cosa che si può dire è che il Romanticismo si è molto ispirato al mondo Classico, ma senza assorbirne tutte le sue caratteristiche, soprattutto quelle sue regole restrittive e formali, che pure lo contraddistinguono. In sostanza quindi il Romanticismo ci fornisce una sorta di re-interpretazione del Classico.

Possiamo dire, con un po' di fantasia, che i romantici, grazie all'espressione dell'emozione e dell'immaginazione, hanno fornito un alito umano alla composta ma monotona arte classica. Shelley interpreterà in modo poetico questo pensiero nel suo poema dedicato proprio alla Grecia, ed intitolato *Hellas,* in cui scrive:

Templi e torri,
Cittadelle e mercati, e coloro
Che vivono e muoiono là, sono stati nostri,
E possono essere tuoi, e devono svanire;
Ma la Grecia e le sue fondamenta sono
Costruite sotto la marea della guerra,
Basata sul mare cristallino,
Del pensiero e della sua eternità;
I suoi cittadini, spiriti imperiali,

Governano il presente dal passato,
Su tutto ciò che questo mondo di uomini
Eredita, il loro sigillo è impresso.
(*Hellas 692-703*)

Questi versi sono chiari ed espliciti, nell'affermare che le fondamenta culturali della Grecia sono basate sul pensiero e sulla sua eternità, e che a differenza delle torri e delle città, che crollano e svaniscono, esse sono come il mare cristallino, e quindi fluttuano, si adattano, non sono rigide e immobili. Shelley dunque riafferma che il pensiero moderno ha origine da quello greco, ma allo stesso tempo ne rivendica l'indipendenza rispetto alla formalità dell'ellenismo neo-classico. I romantici sono ben consapevoli che la grande cultura Greca ha imposto un deciso cambiamento ed una svolta storica nella società occidentale ma, come Shelley ben chiarisce, avere le proprie radici nella Grecia non significa essere schiavi di quelle radici.

Questo atteggiamento consente quindi non solo una critica ideologica, ma anche la riaffermazione dell'idea che il pensiero greco classico, ovvero la filosofia, non la storia o l'arte greca governa il presente, anche tramite una sua re-interpretazione.

Il recupero del sapere antico non si esaurisce quindi in un esercizio filologico, né in una sua dogmatica ripetizione di conoscenze già acquisite, e considerate per questo definitive, come si verificò nel periodo Neo Classico della prima parte del 18° secolo. Al contrario la spinta ideale del Romanticismo consiste in un fecondo confronto, anche nell'emulazione, e non esclude la possibilità di uno slancio intellettuale che consenta di eguagliare e, se possibile, superare i modelli del passato.

Nella Grecia Classica domina la figura immensa di Socrate. Ebbene Socrate visse la propria vita sempre andando, senza mai scrivere una parola. La sua dunque era una sorta di erranza; il suo scopo ultimo era proprio la ricerca della felicità. Egli diceva "a cosa servono le mura della città, le navi da guerra, e le belle statue splendenti se noi non siamo felici?"[10] Per lui era proprio la ricerca della felicità che avrebbe dovuto essere lo scopo e l'essenza dell'esistenza umana.

I romantici guardarono quindi con ammirazione, rispetto e stupore alla cultura classica, greca in particolare non tanto come fenomeno del passato, verificatosi in un determinato periodo storico e poi scomparso, quanto alla circostanza che quel fenomeno generò il concetto stesso di cultura, influenzando così in modo incisivo e permanente la vita e il pensiero di tutte le generazioni future. Questo pensiero venne sintetizzato da Shelley, che fu un grande appassionato della cultura greca del periodo romantico, e che nella Prefazione alla sua opera *Hellas*, scriverà: "Noi siamo tutti greci". L'interesse per la Grecia ricevette poi un forte impulso dalla vicenda dei fregi del Partenone e di altre statue rimosse tra il 1801 e il 1812, con il permesso delle autorità turche, da Lord Elgin, che fu per qualche anno ambasciatore inglese ad Atene, e portate "temporaneamente" a Londra, con la giustificazione che esse potessero essere danneggiate o distrutte dalla noncuranza dei greci. A Londra queste importanti e preziose opere vennero sistemate in un'apposita grande sala del British Museum dove, dopo oltre due secoli, sono ancora oggi nonostante le proteste della Grecia e la recente costruzione di un nuovo museo archeologico ad Atene destinato a riceverle. Ovviamente i romantici gridarono allo scandalo e giudicarono questa azione una vera e propria azione di pirateria culturale.

Per descrivere meglio quello che è stato il Romanticismo, senza fare riferimento alla cultura classica, e tentando di illustrare quello che Hazlitt chiamò "Lo Spirito dei Tempi", possiamo dire che una delle caratteristiche più importanti di quello spirito è stata l'espressione di un'emotività acuta e di una elevata sensibilità dell'immaginazione. George Steiner scrive:

---

[10]Bettany Hughes – *The Hemlock Cup, Socrates, Athens and the Search for the Good Life*, Vintage Books, New York, 2012.

> Nel romanticismo vi è una liberazione del
> pensiero dalla sobrietà deduttiva del razionalismo
> di Newton e di Cartesio. Vi è una liberazione della
> immaginazione dalla ferula della logica.[11]

Mark Akenside (1721-1770), un poeta minore che potremmo
definire un preromantico, ha scritto un lungo poema in tre
volumi, intitolato per l'appunto *Il Piacere dell'Immaginazione*. Talvolta i critici hanno chiamato questo periodo
anche come "l'Età della Sensibilità". Nonostante le loro
grandi differenze di stile, di poetica e di carriera, tutti i
romantici hanno dato rilevanza proprio all'immaginazione ed
alla sensibilità. Essi erano ben consapevoli della meravigliosa capacità dell'immaginazione nel creare mondi
immaginari, alternativi, che loro consideravano altrettanto
veri e concreti del mondo reale. Questo non tanto per il
piacere di una mera evasione utopica, quanto piuttosto nella
convinzione di riuscire, tramite le loro opere, a dare un
contributo concreto al miglioramento del mondo reale.

William Blake si esprime così:

> Questo mondo dell'Immaginazione è il mondo
> dell'Eternità, è il grembo divino in cui noi
> andremo dopo la morte del corpo Vegetale. Questo
> Mondo dell'Immaginazione è Infinito ed Eterno,
> mentre il mondo delle Generazioni, o Vegetale, è
> finito e Temporale. In quell'Eterno Mondo esiste la
> Realtà permanente di Ogni Cosa che noi vediamo
> riflessa nello Specchio Vegetale della Natura.
> Tutte le Cose sono comprese nelle loro Forme
> Eterne, nel corpo divino del Salvatore, la Vera
> Vigna dell'Eternità, l'Immaginazione Umana.[12]

Per Blake quindi l'Immaginazione non è altro che Dio, e
quindi ogni atto dell'Immaginazione è divino e la natura

---

[11] George Steiner – *The Death of Tragedy* – Yale University Press, 1980
[12] Tratto da Maurice Bowra – *The Romantic Imagination*, Oxford
University Press, 1961

spirituale dell'uomo si realizza appieno e totalmente proprio nell'Immaginazione. Coleridge ribadisce un concetto analogo, anche se in toni meno apocalittici di Blake, egli infatti nella sua *Biografia Letteraria* scriverà:

> L'Immaginazione primaria ritengo che sia la Forza vivente e il primo Agente di ogni Percezione umana, ed una ripetizione nella mente finita dell'atto eterno della creazione nell'infinito IO SONO.[13]

Anche per Coleridge quindi l'immaginazione partecipa all'atto della creazione che è un atto tipico di Dio.

Tramite l'immaginazione i Romantici riescono così a percepire cose che una normale intelligenza non riesce a percepire, e questo è dovuto ad un collegamento intimo con un senso speciale della percezione o dell'intuizione che è tipica dell'animo romantico. In altre parole loro credevano in un ordine extrasensoriale, un livello altro, diverso rispetto a ciò che noi vediamo e conosciamo, a ciò che i nostri sensi fisici riescono a comprendere normalmente e la ricerca di questo livello divenne l'obiettivo appassionato della loro vita. Il loro desiderio era quello di riuscire a penetrare in una realtà diversa, extrasensoriale, esplorarne i misteri e così facendo capire in modo più chiaro il significato della vita e il suo reale valore.

Victor Hugo (1802-1885), il grande romantico francese, che divenne celebre più per i suoi romanzi, ma che fu anche un poeta, scrive in una sua poesia intitolata *Estasi*:

> *Ero solo vicino al mare, in una notte stellata.*
> *Il cielo era senza nuvole, e il mare senza vele.*
> *E i miei occhi si tuffavano più lontani del mondo reale.*
> *E i boschi, i monti e la natura tutta*
> *Sembravano interrogare in un mormorio confuso*
> *Le onde del mare, i fuochi del cielo.*

---

[13] Samuel Taylor Coleridge – *Biographia Literaria* – ed. George Watson. Everyman's Library, 1991

Con questo verso *"E i miei occhi si tuffavano più lontani del mondo reale"* Hugo ci rende partecipi del suo desiderio e del suo tentativo di andare oltre la visione fisica che normalmente la nostra vista è in grado di fornirci, entrando così in un mondo diverso che i sensi non riescono a cogliere. William Blake, nel suo grandioso poema *Gerusalemme* dirà:

> *Io devo creare un Sistema o essere succube di quello di un altro Uomo.*
> *Io non devo Ragionare o Confrontare, il mio compito è Creare.*[14]

Un'altra delle caratteristiche tipiche degli scrittori romantici è stata la capacità di meravigliarsi: lo stupore come elemento fondamentale dell'atto creativo. Un atteggiamento che la scienza e la modernità hanno di fatto abolito. Coleridge scrive che la filosofia romantica comincia e finisce con la meraviglia.

E poi ancora la ricerca e l'amore della bellezza e della verità, ovunque e sempre. Bellezza e verità, due espressioni della filosofia Platonica che per i romantici sono assolutamente inscindibili. Su questo punto il loro riferimento è Shakespeare, il loro padre putativo, che nel suo dramma *La Tempesta* farà dire alla giovane e stupita Miranda, quando incontra l'altrettanto giovane ed aitante principe Ferdinando, di cui si innamora a prima vista:

> *Nulla di cattivo può dimorare in quel tempio*
> *Se uno spirito maligno avesse una sì bella dimora,*
> *Le cose buone lotterebbero per abitare con lui.*
> (1,2,454-456)

Quindi bellezza come sinonimo di lealtà e di verità; e, seguendo il suo maestro, il giovane Keats nella sua mera-

---

[14] William Blake – *Jerusalem* – *The Emanation of the Giant Albion* – edited by E. R. D. Maclagan e A. G. R. Russel, A. H. Bullen, 1904 da me liberamente tradotto.

vigliosa *Ode ad un Urna Greca* ribadirà lo stesso concetto scrivendo:

> *La bellezza è verità, e la verità bellezza*
> *E questo è tutto quello che devi sapere.*

Infine quello che per i Romantici fu assolutamente irrinunciabile fu l'amore, la passione per la poesia. Pur nella loro grande varietà e differenza di stili, di idee, di ispirazione, tutti furono animati da una forte passione poetica, una passione non fine a se stessa, ma come mezzo per parlare al mondo, per diffondere le loro idee, nella convinzione che, ascoltando la loro poesia, la società degli uomini avrebbe potuto migliorare. Questa loro convinzione era così radicata che per loro la teoria della poesia era la teoria della vita. Come sappiamo la realtà fu diversa, ed anche se in pratica il loro fu un fallimento, fu però un fallimento di Titani, che ha lasciato delle enormi e meravigliose rovine, su cui chi è venuto dopo di loro ha costruito e da queste rovine sono riemerse le loro figure, molto più umane ed attuali di tanti che vissero dopo di loro. Il romanticismo è stato dunque un movimento artistico molto vigoroso che, partendo dalla letteratura, ha influenzato in modo incisivo molte altre forme artistiche lasciando in esse segni profondi che dureranno a lungo.

Molto spesso, nell'opinione comune, il termine romanticismo viene associato ad un senso di distacco dalla realtà, di un sentimentalismo bolso e senza senso e gli scrittori romantici identificati come dei sognatori senza speranze, con i capelli lunghi, con la testa sempre nelle nuvole, innamorati di amori impossibili, distaccati dalla realtà quotidiana. Nulla è più sbagliato di questa immagine stereotipa da fumetto rosa. Gli appartenenti a questo movimento erano, al contrario, ben radicati nel contesto sociale del momento, sia pure con molte differenze tra di loro, e partecipavano, anche se non sempre in modo diretto, alla vita attiva dell'Inghilterra. Byron, che ereditò il titolo di Lord alla morte di uno zio, partecipò attivamente, sia pure per breve tempo, all'attività della Camera dei Lord, Wordsworth, da giovane si recò personalmente in Francia, per seguire da vicino gli eventi della Rivoluzione Francese, ed ebbe anche a dire "sebbene io sia conosciuto come poeta, io dedico dodici ore della mia giornata a pensare alle condizioni ed alle prospettive della società, contro una sola ora dedicata alla poesia". Shelley da giovanissimo si recò in Irlanda per promuovere l'indipendenza di quel paese dall'Inghilterra e partecipò da protagonista ad infiammate riunioni scrivendo anche alcuni saggi in proposito, letti e discussi pubblicamente, e i cui testi lui stesso distribuiva per le strade. Perfino Keats, il più etereo e distaccato tra di loro, per cui la poesia fu tutta la sua vita, iniziò la sua carriera lavorativa, che peraltro durò molto poco, come assistente medico presso un Ospedale di Londra, e nutriva dubbi e incertezze circa la situazione sociale e politica allora esistenti. Sgombrato quindi il campo da questa falsa immagine, bisogna anche ribadire che era proprio una loro convinzione che, tramite la poesia, i poeti avrebbero potuto dare un forte contributo all'evoluzione politica e sociale dell'Inghilterra di quel periodo. Il più vivace assertore di questa posizione fu Shelley che conclude il suo saggio *In Difesa della Poesia*, scrivendo "i poeti sono i non riconosciuti legislatori del mondo".

Restituiamo quindi a loro la necessaria serietà e dignità di persone consapevoli del loro ruolo e della loro posizione nella società. È tuttavia necessario riflettere sulla circostanza che la loro concezione della società era molto diversa dalla nostra. Spesso nel commentare opere del passato noi dimentichiamo proprio questo aspetto fondamentale, e cioè che il passare del tempo modifica, e spesso anche in modo sostanziale, il contesto sociale, culturale, religioso in cui quelle opere vennero scritte, lette, commentate e capite. Ad esempio parlando di religione è bene precisare che la religione anglicana era molto diffusa e penetrante nella società inglese di allora, come lo era quella Cattolica nei paesi cattolici. Le due importanti Università di Oxford e di Cambridge erano sotto lo stretto controllo della Chiesa. Tutto questo è radicalmente cambiato nel corso dei secoli successivi per molti motivi che esulano dal nostro tema. La secolarizzazione della società moderna ha generato un cambiamento così radicale e così profondo che possiamo dire che tra noi e loro vi è un abisso profondo. Noi viviamo un periodo di contrapposizioni e di affermazioni scientifiche, di visioni pluralistiche e di convinzioni diverse, ognuna di esse con pari o paragonabili dignità. Una situazione questa che assolutamente non esisteva allora. Quando Coleridge parlava, in una delle sue affollate conferenze londinesi, dava per scontato che tutti coloro che lo ascoltavano nutrivano, nei confronti della religione, gli stessi suoi profondi sentimenti, senza dubbi o esitazioni. La religione anglicana era affermata e condivisa. Il sentimento religioso era profondo e radicato nella società inglese, e ne costitutiva il fondamento di base. I poeti romantici accettavano dunque il ruolo della religione come quello di una ideologia dinamica che stava dietro ad ogni azione politica e sociale, condividendo le parole di Coleridge "La Religione, vera o falsa, è ed è sempre stata, il centro di gravità, in un regno a cui tutte le altre cose devono misurarsi". La religione dunque come elemento di mediazione tra la cultura, la politica e l'economia, e i romantici orientarono la loro energia creativa proprio verso un intervento in quel campo. Le loro ricette individuali erano molto diverse tra di loro, ma tutti adottarono come obiettivo la riabilitazione morale e sociale della società, un rinnovamento che presupponeva un cambiamento nella coscienza religiosa nazionale. Lo stesso Shelley, il più ateo tra i poeti romantici, ammirava la figura umana di Gesù Cristo, in quanto ribelle e rivoluzionario, e si poneva, in molte delle sue poesie, profondi quesiti sui grandi temi della natura, della vita e della morale. Possiamo quindi considerare il romanticismo non come un ritiro dalla politica attiva, ma piuttosto come un impegno creativo ed effettivo nella crisi religiosa, un impegno che fu percepito come avente delle conseguenze profonde anche nell'ordine politico.

Un'altra grande differenza tra noi e loro è data dal concetto stesso di letteratura. Per i romantici la letteratura comprendeva anche i libri di storia, di politica, di filosofia, delle scienze naturali, oltre ovviamente alla poesia ai romanzi e ai drammi. Ma ancor di più essi si riferivano alla letteratura non limitandosi soltanto alle opere stampate, ma anche alle conversazioni culturali che quelle pubblicazioni potevano suscitare. In questa visione la letteratura, nella cultura della fine del 18° secolo, era concepita in termini molto ampi ed ambiziosi: come cioè un luogo dove le menti, gli intelletti potessero incontrarsi e, dialogando, istruirsi l'uno con l'altro, costituendo così un potente mezzo per un illuminante percorso di progresso sociale. Ritengo importante sottolineare questo aspetto di diversità che è peraltro fondamentale per una reale e piena comprensione delle opere che esamineremo e che richiederà quindi un certo impegno da parte del lettore.

Per i romantici non esisteva una sola risposta ad ogni domanda, così come non esisteva una verità universale. Quello che è vero per qualcuno diventa la sua verità. Questa posizione è in evidente contrasto con la filosofia del Razionalismo e del Positivismo.

Nel suo importante libro *Lo Specchio e la Lampada*,[15] il prof M. H. Abrams, uno dei massimi studiosi del pensiero romantico, identifica due comuni ed antitetiche metafore della mente. Una compara la mente ad uno specchio che riflette gli oggetti esterni, l'altra invece ad una lampada che illumina gli oggetti e fornisce così un contributo alla loro comprensione ed interpretazione. Il primo concetto fu caratteristico di gran parte del pensiero filosofico, da Platone fino al 18° secolo, mentre il secondo nasce e caratterizza proprio la concezione romantica della mente. Aristotele nella sua Poetica definisce la poesia, e l'arte in generale, come pura imitazione (l'arte classica), mentre Wordsworth scrive, nella sua prefazione alla seconda edizione delle *Ballate Liriche*, che "La Poesia è lo strapipante flusso creato da forti sentimenti", e John Stuart Mill, che fu uno dei più importanti pensatori di quel periodo, in un suo saggio del 1833, intitolato *Cosa è la Poesia*, scrive "La Poesia incorpora in se i simboli, che sono la rappresentazione più vicina

---

[15] M. H. Abrams – *The Mirror and the Lamp* – Oxford University Press, 1953

possibile dei sentimenti nella esatta forma in cui esistono nella mente del poeta."

Nella definizione di Wordsworth, lo straripante flusso suggerisce un'analogia fisica con una fontana, una sorgente d'acqua, da cui il flusso dell'acqua sgorga spontaneamente. Questa fonte è chiaramente la mente del poeta, che fa sgorgare le espressioni dei suoi sentimenti, delle sue emozioni e delle sue passioni. Una visione evidentemente in contrasto con la concezione neoclassica dove, come detto, è la ragione a regolare l'immaginazione e i sentimenti. Byron, forse il meno Romantico dei poeti romantici, disse al suo amico Tom Moore "Io non posso convincere la gente a credere che la poesia è l'espressione di passioni scatenate".

Un'altra caratteristica importante di questo periodo fu la ricomparsa dell'immagine del poeta come profeta (ispirata da Milton). Questa visione veniva seguita con preoccupazione dalle autorità politiche al punto che, per qualche tempo, sia Wordsworth che Coleridge vennero seguiti, spiati e controllati dalla polizia segreta, Byron fu costretto a esiliare e la maggior parte delle opere "rivoluzionarie" di Shelley venne pubblicate soltanto dopo la sua morte.

Wordsworth annuncerà questa nuova posizione del poeta-profeta, ritenendo di essere stato proprio lui prescelto ad essere il profeta del suo periodo. Egli infatti si riteneva dotato di uno "splendore interiore", non condiviso da nessuno, che gli ispirava "pensieri divini" utili per parlare "di ciò che nell'uomo è umano o divino":

> *Che i poeti, anche come Profeti, ognuno con l'altro,*
> *Uniti in un potente schema di verità,*
> *Hanno ciascuno una speciale dote, un senso*
> *Tramite il quale sono messi in grado di percepire*
> *Qualcosa non vista prima.*
> (Il Preludio 1805 – libro 12-301-5)

Tutti i poeti romantici condividevano una comune difficoltà nel trattare con la critica letteraria del periodo con l'unica eccezione, ma solo per un certo periodo, di Byron. Essi infatti erano isolati, quasi rifiutati dalla società contemporanea. Ma il loro desiderio di reagire a questo rifiuto, a questa ostilità, scatenava in loro proprio quell'immaginazione che li portava a creare mondi fantastici, dove il poeta avrebbe potuto finalmente trovare il posto che meritava nella società, e dove avrebbe potuto trovare la giusta atmosfera per studiare i fatti importanti della vita, quali la questione del bene e del male, della bellezza, della trascendenza, la ricerca della verità e della giustizia, rinnovandoli con la propria arte. Un mondo fantastico creato nella mente del poeta in unione con la natura, come Wordsworth descrive in un passo del suo *Preludio*:

> *Io avevo un mondo intorno a me; era mio,*
> *Io l'ho fatto; perché esisteva solo per me*
> *E per il Dio che esisteva nella mia mente.*

E Coleridge nella sua *La Depressione: un'Ode* scrive un vero e proprio inno alla gioia derivante dalla condizione interna che in unione con la natura crea un nuovo universo riservato ai puri di spirito:

> *Gioia, virtuosa signora! Gioia che non fu mai data,*
> *Salvo ai puri, e nelle loro ore più pure.*
> *La vita, e il flusso della vita, nuvoloso improvvisamente e*
> *pioggia,*
> *Gioia, signora! È lo spirito e la forza*
> *Che, sposando la Natura con noi, ci dà in dote*
> *Una nuova Terra ed un nuovo Cielo,*
> *Inimmaginabile dai sensuali e dagli orgogliosi.*

Shelley nel suo celebre poema *Monte Bianco* scriverà:

> *L'eterno universo delle cose*
> *Fluisce attraverso la mente, e fluttua in onde rapide,*
> *Ora scure ora scintillanti, ora riflettenti angoscia*
> *Ora dando splendore, dove da segrete sorgenti*
> *La fonte dei pensieri umani porta il suo tributo*
> *Di acqua - con un suono che è per metà il suo.*

E Keats nella sua *Ode a Psiche,* quando dichiara di voler costruire un nuovo tempio a questa dea, che è una dea nuova, l'ultima non ancora accettata del tutto nell'Olimpo, a cui non sono ancora stati eretti templi, né *Altari guarniti di fiori/né cori di vergini che dolcemente piangano,* affermerà con forza:

> *Si, io sarò il tuo sacerdote, e costruirò un tempio*
> *In qualche inviolata regione della mia mente,*
> *Dove frondosi pensieri, appena nati con gioia e con dolore*
> *Sostituendosi ai pini mormoreranno al vento.*

I romantici furono dunque dei visionari rivoluzionari, ma alla fine ci hanno lasciato quella che è la letteratura inglese moderna. Un grande pensatore moderno Isahia Berlin (1909-1997), in un suo splendido studio intitolato *Le Radici del Romanticismo* ha scritto:

> Io ritengo che la rivoluzione Romantica sia stata la più profonda e duratura trasformazione avvenuta nella vita del Mondo Occidentale. Il romanticismo è stato il maggior cambiamento delle coscienze in occidente, almeno durante il nostro tempo. Dio non è né un matematico né un fisico, ma un Poeta.[16]

Dobbiamo adesso, molto brevemente, fare una piccola digressione, spostandoci dall'Inghilterra alla Germania. Il motivo è che proprio in Germania nacque il movimento romantico meglio organizzato e strutturato rispetto a quello inglese. Il primo vero viaggiatore romantico dell'era moderna fu infatti un tedesco Johann Gottfried Herder (1744-1803) che nel Maggio del 1769, dopo aver studiato all'Università di Konigsberg in cui ebbe come insegnante anche Immanuel Kant, ed aver iniziato un'attività di pastore luterano e di insegnante, decise a venticinque anni di dare una svolta alla propria vita abbandonando tutto ed imbarcandosi su di una nave che partiva per la Francia, ma la sua meta era incerta.

---

[16] Isaiah Berlin – *Le Radici del Romanticismo* – Adelphi, 2001

Egli infatti non desiderava andare in un posto ben preciso ma piuttosto stava per iniziare un viaggio di ricerca e di scoperta. Questo fatto lo rendeva felice e scriverà sul suo Diario "Vado a vedere il mondo, spensierato come gli apostoli ed i filosofi".[17] Il suo viaggio alla scoperta dell'ignoto, dello sconosciuto lo porterà soprattutto a scoprire ed a conoscere meglio se stesso. Veleggiando nel mare Baltico scriverà:

Che vasti spazi apre alla riflessione una nave sospesa fra il cielo e il mare! Qui tutto dà slancio, movimento e vasto orizzonte al pensiero! ... Nella terra si è vincolati a un punto morto, racchiusi nella cerchia ristretta di una situazione. O animo mio, come ti sentirai quando uscirai da questo mondo![18]

Tutto ciò avveniva prima della Rivoluzione Francese. Poi vi fu il movimento dello *Sturm und Drang* che anticipò il romanticismo, per arrivare ai movimenti romantici tedeschi sorti prima a Jena e poi a Heidelberg ed a Berlino. I protagonisti più importanti furono Friederich Schiller, con la sua interpretazione dei lavori di Rousseau ed il suo paradosso sulla civiltà,[19] Hegel, Schelling, Holderling, i due fratelli Schlegel, il poeta Novalis, e in una certa misura anche Goethe (che all'inizio fu contrario al romanticismo opponendolo al Classico), e che nel suo *Faust* ha dato forse la migliore definizione del Romanticismo: "La sensazione è tutto", ovvero il sentimento supera la ragione. Essi furono i fondatori del Romanticismo tedesco e furono in parte imitati e comunque seguiti dai loro emuli inglesi, che succes-

---

[17] Rudiger Safransky – *Il Romanticismo* – Longanesi, 2011
[18] ibid
[19] Secondo Schiller infatti il progresso umano, in tutti i suoi aspetti, dopo uno stadio iniziale ottimale, comporta un declino della felicità imponendo all'uomo un numero sempre crescente di vincoli, complicazioni, oppressione, che creano le condizioni di una nostalgia di una vita più semplice in cui l'uomo possa ritrovarsi in completa armonia con la natura, con gli altri uomini.

sivamente riuscirono anche talvolta a superarli. Per gli scrittori e filosofi tedeschi il romanticismo era la modernità che derivava da uno scostamento dalla cultura Cristiana di origine classica e pagana. Per loro la diversità e non l'uniformità era la caratteristica del romanticismo e il suo modo dominante la melanconia in quanto "ogni cosa finita e mortale si perde nella contemplazione dell'infinito", come scrisse A. W. Schlegel. Per lui una delle caratteristiche del romanticismo è proprio la presenza in esso della ricerca del tentativo di unire tra di loro qualità discordanti, esso è quindi dialettico, mentre il classicismo è uniformità. In quest'ottica il romanticismo non impone la pace dell'essere o della comprensione, ma piuttosto l'ansietà del divenire e della meraviglia. Novalis scriverà:

> Nel dare a ciò che è comune un senso elevato, al consueto un aspetto misterioso, al noto la dignità dell'ignoto, al finito un'apparente infinità, io li rendo romantici.

Il romanticismo tedesco, e in parte anche quello inglese, nasce da una gravissima delusione, quella dell'involuzione degli avvenimenti rivoluzionari. Come Pallade, tutta armata, nacque dalla testa di Giove, così dalla Rivoluzione Francese nacque la moderna classe borghese. Questo fu lo shock romantico, quello di veder emergere una nuova classe che diventerà dominante e che si rivelerà spesso peggiore della precedente classe dominante, quella aristocratica. Questa amara e deludente conclusione dello spirito rivoluzionario accolto con grande entusiasmo all'inizio, spinse questi giovani a riconsiderare l'intero corso della storia.

Il Romanticismo ha un compito ingrato, un compito gravido anche di conseguenze per la letteratura futura, che è quello di scandagliare per la prima volta un territorio sconosciuto. Non ci possiamo aspettare dal Romanticismo delle diagnosi definitive, delle prese di atto che verranno in seguito, nel secolo successivo. Quello dei romantici è un compito veramente prometeico, per la prima volta si tenta di sondare, di immergersi nelle province di un regno che si è inabissato: questo regno è l'inconscio. Il poeta romantico percepisce che esiste una forza creativa molto più grande della sua e di cui la sua fa parte integrante. Questo senso di identità e di appartenenza aleggia un po' dovunque in tutte le manifestazioni della cultura romantica e non solo nella poesia. Basti pensare ad esempio a molti quadri di Delacroix o alla possente forza espressiva di molti finali beethoveniani. Questa constatazione spiega anche il frequente ricorso del mito nella poesia romantica. Il mito infatti ha sembianze umane ma ha poteri e forza di un essere soprannaturale, in lui quindi si ritrovano, e si identificano, sia il mondo umano che quello non umano, un'identificazione questa che è anche una caratteristica tipica della poesia romantica come vedremo nei capitoli successivi.[20]

Ma il Romanticismo non fu soltanto un fenomeno letterario o artistico. Esso infatti creò un segno profondo anche nella storia politica dell'umanità. Nel preparare una serie di lezioni che avrebbe dovuto tenere presso un'Università Americana, Isaiah Berlin, nel Novembre del 1951 scrisse in una lettera indirizzata alla direttrice di quei corsi:

> Quel particolare periodo (il periodo Romantico) durante il quale le moderne idee e convinzioni politiche e sociali vennero veramente formulate e le controversie acquistarono la loro espressione classica, nel senso che gli argomenti di oggi trattano ancora dei concetti ed anche la terminologia che si cristallizzò in quegli anni. [21]

Ho detto che esamineremo in prevalenza i più importanti poeti romantici, che normalmente si usa distinguere dividendoli tra quelli appartenuti alla prima generazione, ovvero coloro che nacquero intorno all'anno 1770, come William

---

[20] Per una più esauriente trattazione di questo interessante argomento si veda Northrop Frye – *The Drunken Boat* in *Romanticism Reconsidered* – ed. da N. Frye, Columbia University Press,1963.
[21] Isaiah Berlin – *Politic Ideas in the Romantic Age* – ed. Henry Hardy, Pimlico, London 2007

Blake (1757), William Wordsworth (1770), Samuel T. Coleridge (1772), Robert Southey (1774), e quelli della seconda generazione, nati circa vent'anni dopo, come George Byron (1788), Percy Bysshe Shelley (1792) e John Keats (1795). Possiamo quindi dire che, allo scoppio della Rivoluzione francese, la prima generazione era giovanissima e la seconda non era ancora nata. È inoltre curioso notare che i poeti della seconda generazione morirono tutti giovanissimi ed alcuni anni prima di quelli della prima generazione. Inoltre i rapporti tra le due generazioni non furono né troppo intensi né continuativi.

Nonostante le loro profonde differenze, vi fu una tendenza critica del periodo a raggrupparli insieme, così qualcuno parlò della prima generazione come quella dei "Poeti dei Laghi", perché essi privilegiarono il vivere in quella regione del Nord dell'Inghilterra, mentre il circolo di Shelley e dei suoi amici venne denominato la scuola dei "Poeti Satanici", in riferimento all'ateismo di Shelley ed alla spregiudicatezza di Byron, ed alcuni critici maligni chiamarono Keats e i suoi amici la scuola di poesia "Cockney", ovvero volgare e popolare. In realtà questi raggruppamenti non hanno alcun senso, ciascuno di loro era infatti artisticamente autonomo ed indipendente, anche se vi fu per alcuni anni una amicizia tra Wordsworth e Coleridge così come tra Byron e Shelley.

Un'altra significativa differenza tra le due generazioni fu la loro diversa visione politica. I poeti romantici della prima generazione si schierarono, da giovani, contro la politica economica predicata dagli economisti e filosofi dell'inizio del 19° secolo. Wordsworth si oppose alla mentalità ed alla cultura dominante del 18° secolo e il suo lungo poema, intitolato *L'Escursione*, rappresenta una forte protesta in favore di una visione organica della natura e della società. I loro valori erano basati su una visione umanistica e rurale, totalmente contraria all'industrializzazione ed alla divisione del lavoro con le sue conseguenze disumanizzanti, nonché alla crescita del commercio. Essi furono contrari al perseguimento del profitto a tutti i costi privilegiando altri valori, in particolare quelli intellettuali e spirituali. Per questo motivo essi furono, all'inizio, fervidi ammiratori della rivoluzione francese, per gli ideali che quel drammatico evento sembrava voler affermare e promuovere. Ma quando questi ideali vennero traditi dal Terrore, essi si sentirono a loro volta traditi e divennero tutti forti oppositori del regime francese e di Napoleone, e sostenitori del governo e della monarchia inglese.

La seconda generazione mantenne invece costantemente un atteggiamento politico liberale o addirittura radicale, come Shelley, e continuò a sostenere gli ideali della rivoluzione anche se con molti distinguo, accusando i poeti della prima generazione di aver tradito i loro ideali giovanili.

Tra di loro i poeti romantici furono molto diversi, sia come stile di scrittura che come argomenti trattati. Wordsworth è considerato il poeta della natura, e nella sua poetica egli sembra essere il più lontano degli altri dal simbolismo e dalla mitologia. In Coleridge il simbolismo è indispensabile, egli parla quasi esclusivamente tramite simboli, e per lui la natura è un linguaggio simbolico.

Shelley fu un intellettuale prima di essere un poeta, egli studiò e tradusse molte opere sia latine che greche. Anche lui fu un simbolista e un mitologo; la sua è una poesia che contiene molta tristezza, la consapevolezza della miseria della vita umana, illuminata di tanto in tanto dal fascio di luce di un amore sensuale. Egli fu amico ed ammiratore di Byron, che però non aveva la sua stessa preparazione intellettuale. Inoltre la poesia di Byron, oltre ad essere prevalentemente autobiografica, è una poesia ironica, spesso irriverente, sensuale ed anche talvolta cinica. Keats, la cui breve vita fu caratterizzata da sofferenze quotidiane, sia economiche che di salute, scrisse invece una poesia eterea, immateriale. Più degli altri poeti egli sembra essere prossimo ad una religione della bellezza, la sua è una continua ricerca di qualcosa, nella sua immaginazione, che la vita reale non riesce a dargli. Quindi grandi differenze di stile, di carattere, di vita, di soggetti ma tutti contenenti quell'elemento unificante che, come detto, Hazlitt definì come "Lo Spirito dei Tempi".

Tutti i poeti della seconda generazione morirono giovanissimi, e tutti lontani dal loro paese, lungo le coste del Mediterraneo, nei paesi dei loro miti e dei loro sogni.

Keats morì a Roma, di tubercolosi, nel 1821, a soli venticinque anni, e sulla sua tomba, al cimitero a-cattolico di Roma, è scritto: "Qui giace uno il cui nome è scritto sull'acqua". Shelley, annegò, affondando con la sua barca, mentre veleggiava tra Livorno e Lerici nel 1822, a ventinove anni. Il suo corpo ritrovato dopo alcuni giorni, venne bruciato sulla sabbia e le sue ceneri vennero sepolte anch'esse a Roma nello stesso cimitero di Keats. Byron morì a Missolungi in Grecia, nel 1824 a trentasei anni mentre cercava di aiutare i patrioti greci nella loro guerra di indipendenza dalla dominazione dell'Impero Ottomano raggiungendo, nell'immaginario collettivo, la figura dell'eroe romantico che la sua poesia aveva fortemente aiutato a creare.

Il viaggio

Il grande critico del periodo romantico, William Hazlitt, ha scritto un saggio intitolato *On Going a Journey (Facendo un Viaggio)* inizialmente pubblicato nel *New Monthly Magazine* del Gennaio 1822 e poi ristampato nella raccolta dei suoi saggi intitolata *Table Talk*. In quel saggio Hazlitt mostra un tipico esempio della mentalità romantica nei confronti del viaggio. In esso infatti egli scrive:

> Una delle cose più piacevoli al mondo è viaggiare; ma io desidero farlo da solo. Posso essere socievole in una stanza, ma fuori dalla porta, la natura è una compagnia sufficiente per me. Io sono allora meno solo di quando sono solo.[22]

---

[22] William Hazlitt – *Table talk or Original Essay* – John Warren, 1822

Hazlitt sintetizza con questa frase alcune delle caratteristiche fondamentali del viaggio per i romantici. Innanzitutto il piacere, ma anche il desiderio, di viaggiare da soli o al massimo in compagnia di un amico caro. Il viaggio quindi inteso non come un evento sociale, ma come scoperta della natura, che così diventa la compagna di viaggio preferita, ma anche il viaggio alla scoperta di se stessi. Un viaggio dunque verso l'esterno che comporta anche un viaggio dentro la propria anima.

Hazlitt inserisce, nel suo saggio, alcune citazioni tratte da altri autori, come quando afferma "I campi erano il suo studio, la natura il suo libro". Questa citazione è tratta da una poesia di Robert Bloomfield (1766-1823) un poeta romantico minore, ma esprime un concetto che sarà ripreso da quasi tutti i poeti romantici e soprattutto da Wordsworth, ovvero la Natura come luogo in cui nasce la vera ispirazione poetica. Hazlitt poi continua il suo saggio scrivendo:

> ...l'essenza del viaggio è la libertà, la libertà perfetta, pensare, sentire, fare, soltanto quello che piace. Noi viaggiamo soprattutto per essere liberi da tutti gli ostacoli e gli inconvenienti; lasciare noi stessi alle spalle, più che liberarsi degli altri.
> ...Datemi chiari cieli azzurri sulla mia testa, e l'erba verde sotto i miei piedi, una strada tortuosa davanti a me, ed una marcia di tre ore prima di pranzo – e poi a pensare! È difficile che io non inizi qualche gioco su queste solitarie lande. Io rido, corro, salto, canto per la gioia.

Ovviamente le condizioni in cui si effettuava il viaggio dei romantici erano del tutto diverse da quelle in cui sarà affrontato il viaggio in seguito. Per molti di loro il viaggio era essenzialmente un viaggio a piedi, e quindi il contatto con la natura era diretto, immediato senza intermediari. Ma di questo parleremo più in dettaglio in seguito.

Il viaggio è sempre stato uno dei temi dominanti della letteratura di tutti i tempi. Dall'epopea di Gilgamesh, scritta su tavolette di argilla, in un periodo che risale a circa 4500 anni fa, tra il 2600 a.C. e il 2500 a.C. passando ai grandi poemi Omerici, con il viaggio di Ulisse, o il Viaggio degli Argonauti raccontato da Apollonio Rodio, e ancora Virgilio che racconta il viaggio di Enea, e potremmo continuare a lungo.

Il viaggio è inoltre parte integrante e fondamentale di ogni teologia religiosa, dal viaggio di Abramo raccontato nella Bibbia, al viaggio di Dante della *Divina Commedia*, a quello di Maometto che, accompagnato dall'arcangelo Gabriele, si reca sulla cima di una montagna da cui gli vengono mostrati i supplizi dell'inferno e le gioie del paradiso (di questo viaggio vi sono molte versioni). Tutti quei viaggi avevano però, all'origine, uno scopo ben preciso, una meta, e quindi un itinerario da seguire, un andare verso una destinazione, un compito da eseguire, ed un ritorno (*nostos*) al punto di partenza, a casa, e si concludevano, spesso, con il ricongiungimento con la propria famiglia, i propri amici, il proprio stato. Il viaggio poteva avere successo oppure no. L'eroe avrebbe dovuto affrontare avventure, tempeste, peripezie, ma era sempre animato dal desiderio del *nostos*, sapeva che alla fine, avrebbe raggiunto il proprio scopo e sarebbe ritornato.

Nel 17° e 18° secolo si registra una forte crescita dei viaggi turistici, il cosiddetto Gran Tour, ovvero il viaggio come componente fondamentale, per chi poteva permettersolo, per completare l'educazione del giovane aristocratico. Meta preferita di questi viaggi era proprio l'Italia. Il nostro paese infatti esercitava, allora molto più di oggi, un fascino del tutto particolare. Gli inglesi guardavano all'Italia come a una rappresentazione simbolica che incorporava quanto di meglio potesse esistere: le bellezze naturali, il clima mite, i capolavori artistici, le vestigia di antiche civiltà e soprattutto la grande cultura sedimentata attraverso i secoli. L'Italia era inoltre più facilmente raggiungibile della Grecia, e divenne quindi la meta preferita dei viaggiatori. Il Dott. Samuel Johnson famoso ed importante critico letterario del 18° secolo ha scritto "La nostra religione, tutte le nostre arti, quasi tutto ciò che ci pone al di sopra dei selvaggi, è venuto dalle coste del Mediterraneo". Divenne di moda in quel periodo dipingere dei quadri che rappresentassero delle visioni dell'Italia e dell'Inghilterra fuse insieme in una sorta di dimostrazione di radici comuni e di un'ideale unione culturale. Ad esempio il pittore William Marlow (1740-1813) dipinse, nel 1795, una veduta di Venezia, diventata poi famosa, in cui vi è rappresentato un tipico canale veneziano ma sul cui sfondo troneggia l'imponente cupola della chiesa londinese di San Paolo. Il quadro, intitolato *Capriccio: San Paolo e un Canale Veneziano*, è conservato presso la Tate Gallery a Londra.

Se da un lato la natura, le arti, la grande cultura italiana erano ammirate ed invidiate, dall'altro vi era una certa diffidenza nei confronti degli italiani e del loro modo di vivere caratterizzato, secondo la prevalente opinione pubblica inglese del periodo, da immoralità e corruzione.

Per Shelley, che visse a lungo in Italia, esisteva una frattura insanabile tra l'Italia antica, quella dei ruderi pittoreschi e della natura sublime, e l'Italia moderna e ripugnante infestata dagli italiani. In una lettera a Thomas Jefferson Hogg da Napoli nel Dicembre del 1818 egli infatti scrive:

> Vi sono due Italie - una costituita dai campi verdi e dal mare trasparente, dalle possenti rovine dei tempi antichi, dalle montagne aeree e dall'atmosfera radiosa che si fonde attraverso tutte le cose. L'altra consiste degli italiani di oggi, del loro linguaggio e dei modi di vivere. La prima è la contemplazione più sublime ed amabile che possa essere concepita dall'immaginazione dell'uomo, l'altra e la più degradata, disgustosa e odiosa.[23]

Dopo qualche tempo di residenza in Italia, Shelley attenuerà questo suo severo giudizio, e chiamerà l'Italia *il paradiso degli esuli*.[24]

---

[23] P. B. Shelley - *Essays, Letters from Abroad* – edited by Mary Shelley, Edward Moxon, 1852
[24] P B Shelley – *Julian and Maddalo*

Wordsworth visitò l'Italia tre volte, Coleridge visitò la Sicilia e la Calabria durante la sua permanenza a Malta, Byron vi soggiornò a lungo, quasi quattro anni, lo stesso fece Shelley con la moglie Mary ed in Italia Shelley morirà, così come vi morirà anche Keats ed entrambi sono sepolti nel cimitero a-cattolico di Roma.

L'immagine dell'Italia era nota in Inghilterra attraverso la letteratura, i racconti di viaggi, le opere d'arte, in conseguenza per molti inglesi l'arrivo in Italia non era tanto l'arrivo in un posto nuovo quanto un ritorno in un luogo già noto, o meglio immaginato nella propria gioventù. Ecco ad esempio come Byron descrive il suo arrivo a Venezia:

> *Io l'ho amata sin dalla gioventù, lei per me*
> *Era la magica città del cuore,*
> *Sorgente dal mare come colonne d'acqua,*
> *Della gioia del soggiorno, e della ricchezza del mercato,*
> *E l'arte di Otway, Radcliffe, Schiller, Shakespeare,*
> *Aveva inciso la sua immagine su di me e tuttavia,*
> *Sebbene io l'abbia trovata così,[25] non ci separammo;*
> *Forse ancor più cara nei giorni del dolore,*
> *Che quando lei splendeva, una meraviglia, uno spettacolo.*
> (Il Pellegrinaggio del giovane Aroldo - Libro IV°. St. 18)

Trovarsi a Venezia era quindi per Byron un ritrovarsi nel mondo fantastico della sua gioventù. Ogni passo che faceva nella realtà costituiva per lui un passo indietro nella memoria e nella fantasia.

Nel 18° secolo e nel periodo romantico si verificò quindi un notevole grado di mobilità ed una conseguente domanda di letteratura di viaggio di vario genere, dalle guide ai romanzi di fantasia. Nacquero così *Robinson Crusoe* di Daniel Defoe nel 1719, *I Viaggi di Gulliver* di Jonathan Swift

---

[25] Ovvero sotto il dominio austriaco

nel 1725, ma molti altri scrittori scrissero dei loro viaggi come Thomas Gray, lady Mary Wortley Montagu, Laurence Stern, con il suo *Viaggio Sentimentale attraverso la Francia e l'Italia* del 1768, che rappresenta il prototipo dei libri di viaggio, il cui scopo era quello di fornire informazioni obiettive su ogni particolare luogo da lui visitato.

Questa piacevole, anche se faticosa attività, venne bruscamente interrotta, per quasi vent'anni, dalla Rivoluzione Francese e dalle successive guerre napoleoniche, che di fatto bloccarono ogni possibilità di viaggio in Europa. I viaggiatori inglesi si rivolsero allora verso il loro paese, scoprendo la regione dei Laghi, il Galles e la Scozia. Alla riapertura delle frontiere dopo la sconfitta di Napoleone, nel 1815, Byron e Shelley furono tra i primi a riprendere il viaggio in Europa. Ma il loro fu un viaggio diverso.

I giovani aristocratici che, a completamento della loro educazione, affrontavano il Gran Tour cercavano la conoscenza di mondi e culture diverse, l'istruzione, ma anche il divertimento e il piacere.

Non fu così per il viaggio dei romantici. Il loro fu un viaggio diverso, un viaggio che potremmo definire come una ricerca, un pellegrinaggio, verso una meta non sempre ben definita e la cui attrazione risiedeva più nel viaggio stesso che non nel raggiungimento di un luogo.

La scrittrice e critica dell'Arte Anita Brookner inizia un suo bel libro sul Romanticismo con queste parole:

> Un Romantico è stato spesso brevemente definito come qualcuno che ritiene sia meglio viaggiare con una speranza, piuttosto che arrivare.[26]

Per i romantici dunque il viaggio stesso era spesso lo scopo e non esisteva l'esigenza e il richiamo del ritorno. Un viaggio senza una meta ben definita e quindi una *Wanderung*, un'erranza, che talvolta può trasformare l'errante in

---

[26] Anita Brookner - *Romanticism and its Discontent*, Penguin Books, London 2001

heimatlos, il senza patria, il privo di luogo, l'errante colui che per destino deve farsi viandante e quindi viaggiatore.

Il viaggio dunque come metafora della vita, ricerca di un luogo ogni volta diverso e nuovo, una continua ripartenza, perché solo così, nella ripetizione del gesto, si crea il collegamento migliore tra il tempo della nascita e il tempo della morte.

Jack Kerouac, che potremmo definire un romantico moderno, nel suo romanzo *Sulla strada* scrive:

> Correvamo insieme per la strada, assorbendo tutto
> in quella primitiva maniera che avevamo, e che
> più tardi diventò tanto più triste, ricettiva e
> vuota.[27]

Il senso del viaggio degli scrittori romantici risiede nei testi che loro scrissero, e che esamineremo in seguito. In essi vedremo come l'idea del movimento viene legata alla parola ed all'immagine che la stessa crea nella mente e nell'immaginazione del lettore. Un'idea quindi affascinante anche se difficile, sia perché molto ampia, sia in quanto in gran parte immateriale, poetica, astratta.

La letteratura romantica è caratterizzata proprio dal movimento, dal viaggio, reale o intellettuale, ed essa lo esprime, lo racconta, in prevalenza utilizzando la forma poetica. Questa circostanza non si realizza invece nella letteratura che la precede, in cui i libri di viaggio erano prevalentemente in prosa, come i già citati *I Viaggi di Gulliver*, *Robinson Crusoe*, fino ai *Diari di Viaggio* del grande esploratore James Cook. Ma in tutte queste opere la dimensione romantica è del tutto assente. Esse sono semplicemente espressioni letterarie, anche se importanti, tipiche del periodo in cui vennero scritte.

Tutti i romantici furono grandi viaggiatori. Shelley e Byron furono ossessivamente sempre in movimento; Wordsworth e Coleridge girarono a lungo, quasi sempre a

---

[27] Jack Kerouac – *On the Road* – Chelsea House Publisher, 2004

piedi, ed oltre che varie parti dell'Inghilterra e della Scozia, anche sul continente europeo.

Altri invece come Blake o Keats, fecero quasi esclusivamente dei viaggi mentali, spinti dalla loro immaginazione, ma non per questo i loro viaggi furono meno interessanti o meno stancanti di quelli degli altri. Proprio Keats, commentando le opere di Byron in una lettera indirizzata al fratello George, emigrato in America, scrisse: "Byron descrive ciò che vede, io quello che immagino, e il mio lavoro è molto più difficile del suo".

Il viaggio intellettuale poteva anche avere origine da un sogno. Tutti i Romantici furono grandi sognatori, e molti dei loro poemi trovano una loro origine nel sonno, in una sorta di trance estatica, una visione. In uno dei suoi taccuini Coleridge annotò: "Devo dedicare uno o più giorni esclusivamente alla meditazione sui Sogni. Giorni? Piuttosto Settimane". Per loro tuttavia il sogno non era un semplice ed ingenuo tentativo di evasione dalla realtà, ma rappresentava piuttosto la ricerca di un mondo migliore, da svelare al momento del risveglio.

Quale fu il punto di partenza del viaggio dei romantici, non in senso fisico ma in senso intellettuale? Alcuni di loro come Blake, Coleridge e Byron erano Cristiani, sia pure in forme e modi anche molto diversi tra di loro. Per essi quindi il punto di partenza, del loro viaggio intellettuale, coincide con il peccato originale e con la conseguente cacciata di Adamo ed Eva dal Paradiso terrestre. Il viaggio diventa così una metafora della vita orientata alla riconquista, lunga, difficile e accidentata di un nuovo Paradiso e quindi un recupero di quella Felicità perduta. Un altro gruppo di romantici, tra cui Shelley, Keats ed altri non erano Cristiani ma prevalentemente atei, o comunque non credenti, per loro allora il punto di partenza fu diverso. Non il peccato originale ma il declino, la decadenza e la fine della cosiddetta età aurea, ovvero la fine della saggezza e della grande cultura classica, greca soprattutto, ma anche latina. Per loro il viaggio, sempre utilizzato come metafora della vita, era il tentativo di ritornare agli splendori intellettuali di quel periodo e quindi un ritorno a quel periodo di felicità perduta. In ogni caso, qualunque fosse la loro idea del punto di partenza, questo segna comunque il distacco, la separazione, fisica e morale, dell'uomo dalla Natura, intesa come origine e fonte della vita; in conseguenza la loro ricerca sarà sempre orientata ad un futuro, anche se improbabile, ricongiungimento con la Natura stessa. Sarà un antiromantico apparente come T. S. Eliot, nella sua magistrale opera *I Quattro Quartetti*, a illustrare poeticamente che, in realtà, il punto di partenza e quello di arrivo quasi sempre coincidono, e quello è il punto in cui tutto si compie e si spiega. Eliot infatti scriverà:

> *Noi non cesseremo mai di esplorare*
> *E la fine della nostra ricerca*
> *Sarà di arrivare là dove siamo partiti*
> *E conosceremo quel posto per la prima volta.*[28]

Vista la disponibilità di mezzi di trasporto disponibili in quel periodo, le figure classiche del viaggiatore romantico erano essenzialmente due: il viaggiatore a piedi e il marinaio, ovvero chi faceva il viaggio per mare, e i due rappresentanti principali di questi due diversi modi di viaggiare furono rispettivamente Wordsworth e Byron.

Parleremo in seguito del viaggio a piedi, in quanto a quello per mare, nello sconfinato Oceano dei romantici appaiono (come dice Piero Boitani) due isole all'orizzonte: Citera, l'isola dell'amore e Itaca, l'isola della ragione, l'isola in cui si ritorna, come fece Ulisse, dopo aver affrontato le peripezie della vita. Per Kant l'isola è una metafora del puro intelletto, circondato, assediato dal vasto e tempestoso mare dell'esperienza.

Il cantore per eccellenza di Citera è stato il poeta francese Charles Baudelaire (1821-1867). Baudelaire appartenne a una generazione tardo romantica, essendo nato nel 1821, e quindi lo stesso anno in cui moriva Keats, tuttavia la sua poetica è tutta impregnata di un forte sentimento romantico. Anche per lui, il tema del viaggio è

---

[28] T. S. Eliot – *I quattro Quartetti* – *Little Gidding* – faber & faber, 1944

dominante e ne dà un'interpretazione emozionante, nella poesia *Un voyage à Cythère*. In quella poesia l'isola dell'amore viene presentata come un'isola triste e nera, una terra di impiccati, in cui l'amore è presente solo come sofferenza e come lacerazione. Per il poeta l'isola di Citera è l'isola verso la quale si viaggia, ma non quella dove sempre si arriva, e la poesia di Baudelaire inizia così:

> *Gaio come un uccello, si librava il mio cuore,*
> *Planando in libertà sopra il cordame;*
> *Nell'aria immacolata scivolava la nave,*
> *Angelo inebriato da un radioso sole.[29]*

Citera dunque, l'isola dell'amore eterno e della felicità, come meta a cui aspirare nel viaggio dei romantici. Una meta verso cui si viaggia con fiduciosa speranza e quindi con allegria, gioia nella prospettiva di poterla realmente raggiungere. Con il passare del tempo subentra tuttavia la consapevolezza che quella meta è per noi esseri umani, irraggiungibile; un altro Paradiso Perduto, un'altra ripartenza, ma questa meta utopica ci creerà comunque un viaggio felice, almeno alla partenza, così come canta Baudelaire.

Baudelaire ha scritto anche un'altra bellissima poesia intitolata proprio *Le voyage*, in cui scrive, ribadendo con chiarezza poetica il principio del viaggio dei romantici:

> *Ma i veri viaggiatori partono per partire*
> *E basta: cuori leggeri, simili a palloncini*
> *Che solo il caso muove eternamente,*
> *Dicono sempre "Andiamo", e non sanno il perché.[30]*

Ecco dunque uno degli aspetti rilevanti del viaggio dei Romantici: essi partono senza sapere il perché.

Nello sterminato mare dei Romantici, vi è poi un'altra isola, Itaca, l'isola del ritorno a casa di Odisseo, simbolo di

---

[29] Charles Baudelaire – *I Fiori del Male* – Traduzione di Giovanni Raboni, Einaudi, 1992
[30] Baudelaire op. citata

tutti i ritorni. Un altro grande poeta non inglese, ma greco-egiziano Konstantin Kafavis (1863-1933), un post romantico anche lui, che nacque e visse ad Alessandria d'Egitto ha scritto una bellissima poesia intitolata proprio *Itaca* e la poesia inizia così:

> *Quando ti metterai in viaggio per Itaca*
> *Spera che il tuo viaggio sia lungo*
> *Pieno di avventure, pieno di scoperte Lestrigoni e*
> *Ciclopi,*
> *Il furioso Poseidone, non temerli*
> *Non troverai mai nulla come loro sulla tua strada*
> *Se manterrai alto il tuo pensiero,*
> *E sino a quando un insolito entusiasmo*
> *Stimolerà il tuo spirito e il tuo corpo.*

E l'ultima strofa recita:

> *Itaca ti ha dato un viaggio meraviglioso*
> *Senza di lei tu non saresti partito*
> *Ed ora lei non ha più nulla da darti.*
> *E se la troverai povera, Itaca non ti avrà ingannato*
> *Perché saggio come sarai diventato,*
> *Così pieno di esperienza, tu avrai capito*
> *Allora ciò che Itaca significa per te.[31]*

Nel commentare questa poesia il suo autore disse che il suo significato risiede soprattutto nel non avere fretta di arrivare a destinazione, alla propria Itaca, ma bisogna utilizzare il viaggio (cioè la vita) per esplorare il mondo, crescere intellettualmente, aumentare la propria conoscenza, sempre, di continuo. Itaca dunque più che una destinazione rappresenta uno stimolo per mettersi in viaggio, fisico e mentale, anche perché dopo tutte le esperienze e le conoscenze accumulate lungo il viaggio, all'arrivo Itaca potrebbe anche deludere.

---

[31] C. F. Cafavy – *Collected Poems* – edited by George Savidis, Princeton University Press, 1992. Mia traduzione

Arthur Rimbaud (1854-1891), il giovane poeta maledetto, che ha scritto delle poesie meravigliose, tra le quali amo ricordare questi pochi versi che da quando li ho studiati, ormai molti anni fa, sono rimasti impressi nel mio cuore:

Lei è ritrovata -
Cosa? – L'eternità.
È il mare fuggito
Con il sole.[32]

Rimbaud introduce poi un motivo inedito, che è quello della navigazione sul fiume. Nella letteratura preesistente vi era una navigazione di carattere marittimo per cui, si affermò l'immagine dell'olandese volante e del vascello maledetto, ripreso da Coleridge nel suo *La Ballata del Vecchio Marinaio*. In Rimbaud, per la prima volta, compare il *topos* del viaggio fluviale, che ricorrerà in seguito, in modo emozionante, in uno dei romanzi più belli di Joseph Conrad (1857-1924), che è *Cuore di tenebra*, in cui il fiume Congo viene visto come il territorio dell'inconscio, nel cuore profondo dell'Africa Nera, ma che coincide anche, in modo misterioso, con la Londra che viene presentata nelle prime pagine. Per cui questo *topos* fluviale da una parte rinvia ad acque di carattere interno, cioè le acque dell'inconscio, dall'altra parte rinvia a viaggi di esplorazione, all'interno del continente africano.

Il viaggio dei romantici è anche un viaggio di purificazione, di rinnovamento, sia fisico che morale e che, per le sue caratteristiche richiama, anche se alla lontana, il concetto dell'esilio. Ed ecco che emerge una delle caratteristiche più evidenti degli scrittori romantici ovvero l'utilizzo del viaggio per soddisfare il desiderio di scoperta del nuovo, dello sconosciuto, del diverso, ovvero dall'esperienza del viaggio reale o immaginario, ci si aspetta la nascita di nuove idee, l'apertura di nuovi orizzonti, che allarghino la visione e che arricchiscano la vita.

---

[32] Arthur Rimbaud – *L'Eternité*

Percy B. Shelley nel suo affascinante poema *Julian and Maddalo*, che esamineremo in seguito, scrive:

> *Amo i perduti e solitari luoghi,*
> *Dove proviamo il piacere di pensare*
> *Che quello che vediamo sia senza limiti,*
> *Come vorremmo fosse l'animo nostro.*

Con questi versi Shelley proietta il proprio animo, e tutto il proprio essere, in un viaggio immaginifico al di là dell'umano, in un universo senza limiti e senza frontiere.

Spesso, nell'intraprendere il viaggio, il romantico sembra quasi conoscere di più ciò da cui vuole allontanarsi, piuttosto che la meta dove dirigersi:

> *Più come un uomo*
> *Che fugge da qualcosa che teme,*
> *Che uno che ha cercato ciò che ama.*

scriverà Wordsworth nel suo capolavoro *Versi scritti poche miglia da Tintern Abbey*.

Il grande viaggiatore Bruce Chatwin (1940-1989), anche lui una sorta di romantico moderno, scrisse su un suo taccuino questa frase di Montaigne: "normalmente rispondo a chi mi chiede il motivo dei miei viaggi, che io so bene quello da cui scappo, ma non quello che cerco".

Forse, viaggiando, il romantico più che altro tenta di allontanarsi dal proprio io conosciuto, alla ricerca di un nuovo io, desiderato, idealizzato anche se non meglio definito. Questa mancanza di certezza della meta comporta quindi la presenza imbarazzante, continua e disturbante di un senso di indecisione, di instabilità, della continua attesa di un cambiamento, che sembra essere uno dei più importanti principi guida della psicologia romantica, il *Wanderung* appunto. Ma il cammino esistenziale del *Wanderer* può anche condurre a un esito infausto; e questo comincia quando il movimento non è più essenziale a se stesso ma diventa una tensione verso qualcosa, una ricerca esteriore, la ricerca della felicità per l'appunto.

Questa ricerca sarà poeticamente espressa da una famosa poesia, intitolata per l'appunto *The Wanderer*, scritta da un poeta tedesco del movimento *Sturm und Drung*, George Philipp Schmidt von Lübeck (1766-1849), che dice:

> *Sono sceso dalla montagna alla costa*
> *Nebbiosa è la valle, in burrasca il mare.*
> *Io vago silente, qui, senza gioia:*
> *E i miei sospiri chiedono: Dove? O Dove?*
>
> *Il loro sole mi appare così freddo;*
> *I fiori qui appassiscono, la loro vita è vecchia,*
> *E quando loro parlano, vuote storie:*
> *Io sono straniero ovunque vada.*
> *Dove sei tu, paese mio, amata casa?*
> *Immaginata, pensata, ma mai conosciuta!*
> *Il paese, il paese, dove vola la speranza*
> *La terra dove fioriscono le mie rose.*
>
> *Dove gli amici non si incontrano mai per caso,*
> *Dove tutti i miei morti rivivranno ancora,*
> *Il paese che parla la mia vera lingua.*
> *Oh, terra, dove sei?*
>
> *Io vago silente, qui, senza gioia,*
> *I miei sogni continuano a chiedere: Dove? Oh Dove?*
> *Gli spettri rispondono alla mia angoscia:*
> *Dove tu non sei, là è la felicità.*[33]

Questa bella poesia è stata messa in musica da Franz Schubert. In essa ecco apparire il vero motivo, lo scopo del viaggio dei romantici: la ricerca della felicità, quella felicità che la vita di ogni giorno non è in grado di offrire. Il viandante, sceso dalla montagna, attraversa una *terra desolata* dove le valli sono *nebbiose*, il mare in burrasca, il

---

[33]Tratto da Jonathan Retzlaff – *Exploring Art Song Lyrics* – Oxford University Press, 2012, mia traduzione.

sole è freddo e i fiori appassiscono! La nostalgia della sua terra, dei suoi amici, prende allora il viandante che continua a chiedersi dove veramente risieda la felicità, in quanto quella terra, quegli amici in realtà lui non li ha mai conosciuti. Ecco dunque che egli acquisisce la consapevolezza profonda, misteriosa ed inquietante che quella meta il viaggiatore romantico non potrà mai raggiungerla. Il suo viaggio quindi, reale o immaginario, sarà un viaggio inappagante, anche se non del tutto inutile, in quanto sarà proprio l'esperienza del viaggiare a prevalere, diventando così questa l'esperienza dominante della propria vita. La presa di coscienza di questa verità trasformerà il viaggio, non più in uno strumento per raggiungere una meta, ma sarà il viaggio stesso a diventare la meta.

Per il romantico dunque il viaggiare è molto più importante che l'arrivare. Inoltre la prospettiva di una meta desiderata, anche se irraggiungibile, fornisce al viaggiatore le forze necessarie per superare e vincere le ansie, le fatiche, le difficoltà, gli ostacoli legati all'incontro con l'incerto e con l'ignoto. Nel viaggio romantico è proprio l'ignoto e l'incerto a costituire lo stimolo che promuove il viaggio.

Il viaggio è quindi per i romantici una sorta di abbandono alle pulsioni dell'inconscio, del sentimento, un abbraccio istintivo con, ed un ritorno verso, la natura, verso la terra-madre, origine e fonte di ogni vitalità. Esso altro non è che una metafora della vita, un viaggio che si svolge in un'unica direzione, senza ritorno, la cui meta finale è la morte; la direzione è univoca, orientata verso un futuro intangibile, immisurabile, verso l'infinito. Il grande Romantico francese René de Chateaubriand (1768-1848) ha scritto *"La vie c'est une errance autour de notre tombe"* (La vita è una erranza intorno alla nostra tomba).[34]

Il poeta romantico viaggia da solo, ed ecco allora sorgere un'altra delle caratteristiche tipiche del poeta romantico, il proprio ego. Egli, pone sempre e soltanto se stesso al centro del mondo, al centro della scena, al centro della

---

[34] Renè de Chateaubriand – *Memorie dell'Oltretomba* – Einaudi-Gallimard, 1995

propria poesia. Un atteggiamento che molti critici hanno battezzato come "l'egoismo romantico". L'erranza, il *Wanderung*, il viaggio guidato esclusivamente dalle forze della natura, è, per lui, lo scopo stesso della vita. Un'erranza non sterile od oziosa, ma un'erranza da una conoscenza ad un'altra, in uno spazio indefinito ed indefinibile, aperto ad ogni esperienza, un distacco dalla costrizione della realtà verso un obiettivo finale che non si conosce e, forse, non si vuole conoscere e dove sicuramente non si desidera arrivare presto. La poesia di Wordsworth ci offre un'incredibile varietà di descrizioni di viaggi dentro la natura, montagne, laghi, fiumi, tutti luoghi reali da lui effettivamente visitati e che il poeta umanizza, di cui parla come se fossero delle persone, che pensano, vivono, soffrono e parlano al cuore del poeta, in un mirabile esempio di sofisma patetico (*pathetic fallacy*) unico forse nella letteratura di tutti i tempi. Qui emerge un'altra caratteristica tipica del *Wanderung* romantico e cioè la ricerca del ricongiungimento con la natura. Il percorso del viaggio dei romantici va dalla città verso la campagna là dove la natura è spontanea, onesta, accogliente, lasciandosi alle spalle l'artificialità, la corruzione, la freddezza umana della città. Il viaggio nei, e attraverso, i campi è sempre associato con la libertà, l'indipendenza, la trasparenza morale e la purezza dell'anima.

Nel suo viaggio il Wanderer incontra la natura in tutte le sue manifestazioni: il tempo, il bosco, il fiume, la montagna, le nuvole, i fiori, il vento che *soffia carico di leggende attraverso gli alberi* come scrive Keats, usando una bella metafora nel suo *La Caduta di Iperione*, facendo così diventare il vento un saggio che parla agli uomini.

Gli elementi della natura entrano di forza nell'immaginazione del poeta, trasformandosi talvolta anche in compagni di viaggio. Ad esempio Wordsworth nel suo *Simplon Pass* scriverà:

> *Ruscelli e strade*
> *Furono compagni di viaggio in questo triste Passo,*
> *E con loro noi viaggiammo per molte ore*
> *Con lento passo.*

Questa personificazione degli oggetti della natura è tipicamente Wordsworthiana e romantica. Coleridge in un suo taccuino annota "Nel Nord quasi tutti i ruscelli, le rocce, ogni campo ha un nome proprio".

Il viaggio sarà però pieno di ostacoli, di avventure, di imprevisti, e quindi difficile e faticoso, sia che esso venga effettivamente realizzato fisicamente, sia che lo stesso venga fatto soltanto mentalmente. In ogni caso sarà sempre il viaggio mentale che darà origine ai grandi capolavori della letteratura romantica. Esso infatti prevale quasi sempre sul viaggio fisico, sì che possiamo dire che tutta la poesia romantica è una poesia di movimento e di distanze, reali o immaginarie.

Il Wanderer nel suo andare riceve dalla natura dei messaggi, che a prima vista sembrano essere oscuri ed impenetrabili, come dirà Wordsworth, a proposito dei misteriosi suoni ascoltati:

> *Che sono*
> *Lo spettrale linguaggio dell'antica terra,*
> *O che fanno nel lontano vento il loro pallido loco.*
> (Il Preludio 2.309-10)

O ancora Shelley quando nel suo *Mont Blanc* scrive:

> *Il luogo selvaggio ha una lingua misteriosa*
> *Che insegna dubbi spaventosi, o fedi così deboli,*
> *Così solenni, così serene, che l'uomo può,*
> *Proprio per tali fedi, riconciliarsi con la natura.*
>
> *Tu hai una voce, grande Montagna, ...*
> *Grandi codici di frodi e di terrore; non compresi*
> *Da tutti, ma che il saggio, il grande, e il buono*
> *Interpretano, o fanno sentire, o sentono in profondità.*

Sempre Shelley nella sua *Ode al Vento di Ponente*, parla con il vento, come se questo fosse un essere umano, lanciandogli un'invocazione:

Fammi essere la tua lira, così come è la foresta

Questa è l'altra grande caratteristica del movimento romantico, dello spirito del periodo romantico: l'umanizzazione della natura. La natura ha nomi, parla, ha dei sentimenti, entrando così in comunione con il poeta.

Oltre alla natura spesso il romantico trova, anzi spesso ricerca, le rovine del passato, di quel passato glorioso, che costituisce la fonte primaria della poetica romantica, soprattutto nei viaggi in Italia. Ed ecco Shelley che scrive il suo famoso sonetto *Ozymandias*,[35] composto dopo una visita alla statua di Ramsete II al British Museum:

> *Incontrai un viaggiatore, da una terra antica*
> *Che disse: Due immense gambe di pietra senza tronco*
> *Si ergono nel deserto. Accanto a loro, sulla sabbia,*
> *Mezzo sommerso, un devastato volto giace, il cui cipiglio,*
> *Ed il raggrinzito labbro, e il ghigno del freddo comando,*
> *Dicono che il suo scultore quelle passioni comprese*

Inoltre, sempre Shelley, scriverà gran parte del suo *Prometeo Liberato* seduto tra le imponenti rovine delle Terme di Caracalla, come raffigurato nel famoso ritratto dipinto da Joseph Severn, il pittore inglese che assisterà Keats nei suoi ultimi giorni. Byron meditando sulle rovine di Roma scrive, nel suo dramma *Manfred*:

> *Mentre vagavo in quella notte*
> *Mi avvicinai alle mura del Colosseo,*
> *Tra le reliquie della potente Roma!*
> *Gli arbusti cresciuti tra i rovinati archi*
> *Ondeggiavano nella azzurra notte, e le stelle*
> *Brillavano da lontano, tra gli squarci delle rovine.*
> *Il cane da guardia abbaiava al di là del Tevere;*
> *E più vicino, dal Palazzo dei Cesari, giungeva*
> *Il lungo pianto del gufo...*

---

[35] Ozymandias è il nome greco di Ramsete II. In realtà il sonetto venne scritto a seguito di un concorso di poesia proprio sul tema delle rovine egiziane a cui Shelley partecipò.

L'edera aveva usurpato la gloria dell'alloro,
Ma il Circo dei sanguinanti gladiatori, rimane
Un nobile relitto in rovinosa perfezione.

Henry James, nel suo romanzo *Daisy Miller*, la cui trama si svolge a Roma, riprenderà questi versi che erano considerati come una delle più celebri descrizioni della Roma archeologica.

L'archeologia andava molto di moda in quel periodo, alimentata dai viaggi dei tanti esploratori e dei loro racconti. Nel 1768 l'ex console britannico ad Algeri, James Bruce, risalì il Nilo con lo scopo di scoprirne le sorgenti, ma arrivato a Tebe si fermò per esplorare la necropoli della Valle dei Re dove fortuitamente trovò l'ingresso della tomba regale di Ramsete III. La sua esperienza egiziana fu raccolta in una pubblicazione del 1790 nel *Travels to discover the Source of the Nile (Viaggio alla scoperta della Sorgente del Nilo)*. Poi vi fu la spedizione napoleonica in Egitto (1781-1801). Napoleone Bonaparte volle al seguito del suo esercito una commissione scientifica formata da ingegneri, disegnatori, architetti, astronomi, geologi e matematici, tra i quali spiccava il nome del barone Dominique Vivant Denon, che produsse più di tremila disegni pubblicati a partire dal 1809. Tra il 1816 e il 1818, l'esploratore italiano Giovanni Battista Belzoni compì una delle opere più importanti dell'archeologia: scoprì a Giza l'ingresso della Piramide di Chefren. Riuscì nell'impresa dopo uno studio attento e scrupoloso dell'interno della piramide di Cheope. L'impresa generò in tutta l'Inghilterra un entusiasmo tale che al suo ritorno fu coniata una moneta di bronzo in suo onore.

È necessario anche ricordare che tutti poeti del periodo romantico sono stati fortemente influenzati dal già citato libro scritto dal filosofo viaggiatore Francese, Constantin-François Chassebœuf de La Giraudais, conte di Volney, detto semplicemente Volney, (1757-1820). Costui nel 1791 scrisse un testo fondamentale per la cultura del tempo ed uno dei più notevoli della letteratura del diciottesimo secolo. Il titolo di quel libro è *Le Rovine o Meditazioni sulla Rivoluzione degli Imperi*. Volney effettuò nel 1784 un lungo viaggio attraverso l'Egitto e la Siria, che in quel periodo facevano parte del grande Impero Ottomano, ed egli specifica, all'inizio del libro, che scopo di quel viaggio sarebbe stato quello di fare una valutazione delle cause della felicità della razza umana, attraverso le grandiose testimonianze delle glorie del passato. Ma quasi subito egli ha delle grandi delusioni a causa dello stato miserevole in cui trova quelle antiche testimonianze. Giunto a Palmira[36] in Siria, e seduto su quelle rovine, l'autore medita sugli avvenimenti contemporanei e tenta di dare loro una sua interpretazione facendo per l'appunto riferimento alla storia degli imperi passati ed ormai scomparsi. Il narratore di questo libro si presenta come un viaggiatore e la sua formazione avviene attraverso una veloce rivisitazione della storia del passato accoppiata con una visione liberatoria del futuro, basate entrambi sull'osservazione del paesaggio che il viaggiatore attraversa e delle rovine delle civiltà del passato, e da queste osservazioni nascono una serie di profonde riflessioni.

Shelley e tutti gli altri romantici furono fortemente influenzati da questo bellissimo ed ancora attualissimo libro.

Nel momento dell'incontro con le vestigia del passato, il viaggio fisico e quello mentale trovano un punto d'incontro. La testimonianza di un passato che non è più è un motivo tipico dell'iconografia romantica (vedi ad esempio i ritratti di Shelley o di Goethe tra le rovine romane) ed è, per il viaggiatore romantico, molto importante. Infatti nelle rovine il poeta contempla il proprio futuro. Ma egli va oltre, non si limita ad osservare, ammirando quello che rimane di un passato splendore, ma in quel momento egli inizia un dialogo con i morti usando liberamente la propria cultura, la propria immaginazione e la propria vena poetica, un'esplorazione, un altro viaggio metafisico alla scoperta delle origini della

---

[36] La grande e splendida città da cui la grande e bellissima regina Zenobia controllava il suo vasto impero che comprendeva dalla Turchia all'Egitto. La sua fama sarà immortalata dal Petrarca nel 1300 nel suo *Il Trionfo della Fama* dove compare a fianco di altre due regine orientali: Semiramide e Cleopatra. Successivamente anche il Boccaccio ne farà un ritratto nel *De Mulieribus claris*.

cultura e della civiltà, un viaggio che supera quindi la mera visione e comprensione degli oggetti reali, tangibili che egli osserva, non soltanto con gli occhi fisici, ma anche e soprattutto con gli occhi della mente.

Nel suo poema *Alastor*, che esamineremo in seguito, Shelley scriverà:

> *Ma sempre osservò*
> *Ed osservò, fino a quando il significato lampeggiò*
> *Nella sua ricettiva mente, ed egli vide*
> *Gli eccitanti segreti della nascita del tempo*

Shelley scriverà anche che il turismo popolare si accontenta dell'apparenza superficiale delle cose, mente il turismo poetico tenta di analizzare la verità profonda delle cose. In altre parole egli suggerisce che l'occhio interno, dotato della capacità storica, riesce ad ottenere una visione che va al di là del "presente temporale", entrando in una dimensione metafisica che restituisce agli "oggetti temporali" una loro autorevolezza simbolica ed interpretativa che affonda le proprie radici nella storia, nella civiltà e nella cultura. Le rovine infatti, se correttamente interpretate hanno una loro intrinseca potenza che consente loro di modificare il corso degli stessi eventi che le hanno generate. La meditazione prodotta dalla contemplazione delle rovine del potere umano suscita un elevato senso di rispettoso terrore così come di bellezza da ammirare, scriverà Shelley che concluderà questa sua riflessione paragonando tali rovine ai grandi fenomeni naturali come l'oceano, il ghiacciaio, il vulcano che creano in noi una sorta di gioia paurosa (il sublime) e fremente, che egli conclude definendo tale gioia come Amore.

Per i romantici la contemplazione di antiche rovine era qualcosa di più che un semplice ed istintivo senso di ammirazione, per quanto imponenti queste fossero. Oltre che il loro futuro nelle rovine essi vedevano anche la futilità degli sforzi dell'uomo; il tempo che annulla ogni potere temporale, e quindi la dissoluzione dell'ego individuale nel flusso eterno del tempo. Nel già citato *Ozymandias* Shelley scriverà:

E sul piedistallo queste parole appaiono:
"Il mio nome è Ozymandias, Re dei Re:
Guardate alle mie opere, voi Potenti, e disperate!"
Nulla accanto rimane.

Dall'osservazione delle rovine i romantici facevano anche sorgere una scintilla purificatrice che, accendendo il fuoco liberatorio dell'immaginazione, bruciava inesorabilmente le scorie del passato e del presente, proiettando l'anima del poeta verso il futuro, fornendogli così l'ispirazione necessaria.

Mentre la religione, messa in difficoltà dalla scienza, regrediva, i romantici cercarono dei sostituti secolari e l'archeologia, che resuscitando il passato offriva la speranza che memorie e tracce del presente avrebbero potuto sopravvivere nel lontano futuro, poteva essere un tale sostituto.

Ho scritto in precedenza che normalmente il viaggiatore romantico è solo, talvolta in compagnia di un amico, con il quale condivide le emozioni. Ma egli è anche alla ricerca di una guida, di un saggio che lo aiuti, lo indirizzi, lo consigli (così come Virgilio fa con Dante). Keats in alcune lettere invoca Shakespeare come il suo *presidor*, un termine da lui creato che potremmo tradurre come "ispiratore". Shelley guardava invece alle idee del filosofo radicale William Godwin (1756-1836), di cui sposerà, in seconde nozze, la giovane figlia Mary.

Il Viaggio a piedi

Sir Leslie Stephen (1832 –1904) è stato un critico letterario, filosofo e alpinista britannico, padre di due ragazze che divennero famose nel Novecento: Vanessa Bell, pittrice, e Virginia Woolf, scrittrice. Una delle sue affermazioni, divenuta in seguito celebre fu la seguente: "il movimento letterario della fine del diciottesimo secolo fu dovuto, in gran parte, se non principalmente, alla rinnovata pratica del viaggio a piedi".

Probabilmente la prima generazione di turisti a piedi, quella compresa all'incirca tra il 1780 e il 1790, fu costituita prevalentemente da intellettuali della classe media, che associavano il loro camminare con le ristrettezze economiche, la necessità e il fato. I viaggi a piedi erano, per loro, una decisa affermazione della loro autonomia; viaggi intrapresi perché desiderosi di dare libero sfogo al loro spazio intellettuale ed ideologico, al di fuori e lontano dai vari contesti sociali, come quello della famiglia, dell'educazione scolastica, delle aspettative dei genitori, dell'etichetta della classe, in una società allora fortemente classista, gerarchicamente organizzata e ben definita culturalmente. Questa soggettiva intenzione della prima generazione di camminatori verso un'autonoma individualità, dette al turismo pedestre la caratteristica di una sorta di "cultura distintiva", che influenzò molto la letteratura. Il progresso della tecnologia, che portò a un deciso miglioramento dei mezzi di trasporto, sia in termini di velocità che di comfort, ebbe effetto soltanto dopo il 1820, cosicché la disponibilità dei nuovi mezzi di trasporto, che portarono una maggior facilità dei viaggi, sfiorò soltanto marginalmente la seconda generazione dei romantici, per poi affermarsi invece con i loro successori.

Il viaggio a piedi non avveniva, per lo più, seguendo le strade principali che erano spesso sottoposte a controlli di polizia, ma lo spirito di libertà, che animava i viaggiatori romantici, li spingeva piuttosto a privilegiare i sentieri inesplorati che si addentravano nei campi, senza alcuna preoccupazione di dove gli stessi conducessero. Così facendo si aveva la possibilità di apprezzare la bellezza della natura e la sorpresa dell'imprevisto, contribuendo così, in modo spesso determinante, a costruire una sorta di estetica del cammino.

Vi erano diverse figure di viaggiatori a piedi, come il pellegrino, il camminatore incallito, il camminatore filosofico, il camminatore esteta, il poeta, chi viaggiava per necessità, come l'ambulante o il pastore, e chi per divertimento.

In questa estetica del cammino, il pittoresco, lo scenografico, l'irregolarità e la continua varietà della natura, attraevano e colpivano il viaggiatore. Coleridge, che fu un grande camminatore, chiamava i più bei posti di osservazione della Natura come "Posti di Ristoro", evidenziando così la libertà da una conformità pittoresca e la gratificazione, anche fisica oltre che intellettuale, che derivava da una sorta di immersione corporale nel panorama, cosa che poteva verificarsi soltanto attraversandolo a piedi.

Camminando il viaggiatore entra in un contatto quasi sensuale con l'ambiente ed è quindi pienamente responsabile, attraverso il consapevole movimento delle proprie gambe, di quello che percepisce dalla natura che lo circonda. In ragione del suo lento procedere il camminatore si muove in un ambiente più vasto, più luminoso e dettagliato, e quindi più comprensibile, rispetto a colui che viaggia con la diligenza, godendo inoltre della più ampia libertà di fermarsi, tornare indietro, scegliere le prospettive migliori, il tutto nella sua più totale autonomia. A causa del ritmo regolare ma alternato dell'andare e del fermarsi, il camminatore gode di un'esaltata eccitazione mentale, perché il camminare ha una notevole capacità di purgare la mente dei suoi numerosi e spesso confusi pensieri, dando quindi al camminatore una solitaria calma ed una benefica pace dello spirito.

William Coxe (1747-1828), un prelato ed uno storico, così scrive nel suo diario durante un viaggio in Svizzera del 1789:

> Io camminavo lentamente, senza alcuna invidia
> per i miei compagni che andavano a cavallo:

perché potevo sedermi in un punto piacevole, salire fini al bordo del precipizio, o rintracciare un torrente tramite il suo suono. Io discesi a lungo nel Rheintal, e lì trovai una notevole differenza: sebbene la salita e la discesa furono in qualche modo stancanti, eppure la varietà delle scene hanno rinfrancato il mio spirito.[37]

Uno dei precursori del viaggio a piedi fu senza dubbio Jean Jacques Rousseau (1712-1778), che nelle sue *Confessioni* scrive: "Io posso meditare soltanto quando cammino. Quando mi fermo smetto di pensare; la mia mente lavora soltanto con le mie gambe."[38]

Per molti romantici il camminare quindi era un elemento essenziale della loro esistenza, e non soltanto una consapevole scelta estetica.

Nella prefazione ad un suo libro di poesia Wordsworth ha scritto:

Queste poesie sono state scritte davanti al Monte Rydal (nella regione dei Laghi) e durante le mie camminate nei dintorni. Nove decimi dei miei versi, sono stati mormorati all'aria aperta. Un giorno uno straniero che passava davanti al mio cottage, chiese alla cameriera, che era sulla porta, di vedere il mio studio. "Questa è la biblioteca del mio signore, dove tiene i suoi libri - disse la donna - ma il suo studio è là, fuori dalla porta".

Naturalmente i turisti dell'epoca, come quelli attuali, andavano verso i luoghi da cui si poteva godere di panorami pittoreschi, guidati da guide esperte e, spesso, in mancanza di macchine fotografiche, provavano a disegnare sui loro block-notes gli scenari che si presentavano davanti a loro. Essi dunque disdegnavano i luoghi solitari, i nudi precipizi, o le foreste selvagge e i luoghi impervi. Per Wordsworth che

---

[37]William Coxe - *Travels in Switzerland* - 1789
[38]Jean Jacques Rousseau – *Les Rêveries du Promeneur Solitaire* - Gallimard, 1959

pensava alla natura in termini elevati, quasi come ad una religione, questo atteggiamento era considerato blasfemo. Per lui, come per tutti i romantici, lo scopo primo del viaggio era quello della scoperta, dell'incontro con lo sconosciuto, con l'inusuale, con l'imprevedibile e non, come per i turisti, la pura ammirazione di qualcosa già noto.

Ovviamente il bagaglio del camminatore era molto limitato. Nel cottage di Dove, nella regione dei Laghi, che fu a lungo l'abitazione di Wordsworth, ed ora trasformato in piccolo museo, si può vedere una delle sue borse da viaggio, più piccola di una odierna ventiquattrore. Essa poteva contenere un paio di libri, un block-notes, un paio di penne o matite, un maglione e un sandwich.

Nella loro passeggiata quasi giornaliera, che Wordsworth faceva insieme alla sorella Dorothy, spesso uscivano senza una meta prefissata, ed amavano perdersi in luoghi nuovi, mai esplorati prima, incuranti del tempo e della distanza. Alcune volte queste passeggiate avvenivano anche di notte. Dorothy teneva un accurato diario di queste gite e, rileggendo questo diario, spesso il fratello ne traeva spunto per le sue poesie, da lui definite per l'appunto "emozioni ricordate in tranquillità". Wordsworth ha vissuto ottant'anni, e il suo amico Thomas De Quincey, ha stimato che durante questo periodo egli abbia camminato per un totale di circa 175.000 miglia, ovvero circa 285.000 chilometri (per darvi un idea sarebbe come andare da Bolzano ad Agrigento a piedi per 180 volte). Per i romantici una passeggiata di circa dodici miglia al giorno (circa diciannove chilometri) era la norma.

La Felicità

Per completare la nostra analisi introduttiva del tema scelto dobbiamo adesso trattare della felicità, della sua definizione per i romantici e delle sue conseguenti implicazioni.

Un discorso sulla definizione della felicità comporterebbe una lunga disquisizione filosofica che ovviamente non farò. Tuttavia l'argomento è centrale al nostro tema, infatti come ho già detto la ricerca della felicità rappresenta spesso, coscientemente o inconsapevolmente, l'oggetto del viaggio dei romantici, sia pure nella consapevolezza della difficoltà o, addirittura, dell'impossibilità del raggiungimento della meta. L'argomento è dunque affascinante ma complesso. La parola "Felicità" infatti evoca un ponderoso peso nel nostro vocabolario sociale e morale, che diventa ancora più pesante in quanto spesso ignorato. Questo, di per sé, sarebbe già un argomento che ci porterebbe via molto spazio, ma è comunque necessario affrontarlo, sia pure in estrema sintesi, per comprendere il resto.

Ritornando a Socrate ed alla sua ricerca della felicità, ricordiamo che egli riteneva che l'uomo avrebbe potuto raggiungere la felicità soltanto essendo in pace con se stesso. Secondo la tradizione classica nella concezione della felicità vi era sì una soddisfazione personale nella ricerca di un piacere, ma sempre congiunta ad una valutazione di carattere morale.

Platone nel *Protagora*, in cui tratta del tema della possibilità di insegnare la virtù, concepisce la felicità semplicemente come piacere, ma in altri dialoghi la presenta come la realizzazione di azioni virtuose, meta a cui dovrebbero tendere tutti gli uomini.

Aristotele nell'*Etica Nicomachea* sostiene che il raggiungimento della Felicità costituisce l'obiettivo ultimo dell'agire umano. Questa tendenza risiede permanentemente nell'uomo, e condiziona tutto il suo agire. Anche per Aristotele la felicità non si identifica esclusivamente con l'ottenimento di beni mondani, quali ricchezze o riconoscimenti sociali, o con il piacere, in quanto ciò porterebbe l'uomo a ridursi ad uno stato simile a quello degli animali. L'uomo pertanto deve essere in grado di utilizzare la propria "*Ratio*" utilizzando al meglio le sue capacità intellettuali.

Nella stessa opera, Aristotele espone anche quale sia la sua idea di felicità: ogni arte, ogni ricerca, ogni azione, ogni scelta deve mirare ad un fine, ovvero ad un bene, che viene definito come *ciò a cui tutto tende*, e la felicità è proprio il fine ultimo, il bene supremo, che si basa nel praticare al meglio ciò che distingue gli uomini dagli altri esseri, e concluderà affermando: "Esercitando il proprio ingegno, ecco la vera Felicità".

Il compito proprio dell'uomo è condurre la propria vita secondo ragione; questo rappresenta per lui la fonte massima della felicità. Vivere secondo ragione è perciò virtù, quindi la ricerca della felicità diventa la ricerca della virtù. Il piacere deriva nel condurre una vita virtuosa. I beni materiali possono rendere più facile o più difficile il conseguimento della virtù, ma la scelta di quest'ultima dipende solo dall'uomo, che quindi è libero, non di determinare il proprio fine, quanto di scegliere o meno di perseguirlo adottando in conseguenza i mezzi necessari.

Platone riteneva che la ricchezza, la salute ed una buona nascita fossero desiderabili per la felicità, ma Shelley, sulla sua copia dei Dialoghi di Platone, annotò a margine: "molto male".

Seneca devia da questa affermazione affermando che "Nessuno lontano dalla verità può dirsi felice". Shelley, ancora giovanissimo, durante la sua permanenza in Irlanda, periodo in cui predicava la ricerca dell'emancipazione, venne chiamato, da un giornalista che ne riportava i discorsi, come "il missionario della verità".

Questo non significa che nel mondo classico non si ricercasse il piacere personale, ma questa ricerca del piacere non era sempre sinonimo di vita felice. Dal mondo classico, passando attraverso il medioevo, epoca in cui la felicità venne rivestita di una forte spiritualità, in quanto concepita come forma di ricongiungimento con Dio, si arriva al Rinascimento ed all'Illuminismo, in cui si inizia a cambiare. Il concetto di felicità perde quel collegamento esclusivo con il divino di origine medioevale e si inizia a dargli una dimensione ed un'aspettativa temporale, terrena. La felicità non domani, ma ora ed adesso. Da allora ad oggi la situazione si è ulteriormente deteriorata per cui oggi la felicità, per le nuove generazioni, sembra essere costituita dall'avere tutto e subito.

Kant scrive:

> Il concetto di felicità è talmente indeterminato
> che, sebbene ogni essere umano voglia ottenerlo,
> non può mai dire con precisione e consi-
> stentemente a se stesso che cosa egli realmente
> voglia e desideri.[39]

Vi è quindi un'intrinseca difficoltà nella definizione della felicità per i Romantici, e questo fa sì che la sua ricerca sia complessa, incerta, pervasa da un desiderio spesso indefinibile, come circondato da una nebbia indistinta, ma che è tuttavia essenziale alla sua stessa natura. In certi momenti il percorso da seguire sembra essere chiaro e ben definito, ma in altri momenti appare confuso e indetermi-nato.

La ricerca è lunga si protrae, nel tempo e nello spazio, in un viaggio pieno di incognite durante il quale il poeta non cessa mai di stupirsi di fronte a tutto ciò che incontra e che talvolta non riconosce. Alla gioia ed all'entusiasmo della partenza, cantata da Baudelaire subentra, dopo qualche tempo, un senso di smarrimento, di turbamento, talvolta di delusione; quel senso che nella lingua tedesca si definisce come *Sehnsucht*, che esprime un misto di melanconia, di stupore, di desiderio inappagato, e che evoca una sorta di nostalgia. Nostalgia per quel mondo idealizzato, sognato, desiderato ma quasi mai veramente raggiungibile. Il mondo dorato della Grecia di Pericle, quello della grandezza del Rinascimento italiano, o quello mistico dei secoli bui del Medio Evo. La ricerca si trasforma allora in un'impresa disperata, in un desiderio irraggiungibile e da qui nasce lo sconforto che pervade l'animo dei Romantici.

Il sognatore continua a creare, con la sua immaginazione, mondi migliori di quello reale, in località lontane, indefinite, in quanto sconosciute, con persone nuove e diverse rispetto alle proprie conoscenze. Nella letteratura romantica tedesca questa ricerca è definita come la ricerca del *Blaume Blume*, il *Fiore azzurro*, cantato dal poeta

---

[39] I. Kant, *Critica della Ragion Pura e altri Scritti morali* – a cura di P. Chiodi, UTET, 2006

romantico tedesco Novalis (1772-1801) nel suo romanzo
incompiuto *Heinrich von Ofterdingen*. Il fiore azzurro è il
simbolo del senso della separazione, ma anche del
collegamento, tra il presente e ciò che si desidera, un
desiderio senza fine che punta sempre oltre, e che quindi
trascende il presente. Novalis scrive:

> La poesia sana le ferite inferte dall'intelletto. Essa
> è appunto formata da elementi contrastanti - da
> una verità sublime e da un piacevole inganno.

Tornando alla definizione di felicità è stato proprio Keats ad
affermare con energia questa trasformazione da "felicità" a
"verità", egli infatti conclude la sua *Ode su di un urna greca*
con questi versi:

> *La bellezza è verità, e la verità bellezza,*
> *E questo è tutto quello che devi sapere.*

Con questi versi Keats, oltre a dare una proprietà
totalizzante alla verità, aggiunge un altro elemento alla
felicità e cioè la bellezza, quale elemento correlato alla verità
e quindi alla felicità. Questo è uno dei tanti richiami dei
romantici alla filosofia di Platone che affermava che "la
bellezza è lo splendore del vero". La ricerca della bellezza
quindi, insieme a quella della verità, diventerà una delle
nozioni centrali del concetto di Felicità per il movimento
romantico, ma in una nuova accezione in quanto, come la
verità, essa rappresenta una realtà impossibile da realizzare
o da raggiungere. Un'utopia che si sovrappone a un'altra
utopia e Keats confermerà questa sua visione, della
preminenza della bellezza, iniziando una delle sue liriche più
belle, che è anche la storia di una sorta di pellegrinaggio in
un mondo mitico ed intellettuale, come se fosse un sogno
dentro ad un sogno, nel suo bellissimo poema *Endimione*.
Quel lungo e complesso poema inizia infatti così:

> *Una cosa bella è una gioia per sempre:*
> *La sua beltà si accresce; e mai nel nulla*

> *Si perderà; ma sempre per noi sarà*
> *Rifugio quieto e un sonno pieno di dolci*
> *Sogni, e tranquillo respiro e salvezza.*
> *Quindi, ogni mattino, intrecciamo un*
> *Serto fiorito, per legarci alla terra,*
> *Malgrado lo scoramento, dell'inumana scarsezza*
> *Di nobili nature, dei giorni tristi,*
> *Dei sentieri rischiosi ed oscuri*
> *Che nella ricerca dobbiamo percorrere.*
> (*Endimione* I, 1-11)

Ecco dunque la felicità che un'immersione pressoché totale dentro la natura, crea per il giovane, ingenuo, sognatore John Keats. Nello stesso poema Keats scriverà anche:

> *Dove risiede la felicità? In ciò che alimenta*
> *Le nostre attente menti all'amicizia divina,*
> *Un'amicizia con l'essenza, e libera dallo spazio.*
> *Ammira la chiara religione del cielo.*
> (*Endimione* I, 777-780)

Questo brano non è tuttavia molto chiaro. Quella qui descritta è una sorta di unicità, uno stato come quello di uno spirito galleggiante, in cui ci si domanda se le nostre menti possono essere portate in quella condizione di libertà da una limitazione spaziale che costituisce un insieme con l'essenza.

Per i romantici, insieme alla verità ed alla bellezza, appare come espressione della felicità anche, e soprattutto, l'amore. Shelley che di questa affermazione fu l'interprete forse più importante, scrisse un lungo poema *Epipsychidion*, un componimento che lui chiamerà "una storia idealizzata della mia vita e dei miei sentimenti" e che in realtà è un poema d'amore dedicato ad una donna, ma in cui il poeta racconta anche di tutti gli altri suoi amori che hanno preceduto l'ultimo:

> *L'amore è come il sapere, che cresce brillante,*
> *Guardando a molte verità, è come la tua luce,*
> *Immaginazione! Che dalla terra e dal cielo,*
> *E dal profondo della umana fantasia,*

> *Come da migliaia di prismi e di specchi, riempie*
> *l'Universo con raggi gloriosi, ed uccide l'Errore.*
> (*Epipsychidion* 162-68)

L'amore che uccide l'errore, la verità che si afferma, la bellezza che domina il mondo, queste dunque le vere fonti della felicità nell'ideologia romantica, e che, sia pure interpretate in modo diverso, ritroviamo costantemente nelle opere di tutti i poeti romantici.

La felicità così definita è quindi importante, ma non è tutto; è lodevole averla, ma difficile da possedere. Nessuna meraviglia quindi che la sua ricerca sia così difficile, complessa, quasi impossibile e il suo ruolo nel significato della vita sia così poco chiaro. Ma vi è ancora un ulteriore elemento da aggiungere, per arrivare ad una definizione completa della felicità per i romantici, soprattutto per quelli della seconda generazione, e cioè la ricerca e l'ottenimento della libertà. Shelley ne fu l'interprete principale. Egli si trovava a Napoli, durante i moti del 1820, in cui Ferdinando II fu costretto per qualche tempo a concedere una Costituzione, a seguito dei moti popolari, innescati dalla rivoluzione spagnola. Questo fatto entusiasmò il giovane Shelley che scrisse qualche mese dopo sia un *Ode a Napoli*, che un *Ode alla Libertà*, in cui si invoca la libertà anche per l'Italia:

> *Non hai cominciato a sentire l'eccitante peana dalla*
> *Spagna*
> *Da terra a terra echeggiare solennemente,*
> *Fino a quando il silenzio diventò musica? Dall'Eea*
> *Alle fredde Alpi, Italia eterna*
> *Inizia ad ascoltare la tua! Il mare*
> *Che lastrica le deserte strade di Venezia ride*
> *Nella luce e nella musica; Genova vedova pallida*
> *Sotto la luce della luna scrive antichi epitaffi,*
> *Mormorando "Dove è Doria?", bella Milano*
> *Entro le cui vene a lungo scorse*
> *Il paralizzante veleno della vipera, alza il suo tacco*
> *Per schiacciare la sua testa. Il segnale e il sigillo*
> *(Se la Speranza e Verità e Giustizia se ne avvalgono)*

Sei tu e tutte queste speranze. Esulta

E tu perduto paradiso di questo divino
E glorioso mondo! Tu fiorente landa,
Tu isola dell'Eternità! Tu Santuario
Dove la Desolazione, vestita di beltà,
Venera ciò che tu fosti! O Italia,
Raccogli il sangue nel tuo cuore e reprimi
Le bestie che fanno le tane nei tuoi sacri palazzi.
(Ode to Liberty- st. 14)

Concludo citando una breve poesia la cui provenienza è attribuita, ma non vi è certezza, ad un poco conosciuto e misterioso scrittore/filosofo Australiano, Alfred De Souza, morto pochi anni or sono, ma che incarna molto bene lo spirito romantico, di cui abbiamo detto:

La felicità è un viaggio, non una destinazione.
Balla come se nessuno ti guardasse.
Ama come se nessuno ti abbia mai ferito prima.
Canta come se nessuno potesse udirti.
Vivi come se il paradiso fosse in terra.

Capitolo Secondo

I precursori dei Romantici

Ho scritto, all'inizio del Primo Capitolo, che il Romanticismo letterario abbraccia un periodo molto più ampio del Romanticismo storico e che quindi vi sono stati scrittori romantici prima e dopo di quel periodo. In questo Capitolo esamineremo alcuni tra i maggiori precursori dei romantici mentre in un Capitolo successivo esamineremo alcuni tra gli scrittori che vissuti dopo il periodo romantico hanno continuato, sia pure in forme e con stili diversi, a scrivere con un'ispirazione tipicamente romantica. Gli scrittori che esamineremo qui sono: Shakespeare, Milton e Blake. In questa scelta vi è tuttavia un'anomalia temporale che è necessario chiarire subito. Shakespeare e Milton infatti sono vissuti molto prima del periodo romantico. Shakespeare tra il 16° ed il 17° secolo e Milton nel 17° secolo, mentre Blake fu un contemperano dei romantici, anche se un po' più vecchio di loro essendo nato nel 1757 e quindi tredici anni prima di Wordsworth che del Romanticismo letterario inglese è considerato il fondatore. Nonostante Blake sia vissuto in pieno periodo romantico egli non sempre è considerato, dalla critica ufficiale, come un poeta romantico ma piuttosto come un isolato, quasi un mistico puro, senza seguaci e circondato da visioni di esseri soprannaturali, incomprensibili ai più, distaccato dalla realtà che lo circondava e senza esercitare alcuna influenza su di essa. Inoltre il suo rapporto con gli altri poeti romantici fu saltuario e sporadico, ed alcune caratteristiche della sua poesia lo pongono ai limiti della poesia romantica.

Sembra quasi che con Blake si verifichi una sorta di frattura nel continuum della storia culturale inglese, un fenomeno separato, a parte, di nicchia. Questa posizione non è da me del tutto condivisa, in quanto nella sua poesia io ritrovo lo stesso spirito che trovo in tutti i poeti romantici, ma essa fa sì che spesso egli venga considerato, come un preromantico.

William Shakespeare

Non è possibile parlare della Letteratura Inglese moderna,[40] e di quella Romantica in particolare, senza partire da William Shakespeare (1564-1616). La grande attualità e il peso che le opere di Shakespeare hanno avuto, e continuano ad avere, sulla Letteratura di ogni paese è testimoniata dal fatto che non vi è teatro di prosa al mondo che ogni anno non metta in cartellone qualche opera di Shakespeare, un drammaturgo morto circa quattro secoli fa! Assistendo a questi spettacoli oggi, a così grande intervallo di tempo dal loro concepimento, si rimane sempre stupiti dalla loro grande attualità ed universalità.

Un grande e tragico poeta moderno, Ezra Pound (1885-1972) ha scritto:

Soltanto Shakespeare, tra i poeti inglesi, regge il confronto con il Fiorentino. Qui siamo di fronte a due grandi maestri: di nessuno di essi possiamo dire "Egli è il più grande", ma di ognuno dobbiamo dire "Egli è insuperato" ... Dante parrebbe avere la più grande visione fantastica.... Shakespeare una maggiore potenza

---

[40] Intendendo per moderna la letteratura che si è sviluppata dal Rinascimento ad oggi.

nel dipingere ogni genere di uomini e maggiore acume nello scoprire i loro lati deboli.[41]

T.S. Eliot, altro grande poeta moderno, ribadirà lo stesso concetto dicendo:

> Shakespeare ci dà la maggiore estensione di passione umana, Dante la maggiore altitudine e la maggiore profondità.[42]

Nell'esaminare la Letteratura Romantica, non si può quindi fare a meno di iniziare da William Shakespeare. I Romantici in Shakespeare non videro soltanto un maestro da seguire, ma anche una fonte inesauribile di ispirazione, guida, riferimento. Shakespeare, grazie al suo genio letterario, è diventato nel tempo un archetipo dell'immaginazione creativa, e le sue opere, attentamente lette ed annotate da tutti gli scrittori romantici, costituirono uno dei più importanti elementi fondativi di tutto il movimento romantico. In altre parole si può affermare che Shakespeare ha anticipato il Romanticismo.

Jonathan Bate, uno dei massimi studiosi contemporanei di Shakespeare, ha scritto che ogni scrittore romantico ha trovato la propria voce leggendo Shakespeare:

> L'esplorazione e la definizione della concezione dello scrittore e i vari usi di Shakespeare, hanno fornito la strada per formare gli scrittori del romanticismo.[43]

Questa giusta osservazione evidenzia la comune radice, ma sottolinea anche la forte individualità che caratterizza ogni scrittore romantico.

---

[41] Ezra Pound – *The Spirit of Romance* – New Directions Publishinc Co., 2005
[42] T. S. Eliot – *The Sacred Wood* – Dover Publication, 1997
[43] Jonathan Bate – *Soul of the Age. The Life, Mind and World of William Shakespeare* – Penguin, 2009

Il critico letterario William Hazlitt (1878-1830) nella prima delle sue *Lezioni sulla Letteratura nell'età di Elisabetta I*, pubblicato nel 1819, ha scritto:

> Egli è stato il più alto, il più forte, il più aggraziato e il migliore di tutti loro.[44]

I romantici guardarono a Shakespeare anche con un forte senso di invidia ed anche di disperazione. Shelley, che come gli altri poeti romantici provò a scrivere dei drammi, ha scritto:

> Noi tutti falliremo nella scrittura di drammi, perché sulla nostra strada incontriamo un leone: Shakespeare. Lui ha fatto per il dramma quello che i Greci hanno fatto per la Scultura: lo ha reso perfetto.[45]

Lo stesso sconforto appare dalle parole di John Keats che, essendosi recato per un breve periodo all'isola di Wight per trovare l'ispirazione giusta per scrivere quello che poi diventerà l'*Endymion*, in una lettera al fratello scrisse:

> Uno dei tre libri che ho con me sono i Poemi di Shakespeare: non ho mai trovato così tanta bellezza come nei suoi Sonetti – essi sembrano essere pieni di belle cose dette spontaneamente - nella intensità con cui vengono elaborati ed esposti i concetti. Egli non ci ha lasciato più nulla da dire.[46]

Aggiungendo in seguito:

---

[44] William Hazlitt – *Lectures on the Dramatic Literature of the Age of Elizabeth* – John Warren, London, 1821

[45] Edward John Trelawny - *Records of Shelley, Byron and the Author* – Penguin,1973

[46] M. Buxton Forman – *The Letters of John Keats* – Oxford University Press, 1942

Non vi è più nulla di originale da scrivere in
poesia, perché tutti i suoi tesori si sono esauriti. E
tutte le bellezze sono state già esposte.

E in un'altra lettera scrisse: "Shakespeare è abbastanza per
noi". Nel capitolo dedicato a Keats vedremo quanto egli sia
stato un attento, quasi maniacale lettore di Shakespeare e
quanto abbia assorbito, nelle sue poesie, dalla poetica di
Shakespeare. Anticipando tuttavia questo argomento vorrei
citare i quattro versi finali di un sonetto di Keats che si
intitola *Leggendo Re Lear ancora una volta*:

> *Quando attraverso la foresta di querce, io sarò andato,*
> *Non lasciarmi vagare in un arido sogno:*
> *Ma, quando sarò consumato dal fuoco*
> *Dammi nuove ali di Fenice per volare a mio piacere.*

Il richiamo alla foresta di querce è una doppia metafora.
Infatti se da un lato è un'evidente allusione alle tante foreste
che vengono rappresentate nelle opere di Shakespeare,
dall'altra è anche un simbolo delle tante opere scritte da
Shakespeare, ognuna delle quali è come una grossa quercia e
da Keats tutte attentamente lette, realizzando così un
viaggio immaginario in un bosco incantato. Keats conclude il
sonetto con un'invocazione con la quale chiede di non
lasciarlo vagare *in un arido sogno*, alludendo così anche al
concetto che l'immaginazione non deve essere separata dalla
propria personalità, ovvero che egli non deve, né vuole,
copiare, o imitare Shakespeare, ma *consumato dal fuoco del
desiderio* il poeta chiede *nuove ali* cosicché, come nuova
Fenice, possa volare a suo piacimento da solo, in autonomia,
nel cielo della poesia. La citazione che Keats fa della Fenice
è, probabilmente, un'altra allusione ad una poesia poco
conosciuta di Shakespeare, dal titolo *La Fenice e la Tortora*
(*The Phoenix and the Turtle*). Questa poesia è enigmatica ed
è difficile da interpretare e rappresenta la storia di un amore
tragico. Infatti sia la fenice che la tortora sono, nella
mitologia letteraria inglese, entrambi simboli allegorici
dell'amore ma il loro sarà un amore impossibile e quindi

infelice. In quella poesia si narra della loro morte, ma pur nella morte essi rimarranno uniti come una cosa sola: *separati ma non divisi*.

Ho già scritto che i Romantici preferivano la campagna alla città. Ebbene anche questa idea si ritrova in molte opere di Shakespeare, nelle quali la foresta è descritta come un luogo molto più bello e più puro della città. Shakespeare infatti nacque, e passò la sua giovinezza, a Stratford-upon-Avon, una cittadina, allora un borgo, situata in una delle zone più rurali dell'Inghilterra. Da ragazzo quindi egli aveva girato la campagna intorno al paese, con i suoi campi, i fiumi e soprattutto la grande foresta di Arden che giace alla periferia di Stratford e di cui la famiglia della madre era parzialmente proprietaria. Proprio quella foresta apparirà come scenario in alcune opere di Shakespeare, come luogo da preferire alla città. Ad esempio in *Come vi piaccia*, il vecchio Duca esiliato dal fratello proprio in una foresta, pronuncerà queste parole:

> *Ebbene, amici e fratelli d'esilio,*
> *Non ha forse la lunga consuetudine*
> *Reso a noi questa vita più gradita*
> *Che non sia stata quella d'una pompa*
> *Solo apparente? E non son questi boschi*
> *Più sicuri e più scevri da pericoli*
> *Che non sia stata l'invidiosa corte?*
> *(As You Like It* – 2.1,1-4)[47]

Ecco dunque un'altra importante allusione romantica: la vita nella foresta è più bella, semplice, onesta rispetto a quella che si svolge nella città invidiosa e corrotta.

La continua sfida dei Romantici, e la loro sovente disperazione per non riuscire ad eguagliare Shakespeare è ben riassunta da una affermazione di Goethe che disse che

---

[47] Tutti brani delle opere di Wiliam Shakespeare qui citati sono estratti da *The Norton Shakespeare*, edited by S. Greenbatt, W. Gohen, J. E. Howard, K. Eisaman Maus, Norton Company, 1997, e da me liberamente tradotti, salvo dove esplicitamente indicato il nome del traduttore.

era ben contento di non essere inglese, evitando così di dover sostenere un confronto diretto con Shakespeare.

I romantici ricambiarono la loro riconoscenza nei riguardi di Shakespeare, rivitalizzandone la celebrità e, soprattutto, riportando l'interpretazione delle sue opere alla loro versione originale, correggendo così le numerose modifiche ad esse apportate sia nel 17° che in parte nel 18° secolo. In quel periodo infatti molte sue opere vennero giudicate, dalla critica letteraria del tempo, rozze e grossolane e pertanto vennero riscritte e largamente modificate. Il Dr. Samuel Johnson (1709-1784), grande critico letterario del 18° secolo, in una sua recensione di Re Lear ha scritto:

> Alcuni anni fa io fui così scioccato dalla morte di Cordelia, che non riuscii a rileggere il testo delle ultime scene per molto tempo.[48]

La tragedia di *Re Lear*, ha in effetti un finale fortemente tragico, con la morte di Cordelia, delle sue sorelle, Regan e Goneril, del Duca di Gloucester, di Edmund e dello stesso Lear. Seguendo le indicazioni di Johnson, questa scena venne modificata inserendo una diversa conclusione a lieto fine, in cui muoiono soltanto i cattivi ed i buoni trionfano. Questa assurda versione del dramma venne portata sulle scene per quasi un secolo!

I romantici rivalutarono i testi originali di Shakespeare. Quelli che in passato erano stati considerati i difetti delle opere di Shakespeare, come l'asprezza del linguaggio, le digressioni, le difficoltà, le parole nuove, i contrasti, l'incompletezza e così via vennero, nel più puro spirito romantico, ripristinati come evidenza di una stretta aderenza di Shakespeare alla natura umana, all'analisi psicologica ed alla sublime immaginazione romantica. Questa rinascita di Shakespeare venne anche favorita dalla presenza, sulle scene inglesi, del grande attore Edmund

---

[48] H. R. Woudhuysen ed. – *Samuel Johnson on Shakespeare* – Penguin Books, 1989

Kean (1787-1833) che, secondo Coleridge, ebbe la capacità di rivelare l'essenza dei personaggi Shakespeariani grazie al suo grande temperamento romantico, sovvertendo così il classicismo recitativo di un altro grande attore David Garrick (1717-1779), vissuto durante la generazione precedente.

Uno dei padri fondatori del "movimento romantico", il tedesco Friedrich Schlegel, nella sua opera fondamentale *Sullo Studio della poesia Greca*, pubblicata nel 1797, scrive:

> Shakespeare è però, fra tutti gli artisti, quello che ha caratterizzato nel modo più compiuto e significativo lo spirito della poesia moderna. Nella sua opera i fiori più incantevoli della poesia romantica e la gigantesca grandezza dell'epoca gotica degli eroi si possono trovare uniti ai tratti più fini della vita moderna e alla più profonda e più ricca filosofia poetica. Per quel che riguarda gli ultimi due aspetti si potrebbe affermare che egli ha anticipato la cultura della nostra epoca.[49]

Con queste parole i Romantici tedeschi che, come detto, furono i primi iniziatori del movimento romantico sembrano voler rendere anch'essi omaggio a Shakespeare.

Ho già accennato all'importanza che i romantici attribuiscono all'Immaginazione. Ebbene anche in questo caso Shakespeare dà loro l'ispirazione. Infatti la più bella descrizione dell'immaginazione poetica è contenuta in alcuni versi del *Sogno di una Notte di Mezza Estate*. Nell'ultimo atto di quell'opera infatti Teseo, il Duca di Atene, poco prima di assistere alla rappresentazione teatrale messa in scena dal gruppo dei maldestri "operai", dice:

> *Il folle, l'amante e il poeta,*
> *Sono tutti vittime dell'immaginazione:*
> *Uno vede più diavoli di quanti ne contenga l'inferno,*
> *E questo è il folle; l'amante, tutto eccitato,*
> *Vede la bellezza di Elena nella fronte di una zingara;*

---

[49] Frederick Schlegel – *Study of Greek Poetry* – edited by Stuart Barnett – State University of New York, Albany, 2001

L'occhio del poeta, come rapito in un dolce delirio,
Contempla la terra dal cielo e il cielo dalla terra,
E mentre l'immaginazione dà corpo e modello
A cose sconosciute, la penna del poeta
Le trasforma in forme e dà all' aereo nulla
Un luogo da abitare ed un nome.[50]
(5.1,7-17)

L'occhio del poeta dunque vaga tra il cielo e la terra, ammirando estasiato ciò che vede e, forse ancor di più, ciò che non vede ma che immagina con la propria fantasia. Il poeta, infatti, non si limita ad osservare e poi a scrivere ciò che ha visto, ma aggiunge qualcosa, la creazione della propria immaginazione, con la quale *dà corpo e modello a cose sconosciute* e poi, con la sua arte poetica *dà all'aereo nulla un luogo da abitare ed un nome*, ovvero riesce a dare, ad ogni concetto astratto, forma e concretezza.

La rivoluzione romantica inizia proprio da qui. Il romanticismo infatti, dopo secoli in cui l'arte era stata definita, secondo i principi di Aristotele, come "imitazione" della natura, si ribella al precetto aristotelico ed afferma l'indipendenza e l'autonomia della propria immaginazione dall'osservazione. Non che il romantico non ammiri la bellezza e la grandiosità della natura ma, come già detto in precedenza, non intende meramente imitarla nella propria creazione artistica ma piuttosto interpretarla. Egli dunque crea, aggiungendo all'osservazione "dell'elemento creativo" qualcosa di suo, generato dalla propria immaginazione. Questo è l'elemento distintivo, caratteristico dell'artista romantico. La sua mente non si limita ad osservare ma, tramite la propria ispirazione creativa, aggiunge uno o più elementi soggettivi all'oggetto osservato, modificandolo quindi in modo unico ed esclusivo. Questo è quanto acutamente osservato dal Prof. M. H. Abrams nel già citato fondamentale libro "*Lo Specchio e la Lampada*":[51] la mente non agisce più soltanto come mera superficie riflettente, ma

---

[50] Mia sottolineatura
[51] Vedi Cap.1, pag. 32

come una sorgente attiva di luce che, illuminando l'oggetto osservato, conferisce allo stesso una sua diversa fisionomia. Coleridge chiamerà l'immaginazione "lo spirito formativo", intendendo con questo termine l'energia creativa per mezzo della quale gli scrittori romantici si appropriano della realtà oggettiva trasformandola in una realtà soggettiva.

Anche questo concetto di realtà viene espresso da Teseo, sempre nell'opera citata, con un certo scetticismo, infatti egli continuando dirà:

> *Tali trucchi ha la forte immaginazione*
> *Che se soltanto vagheggia una gioia,*
> *Se ne crea pure l'oggetto e l'origine.*
> *O nella notte, pensando d'aver paura,*
> *Come è facile scambiare un cespuglio per un orso.*
> (5.1.18-22)

Shakespeare intende ribadire la sua posizione sulla forza dell'immaginazione ed affida questa riconferma alle parole di Ippolita, regina delle Amazzoni e futura moglie di Teseo che risponderà:

> *Ma la storia della scorsa notte, che ci hanno raccontato*
> *E le loro menti tutte insieme trasfigurate,*
> *Testimonia che in tutta la vicenda, ci deve*
> *Essere qualcosa in più che immagini di fantasia*
> <u>*Qualcosa che s'avvia a prender corpo.*</u>
> <u>*E, per quanto strano e prodigioso*</u>
> <u>*Consiste d'autentica realtà*</u>[52]
> (5.1, 23-27)

Con queste parole Ippolita riafferma che le invenzioni poetiche, create dall'immaginazione del poeta, *per quanto strano e prodigioso*, possono essere in qualche modo anche legate alla realtà, e non essere soltanto invenzioni fugaci della pura fantasia.

---

[52] Mia sottolineatura

Dopo questa digressione è necessario ora tornare al nostro tema, che è quello del viaggio alla ricerca della felicità. Ebbene questo è un tema che non troviamo chiaramente espresso nelle opere di Shakespeare. Nella sua vita Shakespeare non fu, per quanto ne sappiamo, un viaggiatore. Da quanto si conosce dalla sua scarna biografia egli infatti abbandonò da giovane il suo paese natio, Stratford-upon-Avon, e si stabilì a Londra, dove iniziò la sua carriera di attore e di drammaturgo e, salvo qualche breve viaggio a Stratford, fatto per visitare la famiglia, o le occasionali tournée della sua compagnia teatrale, non risulta che fece altri viaggi.

Nelle sue opere troviamo tuttavia numerosi riferimenti a viaggi per lo più per mare. Questi viaggi sono spesso infelici, attraverso mari agitati, tempeste, vere o presunte, naufragi, ma anche viaggi di scoperte, di rinascite, di nuove sorprese. Come un mago, Shakespeare, tira fuori dal suo sacco, in ogni pagina, in ogni verso, una sorpresa, una magia che incanta e che affascina. Ad esempio ne *La Tempesta* Gonzalo dirà:

> *O gioia che supera ogni gioia!*
> *Scrivete questo fatto a lettere d'oro,*
> *E su colonne eterne. In un solo viaggio*
> *Clarabella trovò a Tunisi uno sposo,*
> *E Ferdinando, suo fratello, una sposa,*
> *Là dove si era perduto, e Prospero il suo*
> *Ducato in un'isola deserta, e <u>noi abbiamo</u>*
> *<u>Ritrovato noi stessi, quando nessuno</u>*
> *<u>Era più se stesso</u>[53]*
> (V.1)

Questo brano contiene in realtà molti spunti interessanti che bisognerebbe esaminare attentamente. Quello che emerge chiaramente in questi versi è l'allusione esplicita ad un doppio viaggio uno fisico, reale e uno mentale, fatto all'inter-

---

[53] Mia sottolineatura

no di noi stessi e necessario per ritrovare la propria ed originale identità perduta.

Non dobbiamo inoltre dimenticare che Shakespeare,
arrivando a Londra, era un giovane proveniente da un piccolo
paese situato in una delle zone più rurali del paese. Per lui
quindi il mare, le navi, i viaggi erano qualcosa di sconosciuto
ed inimmaginabile. Sembra che tuttavia egli abbia
velocemente assorbito quella che potremmo definire
l'atmosfera marittima internazionale che certamente si
respirava nella Londra di allora, che era un grande porto, con
navi che arrivavano e partivano per ogni destinazione.
Shakespeare, probabilmente frequentando le taverne e le
osterie, ebbe modo di parlare con i marinai che vi si
trovavano e che raccontavano volentieri le storie dei loro
viaggi e delle loro avventure.

Nel 1580, quando Shakespeare aveva sedici anni, Sir
Francis Drake (1540-1596) completò la prima circumnavigazione del mondo, un'impresa che durò tre anni, e che
venne ripetuta sette anni dopo da Sir Thomas Cavendish
(1560-1592). Queste imprese venivano narrate dappertutto
ed esaltavano l'orgoglio e l'immaginazione degli inglesi. La
gloriosa nave di Drake The Golden Hind (la Cerva Dorata)
rimase a lungo ormeggiata a Deptford, nel Tamigi, e venne
visitata da migliaia di persone, forse anche dallo stesso
Shakespeare. Nel 1586, Shakespeare aveva allora ventidue
anni, Sir William Raleigh (1554-1618) salpò con una flotta di
sette navi, alla volta delle Americhe e lì fondò la prima
colonia inglese che, in onore della regina Elisabetta I, venne
chiamata Virginia.

Inoltre Shakespeare visse in un periodo in cui la
guerra navale con la Spagna era quasi permanente (una
guerra durata all'incirca diciotto anni), e quindi l'allesti-
mento delle navi, la partenza delle flotte e il loro rientro, e i
racconti delle avventure in mare, delle battaglie, dei naufragi
erano parte della vita di tutti i giorni. Il ricordo della vittoria
del 1588 contro la Grande Armada spagnola, che aveva

l'obiettivo dichiarato di invadere il paese, rimase impresso nella memoria degli inglesi per lungo tempo.[54]

Qualunque cittadino della Londra di allora era dunque al tempo stesso orgoglioso di questi successi e fortemente "impregnato" della cultura marinara dell'epoca, certamente molto più di quanto non lo siano i londinesi di oggi.

Ed ecco dunque che il giovane Shakespeare si trova di fronte un mondo nuovo, dinamico, misterioso ed affascinante, con le sue cerimonie, tradizioni, avventure. Ne rimase probabilmente affascinato al punto che in ogni suo dramma vi è un riferimento, più o meno esteso, proprio al mare, alle navi, ai venti, alle stelle, alla navigazione. Egli probabilmente non mise mai piede su di una nave o, se lo fece, ciò avvenne con la nave ben ferma sul Tamigi, ma era avido di notizie e curioso, leggeva molto ed ebbe lunghe conversazioni con molti marinai.

Shakespeare dunque conobbe il mare più per le storie che sentiva raccontare che per un'esperienza diretta ma, essendo dotato di una straordinaria capacità di osservazione e di assorbimento, fece sì che il mare penetrasse nella sua vena poetica, al punto che sembra che la sua poesia sia pregna di salsedine, e l'immagine e la simbologia del mare entrano praticamente in tutte le sue opere, anche in quelle in cui l'azione si svolge lontano dal mare. Così facendo egli riesce a dare un profondo senso intellettuale e morale ad esperienze umane, destabilizzanti, faticose ed instabili.

Un esempio di quanto la simbologia del mare entri nelle opere di Shakespeare lo troviamo in *Romeo e Giulietta*. Quando Giulietta si ribellerà alla volontà del padre, che vorrebbe farla sposare al nobile Paride, il padre Capuleti credendo che Giulietta pianga ancora la morte del cugino Tibaldo, ucciso da Romeo, dirà:

---

[54] Da questo episodio Shakespeare ne trarrà spunto per descrivere, nel suo dramma *Otello*, i difficili e concitati momenti in cui il Governo Veneziano decide di inviare Otello a Cipro per evitarne la conquista da parte della flotta Turca.

Nel tuo piccolo corpo
Tu simuli una barca, il mare, il vento;
Perché ancora nei tuoi occhi, che potrei chiamare un
mare,
Vi è il flusso e riflusso delle lacrime; la barca è il tuo
corpo
Che naviga in quest'onda salata; i tuoi sospiri il vento;
Che scontrandosi con le tue lacrime, e loro con essi
Senza un'improvvisa calma, travolgeranno
Il tuo corpo scosso dalla tempesta.
(3.5,131-138)

Questo brano se da un lato mostra come preciso e potente possa essere l'immagine del mare, della barca e della tempesta applicata alla sofferenza umana, mette in evidenza una chiara anomalia. Un gentiluomo veronese, molto probabilmente un proprietario terriero, che derivava la sua fortuna dall'agricoltura, usa una dettagliata simbologia marinara per descrivere correttamente il presunto dolore della propria figlia. Un analogo concetto verrà espresso da Bruto nel *Giulio Cesare*, quando ormai sente giungere la propria fine, egli dirà:

C'è una marea nelle cose degli uomini
Che, colta al flusso, porta alla fortuna,
Se negletta, tutto il viaggio della vita
S'incaglia su fondali di miserie.
Noi galleggiamo in questo mare aperto
Sta a noi saper seguire la corrente se favorevole
O rassegnarci a perdere le nostre imprese.
(5.2)

Per Shakespeare il mare diventa quindi metafora, simbolo di esperienze, per lo più tragiche. La tempesta della natura diventa, per lui, la turbolenza delle passioni che imperversano nell'animo umano. La vita dell'uomo è per lui *una barca che naviga in un mare in tempesta*. Nel poco rappresentato dramma *Timone di Atene*, il protagonista affermerà:

Il fragile vascello della natura ci sostiene
Nell'incerto viaggio della vita.
(5.1)

E Otello alla fine del dramma omonimo, poco prima di
uccidersi, riconoscendo il drammatico errore da lui
commesso, nel dare credito alle fantasie malvagie di Jago che
lo hanno portato ad uccidere l'innocente Desdemona, dirà:

> *Qui è la fine del mio viaggio, sono vicino alla meta,*
> *E vicino alla boa della mia ultima veleggiata.*

In una delle scene più tragiche del Macbeth, Ross, un nobile
scozzese, dirà a Lady Macduff, pochi attimi prima che la
stessa venga uccisa dai sicari di Macbeth insieme a suo figlio
ancora bambino:

> *I tempi sono crudeli, quando noi tradiamo*
> *E noi non siamo noi stessi, quando ascoltiamo calunnie*
> *Nate da ciò che temiamo, eppure non sappiamo ciò che*
> *temiamo,*
> *Ma galleggiamo su di un mare violento e selvaggio.*
> (4.2,18-22)

È probabile che questa impostazione metaforica, che
diventerà una costante di tutti i drammi di Shakespeare,
derivi anche dalla circostanza che i marinai, quando
raccontano delle loro esperienze, raccontano sempre e
soltanto dei momenti tragici, pericolosi della loro vita, delle
sofferenze subite in un mare in tempesta, dei rischi di
naufragio, dell'incertezza della navigazione dovuta alla
difficoltà di stabilire, a quei tempi, la corretta posizione della
nave. È difficile che un marinaio racconti di una navigazione
tranquilla e pacifica che, in quanto tale, è poco interessante.
Essendo stato marinaio anch'io immagino inoltre che questi
racconti siano sempre stati accresciuti da una certa dose di
esagerazione che, amplificata dall'immaginazione del poeta,
rende plausibile l'associazione: mare - tempesta - tragedia.

In questo mondo incantato, idealizzato e sognato, nel mare raccontato da Shakespeare, succede di tutto, non soltanto tragedie e morti, ma anche nascite, ritrovamenti, gioie, come avviene nel *Pericle - Principe di Tiro*, in cui una bambina nasce a bordo di una nave, nel bel mezzo di una tempesta, ed a lei verrà dato il nome di Marina.

Anche in alcuni dei suoi Sonetti, Shakespeare usa la metafora del viaggio mentale, come ad esempio nel Sonetto 27:

> *Stanco dal lavoro, mi affretto al mio letto,*
> *Il caro riposo delle membra stanche dal viaggio;*
> <u>*Ma allora un altro viaggio inizia nella testa*</u>
> <u>*E fa lavorare la mia mente,*</u>[55] *or che il lavoro del corpo è*
> *finito.*
> *Allora i miei pensieri, da lontano dove mi trovo*
> *Verso di te fanno devoto pellegrinaggio,*
> *E tengono dilatate le mie pesanti palpebre,*
> *Guardando il buio che vedono i ciechi.*
> *Ma la vista immaginaria del mio animo*
> *Presenta la tua ombra al mio sguardo cieco,*
> *Che, come un gioiello appeso nella spettrale notte,*
> *Rende bella la scura notte, e rinnova il suo vecchio volto.*
> *Ecco! Così di giorno le mie membra, di notte la mente,*
> *A causa tua, e mia, non trovano riposo.*

Nei versi da me sopra evidenziati Shakespeare ci racconta quindi del viaggio mentale che intraprende quando, finito di lavorare, va a letto e pensa all'essere amato. Un viaggio quindi ispirato dall'amore, nella speranza che, come visto prima, possa presto riunirsi con lui, raggiungendo così la felicità. Ed ancora nel sonetto 44 egli scrive:

> *Se l'ottusa sostanza della mia carne fosse pensiero,*
> *La maligna distanza non fermerebbe il mio cammino;*
> *Perché, a dispetto dello spazio, verrei portato*
> *Dai confini più remoti, là dove tu risiedi.*

---

[55] Mia sottolineatura

Ecco che di nuovo Shakespeare sembra voler ribadire l'importanza del viaggio mentale, come mezzo per raggiungere la felicità, tema che, come abbiamo visto, è tipico della poesia romantica.

Interessanti per il nostro tema sono anche i Sonetti 50 e 51 che trattano questa volta del viaggio via terra, su di un cavallo. Essi descrivono il peso di una partenza e di una separazione, causata da un viaggio che il poeta deve fare. Egli viaggia su di un cavallo che era, a parte il camminare a piedi, l'unico mezzo alternativo di locomozione ai tempi di Shakespeare. Le condizioni delle strade dissestate, spesso inondate d'acqua, rendevano infatti difficile un viaggio in carrozza al di fuori delle città. Shakespeare non sembra preoccuparsi troppo della velocità del suo cavallo, perché ogni suo passo lo trascina nel suo dispiacere allontanandolo dall'essere amato. Ovviamente non sappiamo nulla di questo viaggio, era forse un viaggio che lo riportava nella natia Stratford, e così lo allontanava dai suoi amori Londinesi? O è soltanto un viaggio immaginario, ma che lo porta lontano, anche per questione di censo, dal suo nobile amore? O ancora è soltanto una prova della sua immaginazione poetica senza alcun reale riferimento a episodi della vita di Shakespeare? Nonostante la melanconia che pervade il sonetto, è possibile trovarvi un lato umoristico nella descrizione della scarsa voglia di viaggiare del cavallo che quindi lo accomuna al cavaliere. Il Sonetto 50 recita così:

> *Come mi pesa viaggiare per la mia strada,*
> *Se quel che cerco, la meta dello stancante viaggio,*
> *Insegna a quel sollievo ed a quel riposo*
> *"Tante miglia hai misurato dal tuo amico".*
> *La bestia che mi porta, stanca del mio dolore*
> *Arranca pigramente, sopportando il mio peso,*
> *Come se per istinto la misera sapesse*
> *Che il suo cavaliere non ama andar veloce via da te.*
> *Non riesce a stimolarla il sanguinoso sprone*
> *Che talvolta la rabbia le affonda nella pelle,*
> *E a cui risponde con un lamento di dolore*
> *Per me più acuto che la spronata a lei nel fianco;*

> *Perché quel lamento mi ricorda questo,*
> *Che la pena m'è davanti, la gioia alle mie spalle.*

E il 51:

> *Così può scusare il mio amore la lenta offesa*
> *Del mio pigro portatore, quando da te io corro via:*
> *Da dove ti trovi, perché dovrei andare via in fretta?*
> *Finché non ritorno, non c'è bisogno di galoppo.*
> *Oh, quale scusa troverà allora la mia povera bestia,*
> *Quando la velocità più estrema non sembrerà che lenta?*
> *Allora darei di sprone pur se montassi il vento;*
> *In velocità d'ali non scorgerò movimento.*
> *Allora nessun cavallo terrà il passo del mio desiderio;*
> *Quindi il desiderio fatto del più perfetto amore,*
> *Nitrirà, non tarda carne, nella sua infuocata corsa;*
> *Ma l'amore, per amore, scuserà così il mio ronzino:*
> *Poiché, andando via da te, andò testardamente lento*
> *Verso di te io correrò, e lui lascerò andare come può.*

In questo sonetto, che sembra essere la continuazione del precedente, viene anticipato l'eventuale ritorno del viaggiatore, idea questa che rende felice il poeta che, nella sua felicità e nel suo entusiasmo, correrà con il pensiero ad una velocità ben superiore a quella dello stesso cavallo. A prima vista sembra che il sonetto descriva il viaggio di ritorno, ma in realtà esso specula soltanto su cosa potrebbe essere il viaggio di ritorno, mentre invece il narratore sta' ancora viaggiando lontano dal suo amore. Il poema appare come un tour di forza di movimento, con parole che descrivono la velocità e la lentezza che sembrano inciampare l'una nell'altra. Quasi ogni verso contiene un qualche riferimento alla rapidità del desiderio o al noioso trascinarsi della realtà. I versi dal 9 al 14 sono molto ambigui e presentano una varietà di interpretazioni possibili, come la velocità del pensiero, del desiderio, dell'amore e della devozione, in termine di volo con le ali (Pegaso), cavalli fieri, i venti, che sono i più leggeri corrieri dell'aria, i cavalieri dell'apocalisse, così come il richiamo alla trista carne, le povere bestie, e il fangoso vestito del decadimento. Ma alla fine trionfa il desiderio quando il poeta corre avanti verso il suo amato sulle veloci ali del pensiero, ed ogni sistema materiale di trasporto può essere trascurato e lasciato andare.

Una delle caratteristiche principali di cui è dotata l'immaginazione di Shakespeare, è proprio la caratteristica del movimento, sia della natura che dell'uomo. In *Antonio e Cleopatra* egli ad esempio scrive:

> *Ci hanno insegnato, fin dall'inizio,*
> *Che chi sta in auge viene ricercato*
> *Fino a che resta in quella posizione;*
> *Mentre chi sta in declino, mai amato*
> *Finché fu meritevole d'affetto,*
> *Sì loda e apprezza quando non c'è più.*
> *Questa gentaglia, simile ad un giunco*
> *Che galleggia in balia della marea,*
> *Ondeggia sempre, ora avanti, ora indietro,*
> *Col moto alterno del flusso dell'acqua,*
> *Fino a marcire del suo stesso moto.*
> (1.4.43-53)

Questi versi ci danno l'idea di un viaggio senza scopo, un viaggio che segue la marea e che non porta da nessuna parte salvo l'auto annullamento.

Antonio e Cleopatra è forse l'opera più dinamica di Shakespeare. Il palcoscenico mostra in continuazione cambi di scena, da Alessandria d'Egitto a Roma, poi di nuovo ad Alessandria, poi a Messina, poi in Grecia. Ben ventisette cambiamenti di scena in poco più di due ore, un record assoluto che contrasta visibilmente con la teoria dell'Unità di Azione, di Tempo e di Luogo della rappresentazione drammatica enunciata da Aristotele nella sua *Poetica*.[56]

Shakespeare è noto per essere stato un grande, forse il più grande, drammaturgo di tutti i tempi, ma questa circostanza ce ne fa dimenticare un'altra altrettanto

---

[56] L'unica opera di Shakespeare che risponde alla teoria Aristotelica è *La Tempesta*.

importante e cioè che Shakespeare è stato anche, e forse bisognerebbe aggiungere soprattutto, un grande poeta. Ne *La Dodicesima Notte* egli scrive:

> "*Dove te'n vai, amante mia diletta?*
> *Rimani ed ascolta, il tuo vero amore sta arrivando,*
> *Colui che sa cantare sia forte che piano:*
> *Non andar via, dolce amore;*
> *Ogni figlio di saggio ben sa che*
> *I viaggi finiscono nell'incontro di teneri amanti*[57]
> (2.3)

Così canta Feste, il buffone di quella splendida commedia. Per l'appunto un buffone ma i buffoni hanno sempre un ruolo molto importante nei drammi di Shakespeare; a loro è affidato il compito di dire la verità, di alzare il velo dell'ipocrisia che spesso copre la realtà. Ecco dunque che il buffone di Shakespeare ci dà un'indicazione precisa: *i viaggi finiscono nell'incontro di teneri amanti*. Con queste parole Shakespeare sembra ammettere quindi che per lui i viaggi finiscono sempre con una particolare forma di felicità: la riunione con l'essere amato.

Il riconoscimento dei romantici alla profondità delle emozioni e del pensiero espresse nei drammi di Shakespeare, si univa al loro senso dell'insufficienza del palcoscenico a rendere giustizia a personaggi grandiosi come Lear o Amleto. Pertanto essi ritennero che il vero Shakespeare fosse incorporato nella risposta immaginativa del lettore alle complesse personalità rappresentate dai suoi personaggi. Charles Lamb (1775-1834), un altro grande letterato del periodo romantico, in un suo memorabile saggio intitolato *Sulle Tragedie di Shakespeare* scrive a proposito del *Re Lear*:

> La grandezza di Lear non risiede nella sua dimensione corporea, ma in quella intellettuale...
> Mentre lo leggiamo non vediamo Lear, ma noi siamo Lear. Noi siamo la sua mente, siamo

---

[57] Mia sottolineatura

sostenuti da una grandezza che rende vana la
malizia delle figlie.[58]

Per i Romantici la complessità e il contenuto artistico dei
testi di Shakespeare non era reso comprensibile da un modo
di recitare o da una sceneggiatura, l'unico modo per
apprezzarlo veramente era attraverso un'attenta lettura dei
suoi testi, utilizzando al massimo la forza della propria
immaginazione per ricreare la scena. L'attore infatti tende a
degradare i valori letterari e drammatici per ottenere un
momentaneo ed immeditato effetto teatrale. Shakespeare
sembra voler confermare questa tesi quando, ad esempio, ne
La Tempesta fa dire ad Antonio, il malvagio fratello di
Prospero:

> *E per destino recitiamo un atto*
> *In cui ciò che è passato è il prologo,*
> *E il resto è mio e vostro compito.*
> (2.1.257-59)

Con questi versi Shakespeare sembra richiedere al lettore la
sua totale libertà di pensiero per entrare nel mondo
immaginario dei suoi drammi, accendendo così la sua
immaginazione.

Esaminando la biografia di Shakespeare, e la
sequenza temporale di scrittura delle sue opere, si ha la
sensazione che egli abbia voluto effettuare una sorta di
viaggio psicologico espresso allegoricamente nei suoi drammi.
L'ordine di questi sembra tracciare infatti una sorta di
odissea personale, un viaggio spirituale della sua anima
attraverso le varie fasi della sua vita: la Giovinezza, con le
commedie brillanti – la Maturità, con le grandi e profonde
tragedie – la Vecchiaia, con le ultime commedie romantiche.
Un viaggio dunque non tanto nel tempo quanto all'interno
dell'animo umano.

---

[58] Charles Lamb - *Selected Prose* – Penguin,1985

John Milton

Se Shakespeare fu il padre putativo del movimento romantico inglese, John Milton (1608-1674) ne fu certamente il grande ispiratore, sia per le sue vicende personali che, e soprattutto, per il suo stile letterario e per la sua ispirazione poetica. Tutti gli scrittori romantici tentarono di imitarlo provando a scrivere un poema epico avendo come esempio il *Paradiso Perduto*, ma nessuno di essi vi riuscì completamente. I poeti della prima generazione per incapacità, quelli della seconda, forse, per mancanza di tempo essendo morti giovani. L'unico che più degli altri vi si avvicinò fu Shelley, con il suo *Prometeo Liberato*.

Milton in considerazione della potenza della sua immaginazione e della forza poetica della sua scrittura, è considerato il padre del Sublime, un elemento fondante del romanticismo, una passione a cui tutti i romantici mirarono.

In omaggio a Milton, William Blake scrisse un lungo poema intitolato proprio *Milton*, un capitolo del quale si intitola *Il viaggio di Milton verso la Morte Eterna*, e quel poema comincia così:

> *Allora Milton si alzò dagli odorosi cieli di Albione:*
> *E l'intera assemblea pianse profeticamente, vedendo sulla sua faccia*
> *E nei suoi lineamenti divini le ombre della Morte e di Ulro*
> (Milton, f. 12,10–41.)

La storia di questo poema è curiosa. Infatti sembra che esso sia nato a seguito di due esperienze personali di Blake, a cui si allude nel testo. La prima fu un'ispirazione derivata da un fascio di luce che colpì il piede di Blake mentre egli si stava

allacciando le scarpe. La seconda un momento di estasi ascoltando il canto di un'allodola.[59]
Milton sin da giovane voleva scrivere una grande opera epica, ed alla realizzazione di questo suo desiderio dedicò gran parte della propria vita, ma vi riuscì soltanto in tarda età, quando ormai era diventato completamente cieco, sicché lui non scrisse quel capolavoro che è *Il Paradiso Perduto*, ma lo dettò alle figlie, circostanza questa che suscita sempre nel lettore un'ammirazione ancora maggiore nei confronti di questo grande poeta.

Il *Paradiso Perduto* è un grandioso affresco che riscrive, con molta libertà, la Genesi biblica. Un'opera colossale in dodici libri, ognuno dei quali composto da circa mille versi. Lo scopo del poema è quello di raccontare la prima storia dell'umanità, quegli eventi che determineranno in seguito il resto di tutta la vicenda umana, e cioè la ribellione dell'Arcangelo Lucifero, la sua cacciata dal paradiso, il peccato di Adamo ed Eva che porterà al conseguente loro allontanamento dal Paradiso Terrestre. Milton, nello scrivere la sua versione della Genesi, si allontanò dalla versione ufficiale dandone, nel più puro spirito romantico, una sua versione modificata, in cui aggiunse alcune "stranezze" che resero quella storia un capolavoro poetico.

Una fra le stranezze introdotte da Milton fu, ad esempio, la descrizione del congiungimento sessuale tra Adamo ed Eva prima del peccato originale, descritto peraltro come un atto di naturale e spontanea felicità, senza vergogna e senza ipocrisia. Dopo aver mangiato il frutto proibito ed aver così peccato, contravvenendo al comandamento di Dio, lo stesso atto sessuale diventerà peccaminoso, facendo emergere un senso di colpa e di vergogna.

Un'altra stranezza risiede nella descrizione di Satana che, nel *Paradiso Perduto*, non appare come descritto dalla corrente iconografia cristiana: con le corna, gli zoccoli, la lunga coda, ispirata forse in parte da Dante che nella

---

[59] Tratto da EW. H. Stevenson, ed. – *Blake The Complete Poems*, Second Edition, Longman,1999

Commedia pone Satana in fondo all'Inferno, un mostro immerso in un lago ghiacciato. Milton invece descrive Satana come un arcangelo che, seppur caduto in disgrazia per la sua ribellione, mantiene ancora alcune delle sue caratteristiche angeliche. Nel consesso dei diavoli la sua figura emerge come la più possente e Milton scriverà:

> *Lui sopra gli altri*
> *In forma e gesti stava come torre,*
> *Eminente ed orgogliosa.*
> *La sua forma non avea ancora perso*
> *Il suo originale splendore.*
> (1.590-92)

Inoltre, a ben leggere tra le righe, quest'opera è in parte autobiografica in quanto in essa si possono trovare molti elementi e situazioni relative proprio agli avvenimenti politici vissuti da Milton, e dall'Inghilterra, in quel periodo. Milton infatti fu uno stretto collaboratore di Oliver Cromwell (1599-1658), che guidò la rivoluzione puritana contro la monarchia inglese. Come è noto quella rivoluzione, che raggiunse il culmine con la decapitazione del re Carlo I nel 1649, terminò alcuni anni dopo, nel 1660, con il ritorno al trono di Carlo II e la conseguente restaurazione. Quella fu dunque una rivoluzione fallita come quella di Lucifero e di cui Milton fu testimone e cantore. Per i romantici Milton fu un poeta che, più dichiaratamente di altri, esemplificava la forza dell'artista visionario, alla continua ricerca di un'affermazione personale che non riuscì mai a completare in vita, raggiungendo il successo e la fama soltanto dopo la morte.

Milton fu poco apprezzato dai suoi contemporanei ma divenne in seguito l'emblema del poeta moderno: solo, distaccato dal mondo contemporaneo che egli disprezzava non nutrendo più alcuna speranza, ma restando sempre, anche nei momenti più difficili, fedele alla propria coscienza ed alle proprie idee, in quella che Wordsworth chiamerà "la felicità interiore". I romantici, dopo la rivoluzione francese, l'instaurazione dell'Impero Napoleonico e la chiusura conservatrice della politica inglese alle regole democratiche, si ritrovarono in una situazione analoga. All'entusiasmo generato dalla speranza di un radicale cambiamento politico e sociale, subentrò la disillusione della permanenza di uno status quo che sembrò loro essere destinato a durare per sempre.

Nei confronti di Milton i romantici adottarono lo stesso atteggiamento da loro adottato verso la cultura classica, e cioè il senso di una grande ammirazione, ma non il desiderio di copiarla, piuttosto quello di re-interpretarla usandola come trampolino di lancio nel tentativo di superarla per andare oltre. Nietzsche interpretò bene questo spirito scrivendo nel suo *Così parlò Zaratustra*:

> Quello che è grande nell'uomo è che egli è un ponte e non un risultato.[60]

Un ponte dunque che conduce ad un altro ponte, e poi ad un altro ancora, e così all'infinito, fino ai limiti estremi della nostra immaginazione. Ecco perché i grandi scrittori romantici sembrano incapaci di concludere i loro scritti. Il loro obiettivo è di evidenziare la loro transitorietà, i loro scritti potrebbero essere riaperti in seguito e continuati da altri.

Durante il periodo Romantico anche Milton, come Shakespeare, conobbe una straordinaria popolarità e le sue opere, il *Paradiso Perduto* in testa ma anche le altre, vennero lette ed assorbite come non era mai accaduto prima, e come non accadde forse dopo. Il *Paradiso Perduto* venne illustrato da molti artisti il più famoso dei quali fu il Dorè (1832-1883).
Nel *Paradiso Perduto* il prototipo del viaggio dei romantici alla ricerca della felicità, avviene proprio all'inizio del poema e comincia in un posto inusuale, e cioè all'inferno. Vi è una precisa ragione per questa scelta. John Milton infatti, pur non essendo un poeta romantico di per sé, fu comunque un

---

[60] Friedrich Nietzsche – *Così parlò Zaratustra* – a cura di G. Sossio - Bompiani, 2010

grande ispiratore della poesia romantica, sia nella forma (nella sua metrica domina il cosiddetto verso libero utilizzato da quasi tutti i romantici) che nell'essenza. Il poema si apre infatti in media res, Dio ha appena cacciato Satana e gli altri angeli ribelli dal Paradiso e li ha scaraventati in un abisso infernale che diventerà la loro residenza per l'eternità, e in cui sorge, dal nulla, il grandioso palazzo di Satana, che Milton chiama il *Pandemonio*. La scelta di Milton, di iniziare un poema intitolato al Paradiso, proprio all'Inferno è certamente emblematica. Satana infatti, in quel poema, rappresenta proprio l'eroe romantico e molti poeti romantici lo assunsero come loro simbolo. Leggendo il *Paradiso Perduto* si prova certamente più simpatia per Satana che per Dio. Per essi Satana era il vero eroe romantico dell'opera, tanto che Blake, scrisse che Milton "stava dalla parte di Satana anche senza saperlo".[61] Milton, ricordiamolo, era un Cristiano Protestante Luterano, ma la fede cristiana non gli impedì di creare un'opera epica in cui Satana è certamente il personaggio centrale.

Nel Primo libro del *Paradiso Perduto* si racconta dunque dell'arrivo degli angeli ribelli cacciati dal Paradiso, e trasformati in diavoli, in un enorme antro sotterraneo dove vi è un lago fiammeggiante. I diavoli sono storditi, non sanno dove sono, sono confusi e Satana si chiederà turbato:

> *È dunque questa la regione, questo il suolo, il clima,*
> *Disse l'arcangelo perduto, questa la sede*
> *Che noi dobbiamo cambiare per il paradiso,*
> *Questa funebre oscurità per quella luce celestiale?*
> (1.242-45)[62]

Ma dopo il primo stordimento ecco che Satana rincuora e incoraggia i suoi seguaci dicendo:

---

[61] *William Blake – The Marriage of Heaven and Hell* – da *Blake - The Complete Poems* – W. H. Stevenson ed. Longman, 1971

[62] Tutti I brani del *Paradiso Perduto* qui riportati sono tatti da *Milton – Paradise Lost* – Edited by Alastair Fowler, Longman, 1998, e da me liberamente tradotti.

Addio campi felici
Dove la gioia per sempre vive: salve orrore, salve
Mondo infernale, e tu inferno più profondo
Ricevi il tuo nuovo regnante: uno che porta
Una mente che non cambia con il posto o con il tempo.
La mente è il suo vero posto, e in se stessa
Può fare un paradiso dall'inferno, un inferno dal
paradiso.[63]
(1.249-255)

Con quest'ultimo verso Milton afferma categoricamente la supremazia della mente, e quindi dell'immaginazione, sulla realtà. Una posizione che sarà entusiasticamente condivisa, e riaffermata in continuazione, da tutti i romantici.

È interessante notare che, circa centocinquanta anni dopo Milton, Shelley riprenderà il tema della potenza della mente nel suo poema intitolato *Prince Athanase* in cui scrive:

La mente diventa ciò che contempla.

Questo concetto verrà anche ripreso ed ampliato nel suo saggio *In Difesa della Poesia*, in cui afferma: "esiste soltanto ciò che noi percepiamo".[64]

Ecco che allora il momento del trionfo dell'immaginazione romantica, assomiglia a una sorta di possessione demoniaca, quando la personalità del Dio, come dice Milton, sembra ritirarsi. È il momento della percezione del Sublime che, secondo Kant "*è la capacità di pensare che mostra una facoltà della mente di superare ogni standard dei sensi*".[65]

Satana concluderà il suo discorso di incoraggiamento nei confronti degli altri diavoli affermando orgogliosamente:

---

[63] Mia sottolineatura

[64] Questa convinta affermazione di Shelley sembra anticipare di circa un secolo l'impostazione filosofica sostenuta dal filosofo inglese F. H. Bradley nel suo *Appearance and Reality*, London: S. Sonnenschein; New York: Macmillan, 1893.

[65] I. Kant - *Critica del giudizio*, trad. di Alfredo Gargiulo, Bari: Laterza, 1907

Meglio regnare all'inferno, che servire in paradiso.
(1.263)

Egli riunisce quindi in consiglio i diavoli più importanti per discutere il da farsi. Qualcuno propone di ritornare in battaglia per tentare la riconquista del Paradiso ma la proposta non è accettata, piuttosto si decide di verificare se una vecchia profezia che racconta che Dio intende creare un nuovo mondo ed una nuova razza, l'Uomo, sia vera o meno:

Vi è un luogo
(Se la fama antica e profetica non erra)
Un altro mondo, la felice sede
Di una nuova razza chiamata Uomo, che sarà
Creata in questo tempo a noi simile, sebbene
Con meno potere ed eccellenza, ma più favorita
Da colui che regna in alto.
(2.345-351)

Per poter verificare la veridicità di questa profezia viene allora deciso di intraprendere un viaggio alla scoperta della verità e Satana propone di andare lui stesso, e da solo. Ecco dunque il primo viaggio romantico, con le sue caratteristiche fondamentali: il viaggio deve essere solitario, deve essere un viaggio inusuale, difficile, con una destinazione incerta, dall'Inferno alla ricerca di un mondo che non si sa ancora se esista o meno, e deve avere come meta la ricerca della verità, e implicitamente quindi della felicità, ovvero per Satana la sconfitta di Dio e quindi la riconquista del Paradiso. Naturalmente l'assemblea dei diavoli plaude questa decisione e Satana parte:

Nel frattempo il Nemico di Dio e dell'Uomo,
Satana, con i pensieri infiammati dal disegno più alto,
Indossa ali veloci, e verso i Cancelli dell'Inferno
Inizia il suo solitario viaggio; talvolta esplora
La costa a destra, talvolta a sinistra, adesso
Sfiora con ali librate il Profondo, poi s'innalza
Su fiero sulla convessa volta.
Così come lontano sul mare una flotta scorgiamo

Sospesa tra le nuvole, spinta da venti equinoziali
Naviga presso il Bengala, o le Isole
Ternate e Tidore, da dove i Mercanti portano
Le loro speziate droghe: loro al mercato degli scambi
Attraverso la vasta Etiopia e fino al Capo
Vanno avendo come riferimento il Polo.
(2.629-642)

Satana arriva ai cancelli dell'inferno che sono chiusi e custoditi dal "Peccato" e dalla "Morte", che sono suoi figli, che quindi li aprono e gli mostrano l'immenso spazio che separa l'Inferno dal Paradiso che egli dovrà attraversare, una zona controllata e dominata da un potente re, il "Caos":

Di fronte ai loro occhi in visione improvvisa apparve
Il segreto dell'antico abisso, un buio
Illimitato oceano senza confini,
Né dimensioni, dove lunghezza, respiro ed altezza,
E il tempo e il posto sono persi, dove la Notte più vecchia
E il Caos, Avo della Natura, mantiene
Una eterna anarchia, tra i rumori
Di guerre senza fine...
(2-890-897)

Satana inizia dunque il suo difficile percorso, alla ricerca del nuovo mondo che egli spera di trovare, ma che ancora non conosce. Dopo un lungo viaggio Satana arriva all'orbita più esterna in un posto chiamato il *"Limbo della Vanità"*, passa poi nell'orbita del Sole e qui si cambia di abito, si riveste da angelo quale era stato, ed arriva quindi ai cancelli del Paradiso. Il resto della storia è noto.

Milton, a differenza di Shakespeare, fu un vero viaggiatore. Nel Maggio del 1638, egli intraprese un viaggio in Francia e in Italia che durò poco più di un anno, fino all'estate dell'anno successivo. Il motivo del viaggio era quello di approfondire le conoscenze acquisite con i suoi studi, oltre al desiderio di avere un'esperienza diretta con le tradizioni artistiche e religiose soprattutto di matrice cattolica. Si recò inizialmente a Calais ed a Parigi. In seguito continuò a cavallo verso il Sud fino a Nizza incontrando studiosi, letterati e filosofi. Da Nizza, in nave, raggiunse Genova e quindi Livorno, Pisa e Firenze, dove giunse nel Luglio del 1638. Come tanti altri turisti Milton rimase incantato dalle bellezze italiane, oltre che dalla cultura, dalle antichità e dal sapere del nostro paese. A Firenze incontrò Galileo Galilei ad Arcetri e molti altri scienziati e letterati, oltre a visitare l'Accademia Fiorentina e quella della Crusca.

Lasciata Firenze si recò a Roma dove riuscì ad entrare in contatto ed essere ricevuto da vari circoli intellettuali. Nonostante le sue idee religiose egli fu invitato e partecipò, sia pure con molta circospezione e diffidenza, ad un pranzo offertogli dalla Compagnia dei Gesuiti. Egli inoltre intervenne a spettacoli d'opera, concerti e andò a teatro. Dopo alcuni mesi raggiunse Napoli con l'intenzione di proseguire per la Sicilia, e da lì andare in Grecia. A Napoli si fermò circa un mese ma poi dovette rinunziare al viaggio in Sicilia e Grecia, in quanto costretto a ritornare in Inghilterra per l'evoluzione della situazione politica che sfocerà, l'anno successivo, nell'inizio della rivoluzione puritana.

Ho già detto, nel Primo Capitolo, che per molti romantici il punto di partenza del loro viaggio intellettuale fu il peccato originale, la cacciata di Adamo ed Eva dal Paradiso con il conseguente distacco dell'uomo dalla natura. Milton, nel suo *Paradiso Perduto*, descrive quel momento alla fine del poema, nel libro dodicesimo. Dio manda l'arcangelo Michele ad annunciare ad Adamo ed Eva che avendo commesso peccato contravvenendo alle sue leggi, devono lasciare il paradiso ma allo stesso tempo dice loro che vi è una via di rinascita, nella continuità della razza umana, nel condurre una vita moralmente sana in attesa della seconda venuta di Cristo. In parte rassicurato Adamo dirà:

> *Così istruito adesso partirò,*
> *In pace con i miei pensieri, e riempirò*
> *Il mio essere della conoscenza possibile*
> *Al di là della quale fu mia follia aspirare.*
> (12.557-59)

E l'arcangelo Michele, lo consolerà aggiungendo:

> ...allora non detesterai lasciare
> Questo Paradiso, ma possederai
> Un paradiso entro di te, molto più felice.
> (12.585-87)

Con queste enigmatiche parole Milton sembra voler affermare che ciò che vi è all'interno dell'animo umano, se ben gestito, può creare all'uomo la stessa felicità che egli aveva nel paradiso. Una tesi abbastanza ardita, la cosiddetta *Felix Culpa* che è alla base del movimento romantico in quanto, provenendo da fonte autorevole, riafferma la forza, il potere della mente e quindi dell'immaginazione. L'arcangelo Michele accompagna quindi Adamo ed Eva ai cancelli del paradiso e poi sparisce mentre dei cherubini prendono la guardia ed appare nel cielo l'immagine di una spada fiammeggiante.

Gli ultimi versi con cui Milton chiude il suo lungo poema sono questi:

> Loro, guardando indietro, videro il lato orientale
> Del paradiso, che fu la loro felice dimora,
> Su cui la fiammeggiante spada indicava l'uscita,
> E una folla con terribili volti e fiere braccia.
> Qualche lacrima sparsero, ma l'asciugarono presto;
> Il mondo era tutto di fronte a loro,
> Dove scegliere il luogo del riposo,
> E la provvidenza la loro guida; loro,
> Mano nella mano con passi erranti e lenti,
> Attraverso l'Eden presero la loro solitaria strada.
> (12.641-49)

In queste ultime rime, Milton, dopo dodici libri, opera un profondo ed inaspettato cambio di prospettiva. L'impatto traumatico della perdita dell'Eden sembra trasformarsi in un'attraente prospettiva *Il mondo era tutto di fronte a loro ... e la provvidenza la loro guida* – quasi una situazione fortunata, la *Felix Culpa* appunto della teologia tradizionale.

Alla fine del suo poema epico Milton ci descrive quindi l'inizio di un viaggio, che non ha una destinazione precisa (il mondo...) e la guida di Adamo ed Eva sarà la provvidenza. I due, mano nella mano, non sicuri nel loro procedere, si allontanano verso un destino incerto, faticoso, difficile ma non necessariamente infelice, dinanzi a loro infatti sta per aprirsi il grande mare della conoscenza.

Il *Paradiso Perduto* che inizia con la cacciata dal Paradiso dell'arcangelo ribelle, il romantico Satana, e la sua conseguente caduta nell'orrore dell'inferno, si conclude con un'altra espulsione, con un'altra caduta e con un altro viaggio che ci riguarda più da vicino, quello cioè fatto dai nostri progenitori, Adamo ed Eva, dopo la trasgressione da loro compiuta mangiando la mela: il frutto dell'albero della conoscenza, secondo Milton. Anch'essi vengono cacciati dal paradiso ma non gettati all'inferno, ad essi è dato di iniziare un travagliato viaggio sulla terra. Essi dunque passano improvvisamente da una situazione di tutela, dove tutto per loro era previsto ben organizzato e preordinato, in un ambiente in cui vivevano in simbiosi con la natura, ad una situazione di libertà ma anche di responsabilità, con l'onere della libera scelta e della conoscenza del bene e del male. Ma, come abbiamo visto, il viaggio di Adamo ed Eva non ci viene presentato come un viaggio poi così terribile. Anch'esso è un viaggio alla ricerca della Verità e quindi della Felicità. La Verità che essi cercano non è esplicita, ma rappresenta una destinazione ignota. La ricerca della verità è in realtà il viaggio alla ricerca dell'esperienza e quindi della conoscenza e del modo migliore per ricongiungersi, sulla terra, con quella Natura lasciata alle spalle e che, nella realtà ante-peccato, costituiva un tutt'uno con l'uomo. Ma questo ricongiungimento non avverrà più in modo inerte e passivo, come era stato nel passato, ma con un ruolo dell'uomo attivo e da protagonista. Ecco dunque, nel capolavoro di Milton, un altro esempio del viaggio Romantico.

William Blake

William Blake (1757-1827),[66] è stato tra i più completi, ma anche tra i più originali, artisti della storia culturale inglese. Oltre che poeta egli infatti fu anche incisore, pittore e saggista.

Algernon Swinburne (1837-1909), il grande poeta vittoriano, ha scritto che Blake è stato l'unico Inglese del diciottesimo secolo, dotato di una genio poetico supremo ed allo stesso tempo semplice.[67]

Nonostante Blake sia stato pressoché totalmente ignorato durante la sua esistenza, dopo la sua morte, e soprattutto a partire dalla fine del diciannovesimo secolo, egli venne riconosciuto come un grande artista. Le sue opere sono penetrate in profondità nella cultura e nella società inglese, ed una sua poesia, *Jerusalem*, che esamineremo in seguito, è stata posta in musica, ed è diventata così popolare che è suonata forse più spesso dell'inno nazionale, sia dalle orchestre sinfoniche che dalle bande di musica rock. Alcuni suoi dipinti come *Albion Rose* (alzati Albione), sono diventati delle icone ufficiali che vengono riprodotte un po' dovunque. Il quadro rappresenta un gigante nudo sulla cima di una montagna. Dipinto con un gesto di grande energia e fiducia raffigura la nuda moltitudine che, nel simbolismo di Blake, rappresenta la folla degli uomini viventi in armonia tra di loro ed appare come un unico uomo, nudo di fronte alla verità. Questo quadro rappresenta anche la concezione filosofica di Blake nei riguardi della rivoluzione per la conquista della libertà. Nell'ampio cortile d'ingresso della nuova sede della British Library a Londra, è stata posta una

---

[66] I testi delle poesie di Blake qui riportati sono tratti da *Blake – The Complete Poems*, Second Edition, Edited by W. H. Stevenson – Longman, 1999, e da me liberamente tradotte, salvo là dove diversamente indicato.
[67] Algernon Charles Swinburne – *William Blake, A Critical Essay* – John Camden Hates, Piccadilly, 1868

grande statua di Newton,[68] tratta da un famoso dipinto di Blake, e la sua poesia La tigre è forse la più popolare poesia inglese, imparata a memoria e recitata da tutti i bambini a scuola:

Tigre! Tigre! Divampante fulgore
Nelle foreste della notte,
Quale fu l'immortale mano o l'occhio
Ch'ebbe la forza di formare la tua agghiacciante
simmetria?

In quali abissi o in quali cieli
Accese il fuoco dei tuoi occhi?
Sopra quali ali osa slanciarsi?
E quale mano afferra il fuoco?

Quali spalle, quale arte
Poté torcerti i tendini del cuore?
E quando il tuo cuore ebbe il primo palpito,
Quale tremenda mano? Quale tremendo piede?

Quale mazza e quale catena?
Il tuo cervello fu in quale fornace?
E quale incudine?
Quale morsa robusta osò serrarne i terrori funesti?

Mentre gli astri perdevano le lance tirandole alla terra
E il paradiso empivano di pianti?
Fu nel sorriso che ebbe osservando compiuto il suo
lavoro,
Chi l'Agnello creò, creò anche te?[69]

La tigre descritta da Blake in questa poesia non è una tigre reale, ma un simbolo, un emblema del male del mondo descritto in termini drammatici. Il punto più tragico si raggiunge nel verso finale, ovvero nella domanda *Chi*

---

[68] La statua in bronzo alta circa quattro metri, è stata realizzata da Edouardo Paolozzi uno scultore inglese.
[69] Traduzione di Giuseppe Ungaretti

l'Agnello creò, creò anche te? Nella sua precedente raccolta I Canti dell'Innocenza, Blake aveva scritto una poesia sull'Agnello, quale simbolo della pace e della concordia nel mondo. Ora si chiede come sia possibile che vi sia stato uno stesso creatore dell'Agnello e della Tigre, ovvero del Bene e del Male. Questa, come è noto, è una domanda fondamentale per ogni pensatore ed ogni teologo. Blake credeva in un Dio benevolo, ma, osservando i fatti terribili che ogni giorno si svolgevano sotto i suoi occhi, questa sua credenza veniva messa in discussione e lui non sembra essere in grado di prendere una posizione chiara.

La poesia di Blake, per quanto difficile e oscura, riflette il suo genio e nonostante la sua frequente incomprensibilità, colpisce ed affascina il lettore. Oggi la sua arte in Inghilterra non ha confini e piace a tutti, a destra e sinistra, a giovani e vecchi, anche se non molti la conoscono veramente fino in fondo. La sua infatti è, in gran parte, un'arte difficile, complessa che richiede uno studio e un approfondimento che non molti si sentono di fare. Sia nella sua pittura, che nella sua poesia, Blake fa spesso uso di immagini da lui create, strane creature, forme massicce e bizzarre, con insoliti cambiamenti di dimensioni, reali o figurative, con nomi enigmatici di ispirazione biblica ma da lui inventati, e talvolta anche inquietanti. Ad esempio egli inventa il personaggio di *Urizen*, che rappresenta il Tempo, o *Orc* che sta per una sorta di redentore, o strane divinità come *Oothoon*, o *Gologonoora*, e così via. Il tutto ambientato in un universo fantastico, anch'esso da lui creato. Blake ha sempre sostenuto che queste strane figure, da lui dipinte o descritte nelle sue opere, non erano mai frutto della sua immaginazione o di allucinazioni, ma piuttosto delle visioni intellettuali che gli apparivano di tanto in tanto, e che lui quindi si limitava a descriverle o con i pennelli o con le parole. Uno dei pittori più noti ed influenti di quel periodo fu Sir Joshua Reynolds (1723-1792), fatto baronetto da Giorgio IV nel 1769, e tra i fondatori della Royal Academy. Reynolds scrisse un libro sulla tecnica pittorica intitolato "Sette

Discorsi sull'Arte";[70] Blake, dopo aver ascoltato un discorso di Reynolds all'Accademia scrisse, a margine della sua copia di quel libro:

> Io considero il discorso di Reynolds alla Royal Academy come la simulazione di un Ipocrita che sorride quando vuole Tradire. Il suo elogio di Raffaello è come il Sorriso Isterico della Vendetta, la sua Delicatezza e Candore nascondono la trappola ed il boccone avvelenato. Loda Michelangelo per le Qualità che Michelangelo detesta... il conservare la bellezza più perfetta nel suo stato perfetto non consente di esprimere le passioni, che tutte producono distorsioni e deformità, più o meno, anche nel volto più bello. Quale Nonsenso Passione ed Espressione è la stessa Bellezza. Il Volto che è incapace di Passione ed Espressione è Deformità, che sia Dipinto, Aggiustato, Lodato e Divulgato per Sempre, sarà soltanto ammirato dagli Stolti.[71]

Blake usava sia la sua pittura che la sua poesia per lanciare i suoi messaggi. Il noto critico d'arte del secolo scorso Roger Eliot Fry (1866-1934), rappresentante del Gruppo di Bloomsbury ed amico di Virginia Woolf, ha scritto a proposito di Blake:

> L'arte di Blake è un caso esemplare per le nostre teorie estetiche. Senza pudori egli inoltra la richiesta che l'arte diventi il linguaggio per trasmettere pensieri e sentimenti appassionati, e che considera gli oggetti dei sensi come mezzi per raggiungere questo scopo, senza concedere a loro

---

[70] Joshua Reynolds – *Seven Discourses on Art* – The Floating Press, 2008
[71] Tratto dal fascicolo *The Emergence of Romanticism*, preparato da Stephen Logan per il corso da lui tenuto presso l'Univerìstà di Cambridge nel Luglio del 2013.

alcuna coerenza ed accettando da loro soltanto il servizio che possono rendere per questo fine.[72]

Come detto, Blake non fu molto apprezzato durante la sua vita, anzi era visto con sospetto dalle autorità, per le idee che manifestava senza timore, e per la sua eccentricità. Era considerato un personaggio sempre all'opposizione, ostile ai poteri stabiliti come il Governo in carica o la Chiesa ufficiale che lui, da cristiano, accusava di essere corrotta, compromessa con il potere politico e di aver dimenticato l'insegnamento della Bibbia, che per lui era il Libro di riferimento. In realtà non fu mai politicamente attivo. Egli avviò e gestì una sua piccola impresa artigiana grazie al suo lavoro di incisore e di illustratore; attività queste che gli consentirono di vivere, decorosamente ma molto modestamente. In quel periodo della storia della letteratura iniziò a verificarsi il distacco dell'artista dal patrono aristocratico, e l'avvento del mercato letterario. Blake quindi, come tanti altri artisti, sentì la necessità di una sua affermazione autonoma sul mercato. In conseguenza le sue opere potevano liberamente esprimere anche idee sociali e politiche diverse ed anche contrarie all'opinione pubblica dominante.

La coppia Blake, William e la moglie Caterina, era una coppia abbastanza folcloristica. Lui quasi sempre vestito con un'antiquata e lunga giacca nera e, spesso, con un berretto rosso, simbolo dei rivoluzionari francesi. Lei timida, dolce, oppressa dalla grande personalità del marito, con la sua cuffietta e i suoi occhialini. Essi avevano la strana abitudine, anche in età matura, di fare sesso completamente nudi nel giardino della loro casa, recitando ad alta voce le sue poesie, tra gli sghignazzi dei ragazzi del quartiere, arrampicati sui muri e sugli alberi circostanti.

Blake, in vita, fu più noto come incisore e pittore che come poeta. Pur vivendo modestamente, Blake impiegò la propria immaginazione in modo altamente e superbamente artistico, spinto da una forza interiore che, indifferente al mondo esterno in cui era costretto a vivere, considerava la

---

[72] Roger E. Fry – *Vision and Design* – Chatto & Windus, 1920

propria arte come la manifestazione più elevata. Egli pertanto può essere considerato come il vero prototipo dell'artista esemplare, guidato dal desiderio interiore e dalla propria ambizione, senza alcun riguardo del mondo esterno, considerando l'arte come il fine più alto da perseguire incessantemente durante la propria vita: il successo di critica, e non il denaro, essendo il suo spirito guida.

Due sono le caratteristiche artistiche essenziali che ritroviamo sia nella sua pittura che nella sua poesia: la sua grande visualità e l'elevato ricorso al suo personale simbolismo. Essendo un artista cristiano, la fede è presente in tutte le sue opere, oltre che nei suoi diari, dove annotava le frequenti visioni di santi e di angeli che gli apparivano, seduti sui rami degli alberi del suo giardino e che spesso gli dettavano i versi che lui poi trascriveva. Ed egli scrisse nel poema dedicato a Milton:

> *L'immaginazione non è uno stato mentale: è l'esistenza umana stessa.*

Blake non si mosse mai da Londra salvo alcuni mesi, in cui visse a Felpham un villaggio nel Sussex, ma con la sua immaginazione viaggiò moltissimo e in modo fantastico. Egli condusse un viaggio visionario, creando un proprio universo, ed una propria teologia. La sua è una poesia difficile, complessa e quindi non ne parliamo in profondità.

L'opera poetica di Blake può dividersi in due grandi gruppi di opere. Il primo gruppo è rappresentato dalle poesie apparentemente semplici, costituite essenzialmente da una raccolta giovanile e dai *I Canti dell'Innocenza e dell'Esperienza*. Il secondo gruppo è invece costituito dai cosiddetti *Libri Profetici*, molto complessi e difficili, che sembrano contenere misteri irrisolti e segreti seducenti. Mentre nelle poesie del primo gruppo Blake usa un linguaggio semplice, comprensibile a tutti, quasi da filastrocca infantile, nei lunghi poemi del secondo gruppo il linguaggio e l'oggetto dei suoi scritti diventano molto articolati e spesso di ardua comprensione. Inoltre egli adopera una tecnica di scrittura molto diversa, e che egli illustra nella Prefazione al suo grandioso poema intitolato *Jerusalem*, in cui scrive:

> Dopo tre anni di sonno sulle rive dell'oceano, io esibisco di nuovo le mie forme gigantesche al Pubblico.... Quando questi versi mi furono inizialmente dettati io consideravo che una Cadenza Monotona, come quella usata da Milton, da Shakespeare e da tutti gli scrittori del Verso Libero Inglese, derivata dalla moderna schiavitù della Rima, fosse una indispensabile e necessaria componente del verso. Ma ho notato molto presto che nella bocca di un vero Oratore una tale monotonia fosse non soltanto fastidiosa, ma costituisse anche una servitù alla stessa rima. Ho quindi prodotto un cambiamento in ogni rima, sia di cadenza che di numero di sillabe. Ogni parola ed ogni lettera è studiata e messa al suo giusto posto; le parole terribili sono riservate per le parti terribili, e quelle miti e gentili per le parti miti e gentili, e le prosaiche per le parti inferiori; ma tutte sono necessarie le une alle altre.[73]

Con queste parole Blake ribadisce chiaramente la libertà dell'artista romantico di uscire dagli schemi classici convenzionali, anche se adoperati da illustri e ammirati maestri come Shakespeare o Milton. Cambiare, re-interpretare, aggiungere qualche stranezza, come diceva Francis Bacon, nel tentativo di raggiungere la vera Bellezza. È interessante notare che i due gruppi di opere poetiche sopra menzionate non vennero scritti in tempi diversi ma, all'incirca nello stesso periodo, anche se, dopo il 1894, egli scrisse soltanto i libri profetici.

Blake dunque è stato un viaggiatore mentale che esplora, sotto la forma dello spirito di Albione, in compagnia con il suo aiutante Zoas, le remote provincie di reami immaginari creati dalla sua immaginazione:

---

[73] William Blake – *Jerusalem - The Emanation of the Giant Albion* – edited by E. R. D. Maclagan e A. G. R. Russel, A. H. Bullen, 1904

Ho viaggiato attraverso la Terra degli Uomini,
La Terra degli Uomini ed anche delle Donne,
Ed ho udito e visto tali terribili cose
Che i freddi viaggiatori della Terra non videro mai.
(*The Mental Traveller*)

Blake, con il suo stile immaginifico, invita il lettore a guardare "attraverso gli occhi" e non "con gli occhi". Infatti per lui guardare con gli occhi rappresenta una visione meramente materialistica, come fecero il fisico Isac Newton (1642-1727) o il filosofo John Locke (1632-1704). Guardare invece "attraverso" gli occhi consente all'immaginazione di lavorare sul mondo, rilevandone le sue meraviglie nascoste che altrimenti risulterebbero invisibili. Un esempio di questa sua filosofia è contenuto in questo brano tratto dalla poesia *Auspici di Innocenza*:

Vedere il mondo in un granello di sabbia
E il cielo in un fiore selvaggio,
Tenere l'infinito nel palmo della tua mano
E l'eternità in un'ora.

Da giovane Blake scrisse anche una bella, anche se ingannevole, poesia alla moda elisabettiana, in cui mescola Innocenza ed Esperienza, due temi che fanno da sfondo ad altre due raccolte di poesie:

Allegramente andavo da campo a campo
E assaggiavo tutti gli orgogli della primavera,
Fino a quando osservai il principe dell'amore
Che scivolava nei raggi solari!

Egli mi mostrò lillà per i miei capelli,
E rose sgargianti per la mia fronte,
Mi condusse attraverso i suoi bei giardini,
Dove i suoi dorati piaceri crescono.

Con la dolce brina di Maggio
Le mie ali si bagnarono,
E Febo iniziò la mia rabbia vocale;

Egli mi prese nella sua rete di seta,
E mi chiuse nella sua dorata gabbia.

Lui ama sedersi ed ascoltarmi cantare
Quindi, aprendo scherza e gioca con me
Poi allarga le mie ali dorate,
E deride la mia mancata libertà.

La narratrice di questa poesia è una giovane ragazza, o una ninfa, che viene sedotta dall'amore per un principe, che in realtà è Febo, Apollo. Prima lei si concede alla sua seduzione ed allora ogni cosa nel mondo è dolce, bella, piacevole; dopo lei viene rinchiusa in una gabbia e le viene tolta la sua innocenza, ma ahimè è troppo tardi, non si può tornare indietro ed allora il suo "amore" gioca con il suo cuore, in una sorta di comportamento sadistico e tormentoso. Blake scrisse questa poesia quando aveva circa quattordici anni mostrando una maturità di idee e di sessualità molto precoce. In essa vi è anche una chiara allusione alla libertà della natura ed alla prigionia causata dall'oro.

Nel 1789, l'anno della Rivoluzione Francese, egli scrisse e pubblicò una raccolta di poesie intitolate *Le Canzoni dell'Innocenza*. Queste sono tutte poesie apparentemente semplici, quasi delle nenie infantili ma che, ad un'analisi attenta, presentano delle situazioni e delle realtà complesse e dei significati con allegorie profonde. Tutte hanno un tema comune, la ricerca del Paradiso, e quindi implicitamente dell'Innocenza e della Felicità.

Ad esempio la poesia con cui si apre la raccolta e che si chiama proprio *Introduzione* fa così:

Canticchiando giù verso la selvaggia valle,
Canticchiando canzoni di allegra gioia
Su una nube ho visto un bimbo
Che ridendo mi disse:
"Canta una canzone su di un Agnello"
Così io cantai con felice allegria.
"Canta, canta ancora quella canzone"
Così io cantai: egli pianse ascoltandomi.

Da questa raccolta ho tratto quest'altra poesia il cui contenuto è in linea con il nostro tema, quello del viaggio ipotetico, immaginario, onirico in questo caso, con l'avvertenza che questa è una poesia molto triste, in quanto narra di un bambino che sogna la mamma morta da poco:

Svegliati, svegliati bambino mio!
Tu sei stato la sola gioia di tua Madre:
Perché hai pianto nel tuo tenero sonno?
Sveglia! Tuo padre avrà cura di te.

"O, quale Paese è il Paese dei Sogni?
Quali sono i suoi monti, e quali i suoi fiumi?
O Padre, là ho visto mia Madre,
Tra i gigli presso graziosi specchi d'acqua.

Tra gli agnelli vestita di bianco
Camminava con il suo Tommaso con dolce delizia.
Ho pianto per la gioia, e come una colomba ora gemo-
O quando potrò laggiù ritornare?"

Caro bambino mio, anch'io lungo ameni fiumi
Ho vagato tutta la notte nel Paese dei Sogni,
Ma benché calma e calda l'ampia distesa d'acqua fosse
Non sono riuscito a passare dall'altra parte.

"Padre, O Padre, cosa facciamo qui
In questa terra in cui non si crede e dove si ha paura?
Il Paese dei Sogni è molto più bello
Al di là della luce della Stella del Mattino"

Ecco ancora la metafora del sogno e quindi dell'immaginazione che crea un mondo diverso, fantastico: il Paese dei Sogni, un mondo felice dove non si muore, dove si crede, dove si può incontrare chi si ama, e dove non si ha paura.

Cinque anni dopo, nel 1794, Blake ripubblicò la stessa raccolta di poesie aggiungendovene però delle altre, che raggruppò sotto il titolo di *Le Canzoni dell'Esperienza*. In esse Blake riprende alcuni dei temi già svolti nelle *Canzoni dell'Innocenza* trattandoli però da un punto di vista diverso, a dimostrare come la maturità cambi, spesso in peggio, la visione delle cose. Nell'intervallo tra le due raccolte accaddero diversi fatti. La Rivoluzione Francese si era trasformata nel Terrore con tutto il suo tragico strascico di morti, ma soprattutto un fratello a cui Blake era molto legato, morì, ed egli scrisse queste poesie nello stesso quaderno usato dal fratello, utilizzando tutti gli spazi vuoti anche in modo disordinato.

Le *Canzoni dell'Innocenza* si realizzano in un ambiente pastorale, infantile, pieno di giardini e di villaggi. Temi centrali sono la gioia, il comfort, la tenerezza, la sicurezza data dalla religione, da Dio dai genitori. Al contrario invece le *Canzoni dell'Esperienza* hanno come scenario un ambiente cupo, fatto di incubi, angosce dettate da visioni di oscure foreste e di città piene di misteri. In esse si palesa un senso di caduta, di minaccia e di crudeltà che aleggia in tutte queste poesie. I temi centrali sono la gelosia, la rabbia, l'ingiustizia e una costante protesta contro l'infelicità del mondo. Le due raccolte di poesie si controbilanciano su di un repertorio poetico di immagini bibliche e disegni per l'infanzia quali il Pastore, la Mamma, la Nurse, l'Agnello, l'Uccello, il Leone, la Tigre, la Mosca. Temi che diventano personaggi e che Blake impiega con grande abilità poetica, in versi melodiosi ed incantati. Riecheggiano tradizionali ballate popolari, salmi religiosi, nenie, voci di strada. Diventano orecchiabili poesie, facili da memorizzare, scritte in una lingua che sembra provenire da una sorta di folklore popolare universale.

Le *Canzoni dell'Innocenza e dell'Esperienza* stanno quindi ad indicare le due contrapposte condizioni e stati d'animo dell'essere umano. In effetti esse descrivono anche lo stato d'animo interiore del poeta e la sua continua ricerca spirituale. Segnalano anche il cambiamento di atteggiamento nei confronti della Rivoluzione Francese a causa degli eccessi di Robespierre con gli eventi del 1792 i quali avevano oscurato i principi dei diritti individuali e della libertà. Blake adopera proprio il linguaggio dei bambini per comunicare agli adulti il ciclo della visione umana dell'esistenza basata sull'amore, la libertà, la giustizia, la crudeltà, la forza divina e creativa che possono trovarsi nell'universo. Viviamo, secondo questa visione, in un mondo che contiene sia l'Agnello che la Tigre, sia il Bene che il Male. La simbologia del contrasto è un punto centrale ed essenziale nella poetica di Blake, da lui espressa in una delle sue massime "Senza il contrasto non vi è progresso". La semplicità dei versi e delle immagini rilancia una corrente continua di dubbi che provocano ironia e ambigui simbolismi. Nella prima raccolta Blake mostra cosa sia l'innocenza, nella seconda come questa venga corrotta e distrutta dall'esperienza.

La cosa più terribile relativa all'esperienza è che essa sembra distruggere la libera vita dell'immaginazione sostituendola con una sorta di atmosfera cupa, fredda, anonima, che imprigiona e rattrista. Blake scriverà, pensando alla povertà dei bambini:

> *E il loro sole non brilla mai*
> *E i loro campi sono brulli e spogli*
> *E le loro strade sono piene di spine*
> *Là vi è l'eterno Inverno.*
> (Il Giovedì Santo)

Questa distruzione dell'innocenza è ripresa anche in alcune parti dei *Libri Profetici*. Blake mostra come la cosa più terribile e paurosa dell'esperienza è come essa riesca a deteriorare, anche irrimediabilmente, la libera facoltà dell'immaginazione e la sostituisca con una paura razionale, ma oscura, fredda, che attanaglia e imprigiona e il risultato è come un soffio mortale che viene alitato in continuazione sull'animo umano condizionandone l'atteggiamento.

Un esempio di questa visione tragica della vita è costituito dalla poesia *London*:

> *Mi aggiro per ogni strada regolata,*
> *Vicino a dove scorre il Tamigi regolato,*
> *E scorgo in ogni volto che incontro*
> *Segni di debolezza, segni di dolore.*
>
> *In ogni grido di ogni uomo,*

In ogni grido di paura di bambino,
In ogni voce, in ogni divieto,
Odo le manette forgiate dalla mente:

Come il grido dello spazzacamino
Sgomenta ogni chiesa che annerisce
E il sospiro di un soldato sfortunato
Scorre nel sangue giù dalle mura del Palazzo.

Ma di più per le strade a mezzanotte odo
Come la maledizione di una giovane prostituta
Maledica il pianto di un neonato
E rovini con piaghe il carro funebre delle nozze.

La parola "regolata" (*Chartered*, nella versione originale) denota un senso legalistico, restrittivo, di rigidità che applicato a una strada, o a un fiume, assume un significato evidentemente ironico ma denuncia anche un senso di oppressione, di costrizione. La sua ripetizione sottolinea la prevaricazione del potere sui cittadini. Sembra quasi che il narratore non sia libero di girare come meglio crede, ma che debba seguire un percorso tracciato ed organizzato da altri. Inoltre egli sembra muoversi in un mondo di fantasmi, di schiavi, di infelici, grandi e piccoli dominati dalla paura. In realtà egli descrive gli sguardi, sente le urla, le grida dello spazzacamino, vede il sangue del soldato e sente la maledizione della giovane prostituta ma sembra non incontrare nessuno. Una visione tragica di una città desolatamente deserta in cui sembrano aggirarsi soltanto dei fantasmi. Lo spazzacamino, il soldato, la giovane prostituta sono i simboli degli oppressi, vittime di un sistema basato non sulla fratellanza o sulla solidarietà ma sulla paura e sulla costrizione. La vita oppressiva degli spazzacamini, ovvero bambini costretti a fare quel duro e pericoloso lavoro, è tollerata dalla chiesa; il sangue versato dal soldato è richiesto dalle politiche dello stato e la prostituta è soggetta all'ipocrisia della società borghese e dalle leggi sul matrimonio. Le istituzioni del potere appaiono descritte sotto la forma dei luoghi dove le stesse risiedono: le chiese e i palazzi. Blake tuttavia sembra voler condannare sia le istituzioni che opprimono ma anche le vittime in quanto, con il loro atteggiamento succube e rinunciatario, sembrano accettare di essere sottomesse senza reagire e che addirittura creano da sole *le manette forgiate dalla loro mente,* dando così per scontato che una rivolta appaia per loro impossibile. Non sembra esservi in esse alcun desiderio o voglia di riscatto o di ribellione. Nell'ultima strofa, vi è un neonato, con cui il ciclo della vita riparte (un tema caro a Blake), un bambino povero, figlio di una giovane prostituta e quindi destinato a soffrire. L'unione sessuale e il matrimonio legale, le circostanze in cui si crea la generazione e la rinascita, sono macchiate dalla maledizione del contagio della malattia venerea, e il carro funebre del matrimonio combina l'amore con il desiderio della morte.

Se andate a Londra attraversate il Tamigi sul Ponte di Westminster andando dal parlamento verso il lato sud, alla fine del ponte, sulla sinistra, scendete le scalette, camminate per un centinaio di metri lungo il fiume e troverete incisa sul marciapiede questa poesia, a poche centinaia di metri dalla casa dove abitò Blake per molti anni. George Orwell, sembra che abbia detto "si capisce molto di più in merito alla natura della società capitalista leggendo questa poesia che da tre quarti di tutta la letteratura socialista."

Nonostante traggano la loro ispirazione da emozioni violente e contengano una sorta di temperamento satirico, ma anche una loro intrinseca tristezza, le *Canzoni dell'Esperienza* sono tra i poemi più lirici di tutta la letteratura inglese.

Blake illustra, in modo complesso ed intenso, il proprio viaggio spirituale in due sue opere poetiche da lui stesso illustrate, come soleva spesso fare:

- *Il primo Libro di Urizen*
- *Jerusalem, Emanazione del Gigante Albione*

Le parole e le immagini che ad esse si accompagnano raccontano la storia di Urizen e Los, due personaggi simbolici creati dalla fervida fantasia di Blake e rappresentanti il "sapere convenzionale" e il "cuore dell'uomo" e del loro esilio dall'eterno, le loro sofferenze nel mondo caduto, e la redenzione nella Nuova Gerusalemme, ovvero Londra. Ma questa è anche la storia dello stesso Blake e della sua crescente consapevolezza, piena di disperazione, della sua condizione decadente e del superamento di quella condizione tramite la propria arte.

Come tenterà più tardi Wordsworth, anche Blake pensò di emulare e, se possibile, superare il *Paradiso Perduto* di Milton creando dal nulla una propria mitologia ed una sua teologia.

Blake scrisse anche una strana opera dal titolo ambiguo *Il Matrimonio del Paradiso e dell'Inferno*, che in qualche modo pone, o in Paradiso o nell'Inferno, tutti personaggi su cui lui riflette, un po' come Dante nella sua Commedia, ma a differenza di Dante i criteri con cui Blake classifica le sue vittime sono alquanto bizzarri e quindi per poter capire è necessaria una chiave di lettura e questa chiave consiste semplicemente nella convinzione di Blake che qualsiasi restrizione di energia che sia originata al di fuori dell'uomo è malvagia. Così i cattivi sono associati con la legge, la repressione, la chiesa ufficiale, l'esercito etc. tra di loro quindi Blake include Jehovah, Mosè, Newton, Locke, tutti i preti, chi impone le leggi e molti altri. L'inclusione di Jehovah e di Mosè deriva dai Dieci Comandamenti che limitano la libertà degli uomini. In quest'opera Blake scriverà "Vi dico che non può esistere alcuna virtù senza rompere quei dieci comandamenti". In contrapposizione gli eroi di Blake sono collegati con la gioia e con l'amore e includono: Israele Isaia, Cristo e, stranamente Satana, che per Blake è una fonte inesauribile di energia vitale.

All'inizio di questo testo, che è un misto di poesia e di prosa, Blake illustra la sua dottrina degli opposti, attraverso una serie di massime nelle quali esprime una sorta di preoccupazione in merito ad alcuni errori intellettuali fondamentali che lui denuncia formulando una serie di aforismi che, in seguito, divennero famosi tra cui:

- Senza opposizioni non vi è progresso.
- Coloro che frenano i desideri lo fanno perché i loro desideri sono così deboli da essere frenati.
- La strada degli eccessi porta al Palazzo della Saggezza.
- Colui che desidera ma non agisce, alimenta la pestilenza.
- Uno sciocco non vede lo stesso albero che vede un saggio.
- Le Prigioni sono costruite con le pietre della Legge, i Bordelli con i mattoni della Religione.
- L'uomo che non cambia mai le sue opinioni è come l'acqua stagnante e nutre i rettili della mente.
- Se il folle persistesse nella sua follia diventerebbe saggio.

Quest'ultimo aforisma ha dato lo spunto, ad un noto ed importante critico, per una importante riaffermazione della potenza dell'immaginazione. Northrop Frye (1912-1991) infatti ha scritto:

> Questa saggezza è basata sul fatto che l'immaginazione crea la realtà, e poiché il desiderio è parte dell'immaginazione, il mondo che noi desideriamo è più reale del mondo che noi accettiamo passivamente.[74]

Il culmine della poesia di Blake è costituito dai cosiddetti *Libri Profetici*, il cui vertice è rappresentato dal grandioso poema intitolato *Jerusalem*, scritto tra il 1804 e il 1820, e che contiene ben quattromila versi.

In esso vi è un forte richiamo al passato, anch'esso sempre presente in tutti i romantici ed al *Vecchio Testamento* in particolare. I sacri testi infatti descrivono numerosi viaggi e vagabondaggi, ma primo fra tutti, e forse il più importante,

---

[74] Northrop Frye – *Fearful Symmetry – A study of William Blake* – Princeton University Press, 1974.

è il viaggio travagliato del popolo ebraico che fugge dalle angustie della schiavitù subita nel suolo d'Egitto, e, dopo innumerevoli peripezie raggiunge, con l'aiuto di Dio, la terra promessa e con essa la felicità. Blake conduce un analogo viaggio dedicato alla fondazione di una Nuova Gerusalemme, ovvero una nuova Londra, sulle rovine della decadente, corrotta, peccaminosa Londra in cui egli viveva, dominata dai miasmi dell'industrializzazione selvaggia che stava avanzando dalla corruzione politica e morale e dall'ipocrisia della società borghese.

Blake scrisse anche un altro breve poema, anch'esso intitolato *Jerusalem*, che mise come introduzione al suo poema dedicato a Milton. In esso Blake, come Satana nel *Paradiso Perduto*, si rifà ad una antica leggenda che narra di un viaggio che Gesù, accompagnato da Giuseppe di Arimatea, avrebbe fatto nelle Isole Inglesi e che di conseguenza in quella terra sarebbe avvenuta anche la seconda venuta di Cristo, che avrebbe portato il popolo inglese alla salvezza. Questo poema divenne così popolare che nel 1916 venne messo in musica dal compositore Sir Hubert Parry (1848-1918) e trasformato in un inno molto popolare, che viene cantato in Inghilterra in occasione dei concerti dei Prom[75] a fine Agosto e che è diventato, forse, più popolare dell'Inno nazionale. Il testo è il seguente:

E furono quei piedi in tempi antichi
A calcare le verdi montagne Inglesi.
E il Sacro Agnello di Dio fu visto
Sui piacevoli pascoli Inglesi!

E l'Approvazione Divina
Brillò sopra le nostre nuvolose colline?
E fu Gerusalemme costruita qui,
Tra questi tetri Mulini Satanici?

---

[75] I "Proms", organizzati dalla BBC, sono una serie di concerti di musica classica molto popolari, organizzati a Londra, nel periodo estivo, sia presso la sala del Royal Albert Hall, che nei parchi pubblici.

Portate il mio Arco d'oro splendente;
Portate le frecce del mio Desiderio;
Portate la mia Lancia; Nuvole diradatevi
Portate il mio cocchio di Fuoco!

Non mi fermerò dalla mia Battaglia Mentale,
Né la mia spada dormirà tra le mie mani:
Sino a quando non avremo costruito Gerusalemme
Nella verde e gradevole Terra d'Inghilterra.

È interessante notare come nella prima stanza vi sia una
sorta di alterazione prospettica tra i primi due versi e i
secondi due. Nei primi due infatti si fa riferimento ai piedi di
Cristo che calcano le verdi montagne, come se la figura intera
del Cristo fosse troppo enorme per poter essere osservata
nella sua interezza da un essere umano, mentre invece il
simbolo dell'agnello fa rientrare la visione in una prospettiva
reale e più umana. La seconda stanza appare ironica, in
quanto si parla di approvazione divina, ma poi ci si chiede se
veramente Gerusalemme fu costruita in mezzo ai *Mulini
Satanici* (immagine dispregiativa delle crescenti costruzioni
di nuove fabbriche industriali nella verde campagna inglese).
Ovviamente la risposta deve essere No, quindi la domanda è
retorica ma in essa è implicito il quesito di cosa abbia
cambiato le verdi montagne in nebbiose colline e i piacevoli
pascoli nei satanici mulini. Sembra quasi che Blake voglia
reiterare il suo concetto del passaggio dall'innocenza
all'esperienza. Inoltre egli lancia un appello a costruire la
nuova Gerusalemme in un posto più adatto. Ma per poter
fare questo è necessario lottare, combattere non una guerra
reale, materiale, fisica ma una guerra intellettuale, ed ecco la
sua invocazione a munirsi delle armi del desiderio, della
fantasia, della poesia.

Capitolo Terzo

La prima generazione

In questo capitolo tratteremo i due più importanti poeti rappresentativi di quella che venne chiamata la prima Generazione dei poeti romantici, e cioè William Wordsworth (1770-1850) e Samuel Taylor Coleridge (1772-1834). Essi furono a lungo amici, ma la loro amicizia venne incrinata dalla diversità di vedute circa il ruolo e la funzionalità della poesia. Questo non impedì tuttavia a Wordsworth di dedicare a Coleridge la sua opera più importante: *Il Preludio*, in quanto proprio Coleridge lo aveva spinto a scriverlo. In una lettera del Settembre del 1799, Coleridge scriverà a Wordsworth:

> Mio caro amico,
> ti scongiuro di andare avanti con il *"Recluse"*[76] e desidero che tu scriva un poema, in versi sciolti, indirizzato a coloro che, a seguito del fallimento completo della Rivoluzione Francese, hanno buttato via ogni speranza per il miglioramento dell'umanità...[77]

L'amicizia tra i due poeti si consolidò quando Wordsworth, rientrato dalla Francia dopo la dichiarazione di guerra

---

[76] In realtà *Il Recluse* avrebbe dovuto essere un'opera colossale composta da più parti, di cui *Il Preludio* avrebbe dovuto essere soltanto la prima parte, ma le altre parti non vennero scritte.
[77] Tratto da Wordsworth – *Il Preludio* – traduzione di Massimo Bacigalupo, Oscar Mondadori, 1990

dell'Inghilterra alla Repubblica Francese, andò a vivere insieme alla sorella Dorothy nel Somerset non lontano da dove Coleridge aveva stabilito la sua residenza. Quando dopo qualche tempo Wordsworth e Dorothy decisero di spostare la loro residenza a Dove, nella regione dei laghi, anche Coleridge si trasferirà nella stessa regione. I due amici lavorarono assieme per molto tempo consultandosi a vicenda. Si incontravano ogni giorno parlando per ore di poesia e scrivevano moltissimo. In modo semplice, coordinato e ordinato Wordsworth, in modo disordinato, complesso, caotico Coleridge. Così facendo si influenzavano a vicenda ed è difficile stabilire chi abbia influenzato di più l'altro. È tuttavia probabile che la multiforme, eclettica, disordinata ma affascinante personalità di Coleridge prevalesse. Un importante critico ha scritto che Wordsworth rappresenta l'opera più bella di Coleridge ma anch'essa, come tutte le opere di Coleridge, lasciata incompiuta. Importante, nel rapporto tra i due uomini, fu anche il ruolo svolto da Dorothy, la sorella di Wordsworth, che resterà zitella e dedicherà tutta la sua vita ad assistere il fratello. Lei tenne un dettagliato ed interessante diario della loro vita in comune, da cui Wordsworth spesso traeva spunto per rinfrescare la propria memoria nello scrivere le sue poesie. Pur essendo dotata di buone capacità letterarie, lei si rifiutò di esercitarle autonomamente preferendo vivere all'ombra del fratello. I tre amici insieme crearono per qualche tempo una piccola comunità poetica.

Nel 1798 Wordsworth e Coleridge pubblicarono insieme una raccolta di poesie di entrambi avente come titolo *Ballate Liriche*. Questo titolo sembra essere un ossimoro, infatti la Ballata è normalmente considerata un genere poetico popolare, mentre il termine Lirico è usualmente assegnato a qualcosa di elevato. Questa stranezza sembra tuttavia riflettere i diversi ruoli che i due amici si assegnarono. Infatti il compito di Wordsworth era quello di indirizzare la mente del lettore verso la natura, alle "bellezze e le meraviglie del mondo che sta davanti a noi" non soltanto sollevando dai nostri occhi "il velo della familiarità", ma anche rendendo il lettore sensibile ai suoni per i quali noi abbiamo "orecchie che non sentono". Questo richiamo al Vangelo sembra voler dare quasi una dimensione religiosa al lavoro. Coleridge invece avrebbe dovuto esplorare lo stato dell'inconscio dell'animo umano, la sua dimensione sovrannaturale, il misterioso, l'inspiegabile. Nel suo importante saggio intitolato *Biographia Literaria* Coleridge descrive la genesi di questa raccolta di poesie e la ripartizione dei compiti tra i due amici:

> Durante il primo anno in cui io e Wordsworth eravamo vicini di casa, le nostre conversazioni riguardavano frequentemente i due punti cardini della poesia, la capacità di sollecitare la simpatia del lettore con una fedele coerenza alla verità della natura, e la capacità di fornire l'interesse della novità ai cangianti colori dell'immaginazione. .... Restammo d'accordo che i miei sforzi avrebbero dovuto dirigersi a persone e caratteri super-naturali ... dando loro una sembianza di verità sufficiente a procurare a queste ombre dell'immaginazione quella temporanea sospensione dell'incredulità che costituisce la fede poetica... Wordsworth si è invece proposto come soggetto di dare il fascino della novità alle cose di ogni giorno, e di suscitare un'emozione analoga al supernaturale, risvegliando l'attenzione della mente dalla letargia dell'abitudinario.[78]

Come giustamente scrive Cleant Brooks, questa descrizione suggerisce la preoccupazione romantica verso lo stupore, la sorpresa, la rivelazione che metta il logorato mondo familiare in una nuova luce.[79]

Questa diversità dei compiti, oltre a gettare forse una luce sull'ambiguità del titolo, sembra riflettere anche il diverso carattere dei due poeti. Più diretto, aperto, lineare quello di Wordsworth, più complesso, introverso, filosofico

---

[78] S. T. Coleridge –*Biographia Literaria* – ed. George Watson. Everyman's Library, 1991
[79] Cleanth Brooks – *The Well Wrought Urn* – Harcourt Brace & Co. 1970

quello di Coleridge. Sarà proprio questa differenza di carattere, con la conseguente diversità di vedute, che porterà a delle divergenze sul come concepire la poesia causando un raffreddamento della loro amicizia per un lungo periodo. Le *Ballate Liriche* si aprono con *La Ballata del Vecchio Marinaio* di Coleridge e si chiudono con *Versi scritti alcune miglia sopra Tintern Abbey* di Wordsworth. Questo libro è considerato il vero e decisivo punto di svolta nella storia della poesia inglese moderna. La sua pubblicazione segna l'inizio del Periodo Romantico nella Letteratura Inglese. Il libro avrà delle successive edizioni nel 1802 e nel 1805.

Pur nelle loro diversità artistiche i due amici ebbero una passione in comune, in linea con il nostro tema: entrambi infatti furono dei grandi, instancabili, entusiasti viaggiatori, soprattutto a piedi. Per loro viaggiare era sinonimo di camminare, ma non come semplice esercizio fisico fatto per ammirare la natura, poiché questa era spesso conosciuta, ma era soprattutto un modo per immergersi fisicamente e moralmente in essa, un ritorno alle origini e in questa unione ricercare e trovare l'ispirazione poetica. Ma anche su questo aspetto i due amici sembra che avessero una differenza di opinione che ci viene raccontata da William Hazlitt:

> Coleridge mi ha raccontato che a lui piaceva comporre camminando sopra terreni ineguali, o inoltrandosi attraverso i cespugli di un fitto bosco, mentre invece Wordsworth scriveva quasi sempre camminando su e giù per sentieri ghiaiosi, o in qualche luogo dove la continuità dei suoi versi non subiva alcuna interruzione.

In realtà Wordsworth più che scrivere, collezionava nella sua memoria, immagini, impressioni, pensieri che poi, tornato a casa, e non necessariamente subito, ricordava ed utilizzava per le sue composizioni poetiche.

William Wordsworth

William Wordsworth (1770-1850) si erge come una montagna nel panorama della Letteratura Inglese. È un monumento, un riferimento obbligato per chiunque intenda studiare quella letteratura, come lo sono Shakespeare o Milton.

Un personaggio strano, scrittore e avventuriero, che diventerà in seguito amico di Byron e di Shelley, Edward Trelawny (1792-1881), un giorno del 1820 in un paesino delle Alpi, incontrò un gruppetto di tre turisti la cui vista lo divertì, e nel suo diario annotò:

> Notai che dal loro abbigliamento, così come dalle macchie e dalle vesciche sulle loro guance, labbra e nasi, che erano dei turisti pedestri, che scendevano dalle montagne coperte di neve, in una giornata con un sole splendente e l'aria frizzante. Tutti fattori che avevano agito sulla loro pelle come l'acqua bollente fa sulle aragoste, morendo il loro guscio scuro, arrossisce.

Ebbene quei tre viandanti, ridicolizzati da Trelawny, altri non erano che Wordsworth, con la moglie Mary e la sorella Dorothy, a metà strada del loro viaggio, rigorosamente a piedi, verso l'Italia. I Wordsworth erano orgogliosamente e ostentatamente camminatori. Essi accettavano stoicamente le sofferenze, i disagi e le fatiche che questo modo di viaggiare procurava loro, come le vesciche o le macchie sulla faccia, ma questi segni fisici avevano una loro funzione, servivano infatti a registrare e ad esaltare gli sforzi fatti e venivano esibiti come prova delle loro prestazioni ad altri viaggiatori. Essi infatti si sentivano parte integrale, membri di una cultura romantica: la fraternità dei camminatori. Una fraternità che nulla voleva avere a che fare con i turisti ricchi che viaggiavano in carrozza o a cavallo. Per il viandante romantico ogni passo porta ad una scoperta, e ogni luogo diventa "un posto" di cui egli si sente parte che racconta una "storia" affascinante. Nel suo poema "pastorale" intitolato *Michael* Wordsworth scriverà:

> *Se dalla pubblica via allontani i tuoi passi*
> *Su per l'impetuoso torrente del Greenhead Ghyll,*[80]
> *Tu penserai che per un percorso in salita*
> *I tuoi piedi lotteranno; in quella ardita ascesa*
> *Gli agresti monti ti fronteggeranno, faccia a faccia.*
> *Ma coraggio! Perché intorno a quel ruscello turbolento*
> *I monti si sono completamente aperti,*
> *Creando una valle nascosta tutta loro.*
> *Nessuna casa si intravede; ma coloro*
> *Che viaggiano sin lì si troveranno soli*
> *Con poche pecore, con le rocce e le pietre,*
> *E aquiloni che in alto navigano il cielo.*
> *...*
> *Accanto al ruscello*
> *Appare un mucchio aggrovigliato di grezze pietre!*
> *Ed a quel semplice oggetto appartiene*
> *Una storia - arricchita di strani eventi.*[81]

Nel 1790 Wordsworth, durante una prolungata vacanza dall'Università di Cambridge che in quel periodo egli frequentava, effettuò un altro lungo viaggio a piedi attraversando la Francia e, valicando le Alpi, egli arrivò in Italia; il viaggio durò circa quattro mesi. Con lui viaggiava anche un suo amico e compagno di Università, Robert Jones, che poi prese i voti diventando Pastore della Chiesa Anglicana. Questa avventura verrà poi ricordata nel *Preludio*, la più importante delle opere di Wordsworth scritta molti anni dopo, ma prima, dopo pochi mesi da quel viaggio, nel 1791 Wordsworth, che aveva allora ventun anni, scrisse una

---

[80] Greenhead Ghyll era, ai tempi della regina Elisabetta I, una miniera di piombo. Oggi è una tranquilla ed amena valle, nei pressi del paese di Grasmere nella regione dei Laghi, posta sotto la tutela e la cura del National Trust.

[81] Tutti i riferimenti ed i brani delle poesie di Wordsworth sono tratti da: William Wordsworth – *Poetical Works* – Oxford University Press, 1978, e, salvo diversa indicazione, da me liberamente tradotti.

poesia intitolata *Schizzi descrittivi presi durante un viaggio a piedi attraverso le Alpi*. Una poesia lunga ben 670 versi, che poi dedicherà proprio all'amico che lo accompagnava. E nella dedica egli scriverà:

> Tu sai bene come sia grande la differenza tra due compagni che si lasciano cullare su di una diligenza e due viaggiatori che faticano lentamente lungo la strada, fianco a fianco, ognuno con il suo piccolo zaino con il necessario sulle spalle. Quanto maggiore affetto ed amicizia tra questi due!

Wordsworth nacque nel 1770 in una zona del Nord Ovest dell'Inghilterra, in quella bella regione che va sotto il nome di Regione dei Laghi in quanto caratterizzata dalla presenza di molti laghi, alte montagne e da una splendida natura. Oggi quella zona fa parte di un parco protetto e, nel 1810, lo stesso Wordsworth scrisse e pubblicò una Guida della zona, che ebbe un grande successo, venne pubblicata più volte ed è ancora oggi tra le più diffuse[82]. Per circa sessanta dei suoi ottant'anni di vita Wordsworth visse in questi luoghi. Egli non amava la vita in città a cui preferiva di gran lunga la vita in campagna, o presso piccoli centri agricoli. Le sue visite a Londra erano rare e sporadiche. Il poeta e sua moglie sono sepolti nel cimitero di Grasmere, un piccolo paese posto al centro del Parco. Fu proprio in quei luoghi che il poeta imparò ad amare, fin da ragazzo, la natura sì da diventare, da adulto, il vero cantore romantico della Natura.

Ho già scritto che Wordsworth fu, per quei tempi, un grande viaggiatore. Egli visitò due volte la Francia. La prima volta brevemente durante le vacanze estive del 1790, un anno dopo la caduta della Bastiglia (aveva allora circa vent'anni) ed una seconda volta e per un periodo più lungo

---

[82] William Wordsworth – *Guide to the Lakes*, ed. Ernest de Selincourt, Frances Lincoln, 2004 - Seguendo questa guida Wordsworth costringe spesso il lettore a scendere da cavallo o dalla carrozza per andare a piedi, lungo sentieri scoscesi, come è nel suo stile.

alla fine dei suoi studi presso l'Università di Cambridge. Visitò inoltre tre volte l'Italia e risiedette per qualche tempo in Germania. Egli inoltre faceva spesso lunghe passeggiate in campagna sia da solo che, talvolta, in compagnia di amici come Coleridge o la sorella Dorothy. Queste passeggiate erano abbastanza lunghe, coprendo in media dai dieci ai dodici chilometri e non erano fatte per ammirare il paesaggio, che era spesso già noto, quanto per osservare la Natura in tutte le sue manifestazioni, per poi prenderne spunto e ispirazione per la sua poesia. Come poi scrisse nella sua famosa poesia, *Tintern Abbey*, la Natura infatti gli ispirava:

> *Dolci sensazioni,*
> *Sentite nel sangue e sentite dentro il cuore,*
> *E persino dentro la parte più pura della mente*
> *Con tranquillo sollievo.*
> (27-30)

Tutti i poeti romantici sentivano un'attrazione particolare per la Natura:

> Quando lo spirito romantico prese possesso della poesia della natura, manifestò in se stesso una passione per la natura selvaggia, grandiosa, solitaria.[83]

Wordsworth, più degli altri romantici, è considerato il vero poeta-cantore della Natura e in effetti la Natura entra prepotentemente in tutte le sue poesie. Questa presenza oltre che materiale, fisica, è anche, e forse soprattutto, metafisica, simbolica. Wordsworth sembra infatti non essere tanto interessato all'aspetto estetico, scenografico, pittorico della natura, (aspetto che invece interesserà di più i poeti della seconda generazione) quanto piuttosto al rapporto emotivo, psicologico che egli riusciva a stabilire tra se stesso e la

---

[83] Henry A. Beer - *A History of English Romanticism in the Eighteenth Century* - Henry Holt and Co. 1901

Natura, ed a cui conferiva sentimenti ed emozioni come se questa fosse dotata di una propria vita come un essere umano. Ad esempio egli scrive:

> Ad ogni forma naturale, roccia, frutta o fiore
> Anche quelle pietre sparse lungo la strada
> Io do un senso morale. Io sento le loro emozioni,
> O le collego a qualche sentimento; la grande massa
> Giace entro un animo eccitato, e tutto ciò
> Che osservo respira con un significato interiore.

Il suo rapporto con la Natura è quindi molto stretto, intimo, come quello di un amante, ma allo stesso tempo è anche timoroso e rispettoso, come il sentimento nutrito da un figlio nei confronti della propria madre. Wordsworth infatti scriverà, in una poesia contenuta nella raccolta delle *Le Ballate Liriche*:

> Guardati intorno verso la tua Madre Terra
> Come se lei ti avesse partorito senza scopo,
> Come se tu fossi il suo primogenito,
> E che nessuno abbia mai vissuto prima di te.
> (Expostulation and Replay)

Con queste parole Wordsworth sembra voler esprimere tutto il suo stupore, la sua meraviglia, la sua gioia, la sua accettazione di essere un figlio primogenito della Natura, che ammira ed adora la propria madre naturale; allo stesso tempo sente la propria inadeguatezza ad esprimere questi sentimenti con le proprie parole, e nel suo lungo poema intitolato l'*Escursione* scriverà:

> Tali bellezze, cangianti con la luce
> Della natura viva, non possono essere ritratte
> Con le parole, né con la silente capacità della matita;
> Ma sono una proprietà soltanto sua
> Di chi le ha osservate, annotandole con cura,
> E ricordate nella mente con amore!

L'uomo, anche il poeta che rispetto all'uomo normale vede oltre, non è in grado di esprimere tutto il vero significato della Natura, della sua verità, dei suoi sentimenti che vanno sempre oltre ed al di là delle capacità umane.

Per Wordsworth l'uomo e la Natura sono inseparabili: l'uomo non può e non deve esistere al di fuori del mondo naturale, ma può esistere soltanto come partecipante attivo della vita dello stesso mondo. Come scrive Walter Pater:

> ... Innalzando la natura al livello del pensiero umano egli le dà forza ed espressione: egli sottomette l'uomo al livello della natura, e gli dà quindi un certo respiro e freddezza e solennità.[84]

Per Wordsworth quindi la Natura è in grado di confortare l'uomo nel momento del dispiacere e rappresenta per lui una costante fonte di gioia, di piacere e di serenità. Essa inoltre insegna ad amare e ad agire in modo morale, essendo la sede spirituale dell'Universo.

La natura è per Wordsworth quasi come una droga che innalza, eccita lo spirito anche nei momenti più tristi, stimolando il cuore che sentendola pulsare nelle proprie vene, si purifica dai veleni della città industriale:

> *Ruscelli e strade*
> *Furono compagni viaggiatori in questo triste Passo*
> *E con loro noi viaggiammo per molte ore*
> *E con passo lento.*
> (Inizio di Simplon Pass)

Con questi versi Wordsworth sembra volerci dire molto di più di quanto trapeli da una lettura sommaria degli stessi. Questa personificazione della natura, la cosiddetta *pathetic fallacy* è tipica di Wordsworth, ma è spesso condivisa anche

---

[84] Walter Pater – *Appreciations, with an Essay on Style* – Macmillan, 1910

dagli altri romantici.[85] La fiducia di Wordsworth nella natura è totale e in *Tintern Abbey* scriverà:

> *La Natura non tradisce mai*
> *Il cuore che l'ama.*
> (122-23)

Questa posizione fu condivisa da quasi tutti i poeti romantici, forse con la sola eccezione di Lord Byron che, al contrario, la riteneva un grave errore intellettuale.

Wordsworth fece del viaggio sia un'esperienza fisica che un'esperienza morale. Sull'onda dell'entusiasmo suscitato in lui, come in tanti altri giovani inglesi, dalla notizia dello scoppio della Rivoluzione Francese e dei suoi nobili ideali, decise di partire quando aveva soltanto diciannove anni e di recarsi in Francia, a seguire da vicino quella che sembrava preannunciarsi come una svolta storica nella felicità umana, riconoscendosi negli ideali di Libertà, Eguaglianza e Giustizia, e in un momento di entusiasmo scrisse:

> *Felicità fu di vivere in quell'alba*
> *Ed essere giovani un vero paradiso.*

In Francia egli trovò anche l'amore di una giovane e bella ragazza francese: Annette Villon. Sembrava quindi che egli avesse veramente raggiunto l'apice della propria felicità, sia intellettuale che sensuale. Purtroppo la realtà si mostrò molto diversa e l'illusione durò poco. È necessario ricordare che a quell'epoca Wordsworth non era ancora un poeta affermato; la sua grande poesia nascerà in seguito, e sarà influenzata anche dalla dolorosa presa d'atto che la felicità in realtà lui non l'avrebbe mai raggiunta.

Infatti i nobili ideali della rivoluzione lasciarono presto il posto al regno del terrore e, dopo la dichiarazione di

---

[85] Il termine "pathetic fallacy" (sofisma patetico) venne creato dal critico John Ruskin (1819–1900) in un suo libro del 1856, dal titolo *I Pittori Moderni*, per indicare le emozioni, create dal mondo esterno a cui viene data vita ed esistenza come se fosse un essere dotato di vita

guerra dell'Inghilterra alla Francia, egli sarà costretto a lasciare la Francia e la sua donna, che nel frattempo aveva dato alla luce una bambina, ed a tornare solitario in Inghilterra. Dopo una breve permanenza nel Somerset, per stare in compagnia di Coleridge, egli si ritirò in un piccolo cottage a Dove, nella regione dei laghi, al confine con la Scozia e da allora il suo fu, oltre che un viaggio fisico, anche e soprattutto un viaggio all'interno del suo animo. Un viaggio alla ricerca di se stesso, della propria identità ma con un obiettivo ben chiaro: la ricerca della strada migliore per soddisfare quel concetto neo-platonico di riunione con la natura. Platone infatti, e dopo di lui, i suoi seguaci con Plotino in prima fila, affermavano quello che i Cristiani alcuni secoli dopo chiameranno la Caduta generata dal peccato originale, ovvero quello che altro non era che una separazione traumatica dell'uomo dalla natura che lo aveva generato. L'uomo, quindi, per riconquistare la felicità perduta, avrebbe dovuto essere in grado di realizzare una totale riunificazione con la natura stessa. Questa, che diventerà quasi un'ossessione per Wordsworth, lo porterà a scrivere dei versi bellissimi dedicati proprio alla natura ed a meritarsi così il già citato appellativo di "Poeta della Natura". Tra le tante poesie di Wordsworth a me piace citarne una che racconta di un'esperienza reale, accadutagli durante un viaggio a piedi in Scozia effettuato insieme alla sorella Dorothy ed all'amico Coleridge. L'episodio verrà poi descritto, come di consueto e con maggiori dettagli, nel diario tenuto da Dorothy. Una sera, verso il tramonto, camminando sui bordi di un lago incontrarono due donne, che vedendoli andare chiesero loro se stessero andando verso Occidente, da qui questa poesia:

Camminando verso Occidente

"Cosa, state camminando verso Occidente?
Sì"

Sarebbe un destino selvaggio,
Se noi, che così vaghiamo insieme,

In una terra straniera, e lontani da casa,
Fossimo in questo posto ospiti del Caso:
Eppure chi si fermerebbe, o avrebbe paura di procedere,
Pur senza avere né casa o rifugio,
Con un tale cielo da condurlo avanti?

L'umido terreno era scuro e freddo;
Dietro, tutto buio da guardare;
Ed andare ad occidente sembrava essere
Una sorta di destino felice:
Mi piacque l'augurio; fu come un suono
Di qualcosa senza posto né barriere;
E sembrò donarmi un diritto spirituale
A viaggiare attraverso quella serena regione.

La voce era dolce, e lei che parlò
Camminava presso il lago nativo:
Il saluto ebbe su di me
Il suono certo della cortesia:
Sentii il suo potere; e mentre il mio occhio
Era fisso sul cielo brillante,
L'eco della voce intrecciò
Un'umana dolcezza con il pensiero
Del viaggio attraverso il mondo che giace
Davanti a me nella mia strada senza fine.

L'episodio in sé banale assume nelle parole del poeta alcuni importanti significati. Tra questi in particolare il calore spontaneo con cui vengono salutati da degli estranei e come questo calore aumenti la gioia e le aspettative del viaggio. Il saluto sembra voler esprimere infinite possibilità e manifesta allo stesso tempo quasi il riconoscimento del loro diritto a viaggiare. Il poeta sembra quasi voler ammettere che gli è stato fatto un regalo di valore inestimabile che egli chiama *un diritto spirituale*. Wordsworth sembra volerci dare delle immagini vivide della scena che non sembrano essere del tutto incoraggianti *L'umido terreno era scuro e freddo; dietro, tutto buio da guardare*. Ma sarà proprio la Natura a spingerlo a viaggiare "*Con un tale cielo da condurlo avanti*". Il desiderio del viaggio e il calore umano, *Un'umana dolcezza,* superano ogni difficoltà e il poema riflette quindi il forte desiderio del viaggio inteso come attività per sé, non verso una meta, ma *"verso occidente"* che non è una meta ma una direzione, ovunque essa porti.

La strada *senza fine* con cui si chiude la poesia estende la metafora del viaggio alla vita, ma non alla vita terrena che è pur finita, ma alla vita intellettuale che è certamente senza fine. Un viaggio dunque verso l'infinito. Il concetto di infinito ritornerà più volte nel pensiero poetico di Wordsworth, così come ricorderete, in quello di Blake che parlava anche di lui di Infinito e di Eternità:

> *Vedere il Mondo in un Granello di Sabbia*
> *E il Paradiso in un Fiore Selvaggio,*
> *Tenere l'Infinito nel palmo della tua mano*
> *E l'Eternità in un'ora.*

Entrambi i poeti sembrano voler collegare l'idea di infinito con l'immaginazione. Questo appare essere un atteggiamento costante dei poeti romantici, quello cioè di ribadire la loro volontà di non porre alcun limite al loro pensiero.

Wordsworth fu uno scrittore molto prolifico e, come già detto, l'opera che lo portò inizialmente all'attenzione della critica fu la raccolta delle *Ballate Liriche* scritta con Coleridge e pubblicata per la prima volta nel 1798. Le *Ballate Liriche* rappresentano una sorta di Manifesto del movimento romantico e per la seconda edizione di quella raccolta, quella del 1800, Wordsworth scrisse una Prefazione nella quale illustra quello che avrebbe dovuto essere il linguaggio della poesia, una forma semplice che deve utilizzare "la lingua degli uomini", senza retorica o artifizi, la lingua di ogni giorno, quella della povera gente. La gente umile e povera infatti adopera un linguaggio più diretto e quindi più vicino alle passioni più pure. Wordsworth vuole adottare questo linguaggio per la propria poesia senza volersi rinchiudere, come invece facevano molti poeti, in una sorta di torre d'avorio inaccessibile ai più. Per lui il poeta deve considerarsi "un uomo tra gli uomini" e scrivere di cose che si capiscano facilmente e che interessino tutto il genere umano.

Nel 1837 Wordsworth fece un terzo viaggio in Italia, nel corso del quale scrisse molte poesie, descrivendo i vari luoghi visitati, tra cui anche Genova. Il suo itinerario prevedeva di raggiungere Napoli, ma le notizie della diffusione del colera in quella città lo costrinsero ad abbreviare il viaggio. Fermatosi ad Acquapendente, un paesino dell'alto Lazio vicino al lago di Bolsena, egli scrisse una lunga poesia in cui ricorda alcuni episodi del suo viaggio tra cui una passeggiata in barca nel golfo di Genova:

Riflettendo vicino ad Acquapendente

I Santi non s'affliggono, né gli angeli custodi si accigliano
Se uno – mentre scosso, come accadde a me,
Su una fragile barca spinta da due smilzi remi
Sopra onde profonde e rozze, che rompendosi
Spruzzano la loro bianca schiuma sui muri dei palazzi
Della Superba Genova – dovrebbe essere condotto
A meditare sul compito a lui assegnato,
Per quanto umile in se stesso, con pensieri
Nascenti e sostenuti dalla memoria di Lui
Che spesso entro questi stretti limiti
Dondolato dai marosi, provava la forza dello spirito
E apprezzava lo scopo, molto prima che la sua nave
Aprisse la strada ad un nuovo mondo.

Sul suo diario, a proposito di questo episodio, egli scriverà:

Noi salimmo su di una barca al faro, sulla punta destra della baia che costituisce una sorta di porto naturale per Genova; ma il vento della baia era molto forte, e le onde alte e violente, così che io non fui ricompensato dalla vista della città, che era peraltro splendida, a causa della sensazione di pericolo che mi sembrava corressimo. Il barcaiolo (ne avevamo soltanto uno) mi incoraggiava, dicendomi che eravamo al sicuro, ma io fui molto

contento di ritornare a terra, sebbene Shelley e
Byron si sarebbero probabilmente divertiti in
quella situazione.

L'opera più famosa di Wordsworth è *Il Preludio*, un lungo
poema a cui egli lavorò per oltre quarant'anni, modificandolo
in continuazione, e che venne pubblicato soltanto dopo la sua
morte e il cui titolo venne dato da sua moglie. Parte di esso
era già in circolazione tra gli amici, sotto forma di
manoscritto. Wordsworth scrisse questo poema sotto la
spinta di Coleridge che riteneva che l'amico avesse le qualità
necessarie per scrivere un poema epico che potesse
eguagliare, se non superare, il *Paradiso Perduto* di Milton e
proprio a Coleridge Wordsworth dedicherà questo suo scritto.
Quest'opera è una sorta di autobiografia poetica della vita di
Wordsworth. Un'opera lunga che nella sua versione finale
occupa ben quattordici libri. Nelle intenzioni del poeta questo
avrebbe dovuto essere soltanto il primo di tre volumi. Ad esso
seguì un altro lungo poema, intitolato *L'Escursione*, ma poi
gli altri due poemi che avrebbero dovuto completare l'opera
non vennero scritti.

Il *Preludio*[86] è un poema che parla di molti viaggi,
viaggi reali fatti da Wordsworth, e viaggi immaginari da lui
fatti con la propria immaginazione. E lui scriverà:

> *Io sono un viaggiatore,*
> *Il cui racconto è soltanto di se stesso.*
> (Libro 3, 196-7)

Il viaggio quindi come metafora di una vita. Il poeta come
viaggiatore e la poesia come diario di un viaggio senza fine, il
cui protagonista è proprio lui, il poeta, come afferma
Wordsworth nei versi sopra citati, che si pone sempre al
centro della scena narrata. Vedremo adesso alcuni passi del

---

[86] A causa delle continue revisioni e modifiche esistono diverse versioni
del *Preludio*, le più importanti delle quali sono quelle del 1805 e del
1850. Salvo diversa indicazione in questo testo si farà riferimento alla
edizione del 1850.

Preludio, ma per farlo partiremo da Milton. Ricorderete che gli ultimi versi con cui Milton chiude il suo *Paradiso Perduto* sono questi:

> *Il mondo era tutto di fronte a loro,*
> *Dove scegliere il luogo del riposo,*
> *E la provvidenza la loro guida; loro,*
> *Mano nella mano con passi erranti e lenti,*
> *Attraverso l'Eden presero la loro solitaria strada.*

Milton quindi ci racconta dell'inizio di un viaggio, la vita, senza una destinazione precisa *(il mondo...)* e la guida di Adamo ed Eva sarà *la provvidenza* ed i due, mano nella mano, incerti nel loro procedere si allontanano verso un destino indeterminato e verso molte difficoltà da affrontare.

A distanza di circa centotrent'anni dalla pubblicazione del *Paradiso Perduto*, Wordsworth inizia la sua opera più importante e più impegnativa con quello che è un esplicito riferimento, e forse un voluto omaggio, a Milton. Egli infatti scrive, riferendosi alla sua giovinezza:

> *Il mondo è tutto di fronte a me. Con un cuore*
> *Felice, non timoroso della propria libertà*
> *Mi guardo attorno; e sarà la guida scelta*
> *Niente di meglio che un'errante nuvola,*
> *Non posso sbagliare strada.*
> (Libro 1 – 14-18)

Se leggiamo con attenzione i due brani notiamo che Wordsworth utilizza quasi le stesse parole di Milton, ma dà al suo brano un tono totalmente diverso. Sembra quasi che il poeta romantico voglia sfidare il suo illustre predecessore, continuando la storia là dove lui l'aveva interrotta ovvero l'inizio del viaggio della vita.

Il mondo è davanti sia ad Adamo ed Eva che allo stesso giovane Wordsworth, ma mentre il brano di Milton infonde incertezza, e prospetta delle difficoltà, quello di Wordsworth infonde entusiasmo, gioia e speranza. Il giovane poeta romantico è da solo, *di fronte a me*, solitario proprio come lo era stato Satana nel suo viaggio verso il tentativo di recuperare la felicità perduta, ed ecco riconfermarsi un'altra delle caratteristiche tipiche del poeta romantico, il proprio ego. Il poeta romantico pone sempre e soltanto se stesso al centro del mondo, al centro della scena, al centro della propria poesia, in quello che molti critici hanno ribattezzato come "l'egoismo romantico". Inoltre tra il brano di Milton e quello di Wordsworth cambia l'atmosfera, non più la tragedia dell'espulsione, con la conseguente incertezza del futuro, ma piuttosto l'esaltazione e la gioia della libertà, la facoltà di poter scegliere da soli la propria strada, il proprio percorso, di vivere la propria vita come meglio si desideri. E, dopo essersi guardato intorno, ecco la scelta della guida, non più la *provvidenza* indicata da Milton, ma una *nuvola* seguendo la quale è impossibile sbagliare strada. Il simbolismo della nuvola errante nel cielo è uno dei più usati nella poesia romantica, ma qui Wordsworth, la usa in modo molto preciso. Egli indica con chiarezza che l'erranza, il *Wanderung*, il viaggio guidato esclusivamente dalle forze della natura, è per lui lo scopo stesso della vita. Un'erranza non sterile od oziosa ma un'erranza da una conoscenza ad un'altra, in uno spazio indefinito ed indefinibile, aperto ad ogni esperienza; un distacco dalla costrizione della realtà verso un obiettivo finale che non si conosce e, forse, non si desidera nemmeno conoscere e dove sicuramente non si desidera arrivare al più presto.

La poesia di Wordsworth ci offre un'incredibile varietà di descrizioni di viaggi dentro la natura, montagne, laghi, fiumi, tutti luoghi reali da lui effettivamente visitati e che il poeta umanizza, di cui parla come se fossero delle persone che pensano, vivono, soffrono, e parlano al cuore del poeta, in un mirabile esempio di sofisma patetico unico forse nella letteratura di tutti i tempi. Il *Preludio* inizia proprio con una specie di inno di gioia alla natura che circonda il viandante:

> *Oh, vi è una benedizione in questa lieve brezza*
> *Un visitatore, che mentre rinfresca le mie guance*
> *Sembra inconsapevole della gioia che porta,*

Dai verdi campi e dal bel cielo azzurro.
(Libro1, 1-4)

Poi continua con la descrizione di una passeggiata in un'ideale campagna guidato da passi senza cura e, dopo ben quattordici libri contenenti moltissime altre descrizioni di viaggi e di spostamenti, questo grandioso poema si conclude con la descrizione della scalata del monte Snowdown (un monte alto circa milleduecento metri nel Galles). Tra questi due eventi una quantità enorme di episodi e di altri viaggi da ognuno dei quali il poeta trae conforto ed ispirazione.

Nel *Preludio* appare un'altra caratteristica tipica del *Wanderung* romantico, già accennata in precedenza, e cioè la continua ricerca di una riunione con la natura. Il viaggio dei romantici è verso la campagna, mai verso la città, la natura è spontanea, onesta, accogliente, mentre la città è artificiale, fredda, corrotta. Il viaggio nei, ed attraverso, i campi è sempre associato con la libertà, l'indipendenza, la chiarezza morale e la purezza.

Nel suo viaggio il *Wanderer* incontra dunque la natura in tutte le sue manifestazioni: i campi, i boschi, i fiumi, le montagne, le nuvole, i fiori, il vento che *soffia carico di leggende attraverso gli alberi* come scriverà John Keats con una bella metafora nel suo *La Caduta di Iperione* (11-6), facendo così diventare il vento un saggio che parla agli uomini.

Wordsworth inoltre fu anche un acceso sostenitore della bontà del clima inglese. Egli trovava nella Natura e nei suoi fenomeni la potenza, la forza che sovrasta l'uomo. In questo senso un altro scrittore suo contemporaneo, Walter Savage Landor (1775–1864), ha scritto:

Noi siamo ciò che i soli, i venti e le acque fanno di noi,
Le montagne sono i nostri padrini, ed i ruscelli
Modellano ed offrono le loro poppate con i sorrisi.

Ho raccontato, all'inizio di questo capitolo, del primo viaggio di Wordsworth in Francia, Svizzera ed Italia fatto nel 1790, durante una vacanza estiva dell'Università di Cambridge.

Non dobbiamo dimenticare le difficoltà di quel viaggio che, data la scarsità di denaro, venne fatto prevalentemente a piedi. Alcuni anni dopo il poeta trascriverà nel *Preludio* le sensazioni vissute in quel viaggio, con particolare riferimento al passaggio delle Alpi, effettuato attraversando il passo del Sempione. I due amici partirono da Briga, dopo che avevano già alle loro spalle un mese di viaggio a piedi. Questo allenamento consentì loro di salire *the Simplon's steep and rigged road* (la strada ripida e scoscesa del Sempione – da *Il Preludio*, 1850, Libro 6 - 563) che li condusse al passo in meno di cinque ore, prima di intraprendere la discesa dall'altra parte. Dopo una breve pausa di riposo, in un piccolo ostello vicino al passo, i due amici vengono però abbandonati dalla loro guida e sono quindi costretti a proseguire da soli, incerti nella direzione del loro cammino anche a causa della nebbia che li circondava non sapendo bene dove fossero né dove dovessero andare. Poi, all'improvviso, incontrano un montanaro che indica loro la strada da seguire e li informa che comunque avevano già attraversato le Alpi. La notizia colpisce l'animo del poeta con un misto di delusione e di disorientamento. Questa esperienza resterà ben impressa nella mente del poeta che alcuni anni dopo la trascriverà nel *Preludio*, accentuando la strana circostanza e gli effetti che la stessa aveva avuto su di lui:

> *Immaginazione – qui la Forza così chiamata*
> *Dalla triste incompetenza del discorso umano,*
> *Quel terribile potere crebbe dagli abissi della mente*
> *Come sconosciuto vapore che avvolge*
> *All'improvviso, il viandante solitario. Io mi ero perso;*
> *Fermato, senza un tentativo di andare avanti;*
> *Ma al mio animo cosciente io ora posso dire*
> *"Riconosco la tua gloria" in questa forza*
> *Usurpatrice, quando la luce dei sensi*
> *Svanisce, ma con un lampo ha rivelato*
> *L'invisibile mondo, in cui abita la grandezza,*
> *Lì risiede, sia che siamo giovani o vecchi,*
> *Il nostro destino, il cuore e la dimora del nostro essere,*
> *È nell'infinito, e in esso soltanto;*
> *È nella speranza, speranza che non muore mai,*

Sforzo ed aspettativa e desiderio,
E qualcosa ancor di più che dovrà venire.
(*Il Preludio*, Libro 6.592-608)

Il momento della rivelazione che le Alpi sono state superate, senza che il poeta se ne sia accorto, crea in lui un sentimento di smarrimento e di sconcerto, forse di delusione che però si trasforma immediatamente in una sorta di agente di una trasfigurazione. La mente, che aspettava con impazienza quel momento, si trasforma in un abisso senza forma, un vuoto da cui però sorge in modo spontaneo l'Immaginazione, paragonata ad un vapore, una foschia improvvisa che circonda ed abbraccia il viandante. Ma l'Immaginazione non svanisce, rimane con noi, è nostra anche se in alcuni momenti di crisi può sembrarci estranea. La sensazione di vertigine, creata dalla differenza tra l'aspettativa e il suo soddisfacimento inatteso, ferma Wordsworth nel momento del suo disappunto e lo lascia senza la volontà di superare la sua frustrazione. Ma ora, a distanza di alcuni anni, nel momento del ricordo il poeta riconosce la gloria della trionfante facoltà dell'aspettativa dell'anima. L'immaginazione quindi usurpa il ruolo della mente sconcertata e la luce dei sensi sembra svanire temporaneamente, il mondo reale sembra non essere più percepito dai sensi. Ma questa condizione è quella del poeta, il lampo di un'illuminazione più grande, rivela il mondo invisibile che emerge proprio a causa della debolezza dei sensi. La Natura è sopraffatta dalla Natura stessa ed i sensi sono superati da un inseguimento naturale.

Nel Quinto Libro del *Preludio* Wordsworth racconta poi di un sogno occorsogli mentre stava riposando dopo una lunga passeggiata. Seduto in una grotta vicino al mare inizia a leggere il *Don Chisciotte* di Cervantes; ogni tanto solleva lo sguardo ed ammira il mare di fronte a se. Poi la stanchezza sopravviene e si addormenta. Durante quel sonno egli sogna di essere in un deserto:

Io vidi davanti a me una distesa senza limiti
Di selvaggia sabbia, nera e vuota,
Mentre mi guardavo attorno, paura e angoscia
Crescevano entro di me, quando al mio fianco,
Vicino a me una rozza figura apparve
Alto, in sella ad un dromedario.
Sembrava un Arabo della tribù dei Beduini;
Una lancia aveva, sotto ad un braccio
Una pietra, e nell'altra una conchiglia
Di una brillante lucentezza.

Il poeta si rallegra di questa visione, pensando di aver trovato una guida che lo avrebbe accompagnato nella traversata di quel deserto. Osservando l'arabo il poeta prova curiosità a riguardo degli oggetti che l'arabo porta con se: una pietra ed una conchiglia e chiede cosa siano. L'arabo risponde che la pietra è la rappresentazione simbolica della geometria (gli elementi di Euclide) che, con le sue regole precise, è il simbolo della ragione ed in quanto alla conchiglia *di maggior valore* l'arabo lo invita con un gesto imperioso ad accostarla al suo orecchio:

Io lo feci
E udii in quell'istante, in una lingua ignota
Che tuttavia compresi, suoni articolati,
Una forte e profetica esplosione di armonie;
Un'Ode, declamata con passione, che prevedeva
La distruzione dei Figli della Terra
Da un diluvio, adesso vicino.

Questa *esplosione di armonie* sembra essere un ossimoro paradossale. Tuttavia in essa vi è implicita una rappresentazione ideale e realista dell'urlo del poeta-profeta che grida la propria rima profetica.

Non appena il canto termina, l'arabo con calma lo informa che sta andando a sotterrare quei due "libri", così lui li chiama:

L'uno che conteneva la conoscenza delle stelle
E che univa animo ad animo in un puro legame

Della ragione, non alterato dallo spazio e dal tempo;
L'altro che rappresentava Dio, sì molti dei,
Aveva più voci di ogni vento, con forza
Da rallegrare lo spirito, e da calmare
Sotto ogni clima, il cuore della razza umana.

Ecco quindi che la pietra e la conchiglia sono le metafore dei due libri fondamentali per il sapere degli uomini: la pietra è il libro della geometria[87] e la conchiglia quello della letteratura. L'arabo dunque, esprimendo l'intenzione di voler sotterrare i due libri, si prefigge lo scopo di salvare la conoscenza umana dalla minaccia della sua distruzione dall'imminente diluvio. Il poeta allora chiede all'arabo di partecipare anche lui all'impresa, ma l'arabo rifiuta e si allontana. Il poeta tenta di seguirlo ma l'arabo sul suo dromedario *lancia in resta* si allontana rapidamente e nell'immaginazione onirica del poeta egli diventa l'immagine del Don Chisciotte. Nel frattempo sul deserto inizia a diffondersi una luce scintillante, il poeta allora grida all'arabo chiedendo cosa sia quella luce, l'arabo voltandosi risponde che sono le acque del mare che stanno arrivando. Il poeta gli urla ancora di aspettarlo, ma l'arabo non risponde e si allontana galoppando sul suo dromedario:

> *...con il suo duplice carico*
> *Saldamente stretto, davanti a me, in piena vista*
> *Galoppando sulle desertiche sabbie*
> *Con le accorrenti acque del naufragante mondo*
> *Che lo inseguono.*

A quel punto il poeta si sveglia angosciato e vede proprio il mare di fronte a sé ed accanto il libro che stava leggendo. La metafora apocalittica del diluvio che distrugge il mondo fornisce a Wordsworth l'opportunità di evidenziare un'ansia relativa alla sopravvivenza dalla minaccia di una morte per

---

[87] Sembra quasi che Wordsworth desideri fare esplicito richiamo a Platone che sembra avesse apposto, all'ingresso della sua Accademia, la scritta "Non entri chi non sia geometra"

acqua, e quindi ritorna l'immagine del naufragio, del marinaio sospeso tra la vita e la morte. La missione dell'arabo è
quella di salvare la conoscenza faticosamente acquisita
dall'umanità ma la raffigurazione dell'Arabo, che nel sogno si
confonde con quella del Don Chisciotte, evidenzia la
convinzione del poeta che questo sia un tentativo disperato,
destinato ad essere vano ed inutile. Al suo risveglio però
Wordsworth, ricordando l'arabo, scriverà:

> *Io l'ho immaginato come un uomo vivo*
> *Un abitante gentile del deserto, folle*
> *D'amore e di sentimenti, e di pensieri intimi*
> *Protratti nella solitudine senza fine.*

Con questi versi Wordsworth sembra quasi voler identificare
se stesso con l'arabo, attribuendogli alcune delle sue caratteristiche. Ma mentre l'iniziativa dell'arabo sembra essere
senza speranza Wordsworth si augura che la sua abbia
miglior successo. L'episodio del sogno si conclude con una
invocazione:

> *Spesso infine*
> *Io ho questo forte rapimento che mi sovrasta*
> *Quando tengo un volume tra le mani,*
> *Povero terreno scrigno di immortali versi*
> *Shakespeare, Milton, artefici divini!*

Per capire bene il significato di questo racconto è necessario
ricordare che, all'inizio di questo libro del *Preludio* e quindi
prima del racconto del sogno, Wordsworth esprime una certa
preoccupazione per il futuro del foglio scritto o stampato. Egli
infatti fa una meditazione sulle conoscenze dell'uomo che,
anche se registrate sui libri, sono purtroppo destinate a
scomparire con il tempo:

> *Cose che aspirano ad una vita incancellabile*
> *Eppure noi sentiamo – non possiamo non sentire –*
> *Che devono morire.*

Qui Wordsworth cita un brano tratto dal *Sonetto 64* di Shakespeare. Quel sonetto è una sorta di meditazione sulle nefandezze generate dal trascorrere inesorabile del tempo. Il sonetto inizia così:

> *Quando dalla mano spietata del Tempo ho visto sfigurato*
> *Il ricco superbo sfarzo di età consumate e sepolte.*

E si conclude:

> *Questo pensiero è come una morte, che altro non può*
> *Che piangere di avere ciò che teme di perdere.* [88]

Quest'ultimo verso del sonetto è quello che ha ispirato Wordsworth, il pianto rappresenta sia l'inutile sforzo che il dispiacere prolettico, sicché la vera gioia del possedere "è molto vicina alle lacrime, o a pensieri più profondi delle lacrime".

Il poeta si chiede quindi, in caso di eventi catastrofici quali terremoti, maremoti, incendi devastanti, mentre la razza umana in qualche modo è in grado di sopravvivere, cosa accadrà dei libri e quindi della cultura? Il poeta si pone la domanda di come mai la mente umana, per quanto eccelsa, non abbia ancora trovato, nonostante tutti i progressi della scienza, un metodo più sicuro per conservare il proprio spirito ed il proprio sapere di quelli che lui chiama i *fragili santuari* che sono i libri di carta stampata.

Allora il sogno descritto, un viaggio nell'inconscio, è fondato su di una realtà e su una preoccupazione reale che assillava il poeta e non sulla pura fantasia; questo è tipico di Wordsworth e della sua poesia. Coleridge che fu un grande ammiratore di Wordsworth, classificò come un'eccellenza della sua poesia "La perfetta verità della natura nelle sue immagini e descrizioni" anche quando descrive le illusioni del sogno "come prese immediatamente dalla natura".

---

[88] William Shakespeare – *I Sonetti* – a cura di Alessandro Serpieri, Rizzoli, 1991

Un altro scrittore contemporaneo, e che divenne, per quanto fosse più giovane, amico ed ammiratore di Wordsworth, Thomas De Quincey (1785-1859), ha scritto che il sogno di Wordsworth rappresenta un fulgido esempio del "*Sublime*" in letteratura. Egli scrive che sembra concepito proprio per illustrare l'eternità e l'indipendenza di tutti gli stati d'animo e dei vari modi dell'esistenza.

Molti critici si sono sbizzarriti nel cercare di accertare se questo sogno fosse realmente accaduto o se invece lo stesso sia stato semplicemente un artifizio poetico di Wordsworth. La stessa cosa, come vedremo in seguito, accadrà anche con *Kubla Khan*, una poesia scritta da Coleridge.

Questo intrigante e complesso episodio raccontato da Wordsworth ha colpito l'immaginazione di molti scrittori moderni che lo hanno ripreso. Il più famoso, ed a mio avviso il più affascinante, è stato scritto da Wystan Hugh Auden (1907-1973), il celebre poeta modernista, nel 1949 che ne ha fatto oggetto di un bellissimo saggio intitolato *Gli Irati Flussi o l'Iconografia romantica del mare.*[89]

Ho già scritto che il *Preludio* si chiude con la descrizione di una scalata effettivamente fatta, nel 1791, da Wordsworth e da un suo amico del monte Snowdown nel Galles.[90] Una scalata fatta di notte per poter osservare all'alba il sorgere del sole dalla cima del monte. Questo finale simbolico dell'ascesa assume un significato trascendentale. Ovvero la montagna, simbolo per eccellenza del Sublime, scalata dal poeta, che quindi intende partecipare in prima persona all'esperienza del Sublime con cui vuole integrarsi, ai fini del raggiungimento di quell'estasi che è il prerequisito della vera ispirazione creativa. Raggiungendo la cima il poeta-profeta si aspetta di ricevere una visione. Ovviamente la scalata non avviene, come avrebbe potuto, lungo i percorsi facili seguiti

---

[89] Auden, Wystan Hugh – *Gli Irati Flutti* – Fazi Editore, 1995
[90] Questo monte è diventato famoso poiché nel 1953 Sir Edmund Hillary si allenò a lungo su di esso prima di compiere la sua memorabile scalata dell'Everest.

dai turisti ma attraverso impervi e difficili sentieri che conferiscono a questa impresa una maggiore difficoltà, e quindi una sua dignità morale ed un suo rigore etico. Questa faticosa ascesa viene descritta da Wordsworth quasi come se la stessa fosse una lotta contro un nemico. Il successo finale così ottenuto non sarà quindi una semplice occasione turistica, ma il risultato di uno sforzo fisico ed intellettuale molto serio ed impegnativo. Quasi come un profeta biblico Wordsworth considera, come compenso per questa sua fatica, la possibilità di raggiungere un momento di grande rivelazione ed ispirazione. Un momento in cui si dovrà verificare sia una visione fisica (il sorgere del sole), che una metafisica (il dono dell'ispirazione poetica), il naturale ed il soprannaturale. Osservando l'ampio mare di nebbia illuminato dalla luna il poeta comprende che questo spettacolo sublime rappresenta la forza di una *potente mente* in grado di trasformare e trascendere la materialità che lo circonda:

> *Nel frattempo la Luna guardava dall'alto la scena*
> *In solitaria Gloria, e noi stemmo, la nebbia*
> *Toccando i nostri piedi; e dalla costa*
> *A distanza inferiore ad un terzo di miglio*
> *Vi era un azzurro baratro, una frattura nel vapore,*
> *Un profondo e cupo respiro attraverso il quale*
> *Montava il fragore di acque, torrenti, ruscelli*
> *Numerosi, rumoreggianti tutti con unica voce.*
> *Tutto questo spettacolo universale*
> *Era formato per la gioia e l'ammirazione*
> *Grandioso già in se stesso, ma nella breccia*
> *Dalla quale si alzava la voce senza dimora delle acque,*
> *In quel profondo ed oscuro percorso, la Natura aveva posto*
> *L'Anima e l'Immaginazione dell'intero.*
> (XIII, 50-63)[91]

Questo passaggio, in cui sembra esservi un'evidente influenza della poesia *Kubla Khan* di Coleridge, che vedremo

---

[91] William Wordsworth – *The Prelude* ed. 1805

in seguito, ci offre un'altra interpretazione dell'Immaginazione. La cima della montagna emerge da un mare di nuvole
e di nebbia, ed è esposta ai raggi della Luna. I numerosi corsi
d'acqua, fiumi e ruscelli che precipitano giù dalla montagna
sono invisibili, ma la loro voce, il loro rimbombo ne rivela
l'esistenza; quella *"voce"* sale, attraverso uno squarcio tra le
nuvole, fino alle orecchie del poeta e ne rivela la presenza. Il
poeta sembra volerci rappresentare un modello psicologico
della mente nel suo stato sia di consapevolezza che in quello
di inconsapevolezza. Ecco che *L'Anima e l'Immaginazione
dell'intero* sembra voler essere una illustrazione dello Spirito
che collega l'Uomo alla Natura, al Mondo esterno attraverso
le sue facoltà sensitive. Quello che qui Wordsworth chiama
Immaginazione è quello squarcio nelle nuvole, quel punto nel
quale la cortina di nuvole si divide tra il conscio: il rumore
delle acque, e l'inconscio: la libertà della mente. Ritroveremo,
in modo diverso, lo stesso concetto illustrato da Coleridge
nella sua *Ballata del Vecchio Marinaio*. Il poeta poi continua:

> *Quando nell'aria, si dissolse*
> *Quella visione, data dagli spiriti della notte*
> *E tre erranti umani, con pensieri calmi*
> *Riflettendo, mi apparve la forma*
> *Di un maestoso intelletto, ed i suoi atti*
> *E le sue proprietà, ciò che ha e che bramerebbe,*
> *Quello che è in se, e vorrebbe essere.*
> *Là io osservai l'immagine di una mente*
> *Che si nutre dell'infinito, che si alimenta*
> *Sopra oscuri abissi, intenta ad ascoltare*
> *Le proprie voci sgorganti dalla silente luce*
> *In un flusso continuo; una mente sostenuta*
> *Dal riconoscimento di una forza trascendente,*
> *Conducente ad una forma ideale,*
> *Nell'animo più che a un mortale privilegio.*

Il motivo che spinse Wordsworth a fare questa scalata risiede
probabilmente in una vecchia e conosciuta tradizione locale
che sostiene che una notte spesa su quel monte, considerato
il Parnaso degli artisti britannici, avrebbe concesso proprio
una forte capacità poetica.

Quasi sempre il viaggiatore di Wordsworth, si muove verso un annuncio di immortalità e di trascendenza (la felicità estatica del poeta) e verso un momento di visione ultraterrena. In conseguenza questi viaggi, anche se erranti e senza una meta fisica ben precisa, assumono il tono e la sacralità di un pellegrinaggio.[92] Ed il pellegrinaggio si conclude con un atto di rinnovamento della fede e della speranza, con la restaurazione dei sentimenti più profondi e quindi rappresenta un momento di gioia e di felicità ma anche di riscoperta di se stessi. Un pellegrinaggio che non ha bisogno di santuari o di altari particolari ma soltanto di una forte immaginazione che si rinnova sotto gli stimoli interni o esterni. Naturalmente per poter raggiungere questo momento di estasi è necessario lottare, superare con fatica molte difficoltà, sia fisiche che mentali, in una sorta di contrasto conflittuale sia con la natura che con se stessi ed è proprio attraverso l'atto del viaggiare che questa lotta si articola e si concretizza.

Tornando alla scalata del monte Snowdown, Wordsworth sembra voler dare l'immagine di un trionfo fisico e morale ottenuto a prezzo di grandi sforzi ed anche di qualche sconfitta. Il significato della visione finale è che la mente non appartiene al mondo fisico, materiale della natura umana; essa può esistere in un rapporto reciproco con la natura ma in realtà è al disopra e al di fuori della natura essendo dotata di qualità sovrannaturali. Come scrive Wordsworth la mente *si nutre di infinito* e:

> *Questi atti di amore spirituale non esistono*
> *Senza l'Immaginazione, che, in realtà,*
> *Non è che un altro nome della più grande forza*
> *E della più chiara visione, dell'ampiezza della mente,*
> *E della Ragione nel suo più esaltato stato d'animo.*
> *Questa facoltà è stata la fonte che ha alimentato*
> *Il nostro lungo lavoro: abbiamo risalito la corrente*
> *Dalle oscure caverne dove si ascolta debolmente*

---

[92] Non è per caso che George Lord Byron chiamerà il suo primo grande successo letterario proprio *Il Pellegrinaggio del Giovane Aroldo*.

Il suo mormorio natale; seguendola fino alla luce
Del giorno; accompagnando il suo corso
Tra le strade della natura, per un tempo
Perdendola di vista smarrito e sconvolto;
Risalutandola poi quando riprese ancora una volta
La sua forza, riflettendo nel suo petto solenne
Le opere dell'uomo e gli aspetti della sua vita;
Ed infine, dal suo avanzare noi abbiamo tratto
Fede nella vita senza fine, il pensiero che sostiene
L'essere Umano, l'Eternità e Dio.

Per Wordsworth, ma lo stesso vale per tutti i poeti romantici, la poesia e la vita furono strettamente interconnesse e lo sviluppo artistico è alimentato da un continuo riesame e rivalutazione delle esperienze passate. In conseguenza la memoria rappresenta uno strumento fondamentale. Egli infatti aveva dei momenti in cui sentiva delle emozioni che registrava, spesso inconsciamente, entro di se e dopo qualche tempo, nella relativa tranquillità, ricordava quei momenti e li trasformava in versi facendo così rivivere le stesse emozioni. Un esempio di questo modo di concepire la poesia è rappresentato dall'ultima stanza della bella poesia *Le Giunchiglie*:

Perché spesso, quando sdraiato sul mio letto,
In stato d'animo ansioso e pensieroso
Esse mi appaiono in quell'occhio interiore
Che è la felicità della solitudine,
Ed allora il mio cuore si riempie di gioia
E danza insieme alle giunchiglie.

Questa memoria veniva peraltro molto aiutata dal Diario che la sorella Dorothy, sua fedele compagna di viaggio, teneva puntualmente e da cui il poeta attingeva largamente. Questa è tuttavia un'analisi un po' troppo semplicistica. Infatti per Wordsworth il passato non finiva mai, per lui il lavoro poetico del presente era quello di rivisitare continuamente gli scritti del passato e modificarli tenendo conto anche delle nuove esperienze.

Wordsworth considerava l'infanzia, la giovinezza, come il momento più importante della vita, in quanto quello rappresenta il momento in cui si forma il carattere dell'uomo e nel suo poema intitolato *L'Arcobaleno*, scriverà *Il bambino è il padre dell'uomo*. Tutto quello che osserva il bambino è più sincero, immaginativo, vivido della percezione dell'adulto. L'esperienza dell'infanzia, registrata inconsapevolmente nella memoria, fornisce l'alimento per i pensieri del futuro. La memoria è quindi la forza più importante nel processo di crescita della mente e del carattere morale del poeta.

Mi auguro che dalle letture qui esposte emerga con chiarezza la grandezza e la profondità poetica della scrittura di Wordsworth. Certamente la traduzione fa perdere molto del valore originale e la distanza culturale tra noi e lui, sia geografica che temporale, non aiuta. Tuttavia è indubbio che Wordsworth fu un grandissimo scrittore. È stato Wordsworth che, con la sua scrittura, ha mostrato come la poesia, pur portando con sé significati profondi, possa essere scritta utilizzando un linguaggio semplice come quello adoperato nella vita di tutti i giorni, senza enfasi e senza retorica ma spontaneamente. Ed è stato ancora lui che ha creato una sorta di religione romantica nei confronti della natura, che era necessaria, in quel tempo, per riempire il vuoto spirituale creato dalla crescente razionalità della scienza imperante; fu lui a sostenere, contro le pretese della ragione scientifica e logica, il più alto valore dell'immaginazione e dell'intuizione; fu lui che enunciò l'innata grandezza dell'animo umano e l'affinità dell'anima con lo spirito creativo che attraversa tutte le cose; e fu sempre lui a sostenere che l'uomo può essere sollevato dalla schiavitù dell'attualità perché ha libero accesso, se vuole, alle numerose risorse, esterne o interne a lui, di eterna bellezza, di gioia e di saggezza. Wordsworth vide, da giovane, il pericolo concreto della rapacità della commercializzazione e del consumismo ed il conseguente degrado spirituale che si accompagnava con la rivoluzione industriale, ma non poté prevedere che la scienza avrebbe modificato il tempo e la qualità della vita, del pensiero e dei sentimenti e che stava cambiando non soltanto l'apparenza, ma anche la sostanza della civiltà, fino a giungere a minacciare la propria sopravvivenza, come oggi ben sappiamo. In una parola egli sognò di umanizzare ciò che con il tempo divenne sempre di più disumano.

A conferma del pensiero di Wordsworth vorrei concludere questa veloce visitazione sulla sua opera con questi versi scritti in una delle sue poesie più note, in cui il poeta ribadisce il concetto fondamentale dell'unità spirituale tra l'essere umano e la Natura:

> *Tutte le cose devono vivere in noi, e noi dobbiamo vivere*
> *In tutte le cose che ci circondano. Questo io penso*
> *Sia la nostra inclinazione, e così ogni giorno*
> *Amplia la nostra sfera di piacere e di dolore.*
> (Il Cottage Danneggiato)

Nel valutare quali siano le qualità della poesia di Wordsworth che danno alla stessa il valore della permanenza, dobbiamo rispondere che ciò risiede soprattutto nella sua maestria poetica. La sua perfezione nell'abilità tecnica, in tutti i suoi aspetti, è insuperata. Considerando l'insieme delle sue opere, e non soltanto le migliori o le più note, si rimane impressionati dal vigore intellettuale, dall'ingenuità e dalla varietà della sua versificazione. Inoltre egli è probabilmente, anche grazie alla sua amicizia con Coleridge, uno dei più filosofi tra i grandi poeti inglesi; egli abita la regione delle idee che riesce a collegare con l'insieme delle esperienze umane. In tutte le cose, animate o inanimate, egli percepisce una vita spirituale. Quello che i biologi ed i chimici hanno fatto per rivelare le meraviglie del mondo fisico egli lo ha fatto nei confronti dei rapporti tra la mente dell'uomo e gli oggetti su cui l'attenzione della mente si posa.

Samuel Taylor Coleridge

Parlare di Coleridge (1772-1834) non è facile né agevole, tanto complesso, ampio e frammentato fu il suo pensiero, tanto multiforme la sua attività, tanto disastrata la sua vita. Ma è indispensabile farlo perché egli fu certamente uno degli uomini più brillanti, intelligenti, innovativi ed interessanti del periodo romantico. Lo scrittore Thomas De Quincey (1785-1959), suo contemporaneo, ha scritto a proposito di Coleridge "Lui voleva un pane migliore di quello che può essere fatto con il grano".

Lo scrittore scozzese Walter Scott, che fu uno dei suoi ammiratori, dopo un pranzo a cui partecipò scrisse nel suo Diario:

> Lockart ed io abbiamo cenato da Sotheby, dove abbiamo partecipato ad un pranzo con molte persone, e l'oratore è stato quello straordinario uomo che è Coleridge. Dopo aver mangiato un ottimo pranzo, durante il quale egli non pronunciò una sola parola, egli iniziò un discorso molto colto sui "Misteri di Samotracia", che egli considera come fonte di tutte le leggende circa il mondo fatato del passato, del presente e del futuro. Poi passò a parlare di Omero, la cui Iliade egli considera come una raccolta di poemi scritti da autori diversi ed in tempi diversi, nell'arco di un secolo. Vi fu, egli affermò, l'individualità di un periodo, ma non di un paese. [93]

Questo brano conferma la grande cultura ed eclettività del genio di Coleridge capace di parlare dei più svariati argomenti formulando spesso delle proprie ardite speculazioni intellettuali, che affascinavano il suo uditorio, ma lasciavano poco spazio ad eventuali interlocutori. Mada-

---

[93] Walter Scott – *The Journal* – edited by W. E. K. Anderson. Canongate Classics

me De Staël, dopo averlo incontrato disse "Lui è incapace di dialogare, ma è un genio del monologo".

Scott utilizzò alcune delle idee di Coleridge nelle sue opere, senza tuttavia mai ammetterlo esplicitamente.[94] Peraltro Scott criticava Coleridge affermando che "i capricci e l'indolenza che lo caratterizzano, hanno creato quei frammenti poetici che, come i busti delle statue antiche, sfidano la capacità del suo respiro poetico per completarli".

Coleridge fu un incredibile oratore. Nel periodo in cui risiedette a Bristol il proprietario di una Coffee-House lo pagava affinché sedesse, per qualche ora, nel suo locale per intrattenere i clienti con la sua arguta e brillante conversazione. William Hazlitt, che gli fu amico ed estimatore, scrisse "se Coleridge non fosse stato il più impressionante oratore del suo periodo, sarebbe probabilmente stato il miglior scrittore". Un giorno Coleridge chiese al suo amico Charles Lamb (1775-1834) "Mi hai mai sentito predicare?" e Lamb rispose "Non ti ho mai sentito fare altro".

Figlio di un pastore anglicano e membro di una numerosa famiglia Coleridge frequentò l'Università di Cambridge, dove si distinse vincendo anche un premio di poesia ma poi, per una delusione amorosa e per alcuni debiti non pagati, interruppe gli studi e si arruolò sotto falso nome nella brigata dei Dragoni reali pur non sapendo andare a cavallo. Durante quel periodo in una lettera indirizzata al fratello George, Coleridge scrisse:

> Nella Matematica mentre la Ragione domina nel proprio paradiso, l'Immaginazione viaggia logorandosi in un arido deserto. ... La mia mente è incomprensibile anche a me stesso. Mi sono perso in un labirinto, la ragione selvaggia senza sentieri nel mio petto.

---

[94] Soltanto nel 1824, su pressione di Byron Scott ammise, ma soltanto in una lettera privata e non pubblicamente, di aver utilizzato alcune parti dal poema *Christabel* di Coleridge nel suo La *Ballata dell'Ultimo Menestrello*.

Quella militare fu un'esperienza disastrosa da cui riuscì ad uscirne in quanto, essendo di guardia durante un ballo al comando, sentì una disputa, tra il comandante ed un altro ufficiale, su come tradurre una certa parola in greco. Egli allora intervenne e, con grande meraviglia dei due ufficiali, dette loro la risposta esatta; a quel punto il comandante acconsentì a concedergli il congedo. Tornò allora a Cambridge dove, proprio per le sue capacità letterarie, venne riammesso al Jesus College. Qui incontrò e divenne amico di Robert Southey (1774-1843) anche lui poeta, e che diventerà in seguito poeta Laureato,[95] e con lui pensò di realizzare un progetto chiamato la *Pantisocrazia*. Questo progetto prevedeva la creazione, in America, di una piccola comunità formata da dodici coppie in una zona non popolata della Pennsylvania, dove i partecipanti avrebbero vissuto a stretto contatto con la natura. Tuttavia, come quasi tutti i progetti di Coleridge, anche questo non venne mai realizzato. Per qualche tempo pensò anche lui di diventare pastore protestante, e giunse anche a fare alcune prediche in chiesa. Nel 1878 William Hazlitt allora un ragazzo, camminò una mattina per dieci miglia per andare ad ascoltarlo, e dopo la predica scrisse:

> La Poesia e la Filosofia si erano incontrate. La Verità ed il Genio si erano abbracciate, sotto gli occhi ed il controllo della religione.[96]

---

[95] Il Poeta Laureato è una tradizionale istituzione britannica. È un poeta nominato dal re, o dalla regina, e che deve celebrare, in poesia, qualsiasi evento importante per la Nazione. La carica venne istituita da Carlo II nel 1599, ed il primo fu Edmund Spenser. La carica era inizialmente a vita, ma questa tradizione venne cambiata qualche anno fa, quando il Poeta Laureato di turno, Andrew Motion (1952 -), si accorse che in quella posizione aveva perso qualsiasi ispirazione poetica e chiese di rinunciarvi. Da allora la carica dura dieci anni; l'attuale Poeta Laureato è Ann Carol Duffy (1955 -), la prima donna ad esserlo.

[96] William Hazlitt – *My first acquaintance with Poets , from "Sketches and Essays"* – George Bell & Sons, London, 1909

Qualche giorno dopo Coleridge si recò dal padre di Hazlitt, anche lui pastore protestante e, quando lasciò la casa, il giovane Hazlitt lo accompagnò per qualche miglio, e rimase di nuovo stupito dalla sua capacità di conversazione:

> Nelle sue divagazioni, digressioni, nel suo passare da un soggetto ad un altro, mi sembrò che galleggiasse per aria, o che pattinasse su una lastra di ghiaccio...Osservai che egli passava in continuazione da un lato all'altro del sentiero. Questo fatto mi sembrò strano, ma in quel momento non lo collegai con la sua instabilità di intenti o con i suoi cambiamenti involontari di principi, come riconobbi dopo... Ritornando indietro sentivo un suono nelle mie orecchie, era la voce della Fantasia; avevo una luce davanti a me, era il volto della Poesia; l'una rimane ancora là, l'altra non mi ha mai lasciato.[97]

Se vi fu un poeta romantico che più di altri ha espresso il simbolo della vita intesa come viaggio, questo è certamente Coleridge. A soli sedici anni compose una poesia intitolata *Inno per i Bambini dell'Ospedale di Cristo* in cui scrive:

> *Crudelmente freddo e assordato da tempeste*
> *Nel mattino della Vita spesso il viaggiatore gela,*
> *Ma presto il sole dell'Amore riscalderà il suo cammino;*
> *Ed ogni lieta scena sembrerà più bella della tempesta[98].*
> (Anthem, 29-32)

Precocemente Coleridge annuncia che il viaggio della vita potrà essere riscaldato soltanto dal Sole dell'Amore. Ma questo purtroppo a lui non accadrà. Coleridge cercherà disperatamente l'amore per tutta la sua vita, senza trovarlo o senza poterlo veramente realizzare. Questo porterà la sua

---

[97] ibid
[98] Tutte le opere di Coleridge sono tratte da S. T. Coleridge – *Poems*, Everyman's Library, 1991. Se non diversamente segnalato, le opere sono state da me liberamente tradotte.

vita ad essere un continuo vagabondaggio, fisico e morale, da un territorio ad un altro, da una disperazione ad un'altra. Ciononostante gran parte degli scritti di Coleridge, sia in prosa che in poesia, riprendono il tema del viaggio, sia reale che immaginario. Tuttavia egli sembra fare una grossa differenza tra i viaggi per terra e quelli per mare. Quelli per terra, normalmente a piedi, per quanto stancanti e spesso dolorosi sono per lui fattibili, normali, da farsi; quelli per mare invece sono i viaggi dell'orrore, carichi di rischi, tempeste, naufragi, terribili venti urlanti e angosciose calme tropicali, con conseguente fame e sete.

Coleridge iniziò a scrivere poesie molto precocemente e continuerà sino alla sua morte, ma i suoi grandi capolavori sono pochi e vennero tutti scritti nel ristretto arco di soli cinque anni, dal 1795 al 1800 circa. Dopo si dedicherà soprattutto alla filosofia ed alle riflessioni psicologiche. In una lettera del 25 Marzo 1801 indirizzata al filosofo William Goodwin, che gli aveva chiesto un parere su di un dramma da lui scritto, scriverà amaramente:

> Ho paura che la vostra Tragedia mi trovi in un inadatto stato mentale per poterla giudicare. Negli ultimi tre mesi sono passato attraverso un processo di essicazione intellettuale...Il Poeta in me è morto.[99]

Vi sono due caratteristiche prevalenti nelle opere di Coleridge, una di tipo psichico, l'altra di qualità intellettuale. Quella psichica riguarda un continuo e pervasivo senso del mistero, dell'ignoto, una sorta di "magia incantatoria" che affascina e conquista il lettore. Quella intellettuale riguarda la semplicità trasparente con cui questo senso del mistero è espresso e che lo differenzia dagli altri scrittori "gotici" del periodo come Horace Walpole, Ann Radcliffe, fino a Walter Scott.

---

[99] S. T. Coleridge – *Collected Letters* - edited by E. L. Grigg, Oxford Calrendon press, 1956

Nel 1789, a diciassette anni, scrisse questa poesia, nella quale sembra voler enunciare una sorta di programma della sua vita:

> *Da poco viaggiavo su quest'ampia pianura*
> *Dove il nativo Otter[100] scorre nel suo magro ruscello,*
> *Meditando in torpida angoscia sui dolori della Sorella,*
> *Quando la gloriosa vista mi risvegliò dal sogno.*

Con questi versi Coleridge ribadisce il concetto romantico, già enunciato da Wordsworth, che l'incontro tra l'uomo e la natura crea le condizioni per l'ispirazione e trascina il poeta dall'inerzia angosciante alla felicità della scrittura:

> *Ad ogni passo si allargava il mio sguardo*
> *Boschi, Prati, verdi Colline e desolate Erte,*
> *Susseguentesi in veloce successione di piaceri,-*
> *Finché tutto – improvvisamente – ai miei occhi rapiti*
> *svanì.*

> *Possa questo (io gridai) rappresentare il mio percorso di*
> *Vita!*
> *Nuove scene di Saggezza possa ogni passo mostrare,*
> *E la Conoscenza aprirsi all'avanzare dei miei giorni!*
> *Sino a quando la Morte emetterà il pauroso raggio,*
> *Il mio occhio si lancerà nell'infinita distesa,*
> *Ed il pensiero sospeso giacerà nell'Estasi beata del*
> *Rapimento.*

Quest'ultima stanza mostra tutto l'entusiasmo ed il vigore con cui il giovane poeta vuole dedicare la sua vita alla poesia, passando da *Conoscenza* a *Conoscenza*, invocando il raggiungimento dell'estasi come prerequisito per l'arrivo dell'ispirazione.

---

[100] L'Otter è un piccolo fiume che scorre nel Devon, e passa attraverso Ottery St.Mary, la città natale di Coleridge. A questo fiume Coleridge dedicherà anche un sonetto intitolato *Sonnet to the River Otter*.

Tra le sue opere poetiche immortali dobbiamo ricordare soprattutto *Le Rime del Vecchio Marinaio, Christabel, Kubla Khan*. In tutte queste poesie aleggia una sorta di atmosfera misteriosa, una magia incantatrice che sollecita l'immaginazione del lettore lasciandolo, al termine della lettura, incerto e disorientato. Le storie raccontate trasportano il lettore in un mondo di sogno, irreale, pur essendo lo stesso concretamente descritto. Con l'eccezione del *Vecchio Marinaio*, le altre opere sono soltanto dei frammenti, non finiti, non conclusi, sicché il lettore è libero di interpretarle come meglio crede. Nella sua grande varietà di stili egli poi compose alcune Poesie riflessive e toccanti che vennero ribattezzate come le *Poesie della Conversazione*, tra cui di particolare interesse *Gelo a mezzanotte, L'arpa eolica, Il recinto d'alberi di limone*.

Coleridge venne spinto a sposarsi da Southey con una ragazza (sua cognata) che probabilmente non amava e che non era adatta al suo temperamento, come lui non era adatto a lei. Qualche tempo dopo nel suo diario, prendendo atto del fallimento del suo matrimonio, egli scriverà "Sono stato uno sciocco, ho tagliato la gola alla mia felicità, al mio genio ed alla mia attività". Questo matrimonio infelice, e la successiva separazione di fatto, lo riempirono di molti sensi di colpa e di vergogna e gli impedirono di sposare la donna che in seguito amò. Coleridge non era metodico ed analitico come Wordsworth, al contrario egli fu una sorta di genio ribelle, caotico, disordinato, sempre pieno di idee interessanti ma incapace di portarle a termine compiutamente. Egli fu considerato un Genio selvaggio ed eccentrico che non ha mai pubblicato nulla se non splendidi frammenti ma, ad un attento esame dei suoi lavori sia in campo poetico che filosofico, si trovano dei contributi fondamentali allo sviluppo del pensiero moderno. Molti critici gli attribuiscono il merito di aver definitivamente trasformato l'estetica artistica da "imitativa" a "creativa", e così facendo distanziando con decisione il Romanticismo da Aristotele. Fu anche traduttore (tra l'altro tradusse il *Faust* di Goethe), bravissimo scrittore di lettere, un biografo, filosofo, psicologo, critico letterario e disordinato scrittore di Note (vi sono oltre settanta quaderni di appunti scritti tra il 1794 e la sua morte). Per tutta la sua vita egli fu dipendente dall'oppio che aveva iniziato ad utilizzare da giovane per lenire il dolore di un mal di denti. Questa dipendenza contribuirà a rovinargli la vita e ad alienargli molte amicizie.

Egli riuscì a vivere, male, grazie al suo fascino, all'attrazione della sua genialità ed alla simpatia che irradiava. Venne aiutato finanziariamente a lungo dalla importante e ricca famiglia Wedgewood, famosi industriali della porcellana di Bristol, e in tarda età ricevette un vitalizio deliberato dal re Giorgio IV.

Seguendo la moda del periodo, anche lui fu un viaggiatore a piedi, anche se non raggiunse i chilometri percorsi da Wordsworth, con cui peraltro spesso si accompagnava. Durante i suoi viaggi Coleridge annotava le sue impressioni e su uno dei suoi tanti quaderni di appunti scrisse, "mentre viaggio, raccolgo a caso i selvaggi fiori della poesia".

Con riferimento al nostro tema vorrei innanzitutto presentare questa breve poesia:

Fantasia tra le Nuvole

Oh! è piacevole, con un cuore in pace,
Subito dopo l'alba, o nelle notti di luna,
Dare alle vaganti nuvole la forma che vi piace,
O lasciare che gli occhi, facilmente persuadibili
Posseggano ciascuno strane somiglianze modellate
Dalla fantasia di un amico; o con la testa china
E viso piegato vedere nei fiumi flutti dorati
Scorrere tra rive vermiglie; e poi, un viaggiatore, va
Da monte a monte attraverso la Terra delle Nuvole,
splendida terra!
O ascoltando la marea, con occhi chiusi,
Essere quel cantore cieco, che sulle coste di Chios
Posseduto dai quei suoni profondi, con una luce interiore,
Osservò l'Iliade e l'Odissea alzarsi dai marosi
Del vociante mare.

In questa poesia vi sono alcuni riferimenti a Shakespeare che utilizza molto la simbologia delle nuvole ed in particolare, in *Antonio e Cleopatra*, Antonio, dopo la sua sconfitta, il tradimento di Cleopatra e poco prima di uccidersi dirà:

> *Talvolta noi vediamo una nuvola a forma di drago;*
> *Un vapore che assomiglia ad un orso o ad un leone,*
> *Una città turrita, una roccia scoscesa,*
> *Un monte con due cime, o un promontorio azzurro*
> *Cinto da alberi, che si piegano al mondo*
> *Ed insidiano i nostri occhi con l'aria...*
> (*Antonio e Cleopatra*, 4, XI, 2-79)

Molto suggestivo e poetico è anche il riferimento ad Omero, che secondo alcuni era nativo dell'isola greca di Chios, e che osserva *l'Iliade e l'Odissea alzarsi dai marosi*. Con questo semplice verso Coleridge sintetizza mirabilmente tutte le teorie relative alla nascita di questi due grandi capolavori della letteratura.

Nei lunghi itinerari a piedi ed a contatto con tutti gli elementi della natura, i poeti romantici trovavano quella ispirazione che poi avrebbero riversato nelle loro opere: i fiori, i panorami, i boschi, i monti, il vento. Il vento in particolare, non soltanto come proprietà naturale e fenomeno atmosferico, ma anche come veicolo di cambiamento del pensiero e della tumultuosa immaginazione del poeta. Il vento ha inoltre una qualità in più: la sua musica, sia diretta che indiretta, quella cioè che provoca soffiando tra gli alberi o in quello strano strumento, che diventò una sorta di simbolo della poesia romantica, e cioè l'Arpa Eolica, ovvero uno strumento a corde che, appeso al ramo di un albero o in una finestra aperta, suona e vibra quando le sue corde sono sollecitate dal vento, creando così una melodia naturale, spontanea, non studiata ed irripetibile. Coleridge lo descrive in molte sue poesie, ma in particolare in una intitolata per l'appunto *All'Arpa Eolica*:

E quel semplice liuto
Posto a distanza nell'agganciante finestra, ascolta!
Quando accarezzato dalla discontinua brezza,
Come ritrosa fanciulla cedente al proprio amante,
Emette tali dolci rimproveri, come da essere
Tentata di ripetere il torto! Ed ora, le sue corde
Arditamente suonano, la lunga sequenza di note
Che sopra deliziosi picchi sprofonda e risorge,
Tale morbida stregoneria del suono
Come fanno gli Elfi del tramonto, quando alla vigilia
Del Viaggio, sulle tempeste gentili dalla terra delle Fate,
Dove le Melodie circondano i fiori sgorganti miele,
Senza piedi e selvaggi, come uccelli del Paradiso,
Non si fermano, né si posano, sospesi su ribelli ali!

Per i romantici la lira di Apollo era sostituita da questa lira naturale la cui musica non è evocata dall'arte, sia divina che umana, ma da una spontanea, incontrollabile ed irripetibile forza della natura. L'arpa eolica costituisce quindi un'analogia romantica della mente del poeta che agisce da mediatore tra i fenomeni naturali esterni come il vento, il sole, la pioggia e che, con l'aiuto della sua musa ispiratrice, esprime le emozioni sentite dentro di sé.

L'immagine e la simbologia del vento sarà ripresa qualche anno dopo, in modo ancora più vigoroso anche da Shelley, nella sua famosa *Ode al vento di Ponente*, scritta a Firenze, durante una passeggiate alle Cascine.

Come abbiamo già visto il tema dell'unità tra l'Uomo, la Natura e Dio fu un tema centrale del romanticismo inglese, e lo stesso tema venne ripreso più volte anche nella poesia di Coleridge. Esemplare a tale riguardo è questo brano tratto da una bellissima poesia che lui modificò molte volte e che, pur parlando del suo abbattimento morale per non riuscire a portare a termine i suoi progetti, è una poesia d'amore indirizzata alla donna che lui amò: la cognata di Wordsworth che, ironia della sorte, si chiamava Sara come sua moglie. In questa poesia, Coleridge scrive:

O signora! Noi riceviamo ciò che diamo
E soltanto nella nostra vita, vive la Natura!
Nostri i suoi abiti da sposa, nostri i suoi sudari!
......è lo spirito e la forza,
Che sposando la natura a noi porta in dote
Una nuova Terra ed un nuovo Cielo,[101]
Non sognato dai sensuali e dagli orgogliosi.

Anche per Coleridge l'immaginazione era uno strumento con cui il poeta poteva esplorare territori ignoti, affrontare idee ed argomenti nuovi e poi comunicarli tramite la scrittura in modo efficace. Tra i suoi appunti si legge:

> Lo scopo principale dell'educazione scolastica deve essere quello di salvare i bambini del dispotismo degli occhi, coltivando in loro una più elevata consapevolezza della forza e dell'uso delle parole.

Coleridge, come Wordsworth, riprendeva e modificava in continuazione i testi delle sue poesie. Mi soffermerò adesso su due importanti poesie di Coleridge, che hanno entrambe un esplicito collegamento, sia pure in modi molto diversi tra di loro, con il tema del viaggio: *La Ballata del Vecchio Marinaio* e *Kubla Khan*.

La Ballata del Vecchio Marinaio

Probabilmente questa è la poesia più nota di Coleridge. Questo lungo poema, scritto quando egli aveva soltanto venticinque anni, descrive un lungo viaggio per mare, un viaggio terribile, misterioso in cui si rivelano gli aspetti più inquietanti dell'animo umano ma in cui si esprime anche la speranza di una redenzione dal peccato e la salvezza, anche se a prezzo di una pesante penitenza da pagare. Il poema è diviso in sette parti. Nella prima, un giovane, che si sta recando al matrimonio di un suo parente, viene improvvisa-

---

[101] Sembra evidente in questa rima un altro esplicito riferimento all'*Antonio e Cleopatra* (1.1) di W. Shakespeare.

mente fermato da un vecchio marinaio che lo costringe ad ascoltare una drammatica storia di cui lui è stato protagonista. Il giovane tenta di svincolarsi e di andarsene, ma il marinaio lo ferma prima con *scarna mano* e poi con il suo sguardo terribile ed il giovane sarà sedotto sia da quello sguardo che dalle parole che il marinaio pronuncerà:

> *Ma lo trattiene con il suo occhio scintillante-*
> *Più non faceva un gesto l'Invitato,*
> *E sta' a sentire, come un bimbo di tre anni:*
> *La volontà del Marinaio è fatta.[102]*

Già in questi primi versi il poema appare intriso di simbolismi. Il matrimonio infatti rappresenta la gioventù ma soprattutto la procreazione e quindi la continuità della vita e proprio questo argomento, e la sua unicità, sarà uno dei temi dominanti del poema. Poi abbiamo l'attrazione dello sguardo che immobilizza il giovane e lo costringe a sentire la storia, e quindi il simbolismo della forza del racconto, delle parole, del narratore o dello scrittore che, senza alcuna costrizione fisica, ti affascina e ti costringe a sentire o a leggere:

> *L'invitato sedette su di un masso*
> *Non poteva fare altro che ascoltare.[103]*

Ritorna quindi il tema della potenza e del fascino della parola, di cui abbiamo già parlato. Il marinaio racconta quindi che un giorno la nave lasciò il porto in allegria:

> *Salutati alla voce, fuori dal porto,*
> *Allegramente ci lasciammo a poppa*
> *La chiesa e la collina,*
> *E la torre del fanale.*

---

[102] La traduzione della poesia è quella di Beppe Fenoglio, con qualche mia piccola variazione, in *La Ballata del Vecchio Marinaio*, Giulio Einaudi Editore, 1964
[103] Mia sottolineatura

In questa descrizione c'è qualcosa di sbagliato. Mai, specialmente a quei tempi, la partenza di una nave, e noi non sappiamo nemmeno dove la nave fosse diretta, era un momento felice. I marinai non stanno partendo per una crociera di piacere, ma per un viaggio di lavoro durante il quale staranno a lungo assenti dai propri cari e dalla propria casa; essi pertanto saranno stati certamente tristi, forse qualcuno di loro potrebbe anche morire, la nave potrebbe fare naufragio, nessuno sa se il viaggio avrà successo o meno, quindi perché essere felici? Ma se si interpreta la partenza della nave come simbolo della nascita dell'uomo per il lungo viaggio della vita, allora la situazione è totalmente diversa, ogni nuova nascita è una gioia ed offre una prospettiva di felicità.

La nave inizia la sua navigazione con una rotta diretta verso Sud che viene poeticamente descritta:

Il Sole sorgeva a sinistra,
Usciva dritto dal mare!
Splendeva forte e quindi sulla destra
Si rituffava in mare.

Durante il racconto del viaggio si sentono le musiche e le voci gioiose dei partecipanti al matrimonio, ma il giovane non riesce a staccarsi dal marinaio. Poi la nave incontra una tempesta:

Ci piombò addosso la Tempesta, ed era
Forte e tiranna:
C'investì con le sue ali rapinose,
E giù, giù ci cacciava verso il Sud.
Cogli alberi storti e con la prua ficcante,
Come chi inseguito con urlio e stridore

Questa descrizione simboleggia le tempeste della vita, i momenti in cui ognuno di noi si è trovato a dover lottare per andare avanti, spinto da un impeto di forze creative, spesso inaspettate e che ci conducono in direzioni che non sempre sono quelle da noi desiderate, con l'incertezza ed il timore del punto di arrivo. La nave arriva così nei pressi dell'Antartide e si trova in mezzo ai ghiacci, in calma di vento ed in mezzo alla nebbia:

> *E poi ci venne nebbia e neve insieme,*
> *Faceva freddo straordinariamente:*
> *E montagne di ghiaccio, quanto gli alberi alte,*
> *Ci fluttuavano accanto, verdi smeraldo.*
> *....*
> *Ghiaccio qui, ghiaccio là,*
> *Era dovunque, il ghiaccio:*
> *E crosciava, ringhiava ed ululava,*
> *I rumori che intendi da svenuto!*

Il simbolo del ghiaccio, del freddo, della nebbia, dell'isolamento, fisico e morale ci ricorda i tristi momenti della vita in cui ci sentiamo privi di iniziativa, in balia delle forze del destino che non riusciamo a controllare: la mancanza di visione, il gelo dei rapporti umani, la tristezza e lo squallore del paesaggio fisico e morale che ci circonda. Ad un certo punto, dalla nebbia, spunta un grande uccello marino: un albatros. Per quanto naturale e banale possa essere questa apparizione, in quelle circostanze la stessa viene salutata con gioia dai marinai:

> *Alla fine incrociammo un Albatro,*
> *Sbucò di tra la bruma;*
> *Lo salutammo in nome del Signore,*
> *Quasi che fosse un'anima cristiana.*

L'apparizione dell'albatros è una prova dell'esistenza della vita anche in una natura selvaggia, fredda, inospitale e lontana. La paura dell'equipaggio si attenua, i marinai danno da mangiare all'albatro, il ghiaccio si apre e la nave riprende il cammino seguita dal grande volatile. Anche l'immagine dell'albatro è carica di simboli: può rappresentare il ritorno dell'ispirazione poetica, che era sparita nel gelo e nella nebbia, oppure può rappresentare la colomba della pace, la colomba dello spirito santo, quindi un segnale, un messaggio di speranza inviato da Dio. Infatti subito dopo l'apparizione dell'albatro ecco che riappare il vento, non la tempesta ma un vento benigno, l'alito di Dio che spinge dolcemente la nave e che, nella metafora della vita, ci spinge là dove noi vogliamo andare. A questo punto il giovane chiede il perché dello sguardo corrucciato del marinaio ed egli confessa di aver ucciso l'albatros:

> *"Dio ti salvi vecchio marinaio,*
> *Dai diavoli che ti torturano così!*
> *Perché fai quella faccia?" con la mia balestra*
> *Io abbattei quell'albatro.*

Si giunge così al punto centrale del poema. Il marinaio uccide il grande uccello senza alcun motivo apparente, il suo è un atto di malvagità gratuita, senza spiegazione né motivazione. Uccidere l'uccello che ama l'uomo è un atto che esprime l'autosufficienza orgogliosa del marinaio ed è anche un atto contro la natura e contro Dio quindi un'insubordinazione, come quella commessa da Adamo ed Eva e dunque un nuovo peccato originale, una nuova Caduta che mostra l'inclinazione dell'uomo che tende ad escludersi dalla comunità universale della vita e dell'amore. Nell'uccidere l'albatros, il vecchio marinaio non soltanto commette un crimine contro la natura e gli altri esseri, contro un ordine naturale e spirituale del mondo, ma anche un crimine contro l'immaginazione creativa e la conseguente penalizzazione di quest'atto sarà la mancanza di vento, ovvero l'assenza dello spirito creativo.

Si conclude così la prima parte del poema. L'uccisione dell'albatros rappresenta dunque il momento tragico della storia di cui sia il marinaio che il resto dell'equipaggio dovranno subire le conseguenze. La seconda parte inizia con la nave che riprende la sua navigazione procedendo adesso verso Nord:

> *Il Sole adesso si levava a dritta:*
> *Usciva fuori dal mare,*
> *Tuttor velato in bruma, ed a sinistra*
> *In mar si calava.*

È interessante notare che per dare il senso della navigazione verso Nord e della diversa atmosfera a bordo, Coleridge riprende, modificandola, la stessa stanza scritta in precedenza, questa volta tuttavia il sole non brilla ma è *velato in bruma*, dando così il senso del cambiamento di atmosfera. La nave continua la navigazione, sospinta dal vento benigno, entrando nell'oceano Pacifico e risalendo verso Nord. Intanto il vecchio marinaio riflette sull'atto criminoso da lui commesso di cui però non valuta ancora appieno la gravità e le conseguenze. Anche il resto dell'equipaggio, osservando che adesso sulla nave splende il sole e soffia un vento favorevole, lo consola affermando che tutto sommato ha fatto bene ad uccidere l'albatros, che era un uccello della nebbia e dei ghiacci. Poi però, improvvisamente, il vento cala fino a sparire del tutto. Un silenzio irreale circonda la nave, ferma, immobile in mezzo all'oceano, un oceano dipinto come quello che si vede nei quadri:

> *Cadde la brezza, caddero le vele:*
> *Più triste di così era impossibile;*
> *Noi si parlava solamente per rompere*
> *Il silenzio del mare.*
> *....*
> *Giorno dopo giorno, uno dopo l'altro,*
> *Stemmo, senza un alito, una scossa,*
> *Fermi come una nave dipinta*
> *Sopra un oceano dipinto.*

Il simbolo della calma e dell'arsura è antico come la poesia religiosa. La siccità fisica dell'anima ha da sempre simboleggiato la povertà spirituale (tema che verrà ripreso in termini analoghi da T. S. Eliot nella sua *La Terra Desolata*) mentre il vento simboleggia l'alito dello spirito divino. Pertanto alla ribellione contro Dio segue la morte spirituale. Il lettore entra allora in un'atmosfera surreale; il poeta, con dei bellissimi versi, ci prepara ad un evento di orrore spirituale che sente avvicinarsi. A bordo della nave subentra ora la siccità, la sete e l'equipaggio maledice il marinaio ritenendo che l'uccisione dell'albatros sia la causa di quella terribile calma. Per punizione attaccano al collo del marinaio, al posto della croce, la carcassa dell'albatros. Con questo gesto ritorna il simbolo del peccato che addirittura sostituisce il simbolo della religione. Con questa sorta di rito pagano, che riversa sul marinaio tutte le sue colpe, termina la seconda parte del poema.

Nella terza parte il tempo passa e la nave è sempre ferma in mezzo all'oceano, quando ad un tratto il marinaio scorge in lontananza un puntino che si muove, un'altra nave che nonostante l'assenza del vento naviga velocemente dirigendosi proprio verso di loro:

> *Guardate, (urlavo) guardate! Più non bordeggia!*
> *Ma certo punta al nostro soccorso;*
> *Senza bava di vento, senza spinta di flutto,*
> *Naviga diritta e con la chiglia eretta.*

Scatta qui un altro simbolo: se il vento è il simbolo dell'alito divino, e quindi dell'aiuto di Dio, la nave che avanza senza vento è un simbolo di qualcuno che procede anche in assenza di Dio e pertanto del maligno. La situazione diventa sovrannaturale e in un certo senso angosciosa. Il sole sta tramontando, la nave misteriosa si avvicina sempre di più e si frappone tra la nave del marinaio e il sole:

> *Tutta avvampava l'onda di ponente.*
> *Il giorno se ne stava per morire.*
> *Quasi in bilico sull'onda di ponente*
> *Si stava il sole largo e risplendente;*
> *Quando quella strana sagoma s'infilò di colpo*
> *Tra noi e il Sole.*

Ecco riapparire la simbologia del maligno. Il sole è infatti un altro simbolo di Dio e perciò la nave misteriosa, che si frappone tra Dio e l'uomo, sembra voler dimostrare la propria prevalenza. Ma adesso un altro fenomeno si verifica: la nave misteriosa sembra trasparente, il sole si vede ancora ma striato dalle costole dell'altra nave. Quindi Dio non è del tutto scomparso. Avvicinatasi la nave il marinaio scorge sulla sua coperta due donne:

E quella donna è tutta la sua ciurma?
Quella è la Morte? E ce ne sono due?
È la Morte la socia della donna?

Avea rosse le labbra e franco l'occhio,
E i ricci come l'oro:
La pelle bianca, com'è dei lebbrosi:
Ella era l'orrida Vita nella Morte,
Che congela agli uomini il sangue.

Una donna dunque è la morte e l'altra è una misteriosa donna bionda, con le labbra dipinte e la pelle bianca come quella dei lebbrosi. Questa seconda donna è la *Vita nella Morte* il simbolo di un'angoscia che colpisce chi vive, ma in uno stato di morte. Questa seconda donna, pesantemente truccata, simboleggia una prostituta e quindi una portatrice di malattie terribili come la sifilide, molto diffusa tra i marinai in quel tempo. Le due donne sono sole a bordo della nave maledetta, non vi è altro equipaggio, e giocano a dadi su chi di loro debba prendersi la vita del marinaio e degli altri membri dell'equipaggio e la donna bionda urlerà:

"La partita è finita! Ho vinto, ho vinto!

Il matrimonio all'inizio del poema suggerisce la vita, la procreazione e quindi la donna come elemento fondamentale per la continuazione della vita; immagine questa che si pone quindi in netto contrasto con l'immagine perversa della donna truccata che sulla nave maledetta interpreta il ruolo della *Vita nella Morte*, che si gioca ai dadi con la morte la vita del marinaio. Da un lato la *Vita vera* dall'altro la *Vita nella Morte*, un'allegoria forte che segna l'allontanamento e quindi la separazione dell'uomo da Dio.

Il sole tramonta, subentra la notte e la nave maledetta con un sibilo si allontana e sparisce. Da quel momento uno ad uno i marinai moriranno e morendo, uno dopo l'altro, con i loro occhi malediranno il vecchio marinaio che invece rimane in vita. Egli ora è solo, l'unico essere vivente a bordo, la morte in vita aveva vinto la sua anima:

> *Le anime si dipartirono dai corpi,*
> *Volando a beatitudine o a tormento!*
> *E ciascuna anima accanto mi passò*
> *Come il frullo della mia balestra!*

Termina così la terza parte. Nella quarta parte inizia la punizione del marinaio, la *Vita nella Morte*. La sua punizione sarà sperimentare la piena misura della sua solitudine, in un mondo in cui tutti i suoi compagni sono morti e la natura è diventata aliena e nemica per lui. Molte polemiche hanno segnato questo passo in quanto alcuni critici non trovano giusta la morte dell'equipaggio a causa del peccato commesso del Marinaio; ma il peccato è un atto personale, a causa del quale egli può soffrire e di cui può pentirsi. Il resto dell'equipaggio reagisce collettivamente come una folla e non in modo individuale. Prima biasimano il vecchio marinaio perché ha ucciso l'uccello che faceva soffiare la brezza, poi lo lodano per aver ucciso l'uccello che portava la foschia, il gelo e la nebbia ed infine durante la bonaccia gli si ritorcono di nuovo contro e gli appendono l'albatros al collo al posto della croce. Essi dunque sono una folla irresponsabile e poiché in quanto tale non prendono alcuna parte al pentimento personale del marinaio, per liberarsene bisogna farli morire. I compagni del marinaio muoiono in quanto correi ma lui soffre un destino ancor peggiore: vive ma è come se fosse morto, vivo nel corpo ma morto nello spirito. Inizia così, nella parte quarta la tremenda punizione del marinaio rimasto solo su di una nave di morti in mezzo all'oceano sconfinato, una solitudine sia fisica che spirituale:

> *Solo, solo, tutto, tutto solo,*
> *Solo in un ampio, ampio mare!*
> *E non un santo che prendesse pietà*
> *Dell'anima mia moribonda.*

Il marinaio cerca di pregare ma non vi riesce. Dopo alcuni giorni di terribile angoscia, in cui egli non riesce neanche a dormire, inizia a realizzare l'importanza della vita, della sua unicità e quindi del grande peccato da lui commesso uccidendo l'albatros, un essere della natura ed il simbolo di Dio e da quel momento inizia il cambiamento. Avendo appreso la lezione della comunità il marinaio è ora preparato a riconoscere, alla luce della luna che si muove nel cielo, la bellezza della vita che egli condivide con quelli che lui osserva come i disgustosi serpenti di mare prima disprezzati:

> Saliva in cielo la mobile Luna,
> E in nessun punto dimorava:
> Dolcemente saliva,
> Con una o due stelle al fianco –
>
> I raggi suoi schernivano l'afoso mare,
> Come brina d'Aprile seminata;
> Ma là nell'ombra vasta della nave
> L'acqua stregata ardeva ancora e sempre
> D'un rosso fisso e spaventoso
>
> Oltre l'ombra della nave
> Io guardai i serpenti marini
> Muoversi in lingue d'un bianco abbagliante:

Inizia in questo momento, con l'acquisita consapevolezza dell'importanza della vita, di qualunque vita, il pentimento del marinaio che arriva a benedire, come creature di Dio, i disgustosi serpenti marini che osserva nel mare. In quel momento scatterà la grazia e l'indulgenza divina:

> Felici come viventi! Lingua non c'è
> Che possa dichiararne la loro bellezza!
> Un'acqua d'amore mi sgorgò dal cuore,
> E, senza sapere, le benedissi:
> Certo il mio santo gentile ebbe pietà di me
> Ed io le benedissi senza sapere.

In quell'attimo giusto potei pregare:
Ed allora dal mio collo liberato
Si sfilò l'albatro e colò
Come piombo in fondo al mare.

Il marinaio riconosce quindi nei mostruosi serpenti marini degli esseri viventi ed è costretto ad amare e ad apprezzare la bellezza della loro vita, l'amore per la natura che, anche nelle sue forme più orribili, scalda il sangue in una sorta di rinascita spirituale. In una spontanea ed inspiegabile esplosione di un amore fraterno egli li benedice ed in quel momento la terribile maledizione si rompe, gli elementi naturali fino ad allora morti rinascono a nuova vita; il marinaio riesce nuovamente a pregare e la carcassa dell'albatros scivola dal suo collo in fondo al mare; con il pentimento arriva la redenzione. Termina così la quarta parte. A quel punto si alza un vento favorevole e piove una rugiada che rinfresca. Un gruppo di spiriti benigni entra nei corpi dei marinai morti e la nave, invertendo la rotta, ritorna al porto di partenza. Saltiamo tutta la parte del ritorno e arriviamo alla sesta parte, quella in cui la nave si avvicina al porto ed il marinaio riconosce quei tratti di costa che aveva visto quando la nave era partita, e li scorge in ordine inverso ed anche qui vi è il simbolismo della luce del faro, della collina e della chiesa:

Oh sogno di gioia! È proprio
La torre del fanale quella che vedo?
E quella la collina? Questa è la chiesa?
Questa è la mia terra veramente?

Attraversammo la diga del porto,
E io pregavo tra i singhiozzi –
Fa', mio Dio, ch'io sia ben desto,
O per sempre fammi morire.

Il marinaio si trova in una sorta di trance spirituale in cui non riesce a capire se stia sognando e se quello che vede sia la realtà e prega il signore di aiutarlo a capire o di farlo morire. La settima parte si apre con la barca del pilota che si avvicina alla nave ma in quel momento, con un forte boato, la nave affonda e il marinaio si ritrova a galleggiare in mare. L'affondamento della nave è un altro atto simbolico che rappresenta l'annullamento del crimine commesso. Il marinaio è salvato proprio dalla barca del pilota, su cui vi è anche un saggio Eremita che in qualche modo consola ed assolve il marinaio dalle sue colpe. Avendo così completato, sia in senso letterario che spirituale, la sua navigazione fisica e morale il marinaio finisce il suo viaggio nel punto di origine, il porto in cui è nato e da cui era partito. Il peso di quanto commesso rimane tuttavia nell'animo del marinaio ed egli sente il bisogno, ed anche l'urgenza, di narrare la sua storia e questa sarà la sua penitenza che durerà in eterno. Egli ha assunto anche uno strano potere, quello di capire chi, tra le persone che incontrerà, sarà costretto ad ascoltare la sua storia:

> *Da quel momento, a un'ora incerta,*
> *Quell'agonia mi torna;*
> *E fino a che non ho detta la mia storia*
> *Di morti, dentro mi brucia il cuore.*

> *Come la notte, passo di terra in terra,*
> *È ho una strana potenza di parola;*
> *L'istante che gli pianto gli occhi in faccia*
> *Conosco l'uomo che mi dovrà ascoltare:*
> *A lui insegno la mia storia.*

Il marinaio a questo punto saluta il suo giovane e attonito ascoltatore invitandolo a pregare e spiegandogli che bisogna pregare non solo per gli uomini ma per qualsiasi cosa creata da Dio. Ecco emergere in questi versi lo spirito del Romanticismo che afferma che l'anima del mondo può essere trovata in ogni oggetto, in ogni cosa della natura e che tramite l'immaginazione è possibile stabilire con essa un legame.

Il marinaio lascia la scena in cerca di qualcun altro a cui raccontare la sua terribile avventura ed il giovane, dopo il

racconto di questa tragica esperienza, non sarà in più grado
di ricongiungersi con gli altri ospiti del matrimonio; egli non
potrà più partecipare tranquillamente ad un evento sociale
come il matrimonio, ma dovrà tornare a casa ed il giorno
dopo sarà più triste anche se più saggio:

> *Meglio prega colui che ama*
> *Tutte le cose, le piccole e le grandi,*
> *Ché il buon Dio che ci ama,*
> *Tutte le fece e tutte le ama.*

> *Il Marinaio dall'occhio fulminante,*
> *Dalla barba brinata dall'età,*
> *Fa la sua strada; ed adesso l'Invitato*
> *Volta le spalle all'uscio dello Sposo.*

> *Andava come colui che per un colpo*
> *In testa brancoli fuor di sentimento;*
> *L'indomani mattina si levò*
> *Più triste e più saggio.*

La visione del mondo che Coleridge esprime in questo poema
è moralmente significativa soltanto se la si inquadra
nell'ambito dell'universo da incubo creato dalle umane paure.
In realtà il poema è come un incubo. Ma un incubo
volontario, creato proprio dalla volontà dell'uomo. Quello che
ci viene presentato è l'esperienza particolare di una sorta di
caduta morale e di una successiva rigenerazione e, leggendo
il poema per intero e con attenzione, il lettore è costretto a
condividere quella terribile esperienza come il giovane
invitato al matrimonio.

Di fronte alla complessità di questo poema alcuni
critici hanno asserito che lo stesso è privo di significato, che il
poema è pura fantasia, che è un racconto di mistero e di
immaginazione che non simboleggia nulla. In realtà il poema
presenta drammaticamente alcuni eventi e questi eventi
hanno un importante conseguenza morale. Coleridge scrisse
che per poter comprendere questa, come ogni altra sua
poesia, bisogna accettare *"una volontaria sospensione
dell'incredulità"*, senza questo atteggiamento il poema non

può essere capito. Come riferimenti simbolici, non vi è dubbio che il *Vecchio Marinaio* porti tracce di due figure bibliche tradizionali e tragiche: Caino e l'Ebreo errante. Sotto il profilo dello stile si osserva che lo sforzo fatto dal poeta sia stato quello di scrivere qualcosa che fosse simile ad un'antica ballata; per questo egli usa uno spelling pseudo antico, alcuni arcaismi del vocabolario, ed alcune parole desuete.

Nell'*Antico Marinaio* vi è una continua alternanza di scene che si svolgono tra il momento presente ed il passato. La terra ferma, dove si svolge l'incontro del vecchio marinaio con il giovane invitato alle nozze, rappresenta il presente e l'immenso mare e la nave con le sue traversie rappresentano il passato, vissuto come un incubo ma che in qualche modo rappresentano anche il futuro, attraverso la condanna che vedrà il vecchio marinaio costretto a ripetere in eterno la sua storia. Quella storia rappresenta una sorta di rappresenta- zione allucinata del ciclo della vita, con l'unione (il matrimonio), la nascita (la partenza della nave), la navigazione (la vita), il peccato (l'uccisione dell'albatros), la penitenza (la morte degli altri marinai e l'isolamento del vecchio marinaio), il pentimento (la benedizione dei serpenti marini) ed infine l'assoluzione (il ritorno a casa del marinaio). Ma la colpa resterà ed il marinaio dovrà continuare ad espiare raccontando in continuazione la sua storia affinché altri non commettano lo stesso peccato. L'alternanza quindi tra il presente ed il passato, sopra accennata, rappresenta la continuità della vita il passato che si proietta sul presente ed anche sul futuro. Noi siamo il risultato delle nostre azioni, sembra voler affermare il vecchio marinaio, e tu giovane apprendi da me, vecchio, le mie esperienze affinché tu ne possa trovare giovamento nella tua vita. Coleridge concluderà la sua poesia affermando che il giovane *L'indomani mattina si levò / Più triste e più saggio*.

Questa poesia, che apre la raccolta delle *Ballate Liriche*, risponde in pieno al compito che si era dato Coleridge, ovvero un'esplorazione del sovrannaturale, dell'inspiegabile, sia pure visto con gli occhi di un essere mortale, quelli del vecchio marinaio che, dopo aver superato questa terribile esperienza, acquisteranno una facoltà in più:

diventeranno *"scintillanti"* e saranno in grado con il loro sguardo di fermare qualsiasi altro essere umano costringendolo ad ascoltare la terribile avventura del vecchio marinaio. Per quanto immaginifico, fantasioso, inverosimile possa apparire questo poema, lo stesso ha tuttavia una sua concreta dose di realismo artistico, di cui si fece interprete il Dorè attraverso una serie di tavole rappresentative di quella storia.

Coleridge, che era profondamente e con convinzione un cristiano credente, meditava da tempo, nonostante la sua giovane età, di scrivere un poema sulle origini del male, sulle peregrinazioni di Caino ed in aggiunta egli rifletteva continuamente sull'importanza dell'unicità della vita, un'esperienza irripetibile che il male tende a distruggere. Secondo il suo pensiero quindi la giustizia poetica deve essere in grado di riscattare il male, con una penitenza che insegni al peccatore il rispetto per tutti gli esseri viventi e, una volta ottenuto questo risultato, la penitenza deve continuare con l'obbligo di andare in giro a raccontare ad altri la propria terribile esperienza affinché altri non commettano lo stesso peccato. Per Coleridge il rispetto della vita andava oltre, la vita non era soltanto un fatto biologico esistente in un piccolo pianeta in un universo infinito, per lui, animato da una sincera e convinta religiosità, era anche e soprattutto il riflesso del Dio creatore di ogni cosa.

L'Antico Marinaio non è né una favola allegorica né un poema simbolico. Le persistenti allusioni religiose e morali contenute, sia nel testo che nelle note che Coleridge aggiunse nelle edizioni successive per aiutare i confusi lettori della prima edizione, ci invitano a considerare l'esperienza del Marinaio come un esempio dello schema cristiano dell'errore morale, della disciplina della sofferenza che ne consegue e del conseguente cambiamento di atteggiamento. Il viaggio diventa allora sia letterario che spirituale: ed inoltre è un viaggio circolare in cui si parte e si ritorna nello stesso punto. La narrativa è inquadrata in una sorta di sacramento cristiano che si concretizza nella celebrazione del matrimonio. Il marinaio sceglie proprio un invitato a quel matrimonio, un giovane parente degli sposi che, come suggerisce l'istinto del marinaio, ha bisogno di essere istruito in merito al pieno significato dell'amore e dell'unione; questo è lo scopo del racconto che il Marinaio procede a raccontare. Possiamo definire questo poema come un poema "gotico" se diamo a questa espressione la definizione data da Mario Praz, e cioè: "il tema principale delle storie gotiche è un'ansietà che non ha possibilità di fuga". Non è un caso che Mary Shelley, nel suo *Frankenstein* citi questo poema due volte.

Primo Levi scriverà una struggente poesia sulla sua esperienza dei campi di sterminio, iniziando proprio con una strofa tratta da questo poema[104] e Borges lo ricorderà come uno degli elementi fondanti ed importanti per qualsiasi scrittore moderno.

È inoltre necessario ricordare che per gli inglesi il marinaio, o più genericamente il mare e le navi, hanno un significato molto più profondo e sentito di quanto non sia per noi. Infatti questi simboli fanno parte di un'orgogliosa tradizione nazionale che risale all'espansione marittima inglese del 16° e 17° secolo e che portò alla realizzazione del grande impero britannico.

È necessario anche ricordare che quando scrisse questa poesia Coleridge non aveva nessuna esperienza di navigazione, e che soltanto sei mesi dopo che questo poema venne composto Coleridge, per la prima volta, fece una breve navigazione su un bastimento a vela da Yarmouth, nella costa Est dell'Inghilterra nel Norfolk, fino a Cuxhaven in Germania, un percorso di circa 260 miglia marine. Ma lui aveva già saputo creare con la sua immaginazione l'atmosfera giusta. Alcuni anni dopo, nel 1803, Coleridge, nel desiderio di curarsi dalla dipendenza dall'oppio e di guadagnare dei soldi, si recò a Malta dove avrebbe rivestito un incarico governativo. Egli si imbarcò a Portsmouth nell'Aprile del 1803 a bordo dello *Speedwell*. In quel periodo era in corso un'ampia contesa Franco-Inglese sul Mediterraneo e Malta era stata da poco liberata dall'occupazione Francese, ma diventerà possedimento inglese soltanto

---

[104] Luigi Giannitrapani – *Il Romanticismo dopo Auschwitz*, 2009

nel 1814, dopo il Congresso di Vienna. La navigazione da Londra a Malta durò quaranta giorni e per molti tratti fu penosa per Coleridge. Quella esperienza gli fornì tuttavia lo spunto per alcune modifiche alla *Ballata del Vecchio Marinaio*, tratte proprio dalla sua esperienza diretta della navigazione. Una di queste modifiche riguarda la descrizione della scia lasciata dalla nave. Nel testo originale infatti vi è un passaggio che dice:

> *La brezza soffiava, la bianca spuma volava*
> *E la scia seguiva libera...*

Osservando la scia lasciata dallo *Speedwell*, Coleridge si accorse che qualcosa non andava in quelle rime e le riscrisse così:

> *La brezza gentile soffiava, la spuma bianca volava*
> *E la scia fluiva libera...*

E in un appunto scrisse:

> Ero da poco a bordo della nave e mi accorsi che la versione originale dava un'immagine come vista da uno spettatore dalla costa. Da bordo della nave infatti l'onda appare come un fiume che corre via dalla poppa.[105]

Coleridge si fermò a Malta circa sedici mesi e nel Settembre del 1805 ritornò in Inghilterra. All'inizio, per evitare il penoso viaggio per mare, decise di tornare via terra. Andò quindi in Sicilia, da lì a Napoli, dove lo raggiunse la notizia della vittoria di Trafalgar e della morte di Nelson, e poi a Roma. Qui pensava di fermarsi pochi giorni, ma invece vi rimase oltre quattro mesi frequentando assiduamente il Caffè Greco ritrovo di artisti e di Inglesi. Poi si recò a Firenze e finalmente abbandonando l'idea del ritorno via terra, per le

---

[105] Sultana, Donald – *Samuel Taylor Coleridge in Malta and Italy* – Basil Blackwell Oxford, 1969

difficoltà politiche del momento, si imbarcò, il 23 Giugno del 1806 a Livorno sul *Gosport*, per un lungo viaggio di ritorno. Il viaggio durò cinquantacinque giorni e fu ancora più penoso di quello dell'andata. Durante quel viaggio la sua nave venne anche abbordata da una nave pirata spagnola, ma il Comandante riuscì a trattare la loro libertà, tuttavia molte delle carte ufficiali e molti dei quaderni di appunti di Coleridge finirono in mare. Al suo rientro in patria Coleridge era ancora più depresso di quanto non fosse alla partenza, senza soldi ed avendo perso buona parte dei suoi scritti.

Kubla Khan

A differenza del *Vecchio Marinaio*, *Kubla Khan* non è una poesia che racconti di un viaggio, ma è piuttosto una poesia che sembra essere il risultato di un viaggio. Non un viaggio fisico ma un viaggio mentale, onirico, un sogno. Così almeno racconta Coleridge in una sua nota allegata alla prima edizione pubblicata nel 1816. Probabilmente composto nella seconda metà del 1797, il poema venne pubblicato soltanto diciannove anni più tardi e dietro insistenza e pressione di Lord Byron nei confronti del proprio editore John Murray. In quella nota Coleridge scrisse che, nell'estate del 1786, si era ritirato, non in buona salute, in una casa in campagna al confine tra il Somerset ed il Devonshire. Un giorno, sentendosi particolarmente male, prese due grani di oppio per curare una dissenteria (una strana cura!) e cadde in un profondo sonno. Prima di addormentarsi stava leggendo *I Pellegrinaggi* di William Purchas.[106] In quel libro, riprendendo i racconti dei viaggi di Marco Polo tratti dal *Milione*, si racconta che Kubla Khan, l'imperatore cinese che venne reso noto al Mondo Occidentale proprio da Marco Polo, ordinò di costruire a Xanadu,[107] la capitale del suo impero, un

---

[106] Samuel Purchas (1575 –1626) è stato un religioso ed uno scrittore inglese.

[107] Xanadu è un'antica città mongola situata a nord di Pechino, che fu visitata da Marco Polo nel 1275 e, dopo il racconto delle sue magnificenze, divenne sinonimo degli splendori orientali.

padiglione circondato da un grande giardino dell'ampiezza di dieci miglia e circoscritto da una cinta muraria. Coleridge racconta che il suo sonno durò circa tre ore ed in quel sonno egli sognò di essere in grado di scrivere un lungo poema, di circa due o trecento versi, ispirato da ciò che stava leggendo prima di addormentarsi. Svegliatosi si precipitò al tavolo da lavoro ed iniziò a scrivere quel poema. Poco dopo venne però interrotto da un inatteso visitatore che lo tenne occupato per circa un'ora. Dopo questa visita, ripreso il lavoro, Coleridge scrisse:

> Scopersi, con non piccola sorpresa e mortificazione, che sebbene ricordassi in modo vago la forma generale della visione, tutto il rimanente, tranne otto o dieci righe isolate, era sparito come le immagini sulla superficie di un fiume nel quale si getta una pietra, ma, ahimè, senza la successiva ricostituzione di quelle.

Secondo quanto scritto da Coleridge in questa nota quello di cui noi disponiamo sarebbe quindi soltanto una piccola parte, un frammento, cinquantaquattro versi, di un poema virtualmente più lungo. Molti critici hanno tuttavia messo in dubbio questa versione dei fatti fornita dall'autore, ritenendo invece che questa storia sia stata inventata di sana pianta da Coleridge per accrescere l'interesse su questo enigmatico poema. Nella stessa nota Coleridge definisce questa poesia come una *curiosità psicologica*, ed in realtà ad un suo attento esame questa sembra essere un'indagine complessa e profonda sulla psicologia e la creatività, centrata su due temi principali: il genio creativo del poeta e la nostalgia del paradiso perduto.

Prima della pubblicazione Coleridge amava recitare questa poesia ai suoi amici intellettuali che lo ascoltavano incantati. Charles Lamb scrisse che le sue parole portavano la luce del cielo e la felicità dei campi elisi nel suo salotto. Fu così che Byron ne venne a conoscenza. Molti amici sconsigliarono all'autore la pubblicazione di questa poesia poiché temevano che stampata, e non recitata dall'autore, la

stessa avrebbe perso molto del suo fascino. Questo puntualmente avvenne e l'opera venne stroncata dalla critica. Lo
stesso William Hazlitt, che come è stato detto era amico ed
ammirava Coleridge, scrisse "Kubla Khan dimostra come
Coleridge possa scrivere dei versi senza senso meglio di
chiunque altro in Inghilterra".

È difficile sapere quale sia la verità e se questo testo
sia soltanto un frammento o no. In realtà ad un esame
attento le qualità formali del poema, le rime, la metrica, le
allitterazioni, le allusioni e le metafore, così come la sua
irresistibile impenetrabilità, sembrano il frutto di un lavoro
attentamente costruito e probabilmente completo.

Il poema può essere diviso in due sezioni principali. La prima
parte è una visione – la descrizione del padiglione fatto
costruire da Kubla Khan, del suo grande giardino e della
natura intorno ad esso ed è articolato in tre stanze o strofe di
diversa lunghezza. La seconda parte è un lungo ed unico
movimento lirico che sembra voler esprimere il desiderio del
poeta di poter ricreare quella visione, che sembra essere
svanita, ascoltando una giovane vergine Abissina che suona
il dulcimero.[108] L'azione quindi parte in Asia e si sposta in
Africa e questo ha fatto dire a molti studiosi che, secondo
molte leggende, in entrambe queste aree avrebbe potuto
essere posto il paradiso terrestre. Naturalmente per Coleridge, in quanto poeta romantico, questi sono posti dell'immaginazione, metafore e non luoghi reali.

Nel testo di questa poesia le rime e la metrica variano
e cambia anche la lunghezza dei versi, quindi questa è quella
che potrebbe definirsi un'Ode irregolare. Se letta ad alta
voce, nella versione in inglese, gli accenti, la cadenza
giambica e l'assonanza delle rime costringono ogni lettore a
leggerla in modo molto simile e la rendono ineguagliabile.

---

[108] Il Dulcimero o Salterio è uno strumento musicale, di origine orientale,
a corde pizzicate o percosse anche se non è raro trovare musicisti che lo
suonano con l'archetto come negli archi. Il dulcimero è spesso usato nella
musica popolare irlandese e rumena.

Tutto questo purtroppo si perde nella traduzione o nella lettura silenziosa.

La prima stanza ci racconta della costruzione di un padiglione del piacere:

> *A Xanadu volle Kubla Khan*
> *Che un grande padiglione del piacere si costruisse;*
> *Dove Alph, il sacro fiume, scorre*
> *Attraverso caverne immisurabili per l'uomo*
> *Giù verso un mare senza sole.*
> *Così, dieci miglia di fertile terreno*
> *Con mura e torri vennero recinte:*
> *E furono giardini scintillanti di ruscelli*
> *Dove fiorivano alberi d'incenso,*
> *E foreste, antiche come le colline,*
> *Circondanti assolati prati verdi.*

La prima osservazione da fare riguarda la natura della costruzione, un padiglione del piacere, non un vero palazzo. Questa costruzione potrebbe sembrare strana, ma in realtà nel tempo, talvolta, i ricchi signori realizzavano questi edifici che non avevano altro scopo se non quello di essere zone riservate allo svago, al piacere. In Italia ne abbiamo alcuni esempi come il Palazzo Schifanoia a Ferrara, eretto da Alberto V d'Este nel 1385 o la Zisa a Palermo iniziata nel 1165, sotto il regno di Guglielmo I, detto "Il Malo" (1131-1166), e completata dal suo successore Guglielmo II, detto "Il Buono" (1172-1184). Una tale costruzione richiama alla mente immagini sensuali, voluttuose, ma la descrizione del giardino richiama anche in qualche modo l'immagine di una sorta di paradiso terrestre, anche se Coleridge non usa questo termine se non alla fine. In questo brano vi è inoltre un riferimento esplicito al *Paradiso Perduto* di Milton. In quell'opera infatti, nel Libro XI, l'arcangelo Michele porta Adamo nel punto più alto del Paradiso e gli mostra il panorama del mondo indicandogli un posto che Milton chiama Cambulù dove è la sede del Cathaian Can (il Can Cinese):

Gittar, dovunque fossero, lo sguardo;
E le sedi veder de' grandi imperi
Dalla immane muraglia, onde Cambulù,
Reggia al Kan di Catajo

Xanadu quindi come Eden e il Khan come creatore? Il padiglione del piacere un simbolo della terra? In esso, si procrea e quindi si tramanda la razza? Alcuni studiosi hanno indicato quel padiglione come un simbolo dei desideri sensuali repressi di Coleridge. In questo panorama ecco che irrompe il sacro fiume Alph, che scorre in caverne non misurabili dagli uomini. Questo fiume è una pura invenzione di Coleridge, in quanto non appare nel libro di Purchas[109] e con il quale probabilmente il poeta intende alludere al Nilo, il sacro fiume per eccellenza, ma il nome richiama anche al mito di Alfeo che, per rincorrere la ninfa Aretusa, si inabissa sotto il mare in Grecia e riemerge, dopo molte miglia, a Siracusa in Sicilia, mito raccontato da Ovidio nel libro V° delle Metamorfosi e ricordato anche in altri due poemi sempre di Milton.[110] Ma Alph è anche un esplicito richiamo alla prima lettera dell'alfabeto greco e quindi al classico Alfa ed Omega (la prima e l'ultima lettera) ed è così che viene chiamato Cristo nel *Libro delle Rivelazioni*:

È compiuto!
Io son l'Alfa e l'Omega,
Il Principio e la Fine.[111]

Ma vi è molto di più, il fiume infatti, interpretato come un simbolo di fertilità, suggerisce la sessualità maschile mentre le caverne nel quale scorre simboleggiano gli organi sessuali

---

[109] Marco Polo – *Il Milione* – Giulio Einaudi editore, 1954. In realtà nel *Milione*, Marco Polo scrive che "all'interno del parco vi sono fontane, fiumi e ruscelli", ma non parla di un unico grande fiume.
[110] Anche Shelley fu attratto da questo mito romantico e scriverà una poesia intitolata *Arethusa*.
[111] Apocalisse 21-6, da La Bibbia,

femminili; questi versi quindi sembrano illustrare una grande allegoria sessuale. Ma poiché le caverne non sono misurabili dagli uomini queste possono anche essere considerate il simbolo della creatività dell'inconscio; in qualche modo Coleridge sembra voler introdurre anche la figura del poeta. È difficile giungere a delle conclusioni ed è quindi possibile, come sostengono alcuni critici, che Alph sia un nome coniato da Coleridge per trasmettere e cumulare, in una sola parola, molte emozioni.[112] È interessante notare la certamente voluta antitesi tra le dimensioni esatte del giardino, *"dieci miglia di fertile terreno"*, che è un artefatto dell'uomo, con le caverne *"immisurabili dagli uomini"*. Questa diversa ed inconfortabile dimensione sembra voler alludere alla potenza incontrollabile della natura, che l'uomo non può certamente né misurare né eguagliare. Ma vi sono anche alcune contraddizioni: il paradiso non può essere costruito dall'uomo e certamente un paradiso artificiale non può essere considerato un vero paradiso dal poeta romantico che vede, nella riunione con la natura, l'unica vera possibilità di riguadagnare la felicità perduta. Inoltre questo paradiso è recintato quasi a voler significare che il Khan intende escludere gran parte del popolo dal suo padiglione del piacere. Lui da una parte e tutti gli altri fuori dalle mura. Perché? Il mondo al di fuori è pericoloso, fa paura. E dove ci collochiamo noi lettori? Ed il poeta? Il paradiso di Kubla Khan, inoltre sembra non avere la presenza di alcun essere umano o animale, un posto quindi inanimato, desolato, privo di vera vita. Quel giardino ha certamente dei posti affascinanti pieni di odori e di luci ma, così come lo stesso inconscio, ha anche dei posti oscuri, misteriosi, spesso inaccessibili, inscrutabili. In questa prima strofa sembra quindi emergere il desiderio del poeta di trasmettere il fascino della sensualità, del mistero e della ricchezza orientale sognato, idealizzato con tutte le sue luci e le sue ombre.

---

[112] Maud Bodkin – *Archetypal Patterns in Poetry*, Oxford University Press, 1934.

La seconda strofa si apre con la descrizione di un baratro romantico, un *topos*, ma anche di nuovo un'allusione erotica e sessuale:

Oh! Ma quel romantico abisso che rompeva
Il verde del colle attraverso un bosco di cedri!
Luogo selvaggio! Così sacro ed incantato
Come non mai in una luna calante fu stregato
Da una donna gemente per il suo amante-demone!
E dall'abisso ribollendo con tumulto incessante,
Come se questa terra, in veloci e pesanti sospiri, respirasse,
A tratti un'impetuosa fonte era forzata:
Fra i cui scrosci, violenti e disuguali,
Enormi frammenti volteggiavano come rimbalzante grandine.
E tra queste danzanti rocce, ora e sempre
Il fiume sacro scaturiva a flutti.
Per cinque miglia serpeggiando con tortuoso moto
Per boschi e valli scorreva il fiume sacro,
Poi le caverne immisurabili all'uomo raggiungeva,
E in tumulto sprofondava in un oceano senza vita.
E fra questo tumulto Kubla udì da lontano
Voci ancestrali che annunciavano guerra!

Questi versi descrivono un posto allo stesso tempo "*sacro e incantato*", un'associazione pagana e cristiana. L'allusione erotica viene adesso esplicitamente enunciata con la donna che si lamenta ed il suo lamento può essere espressione del suo desiderio, del dolore, del rimorso o dell'orgasmo. L'immagine con l'invocazione dell'amante diabolico, rievoca la stregoneria (nel medioevo si credeva che le streghe si accoppiassero con il diavolo) e quindi forse vi è anche un'allusione al peccato originale. Poi l'esplosione della natura, delle acque, della forza creatrice, rigeneratrice, sessuale che sorge dal profondo della terra. Quello che segue è una sorta di momento estatico che, dopo il culmine dell'amplesso, diventa pigro, sazio quasi inerte. L'acqua che prima era piena di energia adesso si riversa in un oceano senza vita come l'immaginazione individuale del poeta muore, si annulla quando si mescola con quella collettiva, quando cioè il poeta diventa schiavo della società. Si possono inoltre evidenziare altre contraddizioni. Xanadu infatti era una città molto all'interno del continente asiatico e quindi il fiume che vi scorre per arrivare a gettarsi nel mare avrebbe dovuto percorrere migliaia di chilometri e quindi questo potrebbe essere un controsenso. Tuttavia, trascurando questo aspetto non rilevante e concedendo quindi una sorta di licenza poetica, è invece importante notare come l'immagine del mare che ci presenta Coleridge non sia un'immagine lieta. Infatti nella prima stanza si dice che Alph corre *"Giù verso un mare senza sole"* e nella seconda stanza si ribadisce il concetto scrivendo che lo stesso fiume *"Sprofondava in un oceano senza vita"*. Ecco dunque che l'immagine del mare è tetra, cupa, senza gioia. Questo può far parte, come già detto, del timore che il mare incuteva in Coleridge ma potrebbe anche essere una metafora più profonda. Se infatti il fiume che scorre può considerarsi come una sorta di simbolo della cultura, allora questo suo sprofondare in un mare oscuro potrebbe rappresentare una metafora dell'impoverimento della cultura con il trascorrere degli anni. Ovviamente non è possibile dare un'univoca interpretazione a questo passaggio poiché questo poema si apre ad una molteplicità di interpretazioni. Ma attenzione al distico finale, nel tumulto creato dal fiume il Khan sente delle voci ancestrali che gli profetizzano guerre future. Ecco che qui riemerge la storia. I Khan erano dei dittatori, amanti della guerra tramite la quale sottomettevano altri popoli con la forza. Quindi quel paradiso, artificialmente costruito, potrebbe anche essere perduto facilmente, conquistato da qualcuno più forte che arrivi da lontano. Così come l'Eden è il luogo dove si commette il peccato originale ed a seguito di questo venne perduto, sul Paradiso del Khan incombe la minaccia della sua possibile perdita o distruzione. Vi è in questi due versi una straordinaria contrazione del tempo, le voci ancestrali vengono dal passato, il Khan è nel presente e la profezia guarda al futuro. Quello che sembra qui essere in pericolo è sia il palazzo del Khan che la poesia di Coleridge. Questo dubbio emerge leggendo la breve terza strofa:

> *L'ombra del padiglione del piacere*
> *Fluttuava tra le onde,*
> *Dove si udiva un suono commisto*
> *Dalle caverne e dalle fonti.*
> *Era un miracolo di rara perizia,*
> *Un padiglione del piacere assolato con caverne di*
> *ghiaccio!*

In questi versi improvvisamente tutto quanto fino a questo momento dettagliatamente descritto diventa irreale. Il fiume e le caverne smisurate sono svanite e tutto appare come una visione instabile, fluttuante, in movimento. Del padiglione del piacere adesso vediamo l'ombra che galleggia sulle onde e dove si ascolta sia il rumore delle fontane che quello delle caverne in una simbiosi inquietante. Le parole del poeta ci trasportano in un luogo totalmente diverso, quasi in un sogno che riprende, appannandoli, i luoghi della realtà. Vi è anche una contrapposizione tra un artefatto "il padiglione" e un fenomeno naturale "le grotte" e con un paradosso: il sole che irradia il padiglione ed il ghiaccio che è nelle caverne. Questo mette un forte dubbio sulla realtà della visione e sul pericolo ambiguo che la stessa corre: dominerà il sole o il ghiaccio? Coleridge riesce ad esporre questi dubbi senza cedimenti, mantenendo ferma nella nostra mente, l'immagine da lui creata con i suoi versi. Subito dopo anche questa visione svanisce e, nell'ultima parte, viene sostituita da un'altra completamente diversa:

> *Una damigella col dulcimero*
> *Vidi una volta in una visione:*
> *Era una fanciulla Abissina*
> *E con il suo strumento lei suonava*
> *Cantando del Monte Abora.*
> *Oh, potessi entro me rivivere*
> *Il suo canto e l'armonia:*
> *Tale intensa delizia mi avvincerebbe,*
> *E su quella musica profonda e prolungata,*
> *Io costruirei nell'aria quel padiglione,*
> *Quel padiglione soleggiato! Quelle caverne di ghiaccio!*
> *E chi l'udisse li vedrebbe là*

E griderebbe: con i capelli al vento!
Fategli intorno un triplice cerchio,
Chiudete gli occhi con sacro terrore,
Perché di rugiada di miele si è nutrito
Ed ha bevuto il latte del Paradiso.

Ecco che adesso i versi del poeta trascinano il lettore dall'Asia all'Africa, e con essi Coleridge sembra voler stabilire una decisa contrapposizione tra l'oscura passione, e la violenza sessuale della donna gemente per il suo amante demone, e la fresca verginità della giovane fanciulla abissina che suona e canta sul monte Abora. Questo è un altro passaggio misterioso. Dove si trova infatti il Monte Abora? Molti critici hanno individuato un collegamento con il Monte Amara citato nel *Paradiso Perduto*:

> *Non il monte Amàra, ove i principi Abissini*
> *Conservano i loro figli, da molti considerato*
> *Il vero Paradiso, posto sotto la linea Etiope[113]*
> *Presso le fonti del Nilo, coronato da rocce cristalline*
> *Lontano un giorno di cammino.*
> (Paradiso Perduto IV, 280-284)

Se così fosse allora abbiamo, con una grande trasposizione poetica, un collegamento tra l'Asia e l'Africa. Come è noto uno dei luoghi in cui la leggenda colloca l'Eden sono proprio gli altopiani etiopici. Anche qui sgorga, come nella fantasia poetica di Coleridge, un fiume, questa volta reale, il Nilo il fiume sacro per eccellenza. Un importante critico letterario del secolo scorso, John Livingston Lowes, che ha scritto un'opera fondamentale su Coleridge,[114] sostiene che anche Milton avesse letto i *Pellegrinaggi* di Purchas, che come visto sopra in effetti parla delle colline di Amara. Purchas scrive che sul monte Amara vi sono due templi costruiti prima del regno della regina di Saba, uno in onore del Sole e l'altro in

---

[113] *"La linea Etiope"* equivale all'Equatore.
[114] John Livingston Lowes – *The Road to Xanadu* - Houghton Mifflin Co. 1927

onore della Luna e questi templi sono tra i più meravigliosi dell'Etiopia. Esiste poi in Abissinia una leggenda che, proprio sul monte Amara, i re abissini tenessero i propri figli in una sorta di prigione dorata. Questo monte è una sorta di altopiano con un perimetro di circa venti leghe, tutto circondato da alte mura ed al suo interno, oltre ai resti di lussuosi palazzi, vi sono grandi giardini e molti studiosi ritengono che esso fosse proprio la sede del Paradiso Terrestre. I fianchi sono scoscesi, e vi è da un lato, una sorgente d'acqua che crea numerosi ruscelli, che confluiscono in un lago, per poi scendere a valle. Per molto tempo si pensò che proprio qui fosse la sorgente del Nilo.

Potremmo continuare a lungo con queste divagazioni letterarie ma non aggiungeremmo alcun chiarimento al fitto mistero che circonda questi versi. È necessario però precisare che nel *Paradiso Perduto* il Monte Amara è osservato da Satana, prima di rientrare nel Paradiso per tentare Eva. Nella poesia di Coleridge, invece sul monte vi è una vergine che canta. Questa simbologia potrebbe dunque alludere alla purezza del poeta, il cantore, che alto sulla montagna guarda il mondo impazzito e canta, sia pure influenzato forse da una ispirazione che ha dei collegamenti con il maligno. Questa interpretazione è confermata dal fatto che improvvisamente il poema si volge in prima persona, adesso parla il poeta e la giovane abissina diventa quindi la sua musa. Il poeta con un'affermazione nostalgica ci dice che se egli fosse in grado di ricordare e di riprodurre il canto della giovane vergine allora questo gli consentirebbe, raggiungendo uno stato di estasi, di ricostruire con le sue parole, ma *"nell'aria"*, il padiglione del piacere creando quindi quel luogo con la sua vena poetica e con la sua immaginazione. Questo passaggio sembra dunque riflettere la delusione ed il rimpianto di Coleridge di non riuscire a ricordare meglio tutti i dettagli del suo sogno. Subito dopo il poeta da un lato si descrive come un folle, allucinato, con gli occhi lampeggianti ed i capelli al vento e dall'altro avverte gli altri di stare alla larga da lui, perché si è nutrito di rugiada di miele, il cibo degli dei che dona l'immortalità ed ha bevuto il latte del paradiso, simbolo di innocenza, purezza e verità, doti che la gente comune non apprezza.

Kubla Kahn, come si nota, è un poema che richiede al lettore di impegnarsi in una sorta di complessa interpretazione creativa. Il Kahn del titolo non ne è un protagonista, di lui se ne parla poco. Il poema è tutto una metafora. Ma vi è di più. Infatti la metafora, ovvero l'uso di una parola per richiamarne un'altra, ha un significato più profondo. La metafora è utilizzata dal poeta non solo per trasmettere un'immagine, ma anche e soprattutto per convogliare le emozioni, i sentimenti, la passione che egli collega con quella immagine. Il lettore attento, nel leggere la metafora, mette in moto la propria immaginazione e con essa ricrea, nella propria mente, proprio quelle emozioni, quei sentimenti, quella passione che il poeta ha voluto trasmettergli. La lettura diventa così non un punto di arrivo ma un punto di partenza per una nuova esplorazione soggettiva. In altre parole possiamo dire che un uso attento della metafora anima, rende viva, pulsante, l'immagine di riferimento

In conclusione possiamo dire che *Kubla Khan* è un tipico esempio dell'ideale romantico che esalta la soggettività, l'irrazionale, la spontaneità, il trascendente e l'immaginazione. Questa poesia inoltre può anche essere considerata come una celebrazione pagana della potenza creativa dell'universo che, nel momento estatico dell'ispirazione, viene condivisa dal poeta. Gli studiosi considerano *Kubla Khan* come il più incantevole e magico frammento poetico di tutta la letteratura inglese e tutti i grandi attori inglesi si sono cimentati nella sua recitazione drammatica. Wordsworth definirà Coleridge *"un epicureo del suono ed un abile tecnico del verso"*.

Vi è infine un aspetto un po' inquietante, forse soltanto una coincidenza, ma una di quelle coincidenze che quando capitano ci sconcertano e ci creano una certa inquietudine. Ce la racconta un altro grande scrittore, l'argentino Jorge Louis Borges (1899-1986), in un suo saggio intitolato per l'appunto *"Il Sogno di Coleridge"* e dedicato proprio a *Kubla Khan*. Ricordando che la probabile data di composizione del poema è il 1797, Borges scrive:

Venti anni dopo, apparve a Parigi, frammentariamente, la prima versione occidentale di una di quelle storie universali di cui è tanto ricca la letteratura persiana, il *Compendio di Storie* di Rashid ud-Din, che data dal secolo XIV. In una pagina vi si legge: "*Ad est di Shang-tu, Kublai Khan eresse un palazzo, secondo un piano che aveva visto in un sogno e che serbava nella memoria.*" Chi scrisse questo era visir di Ghazan Mahmud, che discendeva da Kublai. Un imperatore mogol, nel secolo XIII, sogna un palazzo e lo edifica conformemente alla visione; nel secolo XVIII, un poeta inglese che non poteva sapere che la fabbrica era nata da un sogno, sogna un poema sul palazzo.

Confrontate con questa simmetria, che opera con anime di uomini dormienti e abbraccia continenti e secoli, niente o ben poco sono, mi pare, le levitazioni, resurrezioni e apparizioni dei libri pietosi ... Il primo sogno aggiunse alla realtà un palazzo; il secondo, che avvenne cinque secoli dopo, un poema (o l'inizio di un poema) suggerito da un palazzo; la somiglianza dei sogni lascia intravedere un piano; il periodo enorme rivela un esecutore sovrumano.... Al primo sognatore fu concessa nella notte la visione del palazzo, che poi costruì; al secondo, che non seppe del sogno dell'altro, il poema sul palazzo. Se lo schema non viene meno, un lettore di Kubla Khan sognerà, una notte dalla quale ci separano i secoli, un marmo o una musica. Quell'uomo non saprà che altri due sognarono; forse la serie dei sogni non ha fine, forse la chiave sta nell'ultimo.[115]

Fantastico Borges!

---

[115] Jorge Louis Borges – *Tutte le Opere* – Arnoldo Mondadori, 1984

Il poeta Vittoriano Algernon Swinburne (1837-1909), che fu un ardente ammiratore di Coleridge, in un suo saggio scrive a proposito di Kubla Khan:

> Quando è stato detto che tali melodie non furono mai ascoltate, tali sogni mai sognati, tali discorsi mai detti, la cosa principale rimane non detta, e non dicibile. Vi è un fascino (in questa poesia) che può essere percepito soltanto in una silenziosa sottomissione dello stupore".[116]

Il già citato John L. Lowes nella prefazione del suo importante saggio che riguarda la genesi sia di *Kubla Khan* che del *Vecchio Marinaio*, scrive:

> Io tenterò soltanto di scoprire come, in questi due grandi poemi nati dal caos, l'immaginazione riesca ad inquadrare la bellezza.[117]

Questo credo possa essere il vero omaggio alla disordinata vena poetica di Coleridge.

Ho scritto in precedenza che Coleridge ha lasciato numerosi quaderni di appunti ma la grande estensione del pensiero filosofico di Coleridge, la sua incostanza ed il suo disordine, rendono un incubo cercare di scavare nei suoi appunti. Kathleen Hazel Coburn, (1905–1991) una studiosa canadese, ed uno dei massimi esperti di Coleridge, ha pubblicato numerosi studi e raccolte degli appunti di Coleridge ed ha definite il suo lavoro enormemente difficile simile a quello di colui che cerca di "annotare l'onniscienza".

Coleridge fu certamente uno dei più intelligenti, dotati e incostanti uomini della Letteratura Inglese di tutti i tempi. I suoi quaderni[118] sono pieni di splendide ed acute

---

[116] Algernon Charles Swinburne – *Essays and Studies* – Chatt & Windus, 1883
[117] John Livingstone Lowes – *The Road to Xanadu* – Houghton Mifflin Co. 1927.
[118] Che sono oggi raccolti in cinquanta grossi volumi.

intuizioni ed osservazioni e con molte idee ma nessuna di esse sviluppate fino in fondo, mai esposte coerentemente ma lasciate, nel più puro stile romantico, come frammenti incompiuti rovine di ciò che avrebbe potuto essere ma che non è mai stato. A differenza di Blake Coleridge è considerato un conservatore ed un difensore della stato e della chiesa, di cui fece marginalmente parte, ma egli fu anche un vero liberale ed un grande ammiratore della poesia di Blake. Dopo quel breve periodo, cinque anni, delle grandi composizioni poetiche Coleridge sembra perdere il suo interesse per la poesia ed indirizza le proprie riflessioni verso la filosofia e la psicologia. Nel 1801 scrive in una lettera a Thomas Poole che l'opera alla quale sta meditando, e che naturalmente non venne mai compiuta:

> ...Testimonierà che non mi sono formato un'opinione senza aver letto attentamente le opere dei miei predecessori, da Aristotele a Kant.[119]

Nel 1817, a quarantacinque anni, pubblicò un lungo saggio in due volumi dal titolo *Biografia Letteraria.*[120] Questo saggio inizia con una conversazione tra due amici e poi si sviluppa, attraverso ventidue capitoli, nei quali, ripercorrendo idealmente la propria vita, traccia un'articolata analisi della letteratura ed espone la sua teoria sulla poesia. In questa teoria si sostiene che la creatività poetica richiede la spontanea energia di tutte le forze del poeta in armonia tra di loro; inoltre il poeta deve essere capace di distaccarsi completamente dai propri sentimenti, annullandosi in quelle che Keats chiamò in seguito "le capacità negative". Questo era stato possibile per lui in passato, nel breve periodo della sua grande ispirazione poetica ma non fu più possibile dopo il 1802.

---

[119] Tratto da Coleridge – *Diari 1794-1819* – ed. Edoardo Zuccato, Pierluigi Lubrina Editore, 1991
[120] S. T. Coleridge – *Biographia Literaria* – ed. George Watson. Everyman's Library, 1991

Conclusione

I due poeti che abbiamo esaminato nelle pagine precedenti rappresentano gli esponenti più importanti della Prima Generazione dei poeti romantici. Essi possono quindi essere considerati come i creatori, gli iniziatori di un importante ed innovativo stile letterario destinato a rivoluzionare molti aspetti dello stile e dell'estetica non soltanto in campo letterario. Tuttavia, paradossalmente, gli stessi due poeti furono anche in qualche modo, con i loro comportamenti dell'età matura, gli affossatori di quello stile. Essi vissero a lungo, Wordsworth morirà a ottantanove anni e Coleridge a sessantadue. Vissero quindi molto rispetto alle aspettative di vita di quel periodo e soprattutto rispetto alla breve vita dei poeti della seconda generazione morti tutti, come vedremo, giovanissimi. In quella che possiamo definire la seconda parte della loro vita, quella della maturità, entrambi, ma Wordsworth in modo particolare, abbandoneranno i loro ardori ed entusiasmi giovanili per la Rivoluzione Francese e per i suoi ideali. Essi adeguarono la loro vita e le loro opere tarde ai valori borghesi tradizionali della società inglese. Il grande anglista Mario Praz, in un suo arguto saggio, definisce questo loro atteggiamento come "L'imborghesimento del Romanticismo".[121] Coleridge, come si è detto, accettò un modesto vitalizio dal re Giorgio IV e scrisse, influenzato dagli scritti del filosofo- politologo conservatore Edmund Burke (1729-1797), un'opera dal titolo *Sulla Costituzione della Chiesa e dello Stato*, in cui sostiene delle tesi conservatrici che sono all'opposto di quelle del Romanticismo. Wordsworth da giovane si era entusiasmato per la Rivoluzione Francese, giungendo sino al punto di recarsi in Francia per seguirne da vicino l'evoluzione e nel Preludio aveva scritto:

---

[121] Mario Praz – *Bellezza e Bizzarria* – a cura di Andrea Cane, Arnoldo Mondadori, 2002

> *L'Europa in quel tempo era pervasa da brividi di gioia,*
> *La Francia era al vertice delle ore dorate;*
> *L'umana natura sembrava nascere di nuovo.*
> (Libro 6° 339-41)

In età matura tuttavia egli cambierà drasticamente atteggiamento, ripudiando questi suoi pensieri giovanili ed adeguandosi senza pudore ai comportamenti più tradizionali della società inglese. Egli si impegnerà politicamente a favore di politici conservatori e giungerà ad accettare un incarico governativo di "distributore" di francobolli. Un noto critico in un suo studio scriverà con molta ironia: "La Francia della Rivoluzione Francese fu la sua amante, l'Inghilterra con la sua moralità, i suoi costumi, i suoi pregiudizi divenne sua moglie"[122].

Questo "tradimento" degli ideali dello spirito romantico verrà aspramente rimproverato dai poeti romantici della seconda generazione che, pur ammirando la poesia dei loro predecessori, ne condannarono questo voltafaccia. Byron schernirà Coleridge e Wordsworth nella prefazione del suo *Don Juan*, Keats chiamerà Wordsworth *"il sublime romantico egoista"* e Shelley, che pure fu un grande ammiratore della sua poesia, dedicherà a Wordsworth un sonetto di accusa che inizia così:

> *Poeta della Natura, tu che hai pianto sapendo*
> *Che le cose che passano non tornano più:*
> *L'infanzia e gioventù, l'amicizia, e la prima scintilla*
> *d'amore,*
> *Sono volati via come dolci sogni, lasciandoti il cordoglio.*

E poi termina con:

> *In onorata povertà la tua voce intrecciò*
> *Canzoni consacrate alla verità e libertà.*

---

[122] H. J. C. Grierson – *Milton and Wordsworth, Poets and Prophets, A Study of their Reactions to Political Events* – Cambridge University Press, 1937

Abbandonando queste, tu mi hai lasciato ad affliggermi,
Essendo così stato, e come se tu fossi morto.

Parole dure, senza appello che confermano un atteggiamento intransigente, molto diverso da parte dei poeti romantici della seconda generazione che, nella loro sia pur breve vita, resteranno invece fedeli proprio a quegli ideali a cui loro peraltro non ebbero modo, per una questione generazionale, di partecipare in prima persona, come invece accadde ai loro predecessori.

Capitolo Quarto

La seconda generazione

I tre poeti più importanti della Seconda Generazione dei Poeti Romantici furono senza dubbio George Lord Byron, Percy Bysshe Shelley e John Keats. Ognuno di loro lasciò un segno distintivo e duraturo nella Letteratura Inglese ed anche in quella mondiale nonostante che tutti e tre, a differenza dei loro predecessori della Prima Generazione, siano morti giovani: Byron a trentasei anni, Shelley a ventinove e Keats a venticinque.

Le loro vite furono molto diverse, mentre Byron e Shelley divennero amici e, per qualche tempo le loro vite si intrecciarono, Keats fu un solitario che visse la sua breve esistenza con molte difficoltà.

Commentare la poesia di questi poeti rappresenta per me sempre una grande gioia ed una forte emozione. Ciò è dovuto non soltanto alla consapevolezza della loro grandezza, che resiste immutata con il passare degli anni, ma soprattutto perché ogni volta che leggo le loro poesie vengo colto come da una sorta di estasi, che mi trasporta in un altro mondo, nel loro mondo, non certamente in quello reale in cui vissero, ma in quello creato dalla loro immaginazione poetica. Un grande critico, Helen Vender, ha scritto, a proposito di Keats:

> È stato un grande privilegio aver speso una parte della mia vita con le parole e i pensieri di Keats costantemente nella mia mente.[123]

---

[123] Helen Vendler - *The odes of John Keats* - Harvard University Press, 2001

Sottoscrivo pienamente questo pensiero estendendolo a tutti i poeti romantici.

Esaminare le opere di questi poeti pone tuttavia alcuni problemi, soprattutto quando queste si leggono tradotte in italiano. Infatti quando confronto una traduzione con l'originale provo, quasi sempre, un profondo senso di delusione. Ed allora, con molta umiltà e rispetto, tento ogni volta di fare una mia traduzione che sia, secondo il mio giudizio, la più fedele possibile a quello che ritengo sia stato lo spirito originario e le intuizioni del poeta. Ogni traduzione diventa allora una sofferenza ma anche una gioia. Questo problema era ben presente anche in Byron, come ci riferisce una sua ammiratrice Lady Blessington di cui parleremo in seguito. In un suo libro di memorie lei infatti racconta del suo incontro con Byron a Genova e, tra l'altro, scrive:

> La traduzione delle sue opere, nonostante che dovesse lusingare il suo amor proprio come autore, lo faceva sempre molto arrabbiare, perché considerava ogni traduzione un'ingiustizia resa al suo lavoro. Riteneva che fosse impossibile per il traduttore, che lui chiamava il traditore, capire e rendere correttamente l'originale, promettendo vendetta contro l'infelice traduttore. Dichiarava che ogni traduzione dei suoi poemi che aveva visto, ne distruggeva il senso, e che non poteva capire come i Francesi o gli Italiani, potessero ammirare i suoi lavori, come dicevano di fare.[124]

Spero quindi di non dover incorrere anch'io nella vendetta di Lord Byron!

I poeti della seconda generazione furono anch'essi dei grandi viaggiatori, pur se non nella stessa misura di Wordsworth, ed in parte fecero, Byron in particolare, dei viaggi certamente più comodi. In questa premessa esaminerò il rapporto tra

---

[124] Lady Blessington– *A Journal of the Conversation with Lord Byron* – Richard Bentley and Son, 1893

Byron e Shelley mentre Keats sarà esaminato più in dettaglio nella parte a lui dedicata.

Pur essendo quasi coetanei stranamente Byron e Shelley non si incontrarono mai in Inghilterra, ma si conobbero per la prima volta nel 1817 a Ginevra. Da giovanissimi infatti fecero dei percorsi di studio paralleli. Shelley frequentò le scuole medie e il liceo a Eaton e Byron a Harrow, due tra le più prestigiose scuole frequentate dai giovani delle famiglie aristocratiche e della buona borghesia inglese. Sia Byron che Shelley, a differenza di Wordsworth e Coleridge, provenivano infatti da famiglie aristocratiche. Byron divenne Lord all'età di nove anni ereditando il titolo di Barone di Rochdale alla morte di uno zio senza figli, mentre la famiglia di Shelley faceva parte di quella ricca nobiltà agricola (la cosiddetta "gentry"), che è stata mirabilmente descritta nei romanzi di Jane Austen. Dopo Harrow Byron andò al Trinity College di Cambridge, mentre Shelley si iscrisse all'University College di Oxford. Per entrambi il periodo universitario non fu esaltante. Shelley dopo poco più di un anno venne espulso dall'Università per aver scritto e pubblicato, insieme al suo amico Thomas Jefferson Hogg (1792–1862), un saggio intitolato *Della Necessità dell'Ateismo* (in quel tempo le Università sia di Oxford che di Cambridge erano saldamente sotto il rigido controllo della chiesa anglicana) e Byron alternò la frequenza universitaria con altri svaghi e numerose assenze.

Quando si incontrarono a Ginevra Byron aveva ventinove anni e Shelley venticinque ma tra di loro vi era una grande differenza. Byron infatti era già un poeta famoso e di successo, ammirato ed odiato, mentre Shelley era pressoché sconosciuto, infatti la maggior parte delle sue opere verranno pubblicate soltanto dopo la sua prematura morte. Byron era giunto a Ginevra a seguito del suo forzato esilio dall'Inghilterra causato da un insieme di scandali che la sua condotta aveva provocato (maltrattamenti alla moglie, debiti, accuse di incesto con la sorellastra). Shelley invece, accompagnato dalla compagna, la giovanissima Mary Godwin e dalla di lei sorellastra Claire Clairmont, si era recato là ufficialmente per motivi di salute. Egli infatti riteneva, a seguito di una diagnosi errata, di essere ammalato di tisi e di dover quindi morire presto. In realtà il vero motivo era un altro. Claire infatti, a Londra, aveva avuto una breve ma intensa relazione con Byron e, sapendo di essere incinta, aveva spinto Shelley e la sorellastra a recarsi con lei a Ginevra nel tentativo di riallacciare i rapporti con Byron. Questo piano non ebbe successo ma fu l'occasione per far nascere l'amicizia tra i due poeti. A Ginevra infatti i due giovani scrittori fecero lunghe passeggiate a cavallo, gite in barca a vela sul lago Lemano e soprattutto lunghissime ed approfondite discussioni essendo entrambi, nonostante la loro scarsa frequenza universitaria, dotati di un'ampia e profonda cultura. Anche in questo caso vi fu una reciproca influenza, ispirata anche dalla lettura delle opere dei loro predecessori. Byron detestava Wordsworth ed ammirava Coleridge, Shelley invece ammirava moltissimo Wordsworth (il poeta non l'uomo) ed insistette a lungo affinché anche Byron lo approfondisse. Come vedremo in seguito questo sforzo di Shelley ebbe un certo risultato sullo stile poetico di Byron. Certamente da questa amicizia nacque una sincera stima ed una profonda ammirazione reciproca. Come esempio vale la pena di ricordare un episodio accaduto durante la loro residenza a Pisa di qualche anno dopo. Una sera Byron diede da leggere a Shelley un suo manoscritto con l'abbozzo di un nuovo dramma dal titolo *Il Deformato Trasformato*. Dopo averlo letto Shelley espresse un giudizio non del tutto positivo. A questo punto Byron, senza pensarci un attimo, prese il manoscritto e lo gettò nelle fiamme del caminetto; Shelley si precipitò allora a recuperarlo pregando l'amico di rivederlo ma non di distruggerlo.[125]

Come detto questa amicizia durò tuttavia poco, Shelley infatti morirà cinque anni dopo, nel 1822, nel naufragio della sua barca a vela al largo della costa toscana e Byron morirà due anni dopo, nel 1824, a Missolungi, in Grecia, nel nobile tentativo di portare un concreto contributo

---

[125] Ernest J. Lovell (ed.) - *Medwin's Conversation with Lord Byron* - Princeton University Press,1966

ai patrioti greci nella loro lotta per l'indipendenza del loro paese dal dominio dell'Impero Ottomano. La storia dell'amicizia tra questi due poeti è quindi molto diversa da quella dell'amicizia tra Wordsworth e Coleridge, sia per le differenze dei caratteri, sia per le circostanze delle loro vite, sia per il diverso periodo storico in cui vissero. Allo scoppio della Rivoluzione Francese Wordsworth e Coleridge erano dei giovani mentre Byron aveva un anno e Shelley non era ancora nato. Nonostante questa circostanza, quell'evento politico segnò profondamente le coscienze sia di Byron che di Shelley ed entrambi, a differenza di Wordsworth e di Coleridge, rimasero fedeli a quegli ideali per tutta la durata delle loro breve vite.

Per molti critici il rapporto tra Byron e Shelley era caratterizzato da un "antagonismo filosofico ed estetico". Le loro opere divennero, almeno fino al 1821, parte di un continuo dialogo in cui Shelley sosteneva il suo "migliorismo"[126] mentre Byron manteneva un atteggiamento di negazione scettica in merito alle capacità realizzative dell'immaginazione. Un esempio di questo dibattito sarà descritto nella poesia di Shelley *Julian e Maddalo*, che esamineremo in seguito.

Byron amava viaggiare sfarzosamente. Nei suoi spostamenti a terra disponeva sempre di quattro o cinque carrozze che trasportavano oltre ai suoi bagagli, la servitù, le sue armi e soprattutto i suoi numerosi cani da cui non si separava mai; ma soprattutto egli amava i viaggi per mare. Shelley invece viaggiava in modo più modesto, spesso a piedi, quando le sue scarse finanze non gli permettevano un trasporto più comodo. Mary Shelley in un suo diario racconterà, a proposito di un viaggio da loro fatto in Francia e Svizzera:

---

[126] Il "migliorismo" è definito nella Enciclopedia Treccani come "Il linguaggio filosofico, concezione del mondo tesa a sottolineare gli aspetti positivi ed evolutivi insiti nella realtà, ponendo quindi l'accento sulle possibilità di miglioramento e di trasformazione delle condizioni ambientali e sociali, sottolineando il ruolo dell'impegno e del rischio individuale."

> Noi decidemmo di andare a piedi attraverso la
> Francia, ma io ero troppo debole per camminare a
> lungo, e lo stesso mia sorella, così decidemmo di
> comprare un asino che portasse i nostri bagagli ed
> uno di noi a turno.[127]

Anche loro furono naturalmente dei grandi viaggiatori
mentali, ed anche per loro il contatto con la natura, anche se
meno intimo di quello di Wordsworth, non fu meno intenso
ed emotivamente coinvolgente.

Tra i poeti romantici della prima e della seconda
generazione vi sono molte e profonde differenze di stile e di
contenuti il cui esame esula dagli scopi di questo saggio, ma
desidero metterne in evidenza una che ritengo molto
importante. Nel precedente capitolo ho accennato alla grande
influenza che ebbe la cultura tedesca sulla poesia sia di
Wordsworth che di Coleridge. Entrambi si recarono per
qualche tempo in Germania proprio per studiarne i filosofi e
gli scrittori. Byron e Shelley guardarono invece più al sole del
Mediterraneo e alle fonti del pensiero e della cultura Classica. In conseguenza la loro è una poesia che potremmo
definire più aperta, solare, di ampio respiro, rispetto a quella
dei loro predecessori. Per un imprevedibile evento del
destino, entrambi moriranno proprio nei paesi che dettero
vita a quella cultura da loro tanto ammirata.

Entrambi inoltre furono attratti dal fascino
dell'Oriente che descrissero in alcune loro opere. Infine
un'ultima annotazione: abbiamo visto come sia nel *Preludio*
di Wordsworth che nella *Ballata del Vecchio Marinaio* di
Coleridge, inizi ad emergere un genere letterario un po'
diverso sia dalla poesia tradizionale che dal romanzo, ovvero
la forma del racconto in versi: la poesia racconta una storia.
Con Byron e Shelley, e in parte anche con Keats, questa

---

[127] Mary Shelley - *History of a six weeks' tour through a part of France,
Switzerland, Germany and Holland: with letters descriptive of a sail round
the Lake of Geneva, and of the glaciers of Chamouni* – T. Hookman, jun.
and C. and J. Ollier, 1817

forma si svilupperà e si consoliderà, riallacciandosi allo stile delle ballate dei menestrelli delle corti medioevali.[128]

George Lord Byron

Byron (1788–1824) fu un personaggio importante, un protagonista della vita culturale e mondana, amato e odiato, ammirato e contrastato, costretto all'esilio dai suoi numerosi scandali e dai suoi creditori ma fu anche un grande poeta che, con le sue opere, riscosse un grande successo sia in Inghilterra che nel resto d'Europa. Pochi poeti attrassero in eguale misura sia aspre condanne, letterarie e morali, che lodi ed ammirazione. Byron era brillante, controverso, iconoclasta e nemico acerrimo delle convenzioni e dell'ipocrisia. "Pazzo, cattivo e pericoloso da conoscere" questo il supremo epitaffio a lui assegnato da Lady Caroline Lamb, una delle sue più appassionate e scandalose amanti, moglie di Lord Melbourne, un politico importante e molto noto. Ed alcuni anni dopo la già citata Lady Blessington scrisse nelle sue memorie che Byron era "la più straordinaria e terrificante persona" da lei mai incontrata.[129] Da queste memorie la figura di Byron che ne emerge è tuttavia molto diversa da quella che i suoi detrattori volevano affermare. Infatti Lady Blessington ci restituisce l'immagine di un Byron generoso e quindi amato dai molti che lui aiutava, anche finanziariamente, e che a Genova conduceva una vita ritirata, senza eccessi e senza scandali, nella sua villa di Albaro dove risiedeva con Teresa Gamba, l'ultimo dei suoi numerosi amori.

Spesso Byron viene, a torto, considerato un poeta ironico, cinico, effimero, più attento alla propria immagine

---

[128] Hermann Fischer - *Romantic Verse Narrative* - Cambridge University Press,1991

[129] Lady Blessington– *A Journal of the Conversation with Lord Byron* – Richard Bentley and Son, 1893

che ai propri sentimenti. Ma questa è una valutazione errata e superficiale. Ad una lettura attenta egli si rivela invece come un poeta di grande spessore, di grande profondità di pensiero e stranamente, viste le vicende della sua tumultuosa e peccaminosa vita privata, la sua poesia contiene spesso una sorta di profonda moralità Cristiana unita ad un senso di rispetto per la Storia e, come tutti gli altri poeti Romantici, per la Natura.

Egli fu il più carismatico ed influente di tutti i poeti Romantici e, grazie alla sua notorietà, dette un contributo fondamentale alla definizione della natura del Romanticismo in tutta l'Europa. Fu ammirato e lodato forse più negli altri paesi europei che non a Londra. Giuseppe Mazzini, durante il periodo del suo esilio londinese, scrisse un articolo elogiativo su Byron che riteneva superiore sia a Wordsworth che a Coleridge; ma quell'articolo venne bloccato per alcuni mesi perché il direttore della rivista, rispecchiando l'opinione pubblica corrente di allora, aveva manifestato forti riserve di natura morale, essendo notoriamente Byron un libertino ed un rivoluzionario. Anche Goethe, Stendhal, e Madame De Staëel, che Byron frequentò durante il suo soggiorno a Ginevra, furono suoi ammiratori.

Byron si schierò apertamente contro la formale ipocrisia della buona società londinese da lui frequentata negli anni di maggior successo. Rispondendo ad una domanda in merito a quali fossero i motivi e lo scopo della sua scrittura, nella quale vengono spesso rappresentati scene di vizi e di follia, egli rispose:

> Per rimuovere il manto che gli usi e le maniere della società gettano sopra questi peccati segreti, e mostrarli quindi al mondo come essi realmente sono.

La forza della sua personalità ed il conseguente carisma, furono un fattore determinante per il suo successo. Egli è stato la prima vera celebrità nel mondo della letteratura. Sotto il profilo sia della poesia, che della personalità, Byron era l'opposto di Wordsworth che fu sempre rispettoso della gerarchia e delle regole sociali. Byron invece amava sfidare le convenzioni e creava intorno a se, spesso ad arte, un'atmosfera di scandalo che affascinava ed attraeva soprattutto le donne.

Alcuni critici affermano che in realtà Byron non fu un vero poeta romantico ma piuttosto una sorta di compromesso, o forse di mediatore, tra il periodo neo-classico, ovvero quell'epoca che precedette il romanticismo, ed il romanticismo stesso. Non per nulla Byron fu un ardente ammiratore di Alexander Pope (1646-1717) che di quell'epoca neoclassica fu il poeta più importante. Tuttavia, attenendoci al nostro tema, è importante notare che se vi fu uno scrittore la cui opera è tutta pervasa dallo spirito del viaggio, dell'avventura, della sfida nei confronti dell'ignoto e dello sconosciuto questi fu certamente George Lord Byron. Mario Praz scriverà: "Non si può scrivere un romanzo più romanzesco della vita di Byron".[130]

Per Byron il viaggio non era soltanto un'avventura o una ricerca ma, piuttosto, l'essenza stessa della sua vita sin da ragazzo. Egli era figlio e nipote di Ufficiali della Royal Navy, con un padre ubriacone e donnaiolo soprannominato Mad Jack (Giacomo il Pazzo) che sposò Caterina, la madre di Byron, in seconde nozze. Byron sentì nel mare l'essenza vitale necessaria per vivere e per creare; il mare penetra con i suoi misteri, le sue turbolenze, i suoi odori in gran parte della poesia Byroniana. Quello che per Wordsworth furono la campagna, i prati, i monti per Byron fu il mare, le onde ed il vento. Il suo spirito, la sua curiosità intellettuale e materiale, lo portarono a fare, nella sua pur breve esistenza, alcuni lunghi e faticosi viaggi nonostante le difficoltà che il viaggiare presentava a quei tempi. Ma, come detto, i suoi non furono i viaggi a piedi dei Romantici della prima generazione. Un po' per la sua posizione sociale, un po' per la disponibilità

---

[130] Mario Praz – *La Fortuna di Byron in Inghilterra* – Editrice La Voce, 1925

di denaro,[131] lasciatogli dallo zio insieme al titolo di Lord, ed anche grazie ai debiti che spesso egli faceva, Byron usava viaggiare con tutti i comfort e le comodità. Egli si fece costruire in Francia una carrozza simile a quella di Napoleone, trainata da una doppia pariglia di cavalli che all'interno conteneva un lettino, una libreria, un forziere ed un servizio da tavola di porcellana; sulle portiere figurava il blasone dei Byron.

La libertà di vagare Byron la dimostra sin dalle sue prime poesie:

> *Vorrei, se fossi un ragazzo incurante,*
> *Risiedere ancora nella mia grotta montana,[132]*
> *O vagare attraverso l'oscura selva,*
> *O dirigermi verso la scura onda azzurra;*
> *L'ingombrante pompa dell'orgoglio Sassone*
> *Non si accorda con l'anima nata libera,*
> *Che ama il versante a picco delle montagne,*
> *A cercar le rocce dove frange il maroso.*
>
> *Fortuna! Riprenditi queste terre acculturate,*
> *Riprenditi questo nome dallo splendido suono!*
> *Odio il tocco di mani servili,*
> *Odio gli schiavi che si inchinano.*
> *Ponetemi tra le amate rocce,*
> *Che rispondono al selvaggio ruggito dell'Oceano;*
> *Non chiedo che questo – ancora di andare*
> *Attraverso le scene che la mia gioventù ha già*
> *conosciuto.[133]*

In queste rime vi è una sorta di spontaneità giovanile, non ancora influenzata dall'esperienza; un ardore sincero, il

---

[131] Lo zio morendo gli aveva lasciato alcune proprietà tra cui la malandata ma prestigiosa Newstead Abbey, che diventerà la residenza preferita di Byron.

[132] Byron fa qui rifermento alle Highlands scozzesi.

[133] Tutte le poesie di Byron sono tratte da George Byron – *Poetical Works* - ed. Frederick Page, Oxford University Press, 1970 e, salvo diversamente indicato, da me liberamente tradotte.

desiderio di libertà al di fuori degli schemi sociali. Nelle isole greche egli ritroverà proprio quella libertà che aveva conosciuto da ragazzo nelle Highlands scozzesi dove, prima che il padre dilapidasse le fortune finanziarie della famiglia, i suoi genitori possedevano un castello. E, in un'altra poesia giovanile, scriverà:

> *A lungo ho vagato attraverso terre che non sono mie.*
> *Adorato le Alpi ed amato gli Appennini,*
> *Riverito il parnaso e osservato il ripido*
> *Ida di Giove e la profonda corona dell'Olimpo.*

Da questi versi traspare quella che sarà una costante del pensiero di Byron e cioè la sua ammirazione per la grande cultura classica e greca in particolare. Il pensiero della Grecia, e della sua cultura è ricorrente nella mente di Byron che, forse illudendosi, sognava di poter rivivere la grande libertà intellettuale e sessuale dell'antica civiltà greca. Non è un caso che nel mezzo di quel lungo poema incompiuto che è il *Don Juan* lui inserirà il suo inno *Le Isole della Grecia* che rimane una delle liriche più belle da lui scritte e la cui prima strofa recita così

> *Isole della Grecia! Le isole della Grecia*
> *Dove l'ardente Saffo amò e cantò,*
> *Dove crebbero le arti della guerra e della pace,*
> *Dove sorgeva Delo, e Febo balzava!*
> *L'estate eterna ancora li indora.*
> *Ma tutto, tranne il loro sole, è ora svanito.*

Per la Grecia Byron morirà nel suo nobile tentativo di aiutare, finanziariamente e moralmente, le azioni dei patrioti greci che lottavano per l'indipendenza del loro paese dal dominio dell'Impero Ottomano.

Byron andò in Grecia due volte. La prima nel 1809 quando aveva soltanto ventun anni. Come molti altri giovani dell'aristocrazia inglese di quell'età, Byron s'imbarcò per un suo Gran Tour ma, essendo la sua una personalità eccentrica e romantica, questo Tour non ripercorse quelle che allora erano le mete tradizionali, comode e rilassanti come avrebbe potuto essere un viaggio in Italia. Egli infatti scelse un itinerario avventuroso e pericoloso. Questo viaggio costituirà un punto di svolta nella vita di Byron, sia come uomo che come poeta. La seconda volta fu nel 1823, partendo da Genova per andare a sostenere la causa dei patrioti greci. Quello sarà il suo ultimo viaggio. Il primo fu un viaggio di vacanze, il secondo una sorta di crociata.[134] Torniamo adesso alla prima visita in Grecia che per Byron costituì un vero viaggio di formazione.

Nel Luglio del 1809, accompagnato da John Cam Hobhouse,[135] suo amico e compagno di università nonché archeologo, oltre che da alcuni servitori, Byron si imbarcò a Falmouth. Il viaggio presentava delle difficoltà e dei pericoli infatti Napoleone, con cui l'Inghilterra era in guerra, stava dilagando in Europa ed anche in Spagna. La nave portò Byron a Lisbona e da qui, con il suo seguito, egli cavalcò per oltre quattrocento miglia attraversando la Spagna del Sud, fino a Cadice. Ovunque si fermasse ebbe qualche avventura amorosa. A Cadice si imbarcò su di una fregata della Royal Navy che lo portò fino a Malta dove, per non perdere l'abitudine, ebbe una breve relazione con la moglie del Governatore. Poco dopo ripartì da Malta con un'altra nave militare che lo portò a Prevesa in Albania. Da qui cavalcò, addentrandosi all'interno di una impervia e pericolosa regione, fino a raggiungere la corte di uno strano e folcloristico personaggio: Alì Pascià detto *Il Leone di Giannina.*[136] Questi era il Proconsole dell'Impero Ottomano che governava quella difficile regione con durezza e ferocia, mantenendo una corte lussuosa e pittoresca che affascinò i due giovani inglesi. Alì Pascià venne descritto da Alexandre Dumas come crudele e maleducato, un vero bandito, ma Lord Byron invece ne fece una descrizione entusiasta. Alì Pascià

---

[134] Harold Spender – *Byron and Greece* – John Murray, 1924

[135] John Cam Hobhouse (1786 –1869) è stato un politico inglese. Primo barone di Broughton e ministro del Regno Unito, in gioventù fu amico di Lord Byron che accompagnò in due viaggi: in Grecia e, poi, in Italia.

[136] Giannina era allora una città dell'Albania meridionale.

era certamente un abile diplomatico e la sua posizione politica oscillava tra Napoleone e gli Inglesi, propendendo alla fine verso questi. Egli quindi accolse il giovane Lord con tutti gli onori dovuti al suo rango e, soprattutto, alla nazione da lui rappresentata, l'Inghilterra alla cui amicizia Alì Pascià teneva molto. Egli infatti stava tentando di organizzare una rivolta contro l'Impero Ottomano per ottenere l'indipendenza di quella regione di cui sarebbe diventato il governante incontrastato. Questa sua politica non ebbe successo ed, alcuni anni dopo la visita di Byron, egli fu sconfitto ed ucciso. Byron si fermò alla corte di Alì Pascià circa due settimane e, adeguandosi alla stravaganza del suo ospite, si fece fare un costume albanese di sua creazione.

Dopo un infruttuoso tentativo di raggiungere la Grecia via mare Byron proseguì il suo viaggio via terra, addentrandosi in una regione infestata da briganti; pertanto Alì Pascià gli fornì una scorta formata da un manipolo di trentacinque soldati albanesi. Dopo un lungo ed avventuroso viaggio, all'inizio del 1810, Byron arrivò ad Atene e il suo arrivo venne da lui salutato come il raggiungimento di una meta importante:

> Ovunque calpestiamo è stregato, sacro suolo,
> Nessuna parte della tua terra è persa in volgare forma
> Ma un vasto reame di Meraviglie si sparge intorno,
> E tutti i racconti delle Muse sembrano essere veri.
> Fino a che i sensi patiscono ad osservare
> Le scene in cui i nostri primi sogni si soffermarono.

Ma il viaggio di Byron non terminò ad Atene. Dopo aver impiegato qualche settimana a visitare tutti i luoghi simbolo della cultura classica egli s'imbarcò di nuovo alla volta di Smirne sulla costa Turca. Da qui visitò la storica regione della Troade, compresa tra l'Ellesponto e il Golfo di Adramittio, dominata dal Monte Ida e percorsa dai fiumi Scamandro e Simoenta. Quell'area non era stata ancora esplorata da Heinrich Schliemann (1822 –1890), che troverà le rovine di Troia soltanto nel 1872. Tuttavia Byron si soffermò a lungo nei luoghi descritti dall'*Iliade*. Da qui giunse a Costantinopoli, dove arrivò in Maggio, e dove rimase per tutta la primavera. Durante quel periodo effettuò la traversata a nuoto dell'Ellesponto, un tratto di mare di circa quattro miglia, per commemorare il mito di *Ero e Leandro* cantato da Christopher Marlowe.[137] Byron fu molto fiero di questa sua impresa e, dopo averla compiuta, scrisse una breve poesia, non tra le sue migliori, intitolata per l'appunto *Scritta dopo aver nuotato da Sestos ad Abydos*. Questo evento viene ancora oggi celebrato con una manifestazione sportiva in cui centinaia di nuotatori ogni anno, il 30 agosto, ripercorrono a nuoto lo stesso tragitto.

All'inizio dell'estate Byron ritornò ad Atene da solo, essendo nel frattempo il suo amico Hobhouse rientrato a Londra. Ma ancora una volta il desiderio di conoscere meglio la Grecia rimise Byron in movimento. Si recò quindi a Corinto ed a Patrasso e da qui iniziò una visita dettagliata del Peloponneso. Alla fine dell'Autunno ritornò ad Atene dove trascorse l'inverno, vivendo in un piccolo convento con un

---

[137] Christopher Marlowe, oltre che grande drammaturgo fu anche poeta, ed oltre alle tragedie scrisse alcuni poemi, tra questi uno in particolare ebbe un grande successo, anche se rimasto incompiuto, e venne successivamente completato da George Chapman, un altro grande poeta e traduttore di Omero. Questo poema si chiama *Hero and Leander* e si richiama ad una vecchia leggenda Greca. Il poema narra di una romantica storia d'amore tra due giovani. Hero era una giovane sacerdotessa di Afrodite, che viveva in castità a Sestos, un piccolo paese su una delle rive dell'Ellesponto, Leandro era un giovane, molto bello ed attraente, che viveva ad Abydos, sulla sponda opposta. Leandro avendo incontrato Hero ad un festival in onore della Dea, si innamorò pazzamente di lei e da questa venne ricambiato, nonostante il suo voto di castità. Spesso la sera il giovane Leandro si tuffava nelle acque dell'Ellesponto ed a nuoto raggiungeva Hero sull'altra sponda, una nuotata di qualche miglio. Per aiutarlo nella traversata, la giovane Hero esponeva alla sua finestra un lume rosso, guardando il quale Leandro riusciva a mantenere la rotta. Purtroppo una sera in cui infuriava un temporale, sollevato da un geloso Nettuno, il forte vento spense il lume e Leandro, perdendo l'orientamento, affogò. Disperata per la perdita Hero si uccide gettandosi dalla torre in cui viveva.

unico frate ed un cuoco. Durante quel periodo meditò di stabilirsi per sempre in Grecia, pensando addirittura di comprare l'isola di Itaca. Ma la madre, assillata anche da problemi economici, lo richiamò imperiosamente a Londra dove a malincuore egli fece ritorno nel Luglio del 1811: due anni dopo la sua partenza da Falmouth. Quello di Byron fu un viaggio alle fonti della Cultura Classica, alla ricerca di quella felicità che sentiva di non poter trovare nella ipocrita società londinese.

Al ritorno a Londra il suo Editore, John Murray, proprietario di una delle case editrici che hanno fatto la storia della Letteratura Inglese, gli chiese se durante il viaggio avesse scritto qualcosa che valesse la pena di pubblicare. Byron, dopo qualche esitazione, consegnò un lungo poema in due canti dal titolo *Il Pellegrinaggio del Giovane Aroldo*. È interessante notare che Byron scelse di chiamare il suo non il *Viaggio*, ma il *Pellegrinaggio*. Il pellegrinaggio è infatti un viaggio che viene fatto alla fonte di una fede e quello di Byron venne fatto alla fonte della cultura e della civiltà: la Grecia, quella Grecia così entusiasticamente descritta nel suo poema e così amata da andarci a morire, alcuni anni dopo:

> *Bella Grecia! Triste reliquia di un valore andato!*
> *Immortale sebbene non più,*
> *Sebbene caduta, sempre grande!*
> (CHP,2- 72)[138]

Il Pellegrinaggio è scritto utilizzando la metrica di Spenser[139] nel suo *La Regina delle Fate*, ovverosia con stanze composte da otto endecasillabi e con un alessandrino[140] finale. La pubblicazione di questo poema, avvenuta nel 1812, fu un immediato ed inaspettato successo, con ben undici edizioni

---

[138] CHP stà per *Childe Harold Pilgrimage*
[139] Edmund Spenser (1552 –1599) è stato un poeta britannico nominato Poeta Laureato sotto il regno di Elisabetta I d'Inghilterra.
[140] L'alessandrino è un verso composto da due emistichi di almeno sei sillabe ciascuno, nei quali la sesta sillaba è accentata.

prima del 1819! Nonostante Byron affermasse che il poema non rappresentasse un racconto del suo viaggio, e che il giovane Aroldo non fosse lui, nella realtà invece il poema attinge a piene mani proprio dalle varie esperienze di quel lungo viaggio che viene descritto in molti dettagli. Il protagonista è, come lo era Byron, un giovane privilegiato e le sue avventure, le sue sensazioni, sono poste al centro del poema enfatizzando così quello che diventerà un segno distintivo di tutta la poesia di Byron, ovvero la centralità della personalità del poeta/narratore. Dopo il successo di questa pubblicazione Byron annoterà nel suo diario "Una mattina mi sono svegliato e mi sono trovato famoso". Molti possono essere i motivi del successo di Byron, certamente tra di loro la novità del racconto di un lungo ed avventuroso viaggio, in un periodo in cui gli inglesi non potevano recarsi all'estero a causa della guerra con Napoleone, ma anche la freschezza poetica, la novità e la notorietà del suo autore. Con questa pubblicazione Byron fece tuttavia qualcosa di più. Infatti egli creò un linguaggio ed uno stile poetico proprio, che verrà chiamato in seguito lo "stile Byronico". Non abbiamo lo spazio per commentare in dettaglio questa prima parte del *Pellegrinaggio* ma dedicheremo la nostra attenzione alla seconda parte, composta da altri due Canti, redatti con lo stesso stile, che verranno scritti da Byron qualche anno dopo e nei quali racconterà del suo viaggio dall'Inghilterra all'Italia attraverso l'Europa.

Il successo proiettò Byron al centro dell'attenzione dell'alta società londinese. La sua posizione di Lord lo spinse anche a pronunciare qualche discorso alla Camera dei Lord. Quelli furono gli anni in cui egli raggiunse l'apice della sua notorietà. Scandali, amanti, debiti caratterizzarono anche questo periodo, in cui egli probabilmente iniziò anche una relazione incestuosa con la sorellastra Augusta Leigh, nata dal primo matrimonio di suo padre. In quegli anni Byron scrisse e pubblicò una serie di poemi intitolati collettivamente come i *Racconti Orientali*, basati su leggende e racconti da lui raccolti durante il suo lungo viaggio in Oriente. Tutte queste storie sono caratterizzate dalla presenza di un eroe, spesso un fuorilegge, e da una serie di amori tragici. L'Oriente andava di moda in quel periodo e di questo Byron era perfettamente consapevole al punto che sentì il dovere di scrivere, nel Maggio del 1813, al suo amico Thomas Moore (1779-1852), un poeta irlandese, quanto segue:

> Rimani nell'Est, l'oracolo Staël,[141] mi ha detto che questa è l'unica politica possibile. Il Nord, il Sud, e l'Ovest si sono esauriti, ma dell'Est non abbiamo nulla... Il pubblico si sta orientalizzando, e prepara il terreno per te.

Mario Praz attribuisce il successo proprio all'abilità di Byron di far viaggiare i suoi lettori:

> In quella parte del mondo che allora eccitava maggiormente la curiosità, e di trasportare nel campo della poesia quel genere di letteratura (i libri di viaggi) che allora era seguito più avidamente da ogni altro.[142]

Anche queste opere ottennero un grande successo letterario ed editoriale, e contribuirono ad accrescere la fama e la notorietà di Byron. Come per il *Giovane Aroldo*, anche in questi *Racconti*, Byron presenta il protagonista creato a misura di se stesso, una sorta di eroe ideale, che lotta contro le convenzioni, amato e odiato, e che spesso alla fine fa una morte gloriosa. Così facendo Byron descrive il personaggio che lui avrebbe voluto essere, ma che in realtà non era. Nel 1815 Byron conobbe e, dopo un breve periodo, sposò Anne Isabella (Annabella) Milbanke, una cugina di Lady Caroline Lamb, la sua più appassionata e focosa amante. Annabelle era una giovane molto intelligente, dotata di un'elevata moralità e molto ricca. Il matrimonio purtroppo si rivelò tragico ed infelice, soprattutto per i comportamenti di Byron, che non cambiò affatto le sue abitudini dopo il matrimonio.

---

[141] Anne-Louise Germaine Necker, baronessa di Staël (1766-1816)
[142] Mario Praz – *Il Patto col Serpente* – Adelphi, 2013

Dopo qualche mese nacque una figlia cui venne dato il nome di Ada ma dopo circa un anno Isabella lo lasciò, chiedendo il divorzio e portandosi via la figlia a cui Byron era molto legato. Ne seguì uno scandalo che costrinse Byron, anche a causa dei molti debiti accumulati e dei pettegolezzi circa la sua relazione con la sorellastra Augusta, a lasciare definitivamente l'Inghilterra.

La vita emotiva di Byron, come quella di tutti i poeti romantici, non faceva alcuna distinzione tra l'arte, la sensibilità e la vita. In una lettera al suo amico, il poeta Irlandese Thomas Moore, nel Luglio del 1821, Byron scrisse:

> Io non sono mai riuscito a far capire alle persone che la poesia è l'espressione di passioni eccitate, e che non esiste nulla come una vita di passione più di quanto non esista un terremoto continuo, o una febbre eterna.

La partenza di Byron dall'Inghilterra, nell'Aprile del 1816, avvenne in mezzo ad un turbinio di pettegolezzi e scandali. L'opinione pubblica, che fino a poche settimane prima aveva idolatrato Byron per oltre quattro anni, adesso aveva cambiato opinione su di lui condannando il suo comportamento e giudicando la sua vita come scandalosa ed indecente. Byron non ritornerà più in Inghilterra. La sua fama e notorietà erano però così diffuse che dovunque andasse era sempre circondato dalla curiosità di migliaia di persone, in prevalenza donne, attratte dal suo fascino misterioso e perverso. Uno storico, il professor Strahan, ci descrive in un suo libro un'immagine della partenza di Byron dall'Inghilterra:

> Una folla aveva assistito alla sua partenza dal suo palazzo di Piccadilly per Dover; nel suo Hotel a Dover, alcune signore della buona società pagarono le cameriere per prenderne il posto, i vestiti ed i loro compiti per quella sera, così da essere vicine e guardare da presso quell'interessante mostro; ed il giorno dopo praticamente l'intera città si recò al porto

per assistere al suo imbarco sulla nave. La stessa intensa curiosità seguì Byron fino alla fine. A Venezia, quando attraversava la laguna sulla sua gondola per recarsi sulle spiagge del Lido per la sua quotidiana cavalcata, tutti i turisti inglesi lo aspettavano a San Nicolò per vedere il suo sbarco, alcune signore usavano i binocoli da teatro, ed altre lo pressavano così da vicino che egli doveva spingerle da parte per poter montare il suo cavallo. Il suo amore per Ravenna era in larga parte dovuto all'assenza di Inglesi cosa che lo salvava da questa morbosa curiosità; ma quando da Ravenna egli andò a Pisa, interrompendo il suo viaggio a Bologna per una notte, viene riferito che, quando lasciò l'albergo, ogni finestra era piena di curiosi Inglesi.[143]

Lasciata definitivamente l'Inghilterra Byron attraverserà l'Europa ed arriverà a Ginevra. Poco dopo giungerà nella stessa città anche Shelley, accompagnato da Mary Godwin e da Claire Clairmont. Come detto all'inizio di questo capitolo, i due giovani poeti diventarono subito amici e trascorsero l'estate del 1816 insieme.

Byron nel frattempo aveva iniziato a scrivere il terzo canto del *Pellegrinaggio del Giovane Aroldo*, nel quale, con lo stesso stile poetico dei primi due canti, racconta il suo addio all'Inghilterra ed il suo viaggio in Europa. La partenza quindi per un nuovo pellegrinaggio alla ricerca di quella felicità che l'ipocrita società inglese gli aveva negato. Anche questa volta il pellegrinaggio avrà come mèta la ricerca di una cultura classica, non più quella greca ma quella romana, che il poeta incontrerà alla fine con la sua visita a Roma. Di questo terzo canto riporto alcuni brani significativi per il nostro tema:

> *Sull'acqua ancora una volta! Sì ancora una volta!*
> *E le onde sotto di me scalpitano come un destriero*
> *Che conosce il suo cavaliere. Benvenuto il loro fragore!*
> *Veloce sia la loro guida, ovunque essa mi porti!*

---

[143] J. A. Strahan – *Byron in England* - Constable, 1921

Anche se l'albero teso dovesse fremere come una canna,
E la tela lacerata sventolando si disperdesse nella
burrasca,
Pure devo andare avanti; perché sono come un'alga,
Strappata dagli scogli, sulla schiuma dell'Oceano,
navigante
Ovunque le onde la spargano, o il respiro della tempesta
prevalga.
(CHP, III – 2)

Con questi versi posti nella seconda stanza, all'inizio del Terzo Canto, Byron lancia una sorta di invocazione alla libertà, sia fisica che intellettuale. In queste rime troviamo tutta la passione poetica di Byron per l'avventura, per il viaggio guidato proprio dagli elementi della natura: il vento, la marea, la tempesta. Il viaggio per mare, immerso nella natura, verso una destinazione ignota, nel più puro atteggiamento romantico perché la destinazione non è importante quanto il viaggiare, un viaggio lontano dalle convenzioni e dalle ipocrisie. L'allegoria delle onde che scalpitano allude sia all'emozione della navigazione imminente che alle onde dell'ispirazione che fremono di potere essere domate e trasmesse dalla capacità poetica del poeta/cavaliere. All'eccitazione della partenza ed alle aspettative delle avventure che lo attendono subentra tuttavia, alla fine del brano, una sorta di rassegnazione, di impotenza. Il poeta si paragona ad un'alga, insignificante, amorfa che subisce passivamente le forze della natura senza esprimere alcuna volontà propria. Quest'alternanza di stati di esaltazione con stati di depressione caratterizzeranno tutta l'opera di Byron. In un successivo brano dello stesso Terzo Canto, Byron scriverà:

È per creare, e nel creare vivere
Un essere più intenso, che noi dotiamo
Di forme la nostra fantasia, guadagnandoci nel darle
La vita che immaginiamo, così come faccio io ora.
Cosa sono io? Nulla: non così tu,
Anima del mio pensiero! Con cui attraverso la terra,
Invisibile, ma osservando, mentre ardo

Insieme al tuo spirito, a te legato dalla nascita,
E sentendo con te la mancanza dei miei sentimenti
infranti.
(CHP, III – 6)

Il "noi" della seconda rima allarga l'orizzonte; esso infatti rappresenta il poeta ma anche il narratore, il giovane Aroldo, ed anche il lettore che leggendo usa la propria immaginazione, creando così una vita alternativa a quella reale ma che in quanto tale non è più nostra. Poi il poeta lancia un'esaltazione nei confronti della propria anima, riconoscendo la sua indispensabilità, senza di lei egli non potrebbe esistere né come uomo né come poeta. La metafora del fuoco *mentre ardo* viene utilizzata per mettere in evidenza che sarà proprio l'atto della scrittura a consentire al poeta la sua metamorfosi e quindi la sua rinascita quale novella Fenice.

L'influenza di Shelley che, come detto, durante la permanenza a Ginevra costrinse Byron a leggere Wordsworth appare evidente nel brano seguente:

Dove sorgono i monti, là per lui erano amici;
Dove ondeggiava l'oceano, là era sua dimora;
Dove si stendeva un azzurro cielo, ed un clima radioso,
Sentiva la passione e la forza di andare;
Il deserto, la foresta, la caverna, la schiuma dei
frangenti,
Furono i suoi compagni; loro parlavano
Una lingua comune, più chiara che il tono
Della lingua della sua terra, a cui avrebbe spesso
rinunciato
Per le pagine della natura riflesse sul lago dai raggi del
sole.
(CHP, III – 13)

Lo spettacolo offerto dalla natura non è soltanto bello e non offre soltanto una distrazione estetica, ma fornisce un contributo fondamentale alla creazione dell'identità del poeta. Qui Byron imita palesemente Wordsworth e la sua "pathetic fallacy" attribuendo un linguaggio agli elementi della natura ed un linguaggio intellegibile che offre al poeta la possibilità di scoprire una nuova fonte di conoscenza e di espressione. Così come aveva fatto Wordsworth egli inoltre accetta che gli elementi della natura come *Il deserto, la foresta, la caverna, la schiuma dei frangenti* diventino i suoi compagni di viaggio.

Nel suo viaggio attraverso l'Europa Byron visita anche Waterloo, il campo di battaglia che vide la sconfitta definitiva di Napoleone. Questa visita sarà descritta nel suo poema, e questo brano in particolare la ricorda:

> *Fermati! Che calpesti la polvere di un impero!*
> *Le spoglie di un terremoto sono sepolte qui sotto!*
> *Non è segnato il luogo con un colossale busto?*
> *Né colonna ornata mostra o spettacolo del trionfo?*
> *Niente; ma la morale della verità si esprime più*
> *semplicemente,*
> *Come era il suolo prima, così esso rimanga;*
> *Come quella rossa pioggia ha fatto crescere il raccolto!*
> *E questo è tutto quello che il mondo ha guadagnato da te,*
> *Tu primo ed ultimo dei campi di battaglia! Vittoria*
> *madre di Re?*
> (CHP, III – 17)

L'invocazione iniziale di grande effetto intima al lettore di fermarsi sia per evitare di calpestare le polveri delle migliaia di soldati morti, che in segno di rispetto nei confronti di quello che fu un grande uomo, un Titano caduto a cui il poeta intende rendere omaggio. Segue poi un'amara riflessione sull'inutilità e transitorietà della gloria terrena: del grande impero non rimane più nulla, la natura, nonostante il sangue versato, *la rossa pioggia*, prevale ed il ciclo del raccolto si ripete incurante delle azioni degli uomini.

Ho accennato in precedenza alla "religiosità" della poesia di Byron, fortemente in contrasto con il suo stile di vita. Un esempio di questa affermazione è contenuto in un altro brano dello stesso poema:

> *Là in un attimo possiamo affondare i nostri anni*
> *In una penitenza fatale, e nella ruggine*

Della nostra anima, mutare il nostro sangue in lacrime,
E colorare le cose da venire con le tinte della Notte;
La corsa della vita diventa una fuga senza speranza
Per coloro che camminano nel buio:[144] *sul mare*
I più coraggiosi si dirigono solo verso porti che li
invitano,
Ma vi sono coloro che errano verso l'Eternità
La cui barca si spinge sempre più in là, e mai getteranno
l'ancora.
(CHP, III – 70)

In questi versi il poeta annuncia che l'essere umano si annulla di fronte alla grandezza della Natura, e quindi del suo Creatore; sarà proprio immergendosi nella natura che l'uomo effettuerà la sua "penitenza" scontando i suoi peccati. Con il passare degli anni l'anima invecchia *la ruggine della nostra anima* ed ecco che il sangue si trasforma in lacrime, per tutto ciò che avrebbe potuto essere e che non è stato. Poi vi è un chiaro ed esplicito riferimento biblico con la necessità per l'uomo di non camminare nel buio ma nella luce del Signore, se vuole ritrovare la propria strada. Infine il brano si chiude con una nuova allegoria del viaggio per mare come sinonimo del viaggio della vita, in cui si allude al fatto che se da un lato coloro che accettano le convenzioni si dirigono verso porti sicuri, gli altri, tra cui il poeta pone evidentemente se stesso, errano per l'Eternità spingendosi sempre più in là, senza mai fermarsi. Ecco il *topos* del viaggio romantico in cui il viaggio è più importante della meta. Sarà proprio il suo amico Shelley a chiamare Byron *Il Pellegrino dell'Eternità.*[145]

Un altro brano in cui Byron risente dell'influenza di Wordsworth è il seguente:

Non vivo in me stesso, ma divengo
Parte di ciò che mi circonda; e per me,
Gli alti monti sono un sentimento, ma il brusio

---

[144] Qui Byron fa esplicito riferimento all'Ecclesiaste 2-14: Il saggio ha gli occhi in testa, lo stolto cammina nelle tenebre.
[145] Percy B. Shelley - *Adonais*

Delle umane città una tortura: non vedo
Nulla di odioso nella Natura, eccetto essere
Una riluttante maglia di una catena carnale,
Collocata tra le creature, quando l'animo può volare,
E con il cielo, il monte, l'ondeggiante pianura
Dell'oceano, o con le stelle, unirsi, e non invano.
(CHP, III – 72)

In questi versi il poeta immagina di entrare in una mistica unione con la natura che lo circonda: i monti, il mare, il cielo sono sentiti come parte integrante ed essenziale del proprio corpo e della propria anima, riconfermando il *topos* romantico dell'amore per la vita in campagna e l'astio per le città. Infine il brano termina con una nuova ed esaltante visione della capacità dell'anima di volare con l'immaginazione in una fusione mistica con tutti gli elementi della natura.

Durante il periodo della sua residenza a Ginevra, Byron ebbe modo di assistere allo scoppio di alcuni forti temporali, tipici di quella regione e fu proprio durante uno di questi che egli lanciò una sorta di sfida ai suoi amici, invitandoli a scrivere ciascuno un romanzo "gotico", ovvero contenente alcuni elementi di terrore. Come è noto la sfida venne raccolta dalla giovane Mary Godwin, la compagna di Shelley, che scriverà quello che poi è diventato il capolavoro del romanzo romantico e cioè *Frankenstein*. Il brano seguente descrive proprio uno di questi temporali:

Il cielo è mutato! – e quale mutamento! Oh notte
E tempesta e oscurità, così straordinariamente forti,
Eppure attraenti nella vostra forza, come la luce
Dei neri occhi di una donna! Lontano,
Da vetta a vetta, tra balze risonanti
Guizza il fulmine vivente! Non da solitaria nube,
Ma ogni monte ha ora trovato una lingua
E il Giura risponde, attraverso il suo velo di nebbia,
Alle gioiose Alpi che lo chiamano a voce alta!
(III – 92)

Il poeta sembra affascinato dalla forza della natura espressa dalla tempesta che egli paragona agli occhi di una donna. Vi è in questi versi quasi un preludio di ciò che Byron scriverà nella sua tragedia *Manfred* iniziata proprio durante il periodo Ginevrino. Questo dramma-tragedia a fosche tinte, in parte ispirato dal *Faust* di Goethe, è ambientato in un castello sulle Alpi e in esso Byron scriverà una sorta di autoritratto in cui dirà "Vi è una forza su di me, che mi trattiene e che crea la mia fatalità di vivere". Qui la tempesta notturna è descritta in modo che essa appaia sia come un fenomeno fisico sublime e maestoso che come la proiezione di una passione interiore, un fantasma con cui il poeta sembra voler desiderare un'unione impossibile. È interessante notare come la stessa idea verrà ripresa da Shelley nel suo poema *Alastor*, che vedremo in seguito, e non è escluso che proprio l'idea di un accoppiamento simbolico con un'astrazione filosofica possa essere stato uno dei temi che i due amici poeti abbiano discusso durante le loro lunghe passeggiate.

Il terzo Canto del *Pellegrinaggio del Giovane Aroldo* si conclude con un inno all'Italia, in cui Byron arriverà nell'Ottobre del 1816, dopo aver lasciato Ginevra:

> *Italia! Italia! Guardando te*
> *Lampeggia nell'animo la luce delle età,*
> *Da quando il fiero Cartaginese[146] stava per vincerti,*
> *Fino all'ultimo alone dei principi e dei saggi,*
> *Che glorificarono le tue consacrate pagine;*
> *Tu fosti il trono e la tomba di imperi; ma anche*
> *La fonte a cui l'assetata mente mitiga*
> *La sua sete di sapere, bevendo a sazietà,*
> *Dall'eterna fonte dell'imperiale colle di Roma.*
> (CHP, III–110)

Nell'avvicinarsi alla meta finale del suo viaggio-pellegrinaggio fisico ed intellettuale che sarà Roma, in quanto sede di quello che fu un grande e potente impero nonché fonte di una grande cultura, Byron inizia ad assaporare la possibilità di estinguere *bevendo a sazietà* la

---

[146] Annibale

sua immensa sete di conoscenza approfondendo la storia, la cultura, l'arte e la civiltà del passato.

L'estate del 1816 vissuta a Ginevra sarà un periodo felice sia per Byron che per Shelley, entrambi assorti nella contemplazione della bellezza del paesaggio, nelle loro lunghe passeggiate e, soprattutto, nelle loro intense conversazioni che rafforzarono la loro amicizia. Alla fine, però, Shelley decise di ritornare in Inghilterra sia per motivi personali, che per assistere al parto ormai imminente di Claire Clermont. Byron invece decise di proseguire il suo viaggio verso Sud, verso l'Italia. Egli dunque si recò per qualche settimana a Milano e poi a Venezia, la città incantata che Byron aveva sempre sognato sin da ragazzo. Giunto in quella città, Byron non perse tempo. Nel giro di pochi giorni noleggiò una gondola personale, trovò una stalla adeguata per i suoi cavalli al Lido, dove si recava tutti i giorni per la sua cavalcata, affittò un ampio e comodo appartamento e si innamorò "perdutamente" di una giovane donna: Marianna Segati. Lei era la moglie del proprietario dell'appartamento affittato da Byron ed abitava, molto convenientemente, al piano di sotto a quello del poeta. Il marito era anche il proprietario di un negozio di stoffe, situato al piano terra dello stesso stabile, che aveva chiamato *"Al Cervo"* e come insegna del negozio vi era l'immagine di un cervo con un bel paio di corna. Ebbene, poco dopo l'arrivo di Byron, i Veneziani ribattezzarono quel negozio come *"Il Cervo Inglese"*. Dopo qualche tempo tuttavia, finita l'infatuazione per la Segati, Byron decise di spostarsi e traslocò in una residenza più comoda e lussuosa, affittando un intero piano del Palazzo Mocenigo sul Canal Grande. Byron visse circa tre anni a Venezia, facendo una vita densa di passioni amorose e sensuali. Alcuni biografi affermano che in quel periodo egli ebbe oltre duecento amanti! Allo stesso tempo visse anche un periodo di intensa attività letteraria. Infatti completò il quarto ed ultimo Canto del *Pellegrinaggio del Giovane Aroldo* ed iniziò la stesura di quella che sarà la sua ultima opera, il *Don Juan* rimasta peraltro incompleta, scrivendo nel frattempo altri poemi. Un biografo di Byron ha scritto:

Egli non volle cadere in una vita noiosa e
decadente...e per questo reagì in due modi:
attraverso la scrittura e le donne...dopo l'estasi
dell'amore egli era più se stesso che prima.

Questa intensa stagione si concluse nel 1819, quando ad un
ricevimento Byron incontrò la giovanissima, non ancora
ventenne, Contessa Teresa Guiccioli. Byron se ne innamorò
follemente venendo da lei ricambiato. Teresa era sposata ad
un gentiluomo molto più anziano di lei, il Conte Guiccioli di
Ravenna, città dove la coppia usualmente abitava. A Teresa
Byron dichiarò il suo amore affermando "tu sarai la mia
ultima passione" e questa volta egli disse la verità. Lei era
proprio quello che Byron cercava: bella, giovane, frivola,
determinata, amorale e soprattutto già sposata. Teresa,
terminato il suo soggiorno veneziano, tornò a Ravenna e dopo
qualche tempo Byron la seguì in quella città dove risiedette
per qualche mese affittando, con il beneplacito del rassegnato
marito di Teresa, un piano del Palazzo Guiccioli. A Ravenna,
dopo gli eccessi di Venezia, Byron condusse una vita semplice
e riposante, cavalcava, andava a caccia ed iniziò ad interes-
sarsi al movimento dei Carbonari. Infatti sia il padre, Conte
Ruggero Gamba, che il fratello di Teresa, Piero Gamba,
erano dei ferventi Carbonari. Come sua abitudine Byron si
entusiasmò all'idea di aiutare il movimento dei Carbonari ed
iniziò a comprare armi per loro e sembra che nella cantina
della sua casa di Ravenna avesse accumulato molte armi
destinate proprio ai carbonari. La Contessa Guiccioli scriverà, dopo la morte di Byron, una sua memoria intitolata *Miei
ricordi di Lord Byron e testimonianze della sua vita*, in essa
scrive:

> L'attenzione di Byron era sempre indirizzata a ciò
> che era non comune, sia nella natura che nel cuore
> dell'uomo; sia nel bene che nel male, sia nel
> regolare svolgimento delle cose o anche al di là di
> ogni limite. Allo studio della placida natura egli
> preferiva quella dell'animo che, sebbene meno

regolato, si innalza al di sopra della fortuna grazie
alla sua energia ed alla sua volontà. [147]

Shelley, che nel frattempo era giunto anche lui in Italia e
risiedeva a Pisa, recatosi a Ravenna a trovare l'amico, in una
lettera alla moglie Mary, scrisse:

> Byron ha completamente recuperato la sua salute
> e qui vive una vita completamente all'opposto di
> quella vissuta a Venezia, dove ha rischiato di
> distruggersi. Il suo stato di debilità era tale che
> non era più in grado di digerire alcun cibo, era
> come consumato da una febbre eccitata, e sarebbe
> certamente morto se non avesse avuto questa
> relazione (con Teresa) nella quale si è gettato
> senza cura piuttosto che con orgoglio.

Teresa lascerà in seguito il marito e seguirà Byron, prima a
Pisa, poi a Genova restando con lui fino alla sua partenza per
la Grecia. Dopo la morte di Byron Teresa si risposò con un
nobiluomo francese, il Marchese di Boissy che, presentandola
ai suoi amici, sembra usasse dire, facendo trapelare un certo
orgoglio: "Questa è la Marchesa di Boissy, mia moglie ed ex-
amante di Lord Byron".
      Ma torniamo alla poesia di viaggio. Il quarto canto del
Pellegrinaggio del Giovane Aroldo, racconta del viaggio di
Byron attraverso l'Italia, eccone alcuni brani. La prima
stanza del Canto racconta dell'emozione provata dal poeta
sostando sul Ponte dei Sospiri:

> *Stetti a Venezia, sul ponte dei Sospiri;*
> *Un palazzo ed una prigione da ogni lato:*
> *Vidi sorgere dalle onde le loro strutture*
> *Come dal colpo di bacchetta di un incantatore:*
> *Migliaia di anni estendono le loro ali nuvolose*
> *Intorno a me, ed una Gloria morente sorride*
> *Sui lontani tempi quando molti sottoposti*

---

[147] Teresa Guiccioli - *My Recollections of Lord Byron* – Richard Bentley &
Son, 1869

Guardarono alla colonna del Leone alato
Dove Venezia insediata, troneggiava sulle sue cento isole.
(CHP, IV–1)

Con questi versi Byron esprime la propria ammirazione verso la maestosità del Palazzo Ducale, simbolo del potere e del piacere, ma lo contrappone alla prigione dei Piombi, simbolo della penitenza e del dolore. Entrambi questi simboli hanno però un significato quasi irreale, essi infatti sembrano sorgere dal mare grazie ad una sorta di magia. Byron rievoca poi il glorioso passato storico che ha permesso a Venezia di diventare la grande e potente città che fu nel passato. In questa stanza sembra quasi che Byron si sia ispirato alla poesia di Coleridge che abbiamo già visto nel Capitolo precedente ed intitolata *Fantasia tra le Nuvole*:

> *O ascoltando la marea con occhi chiusi*
> *Essere quel cantore cieco, che sulle coste di Chios*
> *Posseduto da quei suoni profondi, con una luce interiore*
> *Osservò l'Iliade e l'Odissea alzarsi da marosi*
> *Del vociante mare.*

Il mare dunque diventa il luogo che genera sia i grandi capolavori della letteratura classica che la grande potenza economica e militare di Venezia.

Dopo alcune stanze in cui Byron, oltre che meditare sulla passata gloria di Venezia, fa alcune riflessioni filosofiche, inizia quella parte del Pellegrinaggio che lo porterà a Roma:

> *Ma l'animo mio vaga, lo rivoglio*
> *Per meditare sulla decadenza, e risiedere*
> *Rovina in mezzo alle rovine; lì per seguire*
> *Imperi decaduti e sepolte grandezze, in una terra*
> *Che fu la più potente nel suo antico comando,*
> *Ed è la più bella, e per sempre sarà*
> *Il modello base della celestiale mano della Natura,*
> *Ed in cui furono lanciati l'eroismo, la libertà,*
> *La beltà, il coraggio – i signori della terra e del mare.*
> (CHP, IV–23)

Nel pieno della sua ammirazione per il movimento dei Carbonari, Byron scrive:

> *Italia! O Italia, tu che avesti*
> *Il fatale dono della bellezza, che divenne*
> *La funesta eredità delle sventure presenti e passate,*
> *Sulla tua dolce fronte vi è il dispiacere solcato dalla vergogna,*
> *E le memorie incise con caratteri di fuoco.*
> *O Dio! Se nella tua nudità tu fossi*
> *Meno bella o più potente, e potessi reclamare*
> *I tuoi diritti, e sottomettere i ladri, che*
> *Spinsero a spargere il tuo sangue ed a bere le lacrime del tuo dolore*
> (CHP, IV–42)

Nel suo viaggio verso Roma Byron visiterà Firenze che chiamerà *Ingrata* per aver esiliato Dante e Ferrara dove rende omaggio a Torquato Tasso. Giungendo infine a Roma, sede finale del suo pellegrinaggio, Byron resterà abbagliato dalla storia, dalle rovine, dall'arte che troverà nella capitale:

> *O Roma! Mia patria! Città dell'anima!*
> *Gli orfani del cuore verso te si volgono,*
> *Solitaria madre di defunti imperi! E frenino*
> *Nei loro chiusi petti le loro piccole miserie.*
> *Cosa sono i nostri tormenti e sofferenze? Venite e vedete*
> *Il cipresso, ascoltate il gufo, ed arrancate*
> *Su per scalini di troni e templi infranti, Voi!*
> *Le cui angosce sono i mali di un giorno -*
> *Un mondo è ai nostri piedi, fragile come la nostra argilla.*
> (CHP, IV– 8)

E visitando il Palatino scriverà:

> *Cipressi ed edera, erbe e violacciocche cresciute*
> *Arruffate ed ammassate insieme, colline ripiene*
> *Di quelle che furono camere, archi divelti, colonne ridotte*
> *In frammenti, volte nascoste, ed affreschi intrisi*

In umidi sotterranei, dove sbirciò il gufo,
Ritenendo fosse mezzanotte: Templi, bagni, o saloni?
Lo dica chi può; perché tutto ciò che la conoscenza
raccolse
Dalle sue ricerche è stato: che queste sono mura -
Osserva il Colle Imperiale! È così che i potenti cadono.
(CHP, IV–107)

In questi versi il Palatino è presentato come un groviglio di frammenti di una civiltà ormai superata e di una natura invasiva creando nella loro fusione una visione caotica. La visione che si presenta agli occhi del poeta è irriconoscibile ed irredimibile, di fronte ad essa il poeta si sente impotente ed incapace di dare alla sua visione una spiegazione concludendo amaramente, come aveva già fatto nella piana di Waterloo, con una riflessione sulla caduta dei potenti e quindi sulla temporalità del potere umano. La Storia si ripete ed ecco che nella stanza successiva Byron riecheggia la permanenza di un ciclo sempre eguale, già magistralmente e poeticamente descritto da William Blake nel suo *Il Viaggiatore Mentale*:

Li è la morale di tutte le umane favole:
È sempre la stessa prova del passato,
Prima la Libertà, poi la Gloria - quando questa fallisce,
Ricchezze, vizi, corruzione – barbarie infine.
E la Storia, con tutti i suoi vasti volumi,
Ha soltanto una pagina, è meglio sia scritta qui,
Dove lo splendido Tiranno ha così raccolto
Tutti i tesori, tutte le delizie, che occhi o orecchie,
Cuore, anima possono cercare, o la lingua chiedere.
(CHP, IV–108)

Poi Byron ritorna ad una forma poetica "naturalistica" alla Wordsworth:

Della propria bellezza è la mente infetta,
E febbrile plasma false creazioni: - dove,
Dove sono le forme che l'animo dello scultore ha
catturato?

In lui soltanto. Può la Natura mostrarsi sì bella?
Dove sono il fascino e le virtù che noi osiamo
Sognare in gioventù e ricercare da uomini,
L'irraggiungibile Paradiso della nostra angoscia,
Che sorpassa la matita e la penna,
E sovrasta la pagina dove dovrebbe fiorire ancora?
(CHP, IV–122)

In questi versi Byron sembra voler diffidare della eccessiva febbre creativa che spesso non consente di raggiungere tutto quello che la mente concepisce. Poi ecco che Byron sottolinea ancora una volta il tema dell'irraggiungibilità della meta con una frase molto potente e drammatica: *l'irraggiungibile Paradiso della nostra angoscia*, che esprime con forza l'angoscia dell'artista che non riesce ad esprimere tutto ciò che in realtà egli vorrebbe, poi il poeta si riprende:

Ma io ho vissuto, e non ho vissuto invano:
La mente potrà perdere la sua forza, il sangue il proprio
fuoco,
E le mie ossa deperire anche in una pena soggiogante,
Ma vi è dentro di me ciò che stancherà
La Tortura ed il Tempo, e respirerà quando morirò;
Qualcosa non di questa terra, di cui loro non sanno,
Come le ricordate note di una muta lira,
Affonderanno nel loro intenerito spirito, e porteranno
Nei cuori ora pietrosi l'ultimo rimorso dell'amore.
(CHP, IV–137)

Il poeta non mostra rimpianto per il tempo trascorso, lodando la sua opera che permarrà anche dopo la morte fisica dell'autore e che anzi, proprio dopo la sua morte, riuscirà a convincere coloro che in vita non lo hanno del tutto apprezzato *i cuori ancora pietrosi*.

Byron rimarrà incantato di fronte alla visione del Colosseo sia come monumento architettonico che come testimonianza della potenza di un Impero che, per quanto da tempo scomparso, riesce tuttavia ancora ad esprimere una forza di civiltà e di cultura insuperati:

Fino a quando resiste il Colosseo, Roma sarà;
Quando cadrà il Colosseo, Roma cadrà;
E quando Roma cade, cade il Mondo. Dalla nostra terra
Così parlarono i pellegrini sopra queste potenti mura
Ai tempi dei Sassoni, che noi chiamiamo
Antichi; e queste tre cose mortali sono ancora
Sulle loro fondamenta, e tutte inalterate;
Roma e le sue Rovine superano la capacità di
Redenzione,
Il Mondo, la stessa ampia tana – di ladri, o ciò che
volete.
(CHP, IV–145)

Durante il suo soggiorno romano Byron visiterà spesso i Musei Vaticani di cui lascerà ampia memoria nel suo poema:

Andando al Vaticano andate a vedere
Il dignitoso dolore della tortura di Laocoonte-
L'amore di un padre e l'agonia mortale
Con immortale pazienza giunta: vana
La lotta; vana contro l'avvolgente tensione
E presa, e l'approfondimento della presa del dragone,
Che il vecchio stringe; la lunga velenosa catena
Inchioda i corpi viventi - l'enorme aspide
Aggiunge spasimo a spasimo, e soffoca respiro su respiro.
(CHP, IV–160)

O guarda il Signore dall'infallibile arco,
Il Dio della vita, e della poesia, e della luce-
Il Sole mostrato in membra umane, e la fronte
Radiante dai suoi trionfi in battaglia;
La freccia è stata appena scagliata, l'arco risplende
Di una immortale vendetta; nei suoi occhi
E narici un magnifico disprezzo, e potenza
E maestà, lampeggiano la loro piena luce
Sviluppandosi in quell'unico sguardo di Divinità.
(CHP, IV–161)

Quest'ultima stanza è dedicata alla statua dell'Apollo Belvedere. Byron sembra voler esaltare non soltanto la quasi-immortalità che l'artista ottiene quando la sua emozione viene incorporata in un'opera d'arte, ma anche quel fuoco interiore, di provenienza divina, che brucia dentro l'animo umano e che consente all'artista di raggiungere vette di perfezione eccelsa. La statua infatti esprime tutta la potenza plastica e fisica di Apollo che ha appena scagliato dal suo assente arco una freccia che ovviamente l'osservatore non vede ma percepisce. Byron passò diverse ore in ammirazione di questa statua e poi scriverà ad un amico che il volto dell'Apollo rassomigliava in modo straordinario a Lady Adelaide Forbes, una nobildonna londinese che era stata una sua amante.

Byron trascorse anche molte giornate a vagare per la campagna romana che così descrive:

> *Vi è un piacere nel bosco senza sentieri,*
> *Vi è un'estasi nella solitaria costa,*
> *Vi è una società in cui nessuno s'intromette,*
> *Vicino al mare profondo, e musica nel suo fragore:*
> *Io non amo di meno l'Uomo, ma più la Natura,*
> *Da questo i nostri incontri, in cui io rubo*
> *Da tutto ciò che posso, o avrei potuto vivere prima,*
> *Per unirmi con l'Universo, e sentire*
> *Ciò che non posso esprimere, ma che non posso nascondere.*
> (CHP, IV–178)

Ed ecco che Byron celebra di nuovo il piacere della passeggiata solitaria, romantica attraverso *un bosco senza sentieri*. Un inno alla solitudine, alla natura della quale si è spesso inconsapevoli spettatori delle sue meraviglie. In questo brano vi è anche un esplicito richiamo a Shakespeare, alla famosa orazione con la quale Bruto giustifica di fronte al popolo romano l'uccisione di Giulio Cesare. In quell'orazione infatti Bruto dirà:

> Se vi è qualcuno in questa assemblea, un caro amico di Cesare, a lui io dico che l'amore di Bruto verso Cesare non era certamente inferiore al suo. E se lui si domanda perché Bruto si è rivoltato

contro Cesare, questa è la mia risposta: <u>Non che io amassi meno Cesare, ma che ho amato di più Roma</u>.[148]

Infine il pellegrinaggio, raggiunta ormai la meta desiderata, si conclude così:

> *Addio! Una parola che deve essere, e che è stata –*
> *Un suono che ci fa indugiare; eppure, addio!*
> *Voi, che avete seguito questo Pellegrino sulla scena*
> *Che è la sua ultima, se nella vostra memoria risiede*
> *Un pensiero che una volta fu suo, se su di voi aleggia*
> *Un solo ricordo, allora non invano*
> *Egli indossò i suoi sandali e la conchiglia;*
> *Addio! Con LUI soltanto deve restare il dolore,*
> *Se tale fu – con VOI, la morale del suo sforzo.*
> (CHP, IV–186)

Questa conclusione sembra tuttavia essere ambigua, ondulatoria, come se tutto sia stato vissuto come in un sogno, una pura illusione. La sua opera sarà il vero *Pellegrinaggio* che Byron, indossando metaforicamente il saio ed i sandali del pellegrino, avrà compiuto.

La figura di Byron sembra rappresentare l'immagine viva e consistente di un angelo caduto, di "individuo disdegnoso", come scrisse Giuseppe Tomasi di Lampedusa, "immerso nei profumi settecenteschi di un melodramma in fieri".[149] Lo stesso Byron confermerà questa immagine scrivendo:

> Sfrutterò la miniera della mia giovinezza fino all'ultima vena di metallo, e poi... Amen. Ho vissuto, e ne sono lieto.

---

[148] William Shakespeare – *Giulio Cesare*, atto 3°, scena 2. Mia traduzione e sottolineatura.
[149] Giuseppe Tomasi di Lampedusa – *Lezioni di Letteratura Inglese* – Arnoldo Mondadori, 1996

Byron visse in Italia circa sei anni e molta della sua poesia è
quindi influenzata e trova ispirazione sia dai panorami
italiani che dalla sua storia e dalla sua letteratura. Il poeta
italiano che forse più di tutti fu ammirato da Byron, ed anche
da Shelley, fu Torquato Tasso.

Un altro poema in linea con il nostro tema del viaggio alla
ricerca della felicità e che, a differenza di quanto abbiamo
visto fino a questo momento, non è basato su esperienze
direttamente vissute da Byron ma è un puro frutto della sua
immaginazione, anche se legato ad una fatto storico realmente avvenuto, è *L'Isola*. Questo è l'ultimo poema scritto da
Byron compiutamente e lo stesso titolo ci trasmette la
metafora di un luogo lontano, raggiungibile soltanto effet-
tuando, almeno in quel tempo, un viaggio via mare con tutte
le incertezze e le difficoltà relative. L'isola, che in questo caso
è una sperduta isola del Pacifico, è anche un simbolo
dell'eden, di un paradiso terrestre e quindi di una felicità
perduta e del tentativo di riconquistarla, anche a costo della
vita; ma è anche una metafora del peccato e della conseguente punizione, della contrapposizione tra la moderna
civiltà, con le sue leggi e la sua ipocrisia e la civiltà naturale
e spontanea di popoli definiti "selvaggi".

L'*Isola* è un poema poco noto ma lo cito anche perché,
per una strana coincidenza della storia, esso venne interamente composto, nei primi mesi del 1823, a Genova nella
villa di Albaro dove Byron risiedette per circa un anno prima
di partire per la Grecia. Il poema venne pubblicato a Londra
nel Giugno dello stesso anno.

Byron prese spunto dai fatti di cronaca del tempo.
Siamo nel 1789, l'anno della Rivoluzione Francese, quando
su una nave della Royal Navy in navigazione nel Pacifico
scoppiò una ribellione contro il comandante: il Capitano
Bligh. La nave era il *Bounty* e quell'episodio resterà nella
storia della marina britannica come l'ammutinamento più
famoso. L'episodio è noto essendo stato raccontato sia da
Jules Verne nel suo *I ribelli del Bounty* che da una nota
versione cinematografica, quindi non lo ripeterò. Byron prese
quella storia e ne fece una sua versione poetica scrivendo un

poema in quattro canti, per un totale di cinquantasei stanze irregolari con rime baciate e fornendo di quella vicenda un'interpretazione altamente romantica, trasformando un episodio di politica marinara in un'appassionata storia d'amore.

I versi, dal primo all'ultimo, sono impregnati dalla salsedine e dal sapore del mare e in essi Byron dà pieno sfogo alla sua passione per il mare, il vento e le avventure romantiche. L'ammutinamento dell'equipaggio di una nave è sempre una forma di ricerca di libertà, un tentativo di uscire dalle costrizioni di una severa e dura disciplina sottoposta, come era soprattutto allora, alla volontà ed alle decisioni di un solo uomo: il Comandante.

In questo poema Byron, come già aveva fatto in altre sue opere precedenti, in particolare nei cosiddetti *Racconti Orientali*, crea un altro eroe romantico.

L'Inghilterra della Reggenza ed il paradiso naturale delle isole del Pacifico sono i due mondi che si confrontano nell'*Isola*, simboli di due società agli antipodi, sia in senso geografico che sociale e morale. Ciascuna con le sue leggi, le sue tradizioni, i suoi costumi ed alla fine sarà proprio il mondo delle isole che prevarrà, non tanto nell'uso della forza quanto nel sentimento degli uomini e delle donne: l'amore vincerà sulla potenza e sull'arroganza dell'Impero. L'eroe Byronico in questo poema è impersonato da Christian, il giovane ufficiale che si ribella al Capitano Bligh, e che quindi si pone contro l'ordine precostituito e dogmatico della tradizionale legge della Marina Inglese; così facendo egli si pone coscientemente al di fuori del suo stesso mondo. Questo è in pratica anche quanto avvenne allo stesso Byron che, andando volontariamente in esilio, si ribellò all'ipocrisia della società inglese a cui lui stesso peraltro apparteneva.

Le isole del Pacifico ancora vergini nella loro primitiva purezza, non ancora contaminate dalla civiltà, rappresentano per Christian ed i suoi compagni il paradiso perduto che loro pensano di poter riconquistare.

Alla base dell'ammutinamento, raccontato nel primo dei quattro Canti, vi è la stanchezza dei marinai. Il *Bounty*, dopo oltre dieci mesi di dura e faticosa navigazione, aveva fatto scalo nell'Isola di Tahiti ed i marinai ne avevano assaggiato le dolcezze e la sensualità. Nel viaggio di ritorno verso l'Inghilterra avviene l'ammutinamento, motivato dal desiderio della maggioranza dell'equipaggio di ritornare a Tahiti, alle sue donne, in quel paradiso che l'isola rappresentava per loro. Così facendo i marinai sono consapevoli di rinunciare, commettendo un crimine nei confronti della loro patria, a quella conservativa e rigida società inglese, preferendo ad essa la più naturale, spontanea, facile società delle isole del Pacifico. Il poema è quindi il racconto del tentativo di riconquista, da parte dell'uomo moderno, di una felicità perduta anche a costo dell'insubordinazione e della vita, anche se poi questa felicità si rivelerà difficile da mantenere.

Essendo il poema ambientato ai tropici Byron dà allo stesso un'intonazione femminile e Nehua, la giovane ragazza dei mari del sud, che rappresenta lo spirito di quel luogo, con la sua femminilità e sensualità ma anche con la sua determinazione ed il suo coraggio, sarà la vera eroina che riuscirà a salvare il suo amore: il giovane marinaio Torquil, uno dei ribelli. Il destino di Torquil dipenderà dalla sua capacità di stabilire un rapporto naturale, spontaneo, non artificiale con Nehua che Byron definisce come *la fanciulla di un mondo giovane*.

Nella loro unione fisica e morale la società primitiva realizza l'incontro con la civiltà: i due poli dell'umanità: Nord e Sud s'incontrano. Il tema dell'incontro tra gli opposti è caro a Byron e, sia pure in forme molto diverse, lo si trova in quasi tutte le sue storie d'amore. Tutte le raffigurazioni Byroniane di giovani donne, rappresentano donne che amano, combattono, soffrono, muoiono, sono figure allegoriche di una donna ideale che Byron avrebbe voluto incontrare, ma che nella realtà non conobbe mai. In questo Byron sembra voler emulare la ricerca infruttuosa di Shelley per una sua *Antigone*, come vedremo in seguito.

In tutti i suoi poemi Byron mette in evidenza il contrasto tra l'odio verso la tirannia, il potere precostituito e la forza naturale ed istintiva della sensualità e dell'amore che alla fine prevale sia pure a costo della vita dell'eroe.

Vediamo ora la prima stanza che descrive in modo decisamente Byronico la navigazione del Bounty:

> *Monta sul ponte la guardia del mattino, la nave segue*
> *La rotta e dolcemente avanza entro la liquida via;*
> *Il flutto spaccato veloce sgorga dalla prora*
> *In solchi creati dal maestoso aratro;*
> *Le acque con il loro mondo erano tutte là davanti;*
> *Dietro, le coste delle tante isole del Mare del Sud.*
> *La calma notte, adesso screziando inizia a svanire,*
> *Dividendo il buio dalla sorgente alba.*
> *I delfini, non inconsapevoli del giorno,*
> *Nuotano alti, come ansiosi del giungente raggio.*
> *Le stelle dai più ampi raggi iniziano a strisciare,*
> *Ed alzano le loro lucenti palpebre dal profondo;*
> *La vela riassume il suo recentemente ombreggiato*
> *bianco,*
> *Ed il vento svolazzando con un rinfrescante volo:*
> *Il rosseggiante oceano possiede l'arrivante sole.*
> (I, 1-15)

Seguono poi alcune stanze in cui si descrive l'ammutinamento e la messa in mare della scialuppa su cui verrà imbarcato il Capitano Bligh con alcuni marinai a lui rimasti fedeli e poche provviste. A questo punto il *Bounty* inverte la rotta e ritorna verso Tahiti:

> *Seguiamo nel suo viaggio l'ammutinato,*
> *A cui la lontana vendetta non ha insegnato il timore.*
> *Esteso sopra le onde – Avanti! Avanti! Avanti!*
> *Ancora una volta i suoi occhi saluteranno l'accogliente*
> *baia;*
> *Ancora una volta le felici spiagge senza leggi*
> *Ricevono i fuorilegge che di recente videro;*
> *La Natura, e la Dea della Natura – la donna - li*
> *spingono*
> *Ad arrivare in terre dove nessun li accusi, salvo la loro*
> *coscienza.*
> *Dove tutti condividono la terra senza dispute,*
> *Ed il pane è raccolto come un frutto;*

> *Dove nessuno pretende i campi, i boschi, i fiumi:*
> *L'età senza oro, dove l'oro non disturba i sogni*
> *Né fa o fece parte della costa,*
> *Finché l'Europa insegnò loro l'arte di migliorare*
> *Dando loro i suoi costumi e correggendo i loro,*
> *Lasciando anche i suoi vizi ai loro eredi.*
> *Basta con tutto ciò! Osservali come erano,*
> *Far bene con la Natura o con essa errare.*
> *"Urrà per Otaheite"*[150] *si levò il grido*
> *Mentre maestosamente l'audace nave andava.*
> (I, 205-224)

Al suo arrivo a Tahiti il *Bounty* viene accolto bene e da lì, dopo aver caricato viveri, donne ed altri uomini riparte alla ricerca di un'isola in cui i marinai inglesi intendono stabilirsi: quest'isola è chiamata nel poema Toobonai. Il loro quindi sarà un viaggio a ritroso nel tempo, un viaggio verso la felicità che illudendosi pensano di poter riconquistare e mantenere. I marinai sognano di tornare nelle isole del pacifico non tanto per sfruttarle, ma piuttosto come fuga dalla gerarchia delle convenzioni; ognuno di essi *non vuole avere padroni salvo il proprio umore* (I, 38).

Torquil, e gli altri marinai, vengono trasformati dal rapporto che avranno con le donne di Toobonai. La tranquilla vita dell'isola, con la sua pace, bellezza, abbondanza:

> *Doma ogni rude viaggiatore alle simpatie*
> *Di coloro che erano più felici* (II, 268-269)

Questa affermazione sembra voler indicare che, per raggiungere una vera felicità è necessaria una civilizzazione alla rovescia dove sono i cosiddetti selvaggi *coloro che erano più felici* ad educare gli occidentali.

Dopo altre stanze che raccontano dell'insediamento sull'isola vi è la descrizione dei due giovani amanti: Nehua, la giovanissima fanciulla polinesiana, e Torquil, il giovane

---

[150] Otaheite è il nome antico di Haiti

mozzo di bordo seguace di Christian. Nel carattere di Nehua Byron proietta l'immagine maschile dell'erotismo femminile: giovane, naturale, spontaneo e quindi non peccaminoso. Una ripetizione più esotica e raffinata del personaggio di Haidee, la giovane ragazza greca protagonista di un libro del *Don Juan*:

> *Lì sedeva la gentile selvaggia della foresta*
> *Matura come donna ma fanciulla negli anni,*
> ...
> *La fanciulla di un mondo giovane, pura*
> *Come natura – bella, calda, e prematura;*
> *Scura come la notte, ma di una notte con tutte le stelle,*
> *Con occhi che erano un linguaggio ed un incanto,*
> *Una forma come Afrodite nella sua conchiglia,*
> *Con tutti i suoi amori d'intorno nel profondo;*
> *Voluttuosa come il primo approccio del sonno;*
> *Eppure piena di vita.*
> (II, 123-135)

Questa era Nehua, la giovane fanciulla indigena che Byron associa con la magia del mare da cui, come novella Afrodite, sembra essere nata. Nehua s'innamora del giovane marinaio Torquil che Byron descrive così:

> *E chi è lui? Un giovane del nord con occhi azzurri*
> *Delle isole note agli uomini, ma poco selvagge;*
> *La bella discendenza delle Ebridi*
> *Dove ruggisce il Pentland con i suoi tempestosi mari;*
> *Dondolato nella sua culla dal ruggente vento,*
> *Nato nella tempesta nel corpo e nella mente,*
> *I suoi giovani occhi aperti sulla oceanica spuma,*
> *Avevano da quel momento considerato sua casa il profondo,*
> *Il gigante compagno del suo pensieroso umore,*
> *Partecipe della sua aspra solitudine,*
> *Il solo Mentore della sua gioventù.*
> (II, 163-172)

Anche Torquil è quindi in qualche modo *Un figlio dell'Oceano*. I due giovani protagonisti della storia d'amore inventata da Byron sono dunque i rappresentanti di due mondi totalmente opposti: scura, calda, seducente, femminile lei, che incarna lo spirito del luogo; freddo, con gli occhi azzurri nato in un luogo inospitale lui.

Tuttavia nonostante le loro lontane e diverse differenze di origine, Byron dà, a Torquil ed a Nehua una caratteristica comune: entrambi sono infatti nati in un'isola, una piccola isola il che dà loro una sorta di affinità di carattere, quella che Tomasi di Lampedusa, chiamerà "la terribile insularità dell'animo":

> *Entrambi figli delle isole, per quanto lontane;*
> *Entrambi nati sotto una stella sorvegliante il mare;*
> *Entrambi nutriti tra le scene della nativa Natura.*
> (II, 274-276)

La loro unione sarà quindi la riunione di due parti artificialmente separate:

> Insieme, come due amanti platonici, loro riuniranno le due metà del separato mondo.[151]

L'amore dei due giovani sarà esaltato come il vero amore che trascende ogni confine e ogni barriera del tempo e dello spazio:

> *I suoi devoti*
> *Non vivono sulla terra, ma nella sua estasi;*
> *Intorno a lui i giorni ed i mondi sono guidati senza cura,*
> *Il suo animo è andato in cielo prima della sua polvere.*
> (2, 370-373)

Nella seconda parte del poema viene descritto l'arrivo di una nave della Royal Navy che va alla ricerca degli ammutinati. Il Comandante Bligh infatti si era salvato, compiendo

---

[151]Jerome J. McGann - *Fiery Dust* - University of Chicago Press,1968

un'incredibile impresa marinara, riuscendo a navigare per quarantasette giorni su di una piccola lancia in condizioni molto precarie e con pochi viveri egli era riuscito a condurre i diciotto uomini a lui rimasti fedeli, ne morirà soltanto uno, prima verso l'atollo di Tofua per approvvigionarsi di viveri, e poi a raggiungere l'isola di Timor. Tornato in patria e sottoposto al giudizio della Corte Marziale egli era stato assolto e quindi venne organizzata una spedizione per catturare i marinai ammutinati.

Christian, l'eroe Byronico dovrà alla fine morire per pagare il suo peccato di presunzione, diventando così un eroe tragico, ma prima egli farà di tutto per assicurarsi che il suo giovane seguace Torquil riesca a sopravvivere, portando così virtualmente a termine la sua impresa. Questo è un falso storico, sembra infatti che Christian sia sopravvissuto a quella battaglia e sia morto qualche anno dopo a causa di un contrasto tra i marinai inglesi e gli indigeni locali.

Nel poema, ma non nella realtà, di tutti gli ammutinati l'unico che si salverà sarà il giovane Torquil, grazie all'amore di Nehua. Per i due giovani amanti infatti il poema non finisce tragicamente come per gli altri, per un motivo che non ha nulla a che fare con l'eroismo. È interessante notare che sarà proprio la giovane ragazza a prendere in mano la situazione, e quindi alla fine la storia non sarà tanto la storia di un ammutinamento, quanto la storia di un amore e soprattutto della salvezza, del recupero, del passaggio da una vita sacrificata e costretta dalle convenzioni ad una vita naturale, spontanea e non ipocrita. Quando Torquil lascerà Nehua per andare a combattere lei diventerà attiva e piena di risorse, pensando immediatamente ad una loro via di fuga ed alla loro sopravvivenza prevedendo istintivamente una sconfitta. E lei vincerà perché Torquil si salverà seguendo le sue istruzioni seguendola nella sua immersione, reale e metaforica nel mare, senza sapere il perché. Lei assume il comando e lui obbedisce pronto a morire insieme a lei.

Questa fiducia in lei sarà ricompensata perché con questa fiducia egli raggiunge la piena integrazione del mondo di Nehua rigettando definitivamente il mondo di Bligh.

Durante la battaglia i due giovani fuggono su di una canoa e vengono inseguiti da una lancia piena di marinai inglesi. Ma nel momento in cui stanno per essere raggiunti essi giungono nei pressi di un grosso ed alto scoglio che si erge solitario sul mare; Torquil è dubbioso e pensa che la morte sia vicina:

> *A distanza di un centinaio di canoe era il nemico*
> *Ed ora quale rifugio se non la loro fragile canoa*
> *Questo chiese Torquil con occhio di rimprovero,*
> *Che diceva – mi ha qui portato Nehua per morire?*
> *È questo un posto di salvezza o una tomba,*
> *E sei tu roccia enorme la lapide delle onde?*
> (4, 51-56)

Ma ecco che Nehua si alza, lascia la pagaia e tuffandosi sott'acqua grida a Torquil di seguirla. Egli obbedisce, si tuffa anche lui e i due spariscono alla vista degli inseguitori:

> *L'equipaggio della lancia guardò sorpreso sul mare e*
> *sullo scoglio*
> *Non vi era alcun approdo su quel dirupo,*
> *Ripido, aspro, e scivoloso come una montagna di*
> *ghiaccio,*
> *Per un po' guardarono aspettando di vederlo galleggiare,*
> *Ma non una traccia ribolliva dal mare:*
> *Le onde rotolavano, senza alcuna increspatura. ...*
> *La ferma canoa galleggiante sulla corrente*
> *Era tutto ciò che restava di Torquil e di sua moglie.*
> *E se non per questo, il tutto avrebbe potuto essere*
> *Il fantasma evanescente del sogno di un marinaio.*
> (4, 68-82)

I due giovani sono spariti sott'acqua, i marinai stupiti dopo averli invano attesi pensano, da superstiziosi come tutti i marinai, che si sia verificato un evento soprannaturale e si allontanano:

> *Essi si fermarono invano cercando e poi andarono*
> *Anche la superstizione gli proibiva di restare.*
> *Qualcuno disse che non si era gettato nelle onde*

Ma svanito come fantasma da una tomba;
Altri, che qualcosa di soprannaturale
Abbagliò la sua figura, alta più che mortale;
Mentre tutti eran d'accordo che nei suoi occhi e guance
Vi era la morta tonalità dell'eternità.
(4, 83-90)

In realtà i due giovani nuotando sott'acqua, erano giunti alla base della roccia e, passando attraverso un'apertura subacquea, erano entrati in un'ampia grotta altrimenti inaccessibile e che Byron chiamerà con tono mistico *una cappella dei mari*. In quella grotta la preveggente Nehua aveva accumulato da tempo dei viveri, delle torce e nascosto un'altra canoa che mostra con gioia a Torquil:

Ed ora lei mostra il suo piccolo tesoro sorridendo
La più felice figlia delle amorose isole.
Lei mentre lui ammirava con stupore grato,
Strinse il suo protetto amore al suo petto appassionato;
E accompagnato da dolci carezze raccontò
Una vecchia storia d'amore, perché l'amore è vecchio
Vecchio come l'eternità, ma non si logora
Con ogni nuovo essere, nato o che nascerà.
(4,187-194)

La salvezza di Torquil dipende dunque esclusivamente dal suo attaccamento e dalla fiducia in Nehua. Egli sceglie di seguirla coscientemente nel profondo del mare, in un percorso a lui sconosciuto, incerto e pericoloso, ma certamente preferibile alle aspettative di una giustizia terrena senza di lei. Ogni giorno Nehua si tuffa ed emergendo scruta l'orizzonte per capire se la nave inglese sia ancora lì, finché un giorno la vede levare l'ancora, gonfiare le vele e partire per sempre dopo aver catturato alcuni degli ammutinati ed aver ucciso gli altri. Nehua e Torquil allora riemergono dalla grotta e con la canoa raggiungono Toobonai, dove vengono accolti con gioia dalla popolazione e dove vivranno una vita semplice ma felice.

L'Isola, in quanto ultima opera completa di Byron, può anche essere vista come una sorta di revisione del primo periodo di Byron. La poesia nonostante racconti una storia di uomini ha un'impostazione prevalentemente femminile. Infatti mentre il mondo della nave della Royal Navy, il *Bounty*, è il mondo della disciplina, dell'autorità ma anche del dissenso e della ribellione ed è un mondo tipicamente maschile, in cui non vi è posto per i sentimenti, l'isola di Toobonay è una sorta di mondo paradisiaco e altamente femminile, un posto di relativa armonia e stabilità, un dominio di cui il protagonista maschile potrà far parte soltanto obbedendo alle condizioni dettate dalla donna. *L'Isola* diventa allora una storia di salvataggio, non di fuga. Il suo vero eroe non è il maschio, ma una donna, anzi una giovanissima fanciulla nera appena uscita dalla pubertà. È significativo che Byron abbia voluto chiamare questo poema proprio *L'Isola* e non il *Bounty*, privilegiando così l'aspetto naturale, femminile rispetto a quello maschile. Così Byron, nel suo ultimo lungo poema completato prima della sua morte, riscrive il proprio mito in modo nuovo e altamente romantico e redime il ruolo femminile riscrivendo il mito di Calypso e dando a lei e non ad Odisseo il vero ruolo di eroe.

Abbiamo già visto in precedenza come l'opera di Byron sia in larga parte, una rielaborazione intellettuale delle sue esperienze, quelle realmente vissute e quelle che, forse, lui avrebbe voluto vivere. In questo Byron si differenzia dagli altri poeti romantici, e in particolare da Keats. Byron infatti ha scritto:

> Penso che sia meglio che io descriva ciò che ho visto piuttosto che quello che invento.

Keats invece, in una lettera al fratello George, scrisse:

> La differenza tra me e Byron è che lui descrive ciò che ha visto, ed io quello che immagino, e il mio compito è molto più difficile.

Nell'opera poetica di Byron vi è una sorta di amalgama di tutti gli aspetti del suo carattere. Egli infatti si pose l'obiettivo di ricreare quel mondo eroico del passato che la modernità, il progresso delle scienze, l'evoluzione sociale, avevano definitivamente cancellato. Questa sua intenzione è chiaramente espressa nella premessa alla sua opera più famosa ed importante, il *Don Juan*. Quel poema inizia infatti così:

> *Voglio un eroe, un desiderio non comune*
> *Poiché ogni anno ed ogni mese ne presentano uno nuovo,*
> *Fino a che, zuccherando le cronache con ipocrisia,*
> *Si scopre che egli non è il vero eroe,*
> *Di tutti questi io non desidero vantarmi.*

Nonostante quest'opera sia stata l'ultima da lui scritta, e rimasta incompiuta a causa della morte del poeta, in realtà questa sua intenzione egli l'aveva già espressa in tutte le opere precedenti.

Le disgrazie e le sofferenze dell'eroe Byronico sono sempre eccezionali ed inaspettate, e in netto contrasto con la sua precedente gioia e felicità. L'eroe Byronico soffre di un totale rovesciamento di fortuna che arriva inaspettato. Tutto ciò porta l'eroe, che all'inizio è giovane e romantico, ad un totale cambiamento trasformandolo alla fine in un essere triste e cinico. Le sue sfortune lo rendono un fatalista che soffre in silenzio, diventando riflessivo e melanconico. Una caratteristica tipica dell'eroe Byronico, è spesso il rimorso, anche se il suo atteggiamento rimane indifferente e provocatorio. Egli non agisce per perseguire ricchezze o vani onori, detesta l'ipocrisia e il despotismo in ogni sua forma ed ama smisuratamente la libertà. Soffre di una sorta di maleficio che grava sul suo animo, ma non è né un essere satanico né un superuomo alla Nietzsche. È nobile d'animo, dignitoso, magnanimo, riservato, risoluto e reticente. In lui vi è qualcosa di speciale, una sorta di dote extraterrestre quasi divina. Non ha paura della morte e la sua vita è una continua lotta contro forze a lui ben superiori a cui lui tuttavia non si arrende, e Byron descriverà questo atteggiamento scrivendo: *Ma io ho vissuto, e non ho vissuto invano.*

Ho già detto che l'eroe che Byron ricerca è quello che avrebbe voluto essere lui stesso, senza mai riuscirci veramente. Infatti anche la sua morte, apparentemente eroica, avvenuta a soli trentasei anni nello splendore e nelle miserie di Missolungi dove si era recato, spinto dal suo amore per la causa dell'indipendenza greca, per aiutare i rivoluzionari greci nella loro lotta di liberazione dal dominio dell'Impero Ottomano, fu dovuta ad una banale infezione di malaria.

La grandezza di Byron risiede quasi interamente nella circostanza che egli visse una vita intensa ed appassionata dall'inizio alla fine, una vita nella quale la distinzione tra realtà e immaginazione era spesso confusa e non chiara, una vita nella quale, pur in presenza di follie, sensualità, forse anche cattiverie, Byron riuscì a mantenere sempre una propria individualità ed una propria linea morale che la completò e l'arricchì trasformandola in un vero e proprio poema che resterà per sempre. Questo è il motivo per cui Byron rimane vivo ancora oggi, con una attualità ed una forza culturale che resterà in eterno. Il suo amico Shelley, che morirà prima di lui, nel suo poema *Adonais*, scritto quale orazione funebre per celebrare la morte del giovane Keats, chiamerà Byron *Il pellegrino dell'Eternità*:

> *Il Pellegrino dell'Eternità, la cui fama*
> *Sopra la sua vivente testa è piegata,*
> *Come un precoce ma duraturo monumento,*
> *Venne, oscurando tutte le luci del suo canto in*
> *cordoglio.[152]*

Il potente senso della sua personalità, che emerge chiaramente leggendo le sue opere, si realizza e si capisce meglio mettendola in relazione con quella degli altri, il suo amico Shelley, il suo nemico Wordsworth, che lo considerava un pazzo, gli altri membri della ipocrita società inglese ed

---

[152] Percy Bysshe Shelley – *Adonais* – XXX, 264, in *The Complete Poetical Works of Percy Bysshe Shelley*, ed. by Thomas Hutchison, London, Oxford University Press, 1961

ancora: i personaggi del suo Oriente, le donne ed i tanti personaggi da lui descritti nei suoi poemi.

Nelle poesie che sono testimonianze dei suoi viaggi e delle sue avventure, reali o immaginarie, egli utilizza una cifra poetica esotica ma con tristi riflessioni sullo stato di lontananza forzata, di esilio dalla sua Società, dal suo paese a cui la sua condotta, giudicata immorale dalla ipocrita società londinese, lo aveva costretto. Tutto questo si riflette in quella che potremmo definire una sorta d'isolamento morale dei suoi personaggi, che pur muovendosi in situazioni complesse ed in compagnia di numerose altre persone, in realtà sono moralmente soli, così come solo fu lui stesso per gran parte della sua vita.

Byron lasciò Genova il 29 Dicembre del 1823. S'imbarcò su di un piccolo vascello veloce per quello che sarà il suo ultimo viaggio, animato da uno spirito di sacrificio e di servizio, non tanto in cerca della felicità, quanto animato da un ideale alto, la libertà di quella Grecia che per lui aveva sempre, sin da ragazzo, rappresentato il punto più alto della cultura e della società. Con questa partenza Byron si lasciava alle spalle gli agi, i lussi, le comodità che avrebbe potuto permettersi e si imbarcava per partecipare ad una vera e propria guerra a lui estranea ma della quale, animato da un forte e disinteressato ideale, sentiva l'assoluta necessità. Byron portava con se ottomila dollari per finanziare la rivoluzione greca. Il suo seguito di servitori, animali ed amici, tra cui Pietro Gamba, s'imbarcò su di una nave più grande e più lenta. Anche questo ultimo viaggio fu avventuroso. Dopo una breve sosta a Zante le due navi si avvicinarono alla costa greca sorvegliata dalla flotta turca. La nave di Byron, più veloce dell'altra, riuscì a passare ed a raggiungere la costa greca, dove però, a causa del cattivo tempo naufragò sugli scogli ed una parte dell'equipaggio scappò. La nave su cui era Gamba venne invece fermata dai Turchi ed i suoi passeggeri minacciati di morte, ma questa minaccia non venne realizzata ed anche a loro venne permesso di proseguire. Giunto a Missolungi Byron venne accolto con tutti gli onori dalle autorità greche e venne invitato a partecipare ai consigli di guerra. Ma essendo presenti in quella zona diverse paludi infestate dalla malaria, molto presto egli cadde vittima di quella malattia e dopo pochi mesi, il 18 Aprile del 1824 giorno di Pasqua, morì da solo essendo quel giorno i suoi amici lontani. La sua morte venne celebrata in tutta la Grecia come la morte di un eroe nazionale. Il Governo provvisorio greco, nel bel mezzo delle celebrazioni pasquali, fece immediatamente chiudere tutti i negozi e proclamò il lutto nazionale per ventuno giorni. Anche in Inghilterra, nonostante la sua cattiva reputazione, la notizia della morte di Byron, ammantata in una sorta di velo eroico, creò una forte emozione. William Hazlitt che aveva quasi terminato di scrivere il saggio su Byron nel *The Spirit of the Age* e nel quale aveva anche criticato alcuni aspetti dei comportamenti e della poesia di Byron, pur giudicandolo un grande poeta, concluderà quel saggio scrivendo:

> Se avessi saputo di scrivere il suo epitaffio, lo avrei fatto con un sentimento diverso. Ma stando così le cose, penso sia meglio lasciare ciò che ho scritto così come è, piuttosto che prendere la verga di piombo e cercare di fonderla nelle "lacrime della sensibilità", o forgiarle in una noiosa lode ed in una dimostrazione di candore di maniera... La Morte cancella ogni cosa, salvo la Verità...Il cimitero del poeta è nella mente degli uomini nella quale egli pianta i semi del suo pensiero senza fine, il suo monumento sono le sue opere...Lord Byron è morto: è morto anche come martire del suo zelo nella causa della libertà, per l'ultima e migliore speranza dell'uomo.[153]

La salma di Byron venne imbalsamata e trasportata in Inghilterra, ma il cuore venne estratto e rimase a Missolungi. In Inghilterra la salma venne portata nella chiesa del villaggio vicino alla sua villa di Newstead Abbey e lì sepolta accanto a quella della madre.

---

[153] William Hazlitt - *Lectures on English Poets & The Spirit of the Age* - J. M. Dent, 1910

La grande poetessa vittoriana Elizabeth Barret Browning (1806-1861) scriverà una poesia per la morte di Byron che inizia così:

Egli fu, e non è più! Le tremolanti coste della Grecia
Sospirando attraverso i suoi gloriosi boschetti, diranno
Che il pellegrinaggio di Aroldo è al fine terminato.

Possiamo concludere dicendo che Byron ha trasformato la sua vita in una poesia e la sua poesia nella sua vita.

Percy Bysshe Shelley

Shelley (1792-1822) è, dopo Shakespeare, il mio poeta preferito e non è certamente un caso che egli, insieme a John Keats di cui parleremo in seguito, venga considerato da gran parte dei critici come il vero erede di Shakespeare. Nella storia della Letteratura Inglese nessun altro poeta è riuscito ad eguagliare, come invece hanno talvolta fatto loro due, le elevate cime poetiche raggiunte dal grande Bardo.

La vena lirica di Shelley è insuperata ed insuperabile. In ogni suo brano con semplicità e naturalezza, ma anche con elevato senso lirico, Shelley riesce ad esprimere profondità di pensiero ed emozioni sincere che toccano l'animo e non possono lasciare indifferente il lettore sensibile. Shelley è inoltre il poeta che più di altri ha ispirato i suoi successori, sia del periodo vittoriano che dei periodi successivi. Robert Browning (1812-1889), che fu un suo grande ammiratore, lo definì come "il viandante vicino al sole"; anche Dante Gabriele Rossetti (1828-1882), uno dei fondatori del movimento dei Preraffaeliti, fu un suo grande ammiratore e creò un archivio di sue lettere alcune delle quali peraltro si rivelarono, successivamente, false. Algernon Swinburne, (1837-1909) forse il più brillante poeta vittoriano, ha scritto:

> ...di tutte le forme di poesia le due più alte sono
> quella drammatica e quella lirica, e mentre è
> chiaro che nella prima il primato è tenuto da
> Shakespeare, nella seconda il primato è senza
> dubbio di Shelley.[154]

Thomas Hardy (1840-1928), uno degli ultimi importanti
scrittori Vittoriani, usava andare in giro con una copia delle
poesie di Shelley in tasca identificando la voce di Shelley con
lo stesso concetto di poesia, mentre il poeta-critico Matthew
Arnold (1822-1888), pur ammirandolo, lo definì come
"l'Angelo inefficace, che sbatte le sue ali nel vuoto" e W. B.
Yeats (1865-1939) scrisse, in un suo saggio del 1932, che
Shelley aveva "modellato la sua vita".

Shelley fu certamente il più intellettuale ed il più
colto di tutti i poeti romantici grazie alle sue intense ed
appassionate letture, alla padronanza di sei lingue ed alla
sua inestinguibile sete di conoscenza. Shelley è stato anche
un poeta che si potrebbe definire "profetico" e, nonostante il
suo dichiarato ateismo, profondamente "religioso". Questa
affermazione che potrebbe sembrare un paradosso è ben
spiegata dal famoso critico di Cambridge C. S. Lewis (1898-
1963) in un suo saggio in cui scrive:

> Non è possibile capire Shelley compiutamente se
> non comprendiamo che per lui, come certamente
> per San Paolo, l'umanità nella sua semplice
> naturalezza o nelle sue condizioni "date" è un
> corpo mortale... Per un Cristiano la condizione
> che il peccato sia una buona cosa perché è il
> preliminare necessario per la successiva peniten-
> za; per Shelley è invece una cosa molto pericolosa.
> Esso genera autodisprezzo e questo a sua volta
> porta alla misantropia ed alla crudeltà... L'uomo

---

[154] Algernon Swinburne – *Essays and Studies* – Chatt & Windus, 1883

che ha visto l'oscurità entro se stesso cercherà
presto una vendetta sugli altri.[155]

Shelley si è sempre schierato contro l'ipocrisia della religione
ufficiale, le ingiustizie della società e le violenze della
politica. Egli era fermamente convinto che la poesia potesse
dare un concreto contributo alla creazione di un mondo
migliore, più equo e più giusto. Per queste sue convinzioni
lottò, restando sempre coerente con esse, anche a costo di
sacrifici e di umiliazioni personali ed andando anche contro
le idee del padre che lo diseredò.

Come detto nel Primo Capitolo, Shelley dedicò tutta
la sua breve vita al perseguimento del suo ideale di felicità
costituito dalla Verità, la Bellezza, la Libertà e l'Amore.
Purtroppo come il protagonista del suo Poema *Alastor*, che
vedremo in seguito, egli non riuscirà mai a raggiungere
questo ideale. Al contrario per tutta la sua vita egli si
sentirà, per molti motivi, come in una prigione:

Le cui catene ed i muschiosi muri
Sentiamo ma vedere non possiamo.
(*Queen Mab*)[156]

Anche Shelley, forse più di Byron, fu un grande ammiratore e
studioso della cultura classica greca anche se, a differenza di
Byron, ne riconosceva i difetti invidiando tuttavia la
democrazia Ateniese e la sua filosofia e dedicando molto
tempo alla traduzione di brani sia di Platone, da lui adorato
come un Dio, che dei grandi tragici greci. Nel suo importante
saggio *La Difesa della Poesia*, del 1821, egli scrive che
Platone era essenzialmente un poeta:

---

[155] C. S. Lewis – *Shelley, Dryden and Mr. Elliot* – in *English Romantic Poets: Modern Essays in Criticism* - a cura di M. H. Abrams, Oxford University Press, 1975

[156] Tutti i brani delle poesie di Shelley qui citati sono tratti da *The Complete Poetical Works of Percy Bysshe Shelley* – edited by Thomas Hutchinson, Oxford University Press, 1935, e da me, salvo diversamente indicato, liberamente tradotti.

> ...la verità e lo splendore delle sue immagini e la
> melodia del suo linguaggio è la più intensa che sia
> possibile concepire.[157]

In quel saggio Shelley illustra anche la sua filosofia e la sua
concezione della poesia. In esso Shelley afferma che le Idee
hanno una sorta di duplice esistenza: una dietro il velo del
mondo materiale e l'altra nella mente delle persone. Cosicché
la poesia è sia un'espressione che anche un'imitazione delle
Idee. Questo è un concetto tipicamente Neo-Platonico. Tuttavia nella versione di Shelley il poeta non esprime soltanto
idee Neo-Platoniche ma anche passioni umane ed altri
concetti elaborati dalla propria mente. Inoltre egli descrive la
poesia come l'espressione dell'immaginazione e la confronta
spesso con un'arpa eolica (così come aveva fatto Coleridge) e
quindi come il risultato dell'unione di un'impressione esterna
con un'emozione interna. Così facendo Shelley, come i suoi
predecessori romantici, rende conto delle origini primitive
della poesia non come pura imitazione, bensì come il risultato
di una risposta emotiva alle osservazioni percepite dalla
mente.

Il suo genio non può essere paragonato ad una costruzione con muri, spazi e passaggi ben definiti e precisi ma
piuttosto ad una solitudine senza confini da dove partono
infinite strade rivolte in ogni direzione sia verso la terra che
verso il cielo. Al contrario di Wordsworth, che era saldamente
ancorato alla terra, Shelley è tutto aria e fuoco, ma i due
poeti condividono la percezione che l'immaginazione, pur
trovando una sua collocazione in certi tempi ed in certe
culture, non può essere limitata o confinata in esse.

A differenza di Byron egli non prese parte attiva alla
vita mondana ma amava rifugiarsi nella solitudine, una
solitudine senza confini materiali nella quale il suo pensiero
spaziava in molte direzioni, verso qualunque cosa che sia
posta in un universo metafisico al di là della terra e del cielo.
Egli chiamò Byron *Il Pellegrino dell'Eternità* ma in realtà

---

[157] Percy Bysshe Shelley– *Essays, Letters from Abroad* – edited by Mary
Shelley, Edward Moxon, 1852

identificava se stesso con quel passaggio del *Pellegrinaggio del Giovane Aroldo* che dice:

> *Ma vi sono i viandanti dell'Eternità*
> *La cui barca continuamente va'*
> *E mai si ancorerà.*
> (CHP, III-70)

Un anno prima della sua morte, nella elegia *Adonais*, composta per commemorare la morte di Keats, Shelley descriverà se stesso come uno:

> *Guidato dalla barca dello Spirito*
> *Lontano dalla costa, lontano dalla tremante folla*
> *Le cui vele mai si arresero alla tempesta.*

Purtroppo invece le sue vele si arresero proprio alla tempesta, quando nel Luglio del 1822 la sua barca a vela naufragò al largo di Viareggio durante un furioso temporale.

Keats che incontrò Shelley a casa di Leigh Hunt[158] (1784-1859) ad Hampstead disse, con una certa dose di gelosia, che "Shelley probabilmente non avrebbe potuto sedersi con le sue ali piegate per più di sei mesi".

Fu un appassionato ed instancabile lettore; girava sempre con uno o più libri in tasca ed anche camminando leggeva di continuo. Quando era costretto ad alzare la testa dal libro era come se non vedesse la realtà che lo circondava ma continuava assorto ad ammirare la visione intellettuale che la lettura gli aveva suggerito. Nella poesia dedicata all'*Allodola* e composta nell'estate del 1820 quando, con la moglie Mary Shelley soggiornò per qualche settimana a Montenero nei pressi di Livorno, egli ci presenta il poeta come nascosto alla vista del pubblico, assorto nei suoi pensieri mentre scrive poesie non richieste fino al momento in cui, finalmente, il pubblico è vinto, preparato e pronto a recepire le idee del poeta ed a simpatizzare con esse; il poema

---

[158] Leigh Hunt fu un critico, saggista, poeta e scrittore inglese, amico di Byron, Keats e Shelley.

finisce con lo stesso poeta che chiede all'uccello di insegnargli a cantare:

> *Cosa tu sia noi non sappiamo*
> *Chi ti assomiglia?*
> *Dalle nuvole dell'arcobaleno non fluisce*
> *Pioggia di gocce così brillanti,*
> *Come dalla tua presenza piove una pioggia di melodie.*

Il poeta non vede l'allodola, ma ascolta il suo canto che "piove" dal cielo in modo spontaneo, imprevisto ed imprevedibile, ma affascinante. Nulla nella natura sembra eguagliare la bellezza di quel canto:

> *Come un poeta nascosto*
> *Nella luce del pensiero,*
> *Cantando inni non richiesti,*
> *Fino a che il mondo non sia pronto*
> *A simpatizzare con speranze e paure non ascoltate.*

Così come l'allodola si rifugia nel cielo, così il poeta è nascosto alla vista degli altri, ed anch'egli, come l'allodola, canta *inni non richiesti*, ma che sensibilizzano il mondo:

> *Insegnami la metà della gioia*
> *Che la tua mente deve conoscere,*
> *Quell'armoniosa follia*
> *Dalle mie labbra fluirebbe*
> *Il mondo allora ascolterebbe, come adesso ascolto io!*

Nel già citato saggio *In Difesa della Poesia* Shelley ribadirà questo parallelo tra il poeta ed un uccello, cambiando però questa volta dall'allodola all'usignolo:

> Un poeta è come un usignolo che siede nell'oscurità e canta per rallegrare la propria solitudine con dolci suoni; i suoi ascoltatori sono come estasiati dalla melodia di un musicista invisibile, che sente che loro sono commossi e addolciti ma che non sa da cosa e perché.

Anche Shelley è stato un grande viaggiatore, non solo per necessità, ma per sua libera scelta. A differenza di Wordsworth che, come visto, passò gran parte della sua vita tra i laghi e i monti della sua regione natia è impossibile ancorare Shelley ad un determinato posto. La sua seconda moglie, Mary Goodwin Wollstonecraft nel suo diario ha scritto:

> Se non fosse stato per la paura dei nostri figli, penso che saremmo stati dei viaggiatori del mondo, essendo entrambi appassionatamente entusiasti del viaggiare.

Essi dunque viaggiarono molto, anche se non con la stessa notorietà e con gli stessi agi di Byron, Purtroppo le parole di Mary sembrano rappresentare un triste presagio in quanto, proprio durante i loro viaggi, la giovane coppia perse due figli essendogli in precedenza morto un bimbo nato prematuro nel 1815. Clara, una bambina di diciotto mesi, morì di febbre tifoidea nel 1818 durante un soggiorno ad Este presso Venezia, quando Shelley e Mary erano ospiti nella villa "I Cappuccini", affittata da Byron per passarvi l'estate. Il suo corpicino venne sepolto in una tomba senza nome al Lido di Venezia. William, un bambino di tre anni e mezzo morì a Roma di malaria nel 1819 e fu sepolto nel Cimitero Protestante di Roma dove, pochi anni dopo, furono sepolte anche le ceneri dello stesso Shelley e dove riposa anche John Keats. Distrutto ed afflitto da questa morte Shelley, dopo aver vegliato a lungo, scrisse:

> *Il bimbo è in pace dentro l'utero*
> *Il corpo riposa entro la tomba*
> *Noi iniziamo dove finiamo.*

Queste morti premature aprirono un solco nei rapporti tra i coniugi che non si sanerà con il tempo, Mary ebbe una forte crisi depressiva rinchiudendosi in un profondo mutismo, e Shelley scriverà in un suo diario segreto:

Mia cara M. dove sei andata
Lasciandomi solo in questo squallido mondo?

Il viaggio di Shelley era iniziato molto tempo prima. Egli infatti, dopo aver frequentato la scuola di Eton, andò all'University College di Oxford, lo stesso a suo tempo frequentato dal padre. Ma la sua permanenza in quella Università, come già ricordato, durò poco. Egli infatti dopo un anno venne espulso per aver pubblicato e diffuso, insieme al suo amico Thomas Jefferson Hogg (1792–1862), un saggio dal contenuto e dal titolo molto provocatorio *Sulla Necessità dell'Ateismo*. Dopo l'espulsione, ed in rotta con il padre, Shelley si traferì a Londra ma, dopo pochi mesi, nel 1811 s'innamorò di una giovanissima ragazza Harriet Westbrook: lui aveva diciannove anni e lei diciotto. La giovane coppia per evitare l'opposizione del padre di lei si rifugiò ad Edimburgo dove celebrarono il loro matrimonio. L'espulsione dall'università di Oxford non significò la fine degli studi per Shelley, al contrario egli si dedicò allo studio ed alla lettura con e rinnovato vigore. In una lettera del Novembre del 1820 all'amico Thomas Love Peacock (1785-1866) egli scrisse:

> Non ho letto altro che opere Greche e Spagnole. Platone e Calderon sono i miei Dei.

Con riferimento alla situazione storico politica, in cui egli visse scrisse anche:

> Lo studio della storia moderna consiste nello studio di Re, politici, uomini di finanza e preti. La storia dell'antica Grecia consiste nello studio di legislatori, filosofi e poeti; è la storia di uomini paragonata alla storia di titoli.

Allontanatosi dalla sua famiglia Shelley passò circa due anni errando tra varie regioni: dalla Scozia alla regione dei Laghi, quindi in Irlanda, poi nel Galles, quindi nel Devon e poi di nuovo nel Galles e, dovunque egli andasse, esponeva senza timore le sue idee radicali che richiamarono spesso l'attenzione e la preoccupazione delle autorità politiche locali. Egli fu un rivoluzionario le cui idee erano, per quel periodo, considerate sovversive. Bernard Shaw ha scritto di essere diventato socialista dopo aver letto le poesie di Shelley, e T. S. Eliot, che fu un vero conservatore, non lo teneva in alta considerazione. Nel suo saggio *La Tradizione ed il Talento Individuale* Eliot scrisse:

> ...la poesia non è un libero sfogo delle emozioni, ma una fuga dalle emozioni; non è l'espressione della personalità, ma la fuga dalla personalità. Soltanto coloro che hanno una personalità e delle emozioni sanno cosa significhi fuggire da queste cose.[159]

Una convinzione, quella esposta da Eliot, totalmente all'opposto del credo romantico e di Shelley in particolare.

In questo periodo vi fu anche un cambiamento nelle idee sociali di Shelley. Da giovane infatti egli riteneva che il male fosse una sorta di peso esterno all'uomo ed imposto su di lui o dalle istituzioni create dagli uomini; in conseguenza lo stesso avrebbe potuto essere rimosso attraverso un cambiamento radicale di queste istituzioni. Lo Shelley un po' più maturo esplora invece in modo più approfondito il cuore del mondo e constata come la corruzione creata dal potere trasforma in male i mezzi che invece dovrebbero fare del bene.[160]

Un anno dopo Shelley lascia la moglie Harriet per Mary, la figlia del filosofo William Godwin e della scrittrice Mary Wollstonecraft.[161] In Mary Shelley pensava di aver

---

[159] T. S. Eliot - *Selected Essays* - Faber and Faber, 1953

[160] Stephen Spender – *Shelley* - British Council and the National Book League, 1968

[161] A proposito della sua relazione con Harriet, la sua prima giovane moglie, egli scriverà "Ognuno deve sapere che il partner della mia vita deve essere una che sente la poesia e capisce la filosofia. Harriet è un nobile animale, ma non può fare nessuna delle due."

trovato la compagna ideale, giovane (aveva appena diciassette anni), bella, autonoma (era appena ritornata da un viaggio in Scozia da sola), e soprattutto intelligente e figlia di due intellettuali importanti. Con lei Shelley riprese a viaggiare questa volta in Europa: la Francia, la Svizzera e poi, dopo un breve ritorno in Inghilterra, di nuovo in viaggio questa volta verso l'Italia. È necessario ricordare che viaggiare a quei tempi era ben diverso da oggi e presentava molte difficoltà.

Sia Shelley che Mary, che si sposeranno qualche tempo dopo (alla morte per suicidio della prima moglie Henriette), scrissero dei resoconti dettagliati dei loro viaggi, vere e proprie guide, che descrissero anche nei romanzi scritti da Mary e nelle poesie scritte da Shelley. Egli definì tutta la propria poesia come una poesia di viaggio.

Per Shelley il tema del viaggio, del pellegrinaggio, della ricerca è fondamentale ed ha sempre uno scopo ben preciso che non è, come per Byron e per Keats, la ricerca dell'amore o meglio non soltanto dell'amore sensuale, ma piuttosto di una sorta di amore extra-sensuale, un amore che sfugge ad ogni definizione e che pertanto è impossibile da trovare. Tutta la poesia di Shelley è permeata da questa disperata quanto inutile ricerca. In questo egli si differenzia da Byron, per questi infatti le donne erano soprattutto degli "oggetti" di un piacere sensuale fine a se stesso, compagne di qualche ora e nulla più; Shelley invece andò per tutta la sua vita alla ricerca di qualcosa di profondamente diverso. Egli amò sensualmente e fisicamente e fu riamato da alcune donne, ma questo a lui non bastava; l'appagamento fisico non gli era sufficiente, avrebbe dovuto essere congiunto con un forte appagamento intellettuale, quello sarebbe stato per lui il culmine supremo della felicità. Nell'Ottobre del 1821 in una lettera indirizzata al suo amico John Gisborne confessò "Alcuni di noi sono stati, in un'esistenza precedente, innamorati di un'Antigone, e questo ci rende scontenti di ogni legame mortale". Per tutta la sua vita Shelley continuò a cercare la sua Antigone perduta, l'eroina di Sofocle, una donna animata dall'amore e dalla pietà che viene distrutta ed uccisa dalle leggi e dalle convenzioni della società. In Antigone Shelley vedeva la sua donna ideale, quella a cui legarsi per la vita; pensò di poterla ritrovare in una donna reale, in ogni donna che lui amerà: Harriet Westbrook, Mary Godwin, Emilia Viviani, Jane William. Con ognuna di esse si illudeva di averla trovata ma, dopo qualche tempo, scopriva di essersi sbagliato e subentrava allora una forte delusione. Più che di una semplice relazione fisica, Shelley andava alla ricerca di un'unione con qualcuno che fosse perseguitato, come a lui sembrava essere, e con cui condividere intensamente, fisicamente ed intellettualmente, questa situazione.

Seguendo la filosofia Platonica Shelley amava trattare gli oggetti naturali e gli esseri viventi come brutte copie di un ideale remoto; una delle sue più belle poesie si chiama infatti *Inno alla Bellezza Intellettuale*. Shelley tuttavia, dopo tanti inutili tentativi, divenne consapevole dell'impossibilità di successo di questa ricerca infatti, pochi mesi prima di morire, scrisse, sempre a Gilborne, un'altra lettera in cui afferma "Penso che ognuno di noi sia sempre innamorato di qualcuno o di qualcosa, l'errore, e confesso che non è facile evitarlo, per uno spirito incorporato nella carne e nel sangue, consiste nel vedere in un'immagine mortale la somiglianza di quello che è probabilmente eterno".

Shelley, seguendo il solco della tradizione romantica, sentiva un'attrazione particolare per la natura e in particolare per le montagne e per l'acqua, in tutte le sue forme, fiumi, laghi, mare. Nel corso dei suoi viaggi attraversò diverse volte le Alpi. La prima volta fu nel 1814 a ventidue anni e quella vista lo sconvolse per la sua grandiosità. Nel suo diario scriverà:

> La loro immensità fa oscillare l'immaginazione, e sorpassa di così tanto ogni concetto, che richiede un particolare sforzo di comprensione nel pensare che queste siano soltanto delle montagne.

Nella visione di quei monti giganteschi egli percepiva una presenza intellettuale, un pensiero che rimarrà impresso nella sua mente e che troverà la sua espressione poetica in una bella e potente poesia che scriverà alcuni anni dopo, intitolata *Monte Bianco*.

La vista di quelle immensità incuteva in lui un senso di timore e di esaltazione. Claire Clairmont scriverà nel suo diario che, nel 1818, quando con lui e con Mary attraversarono in carrozza il Moncenisio, Shelley durante tutto il viaggio attraverso il passo non fece altro che cantare a squarciagola una canzoncina su rime Shakespeariane di sua invenzione che faceva così:

> *Adesso il Paradiso è negletto dagli uomini*
> *E gli Dei sono appesi su ogni albero,*
> *Ma non sia per timore di perderli*
> *Che questo mondo stupendo debba essere infelice.*[162]

Questa sua attrazione per le grandi montagne troverà anche un'altra potente espressione poetica nel suo *Prometeo Liberato*, un grande ed importante dramma che Shelley iniziò a scrivere ad Este, continuò a Roma e terminò a Firenze, tra il 1818 ed il 1819, all'età di soli ventisei anni. Per questo dramma Shelley si ispirò all'analogo dramma di Eschilo. È però interessante notare come, a causa della sua grande passione per la libertà, egli ne abbia cambiato la trama. Nella premessa a quel dramma Shelley infatti scrive:

> Il *Prometeo Liberato* di Eschilo presuppone la riconciliazione di Giove con la sua vittima che pagherà il prezzo rivelando il pericolo che minaccia il suo impero derivante dal suo rapporto sessuale con Teti... Ma io sono contrario ad una riconciliazione tra il Difensore e l'Oppressore dell'Umanità... l'interesse morale della leggenda, che è potentemente sostenuta dalla sofferenza e dalla resistenza di Prometeo, sarebbe cancellata se possiamo concepire lui senza il suo alto linguaggio e sgomento davanti al suo avversario perfido e vincente... L'unico essere immaginario

---

[162] Ann Wroe – *Being Shelley* – Vintage Books, 2008

che rassomiglia in qualche modo a Prometeo è
Satana; e Prometeo è, secondo me, un personaggio
più poetico di Satana.

Durante la sua permanenza a Ginevra, nell'estate del 1916,
Shelley si recò a Chamonix e sul registro degli ospiti della
locanda dove alloggiò scrisse in greco, accanto al proprio
nome: "Democratico, Filantropo ed Ateo". Sembra che, in una
successiva visita alla stessa locanda, Byron si fosse affrettato
a cancellare quelle parole per evitare guai al suo amico. Nel
suo diario Shelley scriverà con molta retorica "Ho calcato i
ghiacciai (sic!) ed ho vissuto sotto l'occhio del Monte
Bianco!"[163] In realtà Shelley si limitò ad osservare la cima del
Monte Bianco, che a tratti sbucava dalle nuvole, scalando
quel monte soltanto con la sua fantasia. Il suo punto di
osservazione era posto su di un piccolo ponte di legno sul
fiume Arve, che nasce proprio da quel monte e scorre in
quella valle per poi confluire nel Rodano. Quel punto di
osservazione gli permise di osservare sia la maestosità della
montagna che lo scorrere frenetico delle acque del fiume.
Quello fu per lui un momento di estasi nella contemplazione
del Sublime che influenzerà profondamente tutta la sua
poesia. Tornato nella locanda iniziò a scrivere una prima
stesura della poesia che dedicherà a quel monte. Nello
scrivere quella poesia, e nell'atteggiamento ribelle ed
iconoclastico di Shelley, non è escluso che lui intendesse
anche farsi gioco della religiosità di Coleridge. Infatti anche
Coleridge aveva scritto una poesia dai toni religiosi intitolata
Inno prima del Sorgere del Sole nella Valle di Chamonix.
Quel poema illustra la fede del poeta che, di fronte alla
maestosità della visione del grande monte, la riconosce come
una manifestazione della potenza divina. Coleridge scriverà
nel suo diario "Chi può essere un ateo in questa valle di
meraviglie?". La cosa strana, che peraltro tutti sapevano, è la
circostanza che Coleridge non aveva mai visitato la Valle di
Chamonix o visto il Monte Bianco, ma aveva scopiazzato i

---

[163] Carl Thompson - *The Suffering Traveller and the Romantic Imagination* - Clarendon Press, 2007

dettagli da un noto poema di Friederike Brun (1765 –1835), una poetessa danese. A conferma del suo riferimento ironico a Coleridge, Shelley intitolerà la sua poesia *Monte Bianco*, ma aggiungerà un sottotitolo *Versi scritti nella Valle di Chamonix*. La sua poesia non ha nulla di religioso ed esalta piuttosto la forza e la potenza della Natura. Entrambi i poeti ammirano e riconoscono la maestosità del panorama nei suoi dettagli ma, mentre Coleridge riconosce in essi il segno della grandezza e della presenza di Dio, Shelley rifiuta questa visione asserendo che non vi è alcun segno di Dio ma soltanto una rappresentazione della potenza della Natura.

Oltre alle montagne anche l'acqua attrasse in modo istintivo e passionale l'attenzione di Shelley. Ovunque vi fosse dell'acqua, lago, fiume o mare, egli sentiva un'attrazione potente verso quell'elemento, e una forza irresistibile lo spingeva ad entrarvi, anche se non sapeva nuotare. Amava andare in barca, come scrisse in una lettera a Claire Clairmont "per allontanare i pensieri o meglio per fermare il tempo".

Come già detto, nell'autunno del 1818 Shelley si recò a Venezia e Byron lo ospitò presso la villa da lui presa in affitto ad Este, qui venne in seguito raggiunto dalla moglie Mary e dai figli. Nonostante la tremenda sventura della morte della piccola Clara, quel periodo fu denso di creatività per Shelley. Infatti, nella pace di quella residenza, iniziò a scrivere il suo capolavoro: *Il Prometeo Liberato* e scrisse inoltre due poemi: *Julian e Maddalo* e *Versi scritti fra i Colli Euganei*. In quest'ultimo descrive una giornata in cui il poeta s'immagina di guardare dall'alto di quei colli il panorama sottostante, come fosse un navigante tra un arcipelago di isole verdeggianti.

Questi versi rappresentano una meditazione sul senso ultimo del vivere umano e costituiscono un'ampia allegoria in cui il profondo e vasto mare dell'infelicità rappresenta lo svilupparsi dell'esistenza inondata con i flutti del dolore; il navigante pallido e sfinito che va alla deriva con la sua nave esprime la negativa condizione esistenziale del poeta. Il viaggio della barca che continua giorno e notte rappresenta, secondo l'antico *topos* letterario, il trascorrere del tempo dell'esistenza. Se poi ricordiamo che Shelley morì proprio in un naufragio, questi versi appaiono come una inquietante profezia. I Colli sono colti nel momento magico dell'autunno quando essi divengono addirittura simbolo di una vita paradisiaca liberata dal male, dal dolore e dalle invidie umane. Il poema inizia così:

> *Molte isole verdi devono pur esistere*
> *Nell'ampio e profondo mare dell'Infelicità,*
> *O il marinaio, esausto e pallido,*
> *Non potrebbe continuare il viaggio,*
> *Giorno e notte, e notte e giorno,*
> *Alla deriva lungo la sua stanca strada,*
> *Con la spessa nera oscurità,*
> *Che circonda la rotta del suo vascello;*
> *...*
> *Sì, molte isole rigogliose giacciono*
> *Nelle acque dell'ampia Agonia:*
> *Ad una di esse questa mattina venne portata,*
> *La mia barca da venti gentili pilotata:*
> *Tra i monti Euganei*
> *Io stetti ascoltando il canto*
> *Con il quale legioni di corvi salutavano*
> *Il maestoso sorgere del sole.*

Con questi versi densi di commozione per la recente scomparsa della piccola Clara, Shelley intende affermare l'universalità della propria esperienza di vita, legata ad una determinata posizione, ad un luogo ma allo steso tempo aperta ad una sua completa ed improvvisa ridefinizione. Una poesia molto bella che non abbiamo lo spazio di approfondire come meriterebbe. L'altra poesia scritta in quel periodo è *Julian e Maddalo* ed ha come sottotitolo *Una Conversazione*. Questa è un'altra bella e profonda poesia che oltre a descrivere una giornata trascorsa con Byron contiene profonde meditazioni filosofiche sul significato ultimo della vita, della passioni e dell'amore. La scena è quella della laguna di Venezia. Questa poesia racconta una storia in parte vera ed in parte immaginaria. Nella Prefazione Shelley spiega chi siano i due personaggi rappresentati nel poema:

Il Conte Maddalo è un nobile Veneziano di una antica famiglia e di grande fortuna, che, senza mescolarsi troppo nella società dei suoi concittadini, risiede nel suo magnifico palazzo in quella città. È una persona di una grande genialità e capace, se volesse dirigere le sue energie a tale scopo, di diventare il redentore del suo degradato paese... Julian è un Inglese di buona famiglia, appassionatamente legato a quelle nozioni filosofiche che asseriscono la forza dell'uomo sopra la propria mente, e l'immenso miglioramento a cui, attraverso l'estinzione di certe superstizioni morali, la società umana potrebbe essere suscettibile. Senza nascondersi l'esistenza dei mali del mondo, egli è convinto che il bene possa sempre prevalere.

Appare evidente che con queste parole Shelley vuole rappresentare Byron come il Conte Maddalo, e Julian come se stesso. Al di là delle descrizioni dei fatti che vi si svolgono, il poema intende evidenziare le grandi differenze di pensiero e di filosofia esistenti tra i due poeti. Vi è poi un terzo personaggio, un uomo diventato pazzo perché abbandonato dalla propria donna e che il Conte Maddalo ha aiutato, facendolo ricoverare in un ospizio; nella descrizione di quest'uomo è probabile che Shelley si sia ispirato a Torquato Tasso, uno scrittore ammirato da entrambi i poeti. Il poema inizia con la descrizione di una cavalcata che i due amici fanno sulle sabbie deserte del Lido. Questa era un'abitudine giornaliera che Byron aveva durante il suo soggiorno veneziano:

Questa cavalcata era la mia gioia.
Io amo tutti i desolati
E solitari luoghi, in cui proviamo
Il piacere di credere che ciò che noi vediamo
Sia senza confini, come vorremmo fosse il nostro animo:
E così era quell'ampio mare, e questa riva
Più sterile dei suoi marosi; e soprattutto
Con un ricordato amico amo

Cavalcare, come allora cavalcai; con i venti spargenti
I viventi spruzzi lungo l'assolata aria
Sui nostri volti; i cieli azzurri erano tersi,
Denudati fin nel loro intimo dalla risvegliante
tramontana,
E dalle onde, suoni come delizie prorompevano
In armonia con la solitudine, e mandavano
Un'eterea delizia entro i nostri cuori.
(14-26)

In questi versi Shelley annuncia il suo credo nella libertà del pensiero e dell'immaginazione ed il desiderio di sognare e di delineare un futuro senza confini né barriere. La cavalcata consente al poeta di immergersi nella natura, nel vento che *denuda* i cieli *fin nel loro intimo* e nelle onde il cui suono, con una straordinaria e poetica associazione, creano una delizia nel cuore dei due cavalieri. Cavalcando i due amici discutono:

Quel giorno era stato allegro ma freddo, ed ora
Il sole calava, ed anche il vento.
Il nostro dire divenne allora serio, come può esserlo
Un discorso interrotto da battute
Come burle, poiché non possono schernire
I pensieri che vorrebbero disperdere: — era triste
Eppur gradito, così come una volta narrano i poeti,
I demoni che entro le valli infernali discutevano,
Di Dio, del libero arbitrio e del destino:
Di tutto ciò che il mondo è stato o potrebbe essere,
Tutto ciò che il vano uomo immagina o crede,
O che la speranza può dipingere o la sofferenza
realizzare.
(34-45)

I discorsi si fanno seri e questo passaggio contiene alcune chiare allusioni e riferimenti al *Paradiso Perduto* di Milton dove nel Libro Secondo si dice:

Altri appartati sedevano sulla Montagna
Assorti in pensieri elevati, ed alti ragionamenti

Sulla Provvidenza, Preconoscenza, Volontà e Destino
(Paradiso Perduto, II, 557-59)

Non è un caso, né una pura coincidenza, che questo passo del *Paradiso Perduto* descriva l'assemblea dei diavoli che, ancora storditi per la loro cacciata dal Paradiso, stanno meditando su quale sia la loro vendetta migliore:

> *Discorrevamo; ed io (per sempre fermo*
> *Non è da saggi trarre il bene dal male?)*
> *Argomentavo contro lo sconforto, ma l'orgoglio*
> *Faceva prendere all'amico mio il lato oscuro.*
> (46-49)

In questi versi emerge la diversità di vedute tra i due amici. Questa diversità riguarda i grandi temi del più ampio dibattito filosofico di quei tempi tra i sostenitori dell'idealismo puro, che pensavano che il mondo fosse dominato dalle leggi immanenti di una Ragione sopraindividuale, ed i difensori della cosiddetta "Ragione positiva" che invece sostenevano la forza della Ragione umana nel determinare gli eventi. Questo dibattito appassionava Shelley-Julian che si schierava con i secondi, mentre Byron-Maddalo con i primi. Terminata la cavalcata i due amici scendono dai cavalli e si apprestano a rientrare, ma prima di salire sulla gondola osservano il tramonto:

> *Come colui che sosta in qualche piacente modo*
> *Sebbene propenso al dolce pellegrinaggio, noi stemmo*
> *A contemplare la sera, e le acque*
> *Distese tra la costa e la città,*
> *Lastricate con l'immagine del cielo...le nevose*
> *Ed aeree Alpi verso il Nord apparvero attraverso la*
> *foschia, un bastione*
> *Sostenente il cielo estendentesi*
> *dall'Est a l'Ovest; e metà del cielo*
>
> *Era coperta di nubi riccamente ornate di*
> *Rosso cupo al sommo, che cresceva ancora*
> *Giù nel ripido Occaso in una tinta meravigliosa*

Più brillante dell'oro ardente, giù fino al varco
Dove il veloce sole ancor s'attardava nella sua discesa
Tra le variegate vette

...

E poi, come se la terra ed il mare fossero
Dissolti in un lago di fuoco, vedemmo
Quei monti torreggianti come tra vampe di fiamma
Intorno al vaporoso sole, da cui emanava
Il più purpureo spirito di luce, e rendeva
Quelle vette trasparenti.
(63-85)

Con questa affascinante descrizione del tramonto a Venezia con *le acque...Lastricate con l'immagine del cielo* e *come se la terra ed il mare fossero/Dissolti in un lago di fuoco* Shelley sembra descrivere con le parole la stessa scena che Turner dipingerà nei suoi quadri alcuni anni dopo. I due amici salgono quindi sulla gondola di Maddalo, che Shelley chiamerà *La funerea barca*. Durante l'attraversamento della laguna, Maddalo indica a Julian un triste edificio su di un'isola: un manicomio con una torre sulla cui cima una campana chiamava i matti a rientrare nelle loro celle. Al che Shelley-Julian dirà:

> *"Han giusto quanto serve per pregare*
> *Per grazia o per speranza per il loro triste gruppo*
> *Verso il loro Dio severo", risposi. "O oh!*
> *Tu parli come nel passato" disse Maddalo.*
> *"E' strano gli uomini non cambiano. Tu fosti sempre,*
> *In mezzo al gregge di Cristo, un pericoloso infedele,*
> *Un lupo tra agnelli mansueti – se non sai nuotare*
> *Diffida della Provvidenza". Lo guardai*
> *Ma il lieto sorriso era svanito dal suo volto,*
> *"E tale" – Lamentò, "è la nostra mortalità,*
> *E questo deve essere l'emblema ed il segno*
> *Di ciò che dovrebbe essere divino ed eterno! -*
> (111-120)

In questo brano vi è un chiaro riferimento all'ateismo di Shelley, ma anche ad una strana e sconcertante previsione della sua morte. Maddalo infatti dirà *Se non sai nuota-re/Diffida della Provvidenza*. Come già detto Shelley, che non sapeva nuotare, morirà affogato quattro anni dopo nel naufragio della sua barca:

> *È la nostra volontà*
> *Che ci incatena così al male consentito –*
> *Noi potremmo essere diversi – potremmo essere tutto*
> *Ciò che sogniamo di felice, nobile, maestoso.*
> *Dove sono l'amore, la bellezza e la verità che cerchiamo,*
> *Se non nella nostra mente? E se non fossimo deboli,*
> *Saremmo meno deboli nelle azioni che nel desiderio?*
> *...*
> *Sappiamo d'avere la forza in noi di agire*
> *E di soffrire – ma cosa, non lo sappiamo*
> *Finché non lo proviamo;*
> *Ma certo qualcosa di più nobile che vivere e morire –*
> *Così ci insegnarono quei re della vecchia filosofia*
> *Che regnarono, prima che la Religione*
> *Rendesse ciechi gli uomini.*
> (170-189)

Con questi versi, che Shelley fa dire al suo alter-ego Julian il mattino dopo mentre parla con Maddalo nella sala del biliardo del suo palazzo Veneziano, il poeta ci enuncia in modo chiaro la sua filosofia di vita, la potenza della mente umana, il suo credo nella filosofia antica ed il suo disdegno per la religione che *rende ciechi gli uomini*. Maddalo-Byron, con il suo scetticismo e la sua fatalità, gli risponderà *Tu parli di Utopie*. Il poema poi continua con il racconto della visita che i due amici fanno il giorno dopo al manicomio ed all'uomo che era impazzito per il dolore causato dall'abbandono della donna che lui amava. Ma non abbiamo lo spazio per commentare il seguito di questo bel poema.

Vorrei adesso presentare un'altra poesia di Shelley, una tra le più belle, tra le più misteriose e difficili, densa di significati remoti, lunga, affascinante e complessa. L'argomento di questo poema è in linea con il nostro tema, infatti racconta di un lungo viaggio, fisico ed intellettuale, rivolto alla ricerca della realizzazione di un ideale non meglio identificato che dovrebbe rendere felice la vita ma che, nell'impossibilità del suo raggiungimento nella vita terrena, si concluderà inevitabilmente con la morte del protagonista, simbolo estremo della sola opportunità di raggiungimento di quell'ideale. Shelley scrisse questo poema di settecento versi nel 1815, quando aveva soltanto ventitré anni ed in esso profuse, oltre alla sua grande passione poetica, molte rievocazioni della poesia di Wordsworth che lui ammirava moltissimo, echi delle sue letture dei classici greci, delle opere filosofiche, della Bibbia ed anche delle sue personali esperienze di viaggio, con le relative impressioni ed osservazioni sulla natura, soprattutto quelle fatte nel viaggio attraverso la Francia e la Svizzera con Mary e con Claire nel 1814 e descritte minuziosamente nel diario tenuto insieme a Mary e poi pubblicato.[164]

Quel periodo della vita di Shelley fu forse quello per lui sentimentalmente migliore. Infatti dopo aver interrotto bruscamente il suo insoddisfacente rapporto con la giovane moglie Henriette, Shelley si era legato a Mary Godwin. In lei Shelley riteneva di aver trovato la compagna ideale sia sotto il profilo sensuale che intellettuale. Questa soddisfacente situazione venne tuttavia offuscata, per qualche tempo, dalla diagnosi, da parte di un eminente dottore, secondo la quale Shelley sarebbe stato affetto da tisi e sarebbe morto da lì a poco. Questa diagnosi, rivelatasi in seguito del tutto errata, instillò nella mente di Shelley un ricorrente pensiero della morte che egli riverserà in questo come in altri poemi.

Il titolo del poema è *Alastor*, che in Greco indica "Il diavolo vendicatore", ed ha come sottotitolo *Lo spirito della solitudine*. *Alastor* quindi non è il nome del protagonista, ma bensì dello spirito che gli apparirà in sogno e che lo perseguiterà fino a portarlo alla morte. Il significato ultimo della poesia consiste in una approfondita riflessione in merito

---

[164] Mary Shelley - *History of a six weeks' tour through a part of France, Switzerland, Germany and Holland: with letters descriptive of a sail round the Lake of Geneva, and of the glaciers of Chamouni* – T. Hookman, jun. and C. and J. Ollier, 1817

alla disperazione della condizione umana. L'immaginazione che folgora ed eccita la mente degli uomini può portare a momenti di esaltazione ma anche a momenti di sconforto e di buio, accentuando le conseguenze della solitudine del poeta. In sintesi il poema racconta di un giovane poeta che ritiene che i suoi ideali possano essere sufficienti a sostenerlo nella vita; abbandona quindi deliberatamente le gioie ed i dispiaceri dell'amore terreno per andare in giro per il mondo, nel tentativo di riuscire a trovare una concreta realizzazione di questi ideali, ma morirà senza che questi si siano realizzati.

L'immaginazione aiuta il poeta a sviluppare un suo viaggio mentale, una ricerca verso l'identificazione di uno o più oggetti del desiderio, che devono incorporare quegli elementi di bellezza e di verità che costituiscono gli elementi fondanti della felicità per i romantici. Questa poesia è quasi una profetica celebrazione della stessa vita di Shelley che si muoverà velocemente verso un drammatico finale, la morte nell'acqua, e quindi una sorta di simbolico atto di ricongiunzione con la natura così come descritto profeticamente nel poema. Nella Prefazione Shelley scrive:

> Il poema intitolato *Alastor* può essere considerato come allegoria di una delle più interessanti situazioni della mente umana.

Shelley ci avverte dunque che la storia che il poema racconta sarà altamente simbolica ed allegorica. Questa circostanza ne rende difficile e spesso oscura l'interpretazione, perché non sempre la mente del lettore è in grado di fare quei necessari collegamenti che invece nascevano spontaneamente nella mente di Shelley, generati dalle sue numerose ed approfondite letture e riflessioni.

Molti critici hanno sottolineato la profonda influenza di Wordsworth che Shelley leggeva avidamente in quel periodo della sua vita. Questo è certamente vero soprattutto per la prima parte del poema. Il poema si apre infatti con un'invocazione Wordsworthiana alla Natura, chiamata *Grande Madre*, e chiamando altresì fratelli la *Terra, l'Oceano ed il Cielo* e reclama una naturale pietà che gli consentirà di sentire il loro amore, offrendo loro il suo come ricompensa:

> *Terra, Oceano, Aria, amata fratellanza!*
> *Se la gran Madre nostra ha nutrito l'animo mio*
> *Di tanta naturale pietà da sentire*
> *Il vostro amore, e compensarlo con il mio;*
> *Se l'alba rugiadosa e l'odorante meriggio ed anche*
> *Il tramonto ed il suo sgargiante corteo,*
> *Ed il silenzio fremente della notte solenne;*
> *Se i vuoti sospiri d'Autunno nell'avvizzito bosco*
> *E l'inverno, avvolto nel candore di nevi pure, e corone*
> *Di ghiaccio stellato, d'erbe essiccate e di spogli rami;*
> *Se i palpiti voluttuosi della Primavera, quando*
> *Esala i primi dolci baci, furono a me cari;*
> *Se nessun felice augel, insetto, o gentil creatura*
> *Io ho coscientemente offeso, ma sempre amando*
> *E accarezzando, questi miei simili; allora perdonate*
> *Questo vanto, fratelli amati, e non negate adesso*
> *Alcuna parte del vostro consueto favore.*
> (1-17)

Il poeta sente dunque il bisogno di invocare l'amore ed il sostegno degli elementi della Natura per riuscire a scrivere, dando così alla Natura, che lui chiama *Madre* il ruolo di sua Musa ispiratrice; una sorta di panteismo mitologico che richiama sia la grande poesia greca che quella già citata di Wordsworth:

> *Vi era un poeta la cui prematura tomba*
> *Nessuna umana mano con pietà reverente eresse,*
> *Ma gli incantati vortici degli autunnali venti*
> *Alzarono sulle sue frantumate ossa una piramide*
> *Di marcescenti foglie nella deserta landa.*
> *Un giovane amabile, nessuna vergine dolente*
> *Cosparse di fiori piangenti, o serti di cipressi votivi,*
> *Il solitario giaciglio del suo eterno sonno: -*
> *Gentile, e audace, e generoso, nessun solitario bardo*
> *Cantò tristi melodie per il suo fato oscuro:*
> *Egli visse, morì e cantò, in solitudine.*

Estranei piansero nell'udire i suoi appassionati versi,
E quando sconosciuto egli passava, vergini fanciulle,
Si struggevano per l'appassionato amore dei suoi occhi
selvaggi.
(51-64)

Il poema narra quindi della prematura morte di un giovane poeta ossessionato da un peso che gravava sul proprio animo e cioè la disperazione della condizione umana. Shelley inizia quindi il racconto partendo dalla fine, descrivendo la lontana e naturale tomba del giovane poeta, che muore solitario in terre sconosciute, non circondato da affetti o da preghiere, ignoto ai più anche se ammirato da chi lo aveva ascoltato e adorato dalle ragazze che lo avevano incontrato. Poi la storia torna indietro, ed il poema descrive l'infanzia del giovane poeta:

Da solenni visioni e luminosi argentei sogni
La sua infanzia fu nutrita. Ogni spettacolo
E voce della vasta terra e l'aria attorno,
Mandava i suoi più eletti impulsi al suo cuore.
La fontana della filosofia divina,
Non rifuggivano le sue labbra assetate, e ogni cosa
grande
O buona o bella, che il sacro passato
Come leggenda o verità consacra, egli sentì e conobbe.
(67-75)

Ecco dunque che il giovane dedica la sua gioventù allo studio del *sacro passato*, trascurando i piaceri materiali. In questi versi Shelley sembra voler fare esplicitamente un proprio ritratto. Poi, come spiega Shelley nella Premessa, arriva il tempo in cui questo atteggiamento non basterà più:

Il giovane beve avidamente alla fonte del sapere e non ne è mai sazio. La magnificenza e la bellezza del mondo esterno penetra profondamente nell'insieme dei suoi pensieri e dà varietà inesauribile alle loro variazioni. Fintanto che gli è possibile fissare il suo desiderio su oggetti così infiniti e incommensurabili, egli è contento, tranquillo e padrone di se. Ma giunge il momento in cui questi oggetti cessano di soddisfarlo.

Vi è dunque nell'animo del giovane poeta un desiderio di conoscenza che va al di là del normale, addirittura al di là dell'incommensurabile. Questa sete di conoscenza è così forte da rassomigliare al mito di Faust, e spingerà il poeta alla ricerca di un amore impossibile che lo porterà alla morte. La mente del giovane poeta sente adesso il bisogno di andare in cerca di *una mente simile alla sua*, ed allora parte per un lungo viaggio alla ricerca di un ideale che lui stesso stenta a definire:

> *Quando la prima giovinezza fu passata egli lasciò*
> *Il freddo focolare e la sua casa aliena,[165]*
> *Per inseguire strane verità in terre inesplorate.*
> *Molti deserti immensi e intricate lande hanno attivato*
> *I suoi passi impavidi, e ha comprato*
> *Con la sua dolce voce e gli occhi, dai selvaggi,*
> *Riposo e cibo. I più segreti passi*
> *Della Natura, come la sua ombra, egli ha seguito,*
> *Ovunque il rosso vulcano incomba*
> *Sui suoi campi di neve e i suoi pinnacoli di ghiaccio*
> *Con fumo ardente, o dove laghi di bitume*
> *Su nere scabre aguzze isole battono*
> *Con indolente sciabordio, dove segrete grate,*
> *Impervie e oscure, serpeggiando fra sorgenti*
> *Di fuoco e di veleno, inaccessibili*
> *All'avarizia e alla superbia, le loro cupole stellate*
> *D'oro e diamanti stendono*
> *Su sale innumerevoli ed immense,*
> *Adorne di fitte colonne di cristallo e chiari altari*
> *Di perle e troni sfolgoranti di crisotilo.*
> (69-96)

---

[165] In questo verso Shelley probabilmente sintetizza i suoi difficili ed ostili rapporti con il padre.

Il poeta inizia la sua ricerca della parte più oscura e segreta della natura umana in cerca di *strane verità in terre inesplorate* e lo fa iniziando un lungo viaggio fino alle montagne del Caucaso, la Persia, l'Arabia, il Cashmere, e il grande deserto:

> *Il suo passo vagante*
> *Seguendo alti pensieri, avea visitato*
> *Le spaventose rovine degli antichi giorni:*
> *Atene, e Tiro e Baalbek, ed il deserto*
> *Dove Gerusalemme si stagliava, le torri cadute*
> *Di Babilonia, l'eterna piramide,*
> *E Menfi e Tebe, e tutto quello che di strano,*
> *Scolpito su obelischi d'alabastro,*
> *O tombe di diaspro, o mutilate sfingi,*
> *Nasconde. E là fra i templi abbandonati,*
> *Colonne splendide e selvagge immagini*
> *Oltre l'umano, ove marmorei demoni sorvegliano*
> *Il bronzeo mistero dello Zodiaco, e uomini morti*
> *appendono*
> *Muti pensieri alle muti pareti attorno*
> *Egli indugiava meditando sopra le reliquie*
> *Della giovinezza del mondo, per tutto il lungo ardente*
> *giorno*
> *Egli fissò quelle silenti forme, né, quando la luna popolò*
> *Con ombre fluttuanti le misteriose sale,*
> *Se ne distolse, e invece continuò a fissarle*
> *E le fissò, finché sulla sua mente intatta il loro senso*
> *Rifulse come forte ispirazione, ed egli vide*
> *Gli emozionanti segreti della nascita del tempo.*
> (107-128)

Molti critici si sono sbizzarriti nel tracciare l'itinerario del viaggio del giovane poeta così come indicato da Shelley: Atene, Tiro, Baalbek, Gerusalemme, Babilonia, Menfi, Tebe, l'Etiopia e poi il viaggio continuerà verso l'Arabia, il

Cashmere, la Persia per concludersi nel Caucaso.[166] Questa conclusione potrebbe non essere del tutto casuale, infatti in quel periodo l'antropologo tedesco Johann Friedrich Blumenbach (1752–1840) aveva individuato proprio nella zona del Caucaso "la culla della umanità", ovvero il luogo di origine della "razza bianca". Un viaggio dunque verso l'Oriente e i suoi misteri, ma anche un viaggio all'origine della civiltà, della cultura, della stessa origine dell'uomo: *Gli emozionanti segreti della nascita del tempo* scriverà Shelley. Quel viaggio che forse Shelley, influenzato dalla lettura del libro *Le Rovine* di Volney, avrebbe voluto fare ma che non fece mai.

Nel suo viaggio-pellegrinaggio nelle terre d'Oriente il giovane poeta non si limita ad osservare ammirando lo splendore dello scenario che le rovine del passato raccontano, ma inizia quasi un dialogo con i morti, con le loro reliquie. Il riferimento allo Zodiaco è probabilmente un riferimento al famoso bassorilievo Egiziano, che riproduce i segni dello Zodiaco, installato nel soffitto del portico di una cappella votiva dedicata al dio Osiris nel tempio di Hathor a Dendera. Questo bassorilievo, risalente probabilmente al 2500 A. C., venne requisito da Napoleone e portato a Parigi, dove è oggi visibile al Museo del Louvre. Un viaggio metafisico dunque che supera la mera visione e comprensione degli oggetti osservati con gli occhi della mente, nel tentativo di penetrare i misteri del passato. Assorto nelle sue riflessioni sulla Natura e sulla filosofia il giovane poeta sembra ignorare le umane passioni e i richiami della carne:

> *Intanto una fanciulla araba, gli recava il cibo*
> *Dalla tenda paterna, la sua diurna porzione,*
> *E stendeva la sua stuoia come suo giaciglio, e trascurava*
> *Il suo lavoro ed il sonno per spiare i passi suoi:*
> *Innamorata, ma non ancor osava, per profondo timore*

---

[166] Alcuni hanno voluto indentificare questo itinerario con lo stesso itinerario seguito da Alessandro il Grande nella sua conquista dell'Oriente, altri in quello seguito dal Dio Dioniso.

> *Dichiarare il proprio amore: e vegliava il suo sonno notturno,*
> *Insonne lei stessa, le sue labbra contemplava,*
> *Dischiuse nel sonno, da cui il respiro regolare di innocenti*
> *Sogni usciva: poi, quando la rosea luce del mattino*
> *Sbiadiva ancor di più la già pallida luna, alla sua fredda casa*
> *Palpitante, smunta ed ansante, ella tornava.*
> (129-139)

Il poeta rifiuta quindi l'amore sensuale che devotamente gli viene offerto da una ragazza araba perché non è questo che lui cerca ma molto di più e cioè l'incontro con una donna idealizzata anche se non meglio definita. Questo è di nuovo una sorta di autoritratto dello stesso Shelley che, come detto, passerà tutta la sua vita alla ricerca, infruttuosa, di una *Antigone* da amare. Durante questo suo vagabondare il poeta raggiunge una valletta nella Valle del Cashmere e lì una notte, in sogno, gli appare una donna avvolta in un velo. Quella apparizione onirica, per quanto confusa ed incerta, suscita in lui, per la prima volta, uno spontaneo sentimento d'amore:

> *E una visione nel suo sonno*
> *Apparve, un sogno di speranze che mai prima*
> *Avea arrossato le sue guance. Sognò che una fanciulla velata*
> *Sedesse accanto a lui, parlando in bassi solenni toni,*
> *La sua voce era come la voce della sua stessa anima,*
> *Udita nella calma del pensiero; la sua musica*
> *Come suoni intessuti di brezze e di correnti, a lungo tenne*
> *Ogni sua sensazione più profonda, sospesa in quella tela*
> *Di variopinte trame e cangianti colori.*
> *Sapienza e verità e virtù erano i suoi temi*
> *E nobili speranze di libertà divine,*
> *Pensieri a lui carissimi e poesia,*
> *Perché lei stessa era poeta.*
> (149-161)

Quest'immagine serve come intermediario tra il naturale e il sovrannaturale, la rappresentazione virtuale di quel mondo che giace al di là della natura e quindi della comprensione umana; allo stesso tempo rappresenta anche il desiderio naturale e lo spirito che alimenta l'amore. La donna sognata parla con la stessa voce dell'anima del poeta, e i temi di cui parla sono gli stessi di quelli del poeta. Ecco allora che il poeta sembra aver finalmente trovato, in quella visione, la sua donna ideale, l'incarnazione della bellezza e della verità, la sua Antigone. A questo punto va fatta un'altra riflessione: per i Romantici, e per Shelley in particolare, l'amore svolge sempre un ruolo centrale sia come esperienza del piacere fisico, che come esperienza trascendentale dell'anima. Tuttavia il ruolo della donna non sempre viene completamente riconosciuto, né sotto il profilo erotico, né tantomeno sotto quello spirituale. Infatti leggendo attentamente questi versi sembra quasi che Shelley intenda in qualche modo annullare l'immagine femminile, che non viene assolutamente descritta nella sua fisionomia, per sostituirla con una sorta di proiezione del proprio io.[167] Ecco perché la visione *ha la voce del suo stesso animo* e parla di argomenti a lui cari. In realtà dunque quella che appare al poeta è una visione edonistica, ed egoista, una proiezione del proprio ego che richiama al lettore il mito di Narciso.[168]

Il giovane poeta eccitato da questa visione tenta di congiungersi con la donna velata che sembra ricambiare il suo amore:

---

[167] Per un approfondito esame di questo atteggiamento, tipico non solo di Shelley, ma di tutti i poeti romantici, vedasi l'interessante *Romanticism and Gender* di Anne K. Mellor, Routledge, 1993

[168] Narciso, nella Mitologia Greca era un bellissimo giovane, figlio del fiume Cephisus e della ninfa Leiriope. La ninfa Ero si innamorò di lui, ma Narciso la rifiutò. Allora Afrodite, dea dell'amore, irritata da questo comportamento, lo condannò ad innamorarsi della sua stessa immagine riflessa in una fonte. Narciso tentò allora di abbracciare quella sua immagine senza ovviamente riuscirci, e cadendo nell'acqua nel suo disperato tentativo morì. Dopo la morte venne trasformato in un fiore che porta il suo nome.

> *D'improvviso ella s'alzò,*
> *Come se il suo cuore non potesse più sostenere*
> *Il suo fardello scoppiante: a quel suono egli si volse*
> *E vide, al rovente lume della loro stessa vita,*
> *Le sue splendenti membra sotto il morbido velo*
> *Intessuto dal vento, le nude braccia distese,*
> *I suoi scuri riccioli fluttuanti nel respiro della notte,*
> *I brillanti occhi reclinati, le socchiuse labbra*
> *Distese e pallide, frementi d'impazienza.*
> *Il suo forte cuore affondò e s'ammalò di un*
> *Eccesso d'amore.*
> (173-180)

Questa sensuale ed erotica descrizione della donna velata con *le splendenti membra, le braccia nude* e *i brillanti occhi reclinati* sembra voler confermare che la donna velata intende ricambiare con passione l'amore che il poeta sente per lei. Il poeta tenta allora di abbracciare questa splendida e fremente visione ma, proprio come Narciso, non vi riesce e la visione viene inghiottita dalla notte. Così quel sogno, che idealmente collegava il poeta con il sovrannaturale, viene bruscamente interrotto. Il poeta si desta stordito da quanto accaduto e non si dà pace chiedendosi:

> *Dove son fuggiti*
> *I colori del cielo che adornavano*
> *Il suo giaciglio la sera prima?*
> (196-198)

Da questo momento si verifica un cambiamento nelle intenzioni del poeta. La sua ricerca, che fino a quel momento era indirizzata verso la contemplazione estatica della Natura e della conoscenza, sarà d'ora in poi rivolta a ritrovare quella visione svanita nella notte. L'oggetto della sua felicità è così mutato, la priorità adesso sarà il tentativo di un ricongiungimento con la visione perduta. Essendo quell'immagine una creazione della sua mente questa sarà una ricerca vana, un tentativo stressante di una riunione con l'infinito, che condurrà il poeta alla morte. Questa seconda parte della ricerca logorerà fisicamente il poeta che si troverà a dover fronteggiare il declino fisico del corpo in contrasto con il crescente dominio della mente. Il poeta sembra quasi perseguitato, ossessionato dal fantasma di quella visione, Alastor il demone vendicatore della sua stessa solitudine.

La mente cosciente del poeta riflette su questa nuova ricerca. La visione gli è apparsa in un sogno, ma poiché il sogno e la morte sono due stati molto vicini, la sua immaginazione lo porta a chiedersi se la morte sarebbe capace di restituirgli quello che il sogno gli ha negato. Egli riprende quindi il viaggio ma le notti non porteranno più la desiderata visione. Giunge infine sulle coste del mar Caspio e lì nota una piccola barca abbandonata. Passivamente, spinto dal proprio inconscio, il giovane sale sulla barca che inizia a muoversi, trascinata al largo dalla corrente. Il tema della fragile barca che naviga nel mare in tempesta riappare spesso nelle opere di Shelley. Egli amava il mare e le barche e il fatto che non sapesse nuotare lo stimolava ancor di più, creando in lui una sorta di eccitazione, una sfida esilarante nei confronti della Natura. Inoltre, come già abbiamo visto per Shakespeare, la navigazione della barca è un chiaro simbolo del viaggio dell'anima nella vita terrena, che attraversa crisi emotive così come la barca attraversa le tempeste.

Vi è poi una lunga descrizione di questa strana navigazione durante la quale per l'appunto, la fragile barca incontra e supera alcune tempeste. Verso la mezzanotte appaiono le cime del Caucaso e la barca si dirige verso delle caverne in cui entra il mare ed il poeta grida di gioia perché ormai la morte gli sembra vicina, e con essa la speranza del ricongiungimento con la donna velata. La barca si addentra in una grotta e seguendo un canale viene misteriosamente sollevata come in un turbine che la trasporta in una vallata in alto sul monte, in mezzo ad una rigogliosa foresta. La visione della natura che una volta avrebbe entusiasmato il poeta adesso lo lascia quasi indifferente, poiché la sua mente è sempre alla ricerca della magica visione di cui lui è ora innamorato. In questo luogo lontano e misterioso il poeta ha una seconda visione, una sorta di spirito sovrannaturale, che in qualche modo lo spinge ancor di più nel suo desiderio di morire. Mentre i suoi sensi si assopiscono sempre di più la sua eccitata immaginazione gli fa percepire la presenza di uno spirito sovrannaturale che i sensi non gli consentono di riconoscere ma che il poeta idealmente percepisce nelle immagini morenti delle forme della natura che passano davanti ai propri occhi:

> *Qui giunse il Poeta. I suoi occhi osservarono*
> *La propria fioca luce fra le riflesse linee*
> *Della sua chioma rada, distinte nell'oscura profondità*
> *Di quella chiara fonte; come il cuore umano,*
> *Contemplando nei sogni la tomba lugubre*
> *Vi scorge la sua ingannevole immagine. Egli ascoltò*
> *Il moto delle foglie, l'erba che sorgeva e*
> *Trasalendo, adocchiando e tremando fino a sentire*
> *Una presenza insolita....*
> (469-477)

Questo brano si ricollega alla filosofia che Shelley illustra nel suo saggio *In Difesa della Poesia* e che riflette la particolare influenza delle letture delle opere, del filosofo George Berkeley (1685-1753).[169] In quel saggio Shelley scriverà "Tutte le cose esistono nel modo in cui sono percepite".

Il poeta sente ora di essere giunto alla sua estrema destinazione e lascia la barca, addentrandosi nella foresta:

---

[169] Berkeley credeva nell'esistenza e nella realtà dell'universo esterno, ma pensava che né questa esistenza, né questa realtà, consistessero in cose, considerate sia corporeamente che astrattamente. "Qualunque cosa noi vediamo, sentiamo, ascoltiamo o altrimenti concepiamo o capiamo, rimane fissa per sempre, ed è reale per sempre." Egli scrive nel suo *Trattato Concernente i Principi della Conoscenza Umana*. Ma non vi è una realtà al di là dello spirito. L'universo esiste, ma deriva la sua realtà soltanto dall'essere percepito, e soltanto lo spirito è in grado di percepire. È imperfettamente percepito dalla mente umana, ed è perfettamente percepito da Dio, nella sua mente infinita. – tratto da H. L. Hoffman - *An Odyssey of the Soul, Shelley's Alastor* - Columbia University Press, 1933

> *Quando sulla soglia di quel verde recesso*
> *I passi erranti del poeta caddero, egli seppe che la morte*
> *Gli stava sopra.*
> (625-627)

Sentendosi sfinito il giovane si sdraia e:

> *Speranza e disperazione*
> *Le tentatrici, dormivano, né sofferenza né paura*
> *Turbavano il suo riposo, gli influssi dei sensi*
> *Ed il suo essere scevro d'ogni pena,*
> *E tuttavia sempre più flebile, calmi alimentavano*
> *La corrente del pensiero, finché egli giacque respirando*
> *In pace, e sorridendo debolmente: la sua ultima vista*
> *Fu l'ampia luna, che sulla linea occidentale*
> *Del vasto mondo il cui possente corno sospendeva*
> *E dei cui opachi raggi la fitta oscurità*
> *Sembrava infusa.*
> (639-649)

Quando il poeta raggiunge il momento finale, l'abisso più oscuro, egli sorriderà debolmente sentendo che sta raggiungendo la sua felicità. Il suo ultimo sguardo sarà verso la luna e mentre quell'immagine svanisce dalla mente del poeta egli ha finalmente raggiunto la trascendenza verso il mondo sovrannaturale. Il viaggio alla vera fonte della natura lo porta ad una immanenza entro la stessa struttura della natura e ad un mondo libero dalla decadenza e dal cambiamento:

> *Nessuna sensazione, né moto, né divinità*
> *Un liuto fragile, sulle cui armoniose corde l'alito*
> *Del cielo errava – un lucente fiume*
> *Nutrito un tempo di onde dalle molti voci – un sogno*
> *Di giovinezza, che la notte e il tempo hanno per sempre spento,*
> *Immoto, oscuro, e arido, e obliato, ora.*
> (666-671)

Il poema si conclude con una commossa elegia:

Arte ed eloquenza
E tutti gli spettacoli del mondo
Piangono invano per un lutto che trasforma
Le loro luci in ombra. È un dolore
Troppo "profondo per le lacrime", quando tutto
È tolto in una volta, quando uno Spirito supremo,
La cui luce adornava il mondo attorno, lascia
A quelli che rimangono, non gemiti o singhiozzi,
Il fervido tumulto d'una speranza che s'avvinghia;
Ma pallida disperazione e fredda calma,
La vasta trama della Natura, la tela delle cose umane,
La nascita e la tomba, che non sono come erano.
(710-720)

L'avventura terrena del poeta si è conclusa con l'illusione della sua ricongiunzione extra terrena con la sua visione. Questa vicenda, come canta l'elegia finale, ha cambiato l'essenza della vita delle altre persone *la tela delle cose umane/La nascita e la tomba, che non sono come erano.* Ignorato in vita, la fama postuma del giovane poeta è così assicurata. A ben vedere, *Alastor* riflette un dilemma che stava iniziando a formularsi nella mente di Shelley e che continuerà ad interessarlo per il resto della sua vita. Il dilemma consisteva nella valutazione del giusto bilanciamento tra solitudine e socializzazione. Per produrre grandi opere il poeta ha bisogno della solitudine o della compagnia di altri? La ricerca della conoscenza e della verità non è forse un esercizio che bisogna compiere da soli? Per raggiungere la potenza di percezioni intense, non è forse necessario rifiutare la società? E se ci si isola non si diventa schiavi di se stessi trascurando la realtà che ci circonda e da cui siamo inevitabilmente condizionati? Il poema si pone tutte queste domande ma non ci fornisce nessuna riposta. Per molti critici questa poesia rimane come una delle più audaci descrizioni della potenza affascinante, ma distruttiva, dell'animo umano che riesce a spingere una persona a rovinare la propria vita inseguendo delle fantasie piuttosto che impegnarsi nelle quotidiane responsabilità degli affetti e dell'amore.

Mary Shelley, nella prima edizione integrale delle opere di Shelley del 1839 da lei curata, aggiungerà un suo commento alla fine di questo poema:

> Nessuno dei poemi di Shelley è più caratteristico di questo. Lo spirito solenne che vi regna dovunque, l'adorazione della maestà della natura, la riflessione del cuore del poeta in solitudine, la mescolanza della gioia esultante, che i vari aspetti dell'universo visibile ispira, con il mesto e lottante spasimo che la passione umana impartisce – danno un interesse toccante all'insieme. La morte che lui aveva spesso contemplato durante gli ultimi mesi come certa e vicina ha qui rappresentato con tali sfumature come aveva, nel suo solitario poetare, lenito nel suo cuore in pace. La versificazione sostiene lo spirito solenne che respira attraverso il poema: è particolarmente melodioso. Il poema dovrebbe essere considerato più didattico che narrativo: mostra lo sfogo delle proprie emozioni, incorporate nelle forme più pure che egli poté concepire, dipinte dai colori ideali che la sua brillante immaginazione poteva elaborare, e moderati dalla recente anticipazione della morte.

Shelley trascorrerà gli ultimi anni della sua vita a Pisa e durante quella permanenza incontrò e si innamorò di una giovane donna: Teresa Viviani, figlia del governatore della città che si era rifiutata di sposare un uomo più vecchio di lei impostole dal padre. Questi per punizione aveva rinchiuso la giovane nel Collegio di Sant'Anna. Shelley la conobbe ed andava spesso a trovarla, facendo con lei delle lunghe e caste passeggiate nel giardino del Collegio. Teresa era una ragazza colta ed aveva scritto anche alcune poesie e Shelley, sempre alla ricerca della sua donna ideale, di una nuova Antigone, pensò di averla trovata innamorandosene platonicamente. Alcuni anni prima egli aveva tradotto un famoso sonetto di Dante la cui prima strofa è:

> *Guido, i' vorrei che tu e Lapo ed io*
> *Fossimo presi per incantamento,*
> *E messi in un vasel ch'ad ogni vento*
> *Per mare andasse al voler vostro e mio.*

Il sonetto indirizzato da Dante ai suoi amici poeti Guido Cavalcanti e Lapo Gianni, immagina che i tre amici si imbarchino con le loro donne su di una barca, lasciandosi poi andare alla deriva assorti in lunghe conversazioni sull'amore godendo così, distaccati e lontani dal mondo, della felicità derivante dall'amicizia. L'immagine della barca alla deriva affascinò Shelley e in una lettera a Teresa le inviò questo sonetto.[170] Da esso egli probabilmente prese spunto per scrivere un lungo poema d'amore dedicato per l'appunto alla stessa Teresa e che chiamò *Epipsychidion*, e nella cui premessa cita proprio Dante. Quel poema racconta tutti i suoi amori passati facendo una riflessione non solo sull'amore ma anche sulle sue conseguenze, Shelley lo definirà come "una storia idealizzata della mia vita e dei miei sentimenti". Ad esempio un brano famoso recita così:

> *Il vero amore in questo differisce dall'oro e la creta*
> *Che dividere non è portar via.*
> *L'amore è come la comprensione, che cresce brillante*
> *Osservando molte verità, è come la tua luce,*
> *Immaginazione! Che dalla terra e dal cielo,*
> *E dal profondo dell'umana fantasia,*
> *Come da migliaia di prismi e specchi, riempie*
> *l'Universo con raggi gloriosi, ed uccide*
> *L'errore, il verme, con molti soli come frecce*
> *Del suo lampo rimbombante. Ristretto è*
> *Il cuore che ama, la mente che contempla,*
> *La vita che logora, lo spirito che crea*
> *Un oggetto, ed una forma, e costruisce quindi*
> *Un sepolcro per l'eternità.*
> (160-173)

---

[170] Tratto da Stuart Curran – *Epipsychidion, Dante and the Renewable Life*, in Burswick F. and P. Douglas (ed.) – *Dante and Italy in English Romanticism* – Palgrave, 2011

Il poema termina con un desiderio e un invito: un viaggio in barca (come quello di Dante, ma da solo e con il suo amore) che Shelley spera di fare con la giovane reclusa verso un'isola greca dove avrebbero potuto vivere insieme ed amarsi liberamente:

> *Emilia,*[171]
> *Una barca galleggia adesso nel porto,*
> *Il vento sfiora il ciglio delle montagne;*
> *Vi è un percorso sull'azzurro fondo del mare,*
> *E nessuna chiglia ha mai percorso quel tratto;*
> *Gli alcioni volano intorno alle isole schiumose;*
> *L'ingannevole Oceano ha dimenticato i suoi trucchi;*
> *Gli allegri marinai sono pronti e liberi:*
> *Dimmi, sorella del mio cuore, navigherai con me?*
> (408-415)

Per una sorta di misteriosa e sovrannaturale coincidenza, a questo gioioso invito di un viaggio per mare farà seguito, pochi mesi dopo, la morte di Shelley proprio in un viaggio per mare sulla sua barca a vela. Shelley e Byron infatti si erano fatti costruire a Genova due barche a vela. Più grande, sicura e con un'adeguata cabina, quella di Byron che venne chiamata *Bolivar*; più piccola e senza cabina quella di Shelley che lui voleva inizialmente chiamare *Ariel*, come lo spirito folletto del *La Tempesta* di Shakespeare, ma che poi Byron gli impose di chiamare *Don Juan* come il suo poema. Gli ultimi mesi della sua vita Shelley li passò a Lerici dove aveva affittato, insieme ad una coppia di amici Edward e Jane William, una casa sul mare: Casa Magni. Jane fu probabilmente l'ultima infatuazione amorosa di Shelley. Con lei andava in barca nel golfo di La Spezia, ed a lei dedicò alcune delle sue ultime composizioni poetiche tra cui di particolare interesse è *Versi scritti nel Golfo di Lerici*. Questa è, ad una prima lettura, una poesia d'amore dedicata proprio a Jane ma in realtà, come sempre accade con Shelley, è anche qualcosa di più. In essa infatti Shelley sembra

---

[171] Nella poesia Shelley cambia il nome della giovane da Teresa ad Emilia.

confessare la consapevolezza del suo destino idealistico, incapace di essere ancorato alla realtà di tutti i giorni. La poesia inizia con il languore dell'abbandono:

> *Lei mi lasciò nell' ora silenziosa*
> *In cui la luna avea cessato l'ascesa*
> *Ai viali azzurri dei pendii del Cielo,*
> *E come albatro dormiente,*
> *Che ondeggia su ali lucenti,*
> *Si librava sulla rossastra notte,*
> *Prima di tornare al suo nido marino*
> *Nelle stanze ad Occidente.*
> (1-8)

La memoria dell'abbandono fa rivivere i momenti felici dell'unione con la persona amata:

> *Ed ancor sentivo – oh troppo! –*
> *Il dolce vibrar del tocco suo,*
> *Come se la sua mano gentile,*
> *Ancor tremasse lieve sulla mia fronte;*
> *E così, sebbene assente,*
> *La memoria di lei tutto mi diede*
> *Anche ciò che fantasia non osa domandar*
> *La sua presenza debole e doma avea reso*
> *Ogni passione, ed io vivevo solo*
> *Nel tempo che fu soltanto nostro;*
> *Il passato ed il futuro dimenticati,*
> *Come se fossero stati, e non saranno mai.*
> (15-26)

Ma ecco che dopo la partenza di lei ritorna il "demone" della riflessione dell'ispirazione poetica:

> *Ma subito, partito l'angelo custode,*
> *Il demone riprese il suo trono*
> *Nel mio fragile cuore.*
> *(27-29)*

Ed ecco allora che l'immaginazione di Shelley dà luogo ad una visione fantastica:

> *E vidi planare i vascelli*
> *Sul vasto e luminoso mare,*
> *Come carri di alati spiriti, inviati*
> *Sull'ancor più sereno elemento*
> *Per un lontano e misterioso impiego;*
> *Come se veleggiassero verso una stella elisia*
> *Cercando un filtro capace di guarire*
> *Una pena dolce ed amara, come la mia.*
> (31-38)

Con questi versi descrittivi della visione egli sembra voler confessare la consapevolezza emotiva del proprio destino immaginario. Questo destino troverà una rappresentazione nel prosieguo del poema in cui il poeta illustra la pesca notturna:

> *Ed il pescatore con il suo lume*
> *E la fiocina, strisciando*
> *Tra scogli umidi e bassi*
> *Colpiva il pesce accorso*
> *Ad adorar la fiamma ingannatrice.*
> (45-49)

Sembra quasi che Shelley voglia identificarsi contemporaneamente sia con *il pesce accorso/Ad adorar la menzognera fiamma* che con *il pescatore con il suo lume/E la fiocina*, infatti lui è sia l'adoratore della *fiamma ingannatrice* che il pescatore che pescando sembra voler cacciare via le delusioni della sua proiezione visionaria.

Alcune settimane dopo, Leigh Hunt e la sua famiglia annunciarono il loro arrivo a Livorno dall'Inghilterra, Shelley decise allora di andare con la sua barca da Lerici a Livorno, insieme a Edward e ad un giovane marinaio. Dopo qualche giorno, essendo la nave di Hunt in ritardo, egli decise di tornare a Lerici e, nonostante il cattivo tempo ed il preannunciarsi dell'arrivo di un grosso temporale e malgrado venisse sconsigliato da tutti, Shelley partì lo stesso da

Livorno. Al largo di Viareggio il *Don Juan* affondò e con esso perirono i tre passeggeri. Molte speculazioni sono state fatte su questo tragico episodio: fu una disgrazia? Una leggerezza da parte di Shelley? O piuttosto una sua sfida? O forse un deliberato suicidio? Nessuno può dire la verità. Rimane il fatto che proprio alcuni giorni prima di questo evento tragico Shelley fosse in uno stato di abbattimento morale ed andava ripetendo a tutti "La mia vita è stata un fallimento".

Dopo qualche giorno il mare restituì sulla spiaggia di Viareggio i tre cadaveri irriconoscibili. Le autorità locali chiamarono immediatamente gli amici Byron, Medwin e Trelawny per il riconoscimento. Avvicinatosi ai tre cadaveri distesi sulla spiaggia, Byron notò che nelle tasche di uno di essi vi erano dei rigonfiamenti, vi mise le mani ed estrasse da una tasca una copia delle poesie di Keats, e dall'altra una copia delle tragedie di Eschilo e senza esitare concluse che quello era il cadavere di Shelley. In una sorta di rito pagano quel cadavere venne bruciato sulla spiaggia e le ceneri, messe in un'urna, vennero poi sepolte nel Cimitero Anglicano di Roma in una tomba accanto a quella di William, il bambino di Shelley morto qualche anno prima. Non è un caso che sulla lapide della sua tomba sia stato inciso un brano tratto da *La Tempesta* di Shakespeare, una canzone cantata proprio dal folletto Ariel:

> *Ma niente di lui sarà vano*
> *Che per un incanto del mare*
> *Si trasforma in qualcosa*
> *Di ricco e strano.*

Sembra che durante l'incenerimento, stranamente, il cuore del poeta sia caduto sulla spiaggia, venne raccolto e successivamente consegnato alla moglie Mary. Dopo questo strano rito pagano Byron, afflitto per la perdita dell'amico, si spogliò e fece una lunga nuotata verso il suo yacht ancorato al largo poi, tornato a terra, si rifugiò sulla sua carrozza e si ubriacò. L'attaccamento di Byron a Shelley è testimoniato anche da Lady Blessington che nelle sue memorie racconta questo episodio avvenuto a Genova:

Guardando dalla terrazza questa mattina con Byron, osservai che il suo atteggiamento era cambiato, ed un'espressione di profonda tristezza sembrava pervaderlo. Dopo alcuni minuti di silenzio egli mi indicò una barca ancorata sulla destra, affermando che quella era la barca con cui il suo amico Shelley era naufragato, e mi disse che quella vista lo faceva stare male. Avreste dovuto conoscere Shelley – mi disse – per capire quanto lo rimpianga. Egli era la persona più gentile, più amabile e la persona meno mondana che io abbia mai incontrato. Pieno di delicatezza, disinteressato come nessun altro, e in possesso di un genio unito ad una semplicità, tanto rara quanto ammirabile. Si era creato un mondo proprio, con tutto ciò che esiste di bello, di elevato e di nobile, e si comportava secondo questo suo ideale in ogni minimo particolare. Non ho mai conosciuto nessuno come lui e mai lo conoscerò.[172]

Durante la sua breve vita Shelley cercò sempre di risalire alle fonti, sia della natura che dell'intelletto. Così tentò di risalire il Tamigi per scoprirne le fonti, lo stesso fece con l'Arno, lottando contro le forti correnti contrarie. Intellettualmente cercò di giungere alle radici del pensiero dei filosofi antichi e moderni ma, sopra ogni altra cosa, desiderava fare un viaggio alle radici, alle profondità del proprio pensiero che, come l'acqua, spariva sottoterra lasciandolo nel buio più profondo.[173]

Dopo la morte di Shelley, Mary scrisse sul suo diario "Vederlo era vedere la bellezza, sentirlo era la bellezza, essere interpenetrati dal suo senso dell'eccellenza, vederlo era amarlo" e poi dopo alcuni giorni continuerà "Per otto anni io ho comunicato con una libertà senza limiti con uno il cui

---

[172] Lady Catherine Blessington – *A Journal of the Conversation with Lord Byron* – Richard Bentley and Son, 1893

[173] Daisy Hay – *Young Romantics - The Tangled Lives of English Poetry's* – Farrar, Strauss and Giroux, 2010

genio, di gran lunga superiore al mio, aveva risvegliato e guidato i miei pensieri; io parlavo con lui; e lui correggeva i miei errori di giudizio, ed ottenevo nuove luci da lui, e la mia mente era soddisfatta. Adesso io sono sola".[174]

Mary, dopo aver vissuto qualche tempo a Genova, ritornerà con il figlio in Inghilterra dove inizierà a scrivere alcuni romanzi e soprattutto si dedicherà a raccogliere e pubblicare tutta l'opera del marito, che venne pubblicata nel 1939 ed a cui lei aggiunse un'introduzione e molte interessanti note.

John Keats

Ho già scritto che Keats (1795-1821), insieme a Shelley è considerato, pressoché unanimemente, l'erede di Shakespeare. Un noto critico letterario del secolo scorso John Middleton Murry (1889-1957), marito della scrittrice Katherine Mansfield (1888-1923), in un suo appassionato saggio su Keats ha scritto che per capire bene la lirica di Shakespeare è necessario partire dalla poesia di Keats;[175] il poeta e critico Vittoriano Matthew Arnold (1822-1888) ha inoltre scritto in un suo saggio su Keats "Egli è, è con Shakespeare". Vi sono tuttavia delle profonde differenze nel modo in cui l'arte di Shakespeare ha influito su Shelley e su Keats. Shelley è indubbiamente più maturo, più intellettuale, più autonomo ed assorbe di più l'aspetto drammatico dell'arte shakespeariana, mentre Keats, più giovane, inesperto, immaturo ma più sensibile ne assorbe maggiormente la metrica e la tecnica poetica. Vi è inoltre un altro aspetto che fa assurgere ad una vera grandezza questi due

---

[174] Mary Shelley - *The Journals of Mary Shelley - 1814-1822* - edited by P. R. Feldman and D. Scott-Kilvert, The Clarendon Press Oxford, 1987
[175] John Middleton Murry – *Shakespeare and Keats* – Oxford University Press, 1942

poeti, e che spesso viene dimenticato, e cioè il breve lasso di tempo che il destino ha lasciato loro per scrivere. Se pensiamo che Shakespeare è morto a cinquantadue anni, contro i trenta di Shelley ed i venticinque di Keats, possiamo immaginare quale grande possibilità di tesori poetici avremmo potuto avere se quei due giovani poeti fossero vissuti più a lungo. Se Shakespeare fosse morto alla loro età avrebbe lasciato tre o quattro drammi, due poemi e qualche Sonetto, e probabilmente la sua influenza sulla letteratura e sulla drammaturgia mondiale non sarebbe stata quella che invece poi è stata.

Con Keats la poesia-romanzo ritorna pienamente nella sfera del simbolismo legata ad una visione mitica del mondo. In essa tuttavia il simbolismo assume una forma moderna, che non è più una forma religiosa bensì una sorta di filosofia poetica. Il giovane poeta Keats sentiva di dover creare un vero "mito romantico" al fine di dare ai temi moderni, a cui lui si interessava, una cornice di riferimento simbolica. Egli crea così un proprio mondo, un mondo nel quale si ritrovano molte delle caratteristiche della finzione romantica.

A differenza di Wordsworth e di Coleridge, che sentirono il peso e l'influenza della filosofia, con Keats questo non accade. Anche se lui lesse e studiò alcuni filosofi, pensando che questo avrebbe migliorato la sua poesia, il suo lavoro non ne è influenzato in quanto egli fu naturalmente dotato di un indiscutibile dono per la rappresentazione poetica spontanea del tangibile e del sensuale. In conseguenza il suo rapporto con la natura è più "carnale" e "tattile" di quello degli altri romantici. Egli contrappone all' "egoismo sublime" di Wordsworth la sua idea di "carattere poetico" illustrata in una lettera scritta a Richard Woodhouse[176] il 27 Ottobre 1818:

---

[176] Richard Woodhouse (1788-1834) era un giovane avvocato amico di Keats che lo consigliò su varie materie nei suoi difficili rapporti con gli editori. Morì anche lui di tisi.

> Il Poeta è la cosa più non-poetica che esista;
> perché egli non ha identità – egli in continuazione
> riempie il corpo di qualcun altro.[177]

Nella poesia di Keats vi è un continuo intreccio di piacere e di pena. Dovunque nella sua poesia coesiste un'abbondanza lussureggiante con l'amara consapevolezza delle ingiustizie della vita e con l'inesorabile intrusione della morte. A Keats, che nella vita desiderò l'amore sopra ogni altra cosa, si potrebbe applicare bene la definizione del critico e filosofo francese Jacque Lacan "L'amore è il desiderio di dare qualcosa che non si ha, a qualcuno che non lo vuole."[178]

Parlare della poesia di Keats è parlare anche e soprattutto del sogno. Tutta la sua poesia è pervasa dal dubbio se quello che lui descrive sia realtà oppure un sogno. Nella sua famosa *Ode a Psiche*[179] egli scriverà:

> *Certo ho sognato, oggi – o davvero l'alata Psiche*
> *Ho visto con i miei occhi aperti?*

E la sua meravigliosa *Ode ad un Usignolo* si conclude con questi versi:

> *E' stato un sogno soltanto? o una visione?*
> *La musica è svanita: dormo? son sveglio?*

John Keats nasce il 31 Ottobre 1795, da una famiglia modesta; il padre era il supervisore di una grande stalla a Finsbury, alla periferia di Londra. John era il più grande di quattro figli, con due fratelli George e Tom ed una sorella

---

[177] Tutti i brani delle lettere di Keats qui riportati sono tratti da: Maurice Forman Buxton (ed.) – *The Letters of John Keats* – Oxford University Press, 1942 e da me liberamente tradotti.

[178] Jacque Lacan - *Seminario Libro VIII* – Einaudi, 2008

[179] Tutti i brani delle poesie di Keats sono tratti da: H. W. Garrod (ed.) – *The Poetical Works of John Keats* – Oxford at The Clarendon Press, 1939 e da me liberamente tradotti, salvo diversa indicazione.

Fanny. Un altro fratello morì appena nato. I fratelli rimasero molto legati tra di loro per tutta la vita. Keats non ebbe un'infanzia felice. Nel 1804 morì il padre, banalmente per una caduta da cavallo e, per concludere il primo disastroso anno del giovane Keats a scuola, la madre si risposò quasi subito, due mesi dopo la morte del padre. Questa decisione della madre avrà una forte influenza sul poeta. Secondo quanto detto dall'amico Severn, Keats diceva che la sua grande sfortuna era stata di non avere mai avuto una vera madre. Tuttavia il nuovo matrimonio della madre finì molto presto e la donna con i suoi quattro bambini andò a vivere ad Edmonton, un villaggio allora alla periferia ed oggi pienamente integrato nella Grande Londra. Pochi anni dopo anche la madre di Keats morirà di tisi, la stessa malattia di cui moriranno sia John che suo fratello Tom. Alla morte della madre Keats aveva quindici anni. A causa delle precarie condizioni economiche della famiglia egli non andò, come i suoi contemporanei Byron e Shelley, ad una prestigiosa scuola pubblica ma ad una più modesta scuola locale e non ebbe l'opportunità di proseguire gli studi in un'autorevole università come Oxford o Cambridge.

Keats decise di studiare medicina e, dopo alcuni studi preliminari, iniziò a lavorare presso il Guy Hospital di Londra. In quell'ospedale lavorò per alcuni mesi ma non era felice. Nel 1816 lasciò l'impiego presso l'Ospedale e, con l'aiuto di alcuni amici che avevano iniziato ad apprezzare la sua vena poetica, cominciò la sua difficile, sotto molti punti di vista, vita da vero poeta. I suoi modesti redditi provenivano da una piccola rendita lasciata a lui ed ai suoi fratelli dalla nonna e dal continuo supporto, morale e materiale, fornitogli sempre con molto calore ed affetto dai suoi amici.

L'intera storia ed esperienza poetica di Keats si riduce a meno di cinque anni. Inizia nel Luglio del 1816, quando Keats lascia il lavoro presso il Guy Hospital di Londra e termina alla sua morte avvenuta nel 1821. Tenendo altresì conto che negli ultimi mesi della sua vita Keats non scrisse più una sola riga, possiamo apprezzare il brevissimo periodo di tempo che egli ebbe disponibile. Keats scrisse oltre centocinquanta poemi, alcuni dei quali vennero pubblicati su giornali e riviste dell'epoca, gli altri vennero pubblicati in tre raccolte pubblicate in volume. Il suo primo libro di poesie, chiamato semplicemente *Poesie*, venne pubblicato nel 1817, Keats non aveva ancora ventidue anni. Dopo la pubblicazione di questo primo libro, Keats venne pubblicamente riconosciuto come poeta vero, ma egli venne apprezzato soltanto dalla ristretta cerchia dei suoi amici più cari. La critica letteraria ufficiale o lo ignorò, o lo criticò pesantemente. I suoi lavori vennero considerati infantili, effeminati, rappresentativi di quella che ironicamente venne chiamata la scuola di poesia Cockney (volgare, popolare). Sarà proprio questa severità di giudizio della critica che probabilmente influenzerà psicologicamente il già fragile stato di salute del poeta. Keats comunque continuò a scrivere ed a pubblicare anche se con molte difficoltà. Oltre alle sue poesie Keats scrisse molte lettere ai suoi fratelli ed agli amici. Tutti i poeti romantici furono anche scrittori di lettere molto belle, ma quelle scritte da Keats superano tutte le altre. Esse infatti oltre a costituire una testimonianza dei suoi sentimenti più intimi, delle sue reali emozioni ed a contenere la chiara esposizione delle sue idee meravigliose, costituiscono anche la vera chiave di lettura delle sue poesie.

Con queste lettere, gran parte delle quali per fortuna sono state ritrovate, raccolte e pubblicate, Keats ci ha lasciato non soltanto la sua visione della vita di tutti i giorni ma anche, e cosa certamente più interessante, la sua concezione di cosa la poesia debba essere. Naturalmente essendo lettere private ed indirizzate ad una ristretta cerchia di amici affezionati ed all'unica donna di cui s'innamorò, esse non erano note ai suoi contemporanei. In queste lettere Keats, con grande semplicità e spontaneità, apre il suo animo ed in esse fa spesso ricorso a frasi tratte da opere di Shakespeare, che egli considerava come una sorta di padre spirituale. Queste lettere occupano ancora oggi un posto centrale nel patrimonio culturale della letteratura inglese e mondiale.

In una di queste lettere, indirizzata al fratello George, emigrato con la moglie in America, Keats consapevole del proprio talento artistico, ma anche della malevolenza della critica ufficiale scrisse, in modo preveggente: "Io sarò tra i poeti inglesi, quando morirò". Il già citato William Hazlitt, il famoso critico letterario di quel periodo, in uno dei suoi saggi sui poeti romantici, ha scritto:

> Il genio è l'erede della fama, ma la dura condizione con cui bisogna guadagnarsi questa brillante posizione, è la perdita della vita. La fama non è la ricompensa dei vivi ma dei morti.[180]

Sono certo che nello scrivere queste righe Hazlitt abbia avuto in mente proprio John Keats.

Keats è stato l'ultimo dei grandi poeti romantici e, quindi, in linea con il nostro tema, l'ultimo dei veri viaggiatori romantici. Dopo di lui la poesia, così come il viaggio, si industrializza, diventa meno spontanea, più rigida e convenzionale, sia pure con alcune eccezioni che vedremo nel Capitolo successivo. In realtà Keats non fu un gran viaggiatore, come i suoi predecessori, sia a causa del suo precario stato di salute, sia perché, morendo così giovane, non ne ebbe il tempo.

Keats, malgrado il breve periodo della sua esistenza, riuscì a trasferire nella sua poesia la sua intensa e profonda passione per la vita, i suoi sentimenti, le sue emozioni. Questo della passione e dei sentimenti è un concetto base in cui Keats credeva fermamente. In una sua lettera a Bailey del 22 Novembre 1817 egli scrive: "O per una vita di sensazioni, piuttosto che di pensieri".

La poesia di Keats esplora con continuità la tensione tra un mondo di fantasia, di evasione, di sensazioni per l'appunto da un lato, ed una vigorosa accettazione della verità, della realtà, del pensiero dall'altro. La sua vita, anche se breve, fu così miserevole che egli cercò rifugio in un mondo da lui creato, un mondo suo, un mondo meraviglioso, pieno di immagini fantastiche, un mondo accessibile a tutti coloro che veramente apprezzano la sua poesia e che si inquadra nella

---

[180] William Hazlitt - *Lectures on English Poets & The Spirit of the Age* - J. M. Dent, 1910

migliore tradizione del romanticismo. Questo mondo non era tuttavia soltanto uno sfogo della sua fantasia, ma era fermamente basato sulla convinzione che possa veramente esistere un'altra realtà altrove, e che l'immaginazione avrebbe consentito di trovare quell'altrove tramite la poesia. In una lettera del 22 Novembre 1817 al suo amico Benjamin Bailey [181]scrisse:

> L'immaginazione si può paragonare al sogno di Adamo, si svegliò e lo trovo realizzato.[182]

Nel suo poema *Endimione,* che esamineremo in seguito, a conferma di questa sua convinzione in merito alla potenza dell'immaginazione scrisse:

> *Non sarà mai coronato*
> *Dall'immortalità, chi teme di andare*
> *Dove aeree voci conducono.*
> (Endimione 2,211-3)

Se si volesse descrivere con una sola parola la caratteristica essenziale della poesia di Keats, la parola che io sceglierei sarebbe "intensità". Tutte le sue frasi, le sue rime, sono dense di un'emozione intensa, di sentimenti forti e di descrizioni appassionate. L'intensità poetica era una delle convinzioni di base per Keats e in una lettera del 21 Dicembre 1817 indirizzata ai fratelli George e Thomas, scrisse:

> L'eccellenza in ogni arte è nella sua intensità, capace di far evaporare tutte le cose sgradevoli dal loro essere, mettendo in stretta relazione la Bellezza con la Verità.

---

[181] Benjamin Bailey (1791-1853) era studente ad Oxford quando divenne amico di Keats. Ma la loro amicizia finì bruscamente quando Bailey dopo aver corteggiato appassionatamente Mariane Reynolds, sorella di un altro amico di Keats, sposò invece un'altra ragazza, figlia di un Vescovo della chiesa anglicana, di cui Bailey era parroco. .
[182] Keats fa qui riferimento al *Paradiso Perduto* di Milton, in cui Adamo sogna di avere una compagna e svegliandosi trova Eva accanto a se.

In un'altra lettera del 27 Febbraio 1818, indirizzata a John Taylor[183] scrisse:

> Io penso che la Poesia dovrebbe sorprendere per un bell' eccesso e non per la sua singolarità; dovrebbe colpire il lettore come fosse un'espressione dei suoi pensieri più alti... Se la poesia non nasce spontaneamente, come nascono le foglie sui rami degli alberi, sarebbe meglio che non nascesse del tutto.

Keats inseguirà costantemente queste idee, la ricerca della verità e della bellezza da un lato, e la spontaneità e naturalezza dei suoi versi dall'altro.

Il suo stile ha la potenza suggestiva dell'immagine, capace di ottenere dal lettore un'identificazione inusualmente intensa, densa di emozione e di immaginazione. Keats aveva una grande predilezione nell'impiego di un linguaggio il cui suono, oltre che bello, fosse chiaramente intelligibile.

Un secondo ed altrettanto importante aggettivo potrebbe essere "sensuale". La poesia di Keats è densa di sensualità repressa e di un erotismo appassionato. Quell'amore che egli sognò di incontrare nella vita, e che non incontrò mai, viene desiderato con ardore e con passione nelle sue poesie, accoppiandolo alla triste consapevolezza della morte imminente. Questo sentimento è chiaramente espresso, ad esempio, nella parte finale del sonetto intitolato *Stella Splendente*:

> *Costante sempre, mai mutevole,*
> *Adagiare il capo sul maturante seno del mio dolce amore,*
> *Sentendo per sempre il suo dolce pulsare,*
> *Per sempre sveglio in dolce inquietudine,*
> *Ancora, per sempre udire il suo tenero respiro*
> *E vivere così in eterno – o svenire altrimenti nella morte.*

---

[183] John Taylor (1781-1864) insieme con James Augustus Hessey (1814-1892) è stato l'editore di Keats.

Come già accennato le sue poesie sembrano quasi sempre descrivere uno stato di trance, uno stato liminale in cui i sogni diventano realtà e la realtà sogno.

Un esempio è dato da questi brani tratti da una poesia giovanile intitolata *In punta di piedi su di una collinetta*:

> *Oh, poterla condurre gentilmente al ruscello,*
> *Guardarne le labbra quasi ridenti e lo sguardo chino.*
> *Oh lasciami per un istante toccarle il polso;*
> *Lasciami per un istante ascoltare il suo respiro;*
> *E mentre mi lascia che possa voltare spesso*
> *I suoi begli occhi guardandomi tra i suoi riccioli biondi.*
> (101-105)

E poi proseguendo con allusioni a giochi amorosi tra figure mitologiche come Psiche, Fauni, Driadi, Narciso ed altri, verso la fine del poema, scrive:

> *Giovani uomini e ragazze si guardano a vicenda*
> *Con le mani strette, e senza muoversi, stupiti*
> *Nel vedere lo scintillio negli occhi degli altri;*
> *E così loro stettero, empi di una dolce sorpresa,*
> *Finché le loro lingue si sciolsero nella poesia.*
> (231-235)

Come per gli altri poeti romantici anche Keats adopera spesso la metafora del viaggio per indicare la vita, e comincia presto. In una sua opera giovanile intitolata *Sonno e Poesia* egli scrisse:

> *Fermati e rifletti! La vita dura un giorno;*
> *Una fragile goccia di rugiada nel suo periglioso viaggio*
> *Dalla sommità di un albero; un povero indiano dormiente*
> *Mentre la sua canoa si avvicina alla mostruosa cascata*
> *Di Montomorenci.[184] Perché un gemito triste?*
> *La vita è la speranza della rosa non ancora sbocciata;*

---

[184] La cascata di Montmorency è una grande cascata nel Quebec, Canada.

La lettura di una favola che cambia in continuazione;
Il leggero sollevarsi di un velo di fanciulla;
Un colombo ruzzolante nel chiaro cielo estivo
Uno scolaro che ride, senza dolori o angosce,
Cavalcando i flessibili rami di un olmo.
(85-95)

In questo brano, scritto da un giovane di poco più di vent'anni, sembra essere concentrata tutta la consapevolezza di Keats sulla brevità della vita, sulla sua volatilità ma anche sulla sua bellezza *la speranza della rosa*. Il viaggio di Keats sarà un viaggio disperato, non tanto alla ricerca di una felicità materiale, in quanto egli era consapevole che quella felicità terrena lui non avrebbe mai potuto raggiungerla, quanto di una felicità ideale da raggiungere con la mente, con lo spirito e non con il corpo. I suoi studi di medicina e le esperienze traumatiche della morte per tisi della madre e del fratello Tom lo avevano infatti convinto che anch'egli sarebbe morto giovane. Egli allora cercherà nella poesia quella felicità ideale che la vita gli negava. E questa sua certezza radicò ancora di più in lui la convinzione che la vera ed ultima realtà avrebbe potuto trovarsi soltanto nell'immaginazione. Questa consapevolezza non creò però in lui una tristezza anzi, come traspare dalle sue lettere, spesso era allegro e scherzava con gli amici; tutta la sua tristezza Keats la riverserà nelle sue poesie. Nella poesia sopra citata Keats confermerà la sua intenzione di viaggiare con la mente:

Oh se io potessi essere sopraffatto
Per dieci anni nella poesia; così che possa compiere
Gli atti che l'anima ha per se stessa decretato.
Allora visiterei i paesi che vedo in
Lontana prospettiva, e gusterei
Di continuo le loro pure fonti. Prima passerei
Il reame di Flora e del vecchio Pan: dormendo sull'erba,
Mangiando rosse mele e fragole,
Scegliendo ogni piacere che la mia fantasia immagini.
(96-104)

In seguito però il giovane poeta si ferma disorientato di fronte al grande compito che lo aspetta e scrisse:

> *Un confuso Oceano, mi si spalanca innanzi,*
> *Terribile, cosparso da molte isole,*
> *Si stende pauroso davanti a me. Che duro lavoro!*
> *Quanti giorni! Quale disperato tumulto!*
> *Prima che io possa esplorare la sua area selvaggia.*
> *Ah! Quale compito ingrato!*
> (306-310)

Il giovane poeta guarda dunque timoroso il vasto *Oceano* della poesia che gli si apre di fronte, ed esprime il timore di non riuscire ad attraversarlo. Ne ha paura, è incerto se affrontarlo veramente o rinunciare, ma concluderà quella poesia affermando che *dopo una notte insonne/ la luce del mattino* lo sorprende convincendolo a cominciare a scrivere.

Questo desiderio di viaggiare con la mente più che con il corpo, e la metafora del mare e delle isole, Keats la ripeterà più volte come ad esempio all'inizio del bellissimo sonetto scritto di getto dopo aver trascorso l'intera notte a leggere l'*Odissea* di Omero, nella traduzione di George Chapman (1559-1634), un poeta contemporaneo di Shakespeare:

Guardando per la prima volta l'Omero di Chapman

> *Molto ho viaggiato nei reami dorati,*
> *E molti stati attraenti e regni ho visitato:*
> *Molte isole occidentali ho circumnavigato*
> *Cantate da poeti devoti di Apollo.*
> *E, spesso di una grande terra mi fu narrato,*
> *Che il pensieroso Omero governò come suo dominio;*
> *Ma non avevo mai respirato la sua aria serena*
> *Finché non udii Chapman parlare forte e potente:*
> *Mi sentii allora come un osservatore del cielo*
> *Quando un nuovo pianeta ondeggia nel suo sguardo*
> *O come il valoroso Cortez quando con occhi d'aquila*
> *Osservò il Pacifico, e tutti i suoi uomini*
> *Si guardarono a vicenda con selvaggio stupore*
> *In silenzio, dall'alto di un monte nel Darien.*

I *reami dorati,* gli *stati attraenti e regni* e le *isole occidentali* sono evidentemente le grandi opere della letteratura del passato e della grande cultura greca, da Keats avidamente letti in una sua virtuale circumnavigazione del mondo letterario. Ma lo stupore del poeta nel leggere Omero nella splendida traduzione di Chapman è tale che lui la paragona prima alla meraviglia dell'astronomo che scopre un nuovo pianeta, e poi alla grande sorpresa di Cortez e dei suoi soldati nello scoprire, dall'alto della montagna del Darien, che oltre all'Atlantico esisteva un altro immenso Oceano: il Pacifico.[185]

Nonostante egli sia stato, come Blake, più che altro un viaggiatore mentale, Keats fece anche qualche viaggio, ben poca cosa rispetto ai viaggi che fece con la sua fervida immaginazione. In una lunga lettera scritta al fratello George ed alla cognata Georgiana, che erano emigrati in America, e che abbraccia un periodo che va dal 16 dicembre 1818 al 4 gennaio 1819, Keats scrisse:

> I miei pensieri sono molto frequentemente in un paese straniero – vivo di più fuori dall'Inghilterra che in essa.

Inoltre in una lettera a Benjamin Bailey scritta l'8 Ottobre del 1817 Keats afferma:

> Non hanno forse gli Amici della Poesia una piccola Regione in cui vagare, scegliere e raccogliere, ed in cui le immagini sono così numerose che molte si dimenticano e, quando sottoposte ad una nuova Lettura appaiono nuove: e così possono diventare cibo per una passeggiata di una settimana estiva?

---

[185] In realtà in questo sonetto Keats altera la realtà storica. Sembra infatti che non sia stato Cortez a vedere per primo il pacifico ma Balboa. I critici pignoli si affannarono ad evidenziare questo "errore" di Keats, ma a noi, amanti della poesia, questo non interessa affatto; quello che interessa sono le splendide rime utilizzate dal poeta nel descrivere lo "stupore".

Nella sua scarna biografia si ha notizia di almeno due viaggi fatti in Inghilterra. Il primo nella primavera del 1817; Keats, che aveva allora ventidue anni, si recò all'isola di Wight, nella Manica, con l'intenzione di restarvi qualche settimana per iniziare a scrivere quello che poi diventerà uno dei suoi capolavori *Endymion*. Prese in affitto una stanza presso una signora e in una lettera del 17 Aprile indirizzata all'amico John Hamilton Reynolds[186] scrisse: "Ieri sono andato a Shanklin". Ebbene da Carinbroke, dove era la sua residenza, e che si trova quasi al centro dell'isola, fino a Shanklin, che si trova invece sulla costa Sud Est, la distanza è di circa sedici chilometri, e quindi per percorrerla a piedi, come certamente fece Keats, ci si dovrebbe impiegare di buon passo circa quattro ore ad andare ed altrettanto a tornare! E nella stessa lettera Keats aggiunse "Io voglio camminare per tutta l'isola, da Est a Ovest da Nord a Sud". L'isola di Wight è lunga circa trentacinque chilometri per parallelo e venticinque chilometri circa per meridiano e Keats, come sappiamo, era un giovane debole e in parte già minato dalla terribile malattia di cui morirà dopo tre anni.

Dopo il suo soggiorno nell'Isola di Wight, che non fu del tutto soddisfacente, Keats si recò in un piccolo paese del Surrey, a Leatherhead, e da lì scrisse, il 22 Novembre del 1917, in una lettera al suo amico John Hamilton Reynolds (1794–1852):

> Uno dei tre libri che ho con me sono i *Poemi* di Shakespeare: non ho mai trovato così tanta bellezza come nei suoi Sonetti – essi sembrano essere pieni di belle cose dette spontaneamente - nell'intensità con cui vengono elaborati ed esposti i concetti...Non ci ha lasciato più nulla da dire.

Con queste parole Keats esprime sia la sua grande ammirazione per Shakespeare che la sua profonda disperazione per doversi confrontare con lui.

---

[186] John Hamilton Reynolds (1794–1852) è stato un poeta, critico e drammaturgo inglese amico di Keats.

Il secondo viaggio avvenne l'anno successivo, nel 1818, e in una lettera indirizzata all'amico pittore Benjamin Robert Haydon (1786-1846), l'8 Aprile del 1818, Keats scrisse:

> Entro un mese, ho intenzione di mettermi lo zaino sulle spalle e fare un giro a piedi attraverso l'Inghilterra del Nord, e parte della Scozia, per fare una sorta di Prologo alla Vita che intendo vivere – cioè scrivere, studiare e vedere tutta l'Europa al costo più basso. Io salirò attraverso le nuvole ed allora esisterò. Riceverò un tale cumulo di ricordi così belli che quando camminerò nella periferia di Londra, potrei anche non vederla.

Con questa sua dichiarazione, quasi un manifesto programmatico, Keats sembra voler dare un contenuto, uno scopo concettuale al suo viaggio, visto non soltanto come un'eccitante prospettiva turistica. Per lui il viaggio, insieme alla scrittura ed allo studio, rappresenta la vita. Tre attività che dovrebbero consentirgli di superare le nuvole (una chiara metafora delle difficoltà della sua vita reale) ed andare oltre e finalmente vivere, esistere. Dal viaggio nasce la vera esistenza, la vita perché lo studio e la scrittura avrebbe potuto realizzarli anche restando a casa, Keats non aveva molte esperienze di viaggi precedenti, pertanto non è sull'esperienza che egli fonda il suo programma, ma piuttosto sembra pronto ad affrontare anche l'incognito (il superamento delle nuvole), per riuscire ad acquisire quella consapevolezza di se, quelle conoscenze che ancora sono a lui estranee ma che, anche a costo di sacrifici, gli consentiranno di esistere e quindi di vivere. Con questo passo sembra quasi che Keats si stia preparando ad un pellegrinaggio e questo conferisce al viaggio un significato spirituale ed esistenziale che trascende la mera felicità. Ciò deriva probabilmente oltre che dalla spiccata sensibilità e dal desiderio di novità, che sicuramente animavano il poeta, anche dalle sue precedenti letture. Ovviamente questa ascesa oltre le nuvole è una sorta di ascesa virtuale o metaforica lungo le aspri e scoscese alture della vita, per raggiugerne la sommità da cui godere felici di una vista ampia, serena ed appagante.

Il viaggio nel Nord dell'Inghilterra e nella Scozia iniziò il 25 giugno del 1818 e Keats fece ritorno a Londra il 17 Agosto, dopo quasi otto settimane. In questo viaggio Keats era accompagnato dal suo amico scrittore Charles Armitage Brown (1787–1842). Il viaggio venne fatto rigorosamente a piedi, tranne che per il ritorno da Inverness dove Keats si imbarcò su una piccola nave per tornare a Londra. Una mattina i due amici si svegliarono prestissimo e, con l'aiuto di una guida, fecero un'ascesa su di un'altura non troppo lontana in cui arrivarono verso le sei e mezzo circa, in tempo per vedere il sorgere del sole, e tornarono poi alla loro locanda per fare colazione. In tutto un percorso di circa quindici chilometri. Quasi giornalmente Keats inviava una lettera ai suoi fratelli, quasi un diario di viaggio, nella quale oltre a raccontare le cose viste, faceva delle lunghe riflessioni sulle sensazioni ricevute, includendo anche abbozzi di poesie. Passando attraverso la regione dei laghi si recò a Dove a casa di Wordsworth da lui conosciuto ad una cena a Londra per salutarlo, ma fu molto deluso di non trovarlo ed ancor di più sapendo che il poeta era assente perché impegnato nella campagna elettorale a favore di un deputato conservatore, contrario alle idee liberali di Keats. In Scozia si recò a visitare la tomba del poeta Robert Burns (1759-1796) e scrisse un sonetto su di lui. È molto probabile che quel viaggio sia stato troppo faticoso per Keats e quindi abbia contribuito in modo determinante al deterioramento delle sue condizioni fisiche. In una delle lettere scritte ai fratelli durante questo viaggio egli scrisse:

> Byron dice "La conoscenza è dolore", ed io aggiungo "Il dolore è saggezza", ed inoltre, "La saggezza è follia".

Lo sforzo fisico e il clima freddo e piovoso, nonostante fosse estate, ebbero un effetto determinante sulla sua salute, lasciandolo vulnerabile alla tisi che lo ucciderà dopo tre anni. Una volta giunti a Inverness Keats fu costretto ad interrompere il viaggio ed a ritornare a Londra, anche perché nel frattempo le condizioni di salute del fratello Tom si erano aggravate, mentre il suo amico Brown lo continuerà ancora per un paio di settimane. In questo viaggio Keats portò con sé una copia della *Divina Commedia* di Dante che leggeva assiduamente ogni sera.[187]

Il rapporto tra Keats e l'opera di Shakespeare è stato intenso e appassionato. La sua lettura dei drammi e dei poemi Shakespeariani è stata continua ed approfondita. Nella casa di Hampstead dove Keats abitò per qualche tempo, ospite del suo amico Brown, ed ora trasformata in un piccolo e commovente museo, sono conservati alcuni dei suoi libri tra cui le opere complete di Shakespeare con molte sue note e sottolineature. In una lettera scritta da Southampton il 15 aprile 1817 ed indirizzata ai suoi fratelli George e Tom, scrisse:

> Mi sono sentito molto solo questa mattina, così ho
> preso il mio Shakespeare – *Qui è il mio conforto.*

Queste parole finali sono un adattamento da *La Tempesta* di Shakespeare e si commentano da sole. Nel dramma infatti Stefano, il cameriere ubriaco di Ferdinando il Re di Napoli, dice *Qui è il mio conforto*, e sono dette facendo riferimento alla bottiglia di vino che lui è riuscito a salvare dal naufragio della nave, e che costituisce pertanto l'aiuto necessario in quelle drammatiche circostanze in cui lui pensa di essere l'unico superstite del naufragio della nave su cui viaggiava. Quindi Shakespeare rappresenta il vino, la droga con cui Keats riusciva a superare i momenti di sconforto.

Tra tutti i poemi di Keats, quello che forse è il più rappresentativo del nostro tema, è *Endimione*, il poema racconta di un'erranza romantica che è anche la fantasia di un sogno dentro ad un sogno. È possibile che Keats, nello

---

[187] Per una strana coincidenza quell'edizione della *Divina Commedia* era stata pubblicata da Taylor & Hessey che furono anche gli editori che pubblicheranno l'*Endymion* di Keats.

scrivere questo poema, sia stato influenzato dall'*Alastor* di Shelley con cui condivide alcuni aspetti. Il tema dominante è infatti quello del viaggio alla ricerca di un ideale che allontani l'eroe dall'alienazione della monotona vita quotidiana verso una felicità sconosciuta, indefinita ed indefinibile, sognata, idealizzata più che realmente percepita. Tuttavia vi è una profonda differenza tra questi due poemi tipicamente romantici, ovvero la loro conclusione; mentre il giovane poeta di Alastor morirà solo e disperato, consapevole della sua sconfitta ma con l'illusione, o la speranza, di poter ritrovare il suo ideale immergendosi nella Natura tramite la morte, Endimione alla fine assurgerà in cielo per godere dell'amore della sua dea. Con questo finale Keats sembra voler ribadire l'importanza della metafora dell'unione mistica del poeta con la trascendentale Bellezza intellettuale di origine Platonica. Questa diversità dei due poemi è strana perché Shelley era un conoscitore della filosofia Platonica certamente più profondo di Keats.

Endimione è un poema straordinario che, sia pure tenendo conto dell'immaturità dell'autore e di alcune incertezze, contiene dei versi di straordinaria bellezza.

Il poema è molto lungo, quattromila cinquantuno versi, ed è la descrizione di un viaggio del protagonista che ha come scopo la riconquista di una felicità fugacemente assaggiata e subito perduta. Il protagonista, il pastore Endimione, è tratto dalla mitologia greca. Il largo ricorso alla mitologia greca è annunciato da Keats nella Prefazione alla seconda edizione di questo poema che conclude scrivendo:

> Spero di non aver toccato troppo tardi la bellissima mitologia greca, ed offuscato la sua brillantezza: perché vorrei provarla ancora una volta prima di salutarla per sempre.

Ed in effetti egli scriverà altri due poemi: *Hyperion* e *La Caduta di Hyperion* che, anche se incompiuti, si riferiscono anch'essi a quella mitologia. Endimione è un principe-pastore abitante del Monte Latmos, un monte che sorge a circa venti chilometri ad est di Mileto, nell'Asia Minore, in una regione

anticamente chiamata Caria. Egli era un ragazzo bellissimo
e di lui s'innamora Artemide, la dea della luna.[188] Questa
storia d'amore mitologica era già stata cantata da Michael
Drayton (1563–1631) un importante poeta Elisabettiano
amico di Shakespeare nel 1595, e venne quindi ripresa da
Keats che, in una lettera del 10 Settembre 1817 alla sorella
Fanny, scrisse:

> Molti anni fa vi era un giovane pastore di
> bell'aspetto che pascolava il suo gregge sui pendii
> di una montagna chiamata Latmos. Egli era una
> Persona molto contemplativa e viveva solitario tra
> gli alberi e pianure, senza pensare che una bella
> Creatura come la Luna fosse pazza d'amore per
> lui. Comunque così era; e quando lui dormiva
> sull'Erba, lei scendeva dal cielo ad ammirarlo
> lungamente; e finalmente non riuscì a trattenersi
> nel prenderlo sulle sue braccia ed a trasportalo in
> cima all'alta montagna di Latmos, mentre lui
> sognava.

Keats aveva già accennato a questa figura mitica già nel suo
poema giovanile *In punta di piedi su di una collinetta*, in cui
aveva scritto:

> *Egli era un poeta, ed anche un amante,*
> *Che stette sulla cima di Latmos, al tempo in cui*
> *Salivano dolci brezze dalla valle dei mirti,*
> *E recavano in solenne languore, dolce e lento*
> *Un inno dal tempio di Diana: mentre salendo,*
> *L'incenso andava alla sua stellata dimora.*
> (193-198)

Con questi versi sembra quasi che Keats voglia identificare
se stesso, il poeta, con il pastore Endimione. Questa possibi-

---

[188] Artemide o Cinthia, diventerà Diana con i Romani, sorella di Apollo, è
una Dea multiforme, essendo contemporaneamente dea della caccia,
della selvaggina, dei boschi, del tiro con l'arco, della verginità e anche
dea della luna.

lità sembra essere confermata proprio nel poema quando, nel descrivere l'aspetto del pastore, egli scrive:

> *Anche Endimione, che non aveva pari nella forma*
> *Stava, sbiancato e pallido, e con timorato volto...*
> (190-191)[189]

Keats raffigura una persona pallida ed emaciata, come era lui, piuttosto che una figura forte e abbronzata come avrebbe dovuto essere Endimione a causa della sua vita all'aria aperta. Keats impiegherà circa sette mesi a scrivere questo lungo poema iniziato durante la sua vacanza nell'isola di Wight, poi continuato a Margate, una cittadina sul mare nel Kent, poi a Canterbury ed ad Oxford dove egli fu ospite dell'amico Bailey, e terminato ad Hampstead. Un'erranza del poeta parallela all'erranza del personaggio. Alcuni critici hanno ritenuto di poter identificare l'influenza dei luoghi sopra detti, nella descrizione di alcune parti del poema.

La fervida immaginazione di Keats lo guidò in questo fantastico viaggio convinto che proprio l'Immaginazione fosse l'unica possibilità che gli consentisse di raggiungere la Bellezza e la Verità. In una lettera a Bailey del 22 Novembre 1817 egli scrisse:

> Io non sono certo di nulla ma soltanto della santità degli affetti del Cuore e della verità dell'Immaginazione – Quello che l'immaginazione percepisce come Bellezza deve essere verità – sia che sia esistita prima o meno, perché io ho la stessa Idea di tutte le nostre Passioni, come per l'Amore, che siano tutte nel loro sublime, creatici della Bellezza essenziale. ... l'immaginazione può essere paragonata al sogno di Adamo. Si destò e trovò che si era avverato.

---

[189] La traduzione dell'*Endymion* è quella di Viola Papetti in *John Keats – Endimione*, Biblioteca Universale Rizzoli, 2005, in alcune parti da me modificata.

Più che a Shakespeare sembra che Keats, nello scrivere questo poema, si sia rivolto a Milton ed al suo "immenso sublime".[190]

Endimione è la storia di un amore appassionato e difficile, di un mortale con un essere di una categoria più alta di esistenza, una dea; ma tratta anche della possibilità di una unione del mondo ideale con la vita, della bellezza e della verità, dell'arte e della realtà e i conflitti che tutto ciò comporta; della speranza dell'uomo di portare l'armonia nel mondo attraverso la purificazione e l'amore. Il protagonista, Endimione, è continuamente in cammino, dall'inizio fino alla fine. Non abbiamo spazio per un esame dettagliato di questo lungo poema, e quindi mi limiterò a citarne alcuni brevi brani tra i più significativi.

Il poema è diviso in quattro libri ed ognuno di essi si svolge in un diverso elemento attraversato dal pastore nella sua ricerca: la terra con la sua natura nel primo libro, negli abissi sotterranei nel secondo, dentro l'acqua, sotto il mare nel terzo, e in cielo nel quarto. Ogni libro inizia con una introduzione che nulla ha a che fare con il racconto. Il primo libro inizia con una sorta di inno alla bellezza ed alla gioia che la natura può fornire, il secondo libro si apre con un appassionato rifiuto della storia dell'umanità ed una, altrettanto appassionata, invocazione della forza dell'amore. Il terzo libro inizia contrapponendo la "regalità dei quattro elementi naturali" con la regalità artificiale dei sovrani terreni, e quindi con un'implicita denuncia della politica, ed il quarto con un'invocazione alla musa, in questo caso identificata con la stessa Inghilterra, o meglio con il genio inglese.

---

[190] Nella Letteratura Inglese l'immagine del Sublime è frequentemente associata alla poesia di Milton e in particolare al suo *Paradiso Perduto*. Lo scrittore e drammaturgo Joseph Addison (1672 −1719) fondatore del giornale *The Spectator*, pubblicato ancora oggi, ha scritto: "Il talento principale e la sua caratteristica Eccellenza, risiedono nella Sublimità dei suoi pensieri". Lo stesso Byron scriverà nel Don Juan che "la parola Miltonica significa Sublime".

Nel primo libro Keats crea una sua visionaria e lussureggiante natura con molti fiori, alberi, verdi prati, colori, canti di uccelli e boschi ombrosi. Innanzitutto il celebrato inizio:

> *Una cosa bella è una gioia per sempre:*
> *La sua bellezza cresce; e mai si perderà*
> *Nel nulla: sempre per noi sarà*
> *Un rifugio tranquillo, ed un sonno*
> *Pieno di dolci sogni, e salute, ed un quieto respiro.*
> *Quindi, ogni mattino, intrecciamo*
> *Una corona di fiori che ci leghi alla terra, malgrado*
> *Lo sconforto, la disumana assenza*
> *Di nobile nature, dei giorni tristi,*
> *Di tutte le perniciose ed oscure strade*
> *Della nostra ricerca: sì, nonostante tutto,*
> *Alcune forme di bellezza tolgono il drappo nero*
> *Dal nostro cupo spirito. E sono il sole, la luna,*
> *Gli antichi alberi e i nuovi, germoglianti un ombroso rifugio*
> *Per l'umile gregge; e così sono le giunchiglie*
> *Con il verde mondo in cui vivono; ed i chiari ruscelli*
> *Che da soli creano un fresco tappeto*
> *Nella calda stagione; l'interno della foresta,*
> *Ricco di una cascata di bei boccioli di rose muschiate:*
> *E così è anche la grandezza del destino*
> *Che immaginiamo per i morti illustri;*
> *Tutti i bei racconti uditi o letti:*
> *Un'eterna fonte di bevanda immortale,*
> *Che su di noi si versa dal bordo del paradiso.*
> (Libro 1,1-24)

Vi è quindi la descrizione di una cerimonia pagana in onore del Dio Pan, durante la quale arriva Endimione, il principe-pastore accompagnato dalla sorella Peona. Poi Endimione si addormenta e sogna di essere rapito in cielo dove sarà amato da Artemide la dea della Luna. Al risveglio racconta alla sorella questo suo sogno ma non riesce a descrivere appieno le emozioni e le sensazioni provate, né a definire chiaramente chi sia stata la sua amante:

Ah, posso raccontare
L'incantesimo che in seguito accadde?
Eppure non fu che un sogno: ma un tale sogno
Che mai lingua, sebbene sovraccarica
Di mielata parola, come sorgente di grotta,
Potrebbe figurare ed indurre a concepimento
Tutto quel che vidi e sentii.
(I,572-578)

In questo brano Keats ribadisce la sua visione del sogno come momento importante della vita, e la difficoltà al risveglio di riportare quanto sognato. Questo brano richiama il famoso brano del *Sogno di una Notte di Mezza Estate di Shakespeare*, in cui Bottom cerca anche lui di raccontare il suo fantastico sogno durante il quale ha amato Titania, la regina delle fate, e che inizia così:

Ho avuto una rara visione.
Ho fatto un sogno che supera
L'intelligenza dell'uomo per riuscire a
Descrivere che sogno sia stato.
(*Sogno di una Notte di Mezza Estate*,4,211-214)

Poi Endimione tenta di raccontare l'apparizione della Dea e il loro appassionato amplesso

Lei fece un aereo giro,
E poi verso di me, come una vera vergine
Venne arrossendo, calante, desiderante, e paurosa,
E mi prese la mano: Ah! fu troppo;
Pensai di svenire all'incantato tocco
....
Presto sembrò, abbandonammo il nostro alto viaggiare,
E subito in spaventosi vortici piombammo ...
...
E svenni una volta ancora contemplando la mia gioia -
Ero sconvolto; follemente baciai
Le corteggianti braccia che mi tenevano e detti
Subito i miei occhi alla morte – ma fu per vivere,

Per bere sorsi di vita dalla fonte dorata
Di sguardi dolci e appassionati...
(I, 633-657)

Questo brano, ed altre successive descrizioni sensuali, fecero scrivere a Harold Bloom, il noto critico letterario americano che "Endymion è essenzialmente un poema erotico".[191] Endimione inizia quindi un discorso con la sorella Peona riguardante proprio la felicità:

Dove risiede la felicità? In ciò che incita
Le nostre pronte menti ad un'amicizia divina,
Un' amicizia con l'essenza, fino a che noi splendiamo
Del tutto alchimizzati, e liberi dallo spazio. Osserva
La chiara religione del cielo.
(Libro 1, 777-780)

Qui sembra che Keats affermi che la vera felicità risiede nella comunione con la bellezza essenziale, ovvero nella comunione con il divino. Questo concetto verrà ripreso in una lettera al suo amico Bailey, in cui scriverà "La passione dell'amore è nel suo sublime, creativa della Bellezza essenziale". Ancora un pensiero molto vicino a Platone. Il poema prosegue descrivendo diversi livelli di felicità: una sorta di felicità terrena, sensuale, poi una felicità artistica che il poeta indica nell'ascolto della musica, o della poesia, poi ancora la felicità derivante dall'amore e dall'amicizia e poi la felicità massima nella comunione con lo spirito del cielo.

Nel secondo libro Endimione, avendo come guida una farfalla, entra in una grotta e scendendo entra ed attraversa il mondo sotterraneo; ma questo non è un luogo terrificante, anzi in esso sembra risplendere un fuoco eterno che emette degli splendidi e magici bagliori. Keats coglie la sensualità insita nella lunga ed eterna notte di quel luogo. Dopo aver visto un tempio dedicato proprio a Diana, Endimione giunge

---

[191] Harold Bloom – *The Visionary Company: A Reading of English Romantic Poets* – Cornell University Press, 1971

ad una pergola dove riposa Adone guardato da alcuni Cupidi. Poco dopo, su di un carro trainato da colombe, arriva Afrodite, che si congiunge amorosamente con Apollo:

> *Presto si videro nitide le bianche colombe, il collo teso,*
> *E le redini setose tirate nella discesa;*
> *E presto, ritornando dall'esilio dell'amore,*
> *Venere regina calando a braccia aperte.*
> *L'ombra gli cadde sul petto, e per l'incanto*
> *Gli venne un tumulto nel cuore, e vita nuova*
> *Negli occhi. Ah, miseranda lotta,*
> *Non fosse per il suo conforto! Infelice vista*
> *Se non per l'incontro di quegli occhi azzurri! Chi. Chi descriverà*
> *Quei primi minuti? La musa più immodesta*
> *Innanzi ad abbracci ardenti come questi porge timide scuse.*
> (II, 523-533)

Endimione osserva il loro amplesso che esprime la metafora dell'anima che si unisce alla materia. Poi Venere parlerà ad Endimione predicendogli la felicità:

> *Endimione! Un giorno sarai felice*
> *Perciò obbedisci sempre alla mano guida che ti conduce*
> *Salvo attraverso questi miracoli a dolci fini.*
> (II, 573-575)

Endimione, trasportato da un'aquila, sale fino ad una pergola di gelsomini *tutta cosparsa di dorato muschio*. In quel luogo Endimione, assetato d'amore, invoca la sua amante sconosciuta di raggiungerlo. Si sdraia ed ecco che le sue braccia sfiorano un fianco nudo: il suo desiderio è appagato. I due amanti si congiungono in un atto d'amore appassionato:

> *Benché il sole della poesia tramonti*
> *Questi amanti si abbracciarono, e noi piangiamo*
> *Che non ci sia più l'antico potere di immergere*
> *Una penna immortale in quelle lacrime di gioia.*
> *A lungo in silenzio le loro ansiose paure*

> *Indagavano se così fosse; a lungo essi giacquero*
> *Tra tenerezze e baci fugando i dubbi;*
> *A lungo prima che dolci carezzanti singhiozzi*
> *Si sciogliessero in parole, e allora fluirono*
> *Due gorgoglianti fonti di discorso dalle dolci labbra.*
> (II, 729-738)

Artemide lascia Endimione addormentato e questi si risveglia turbato di trovarsi solo:

> *La lira della sua anima con eolia armonia*
> *Dimenticò ogni violenza, e sola s'accordò*
> *A melanconici pensieri. O era svenuto*
> *Ebbro dal capezzolo del Piacere; e il suo amore*
> *D'ora in poi fu eguale a colomba.*
> (II, 866-870)

Endimione quindi riprende la sua erranza e giunge ad una grotta dove vede Alfeo ed Aretusa.[192]

Nel terzo libro avviene la metamorfosi dell'acqua. Endimione scende nel mondo marino, una metafora del liquido materno che conserva e genera. Endimione invoca il suo amore *Cinzia dove sei ora?* e lei risponde inviando in fondo al mare un raggio di luna:

> *Sull'arena imperlata d'oro*
> *Di gigliate conchiglie, e ciottoli bianco latte,*
> *La povera Cinzia lo salutò, e lenì la sua luce*
> *Sul suo pallido volto: lui avvertì l'incanto*
> *Col respiro mozzo, e un improvviso calore*
> *Del sangue al cuore. Era molto dolce.*
> (III, 103-108)

---

[192] Alfeo ed Aretusa sono due figure della mitologia greca. Aretusa era una bella ninfa di cui s'innamorò Alfeo un dio del fiume, un giorno che Aretusa fece un bagno proprio in quel fiume. Aretusa lo rifiutò e scappò. Aiutata da Artemide attraversò il mare e si rifugiò a Siracusa, dove venne trasformata in una fontana. Ma Alfeo trasformatosi in un fiume sotto il mare giunse anch'esso a Siracusa e si unì a lei.

Poi Endimione riprende il suo cammino in fondo al mare dove trova oggetti appartenenti all'antichità, come vecchie ancore arrugginite, elmetti, armature, pergamene, statue e scheletri vari. In quel mondo incontra il vecchio Glauco, altra figura mitologica[193] di cui parla anche Platone nel decimo libro della *Repubblica*. Glauco, che sembrava stesse aspettando Endimione, gli fa un lungo racconto della sua vita e del suo amore per la bella Scilla ostacolato dalla maga Circe.[194] Glauco racconterà di aver assistito al naufragio di un vascello e di aver ricevuto da un vecchio morente una pergamena e una verga. In quella pergamena era contenuta la profezia che un giorno sarebbe arrivato un giovane, Endimione, dotato di poteri divini che avrebbe salvato lui e tutti gli amanti che come lui erano morti in una tempesta d'amore e che erano quindi sepolti sott'acqua. Glauco conduce quindi Endimione in un luogo dove giacciono migliaia di

---

[193] Glauco era un pescatore della Beozia che, avendo mangiato un'erba particolare fu trasformato in divinità marina; protettore di marinai e pescatori, era raffigurato con il corpo ricoperto da incrostazioni di alghe che rendevano irriconoscibile la sua natura umana.

[194] Scilla era una ninfa dagli occhi azzurri, che viveva in Sicilia ed era solita recarsi sulla spiaggia di Zancle (Messina) per fare il bagno nel mare. Una sera, vicino alla spiaggia, vide apparire dalle onde Glauco, figlio di Poseidone, che un tempo era stato un mortale, ma oramai era un dio marino metà uomo e metà pesce. Scilla, terrorizzata alla sua vista, scappò nascondendosi sulla vetta di un monte che sorgeva vicino alla spiaggia. Allora Glauco si recò all'isola di Eea dalla maga Circe e le chiese un filtro d'amore per far innamorare la ninfa di lui, ma Circe, desiderando il dio per sé, gli propose di unirsi a lei. Glauco si rifiutò di tradire il suo amore per Scilla e Circe, furiosa per essere stata respinta al posto di una mortale, volle vendicarsi. Quando Glauco se ne fu andato, preparò una pozione malefica e si recò presso la spiaggia di Zancle, versò il filtro in mare e ritornò alla sua dimora. Quando Scilla arrivò e s'immerse in acqua per fare un bagno, vide crescere intorno a sé delle mostruose teste di cani. Spaventata fuggì dall'acqua ma si accorse che i cani erano attaccati alle sue gambe con un collo serpentino. Si rese conto allora che sino al bacino era ancora una ninfa ma al posto delle gambe spuntavano sei musi feroci di cane. Per l'orrore Scilla si gettò in mare e andò a vivere nella cavità di uno scoglio vicino alla grotta dove abitava anche Cariddi.

amanti morti, e lì Endimione, ora dotato di strani poteri, resuscita quei poveri amanti che vanno via felici. Poi Keats, utilizzando abilmente l'*ekphrasis*,[195] descrive il trasparente palazzo di Nettuno, dove si svolge una magnifica festa, durante la quale viene recitata una sontuosa *masque*[196] allegorica. Frastornato e stordito Endimione invoca ancora una volta la sua sconosciuta amante ed ecco che allora un gruppo di Nereidi lo solleva e lo trasporta, addormentato, in alto verso *una cristallina pergola lontana*. Durante il sonno Endimione sogna di sentire la voce della sua amante che gli annuncia una sua prossima vittoria:

> *"Carissimo Endimione! Tutto il mio amore!*
> *Quanto indugiai nel timore del destino! È passato –*
> *Felicità immortale anche per me tu hai vinto.*
> *Levati allora! Poiché la colomba non schiuderà*
> *Le uova già pronte, prima che con un bacio non ti rapisca*
> *Nel cielo infinito, svegli! Sveglia!"*
> (III, 1021-1027)

Endimione si sveglia e si ritrova in un verde bosco accanto ad un lago. L'ambientazione di questo libro sott'acqua è descritta da Keats in una lettera del 9 Ottobre 1818 ad Hessey,[197] in cui scrive:

> In *Endimione* io sono saltato a capofitto nel mare,
> e quindi ho conosciuto meglio i fondali, le sabbie

---

[195] L'*Ekphrasis* è una parola greca che significa «descrivere con eleganza», da ἐκ «fuori» e φράζω «parlare, designare un oggetto inanimato con un nome», e indica la descrizione verbale di un'opera d'arte visiva, come ad esempio un quadro, una scultura o un'opera architettonica. Keats amava adoperare questa tecnica. Il suo esempio più famoso è costituito dalla sua famosa *Ode su un'urna greca*.

[196] La "masque" era una forma di sontuoso spettacolo teatrale allegorico, in voga nell'Inghilterra del XVI e XVII secolo, soprattutto a corte.

[197] James Augustus Hessey (1814- 1892) era un sacerdote e Preside di una scuola a Northwood, un sobborgo di Londra.

mobili e le rocce, di quanto non avessi potuto se
fossi rimasto sulla verde costa.

Il quarto ed ultimo libro è dedicato all'aria e, dopo
un'invocazione alla musa costituita dalla stessa Inghilterra,
racconta dell'incontro tra Endimione ed una fanciulla
indiana che lasciato il suo paese natale si ritrova ora sola ed
invoca l'aiuto di qualcuno. Endimione ascolta il suo lamento
e dopo essersi tormentato, pensando alla sua misteriosa
amante del sogno, dirà:

> *Ho tre anime! Oh folle pretesa*
> *Per entrambi, per entrambi l'amor mio è così immenso,*
> *E sento a metà il cuor per lor diviso.*
> (IV, 95-97)

Egli quindi s'innamora di lei e dichiara:

> *Oh perdonatemi, perché son pieno di dolore –*
> *Pena nata da te, giovane angelo! Bellissima ladra!*
> *Che m'involasti l'ali con le quali*
> *Avrei raggiunto i cieli. Cara fanciulla, poiché*
> *Sei il mio carnefice, e sento*
> *Che amore e odio, infelicità e bene,*
> *Tra breve ora non conteranno nulla per me,*
> *E la mia storia è che troppa passione mi uccise,*
> *Sorridi alla sera dei miei giorni.*
> (IV, 107-115)

La giovane indiana inizia allora un lungo canto nel quale
racconta il suo dolore, e le varie avventure avute nel seguire
un corteo di Dioniso, con relativa esperienza orgiastica:

> *"Giovane straniero!*
> *Ho vagabondato*
> *In cerca di piacere in ogni clima:*
> *Ahimè, non è per me!*
> *Stregata certo sono,*
> *Se perdo nel dolore la mia primavera verginale."*
> (IV, 273-278)

Dopo aver formulato reciproche dichiarazioni d'amore i due giovani salgono su due cavalli alati che li trasportano verso il cielo. Salendo Endimione s'addormenta di nuovo e sogna di essere assunto in cielo tra gli dei, e lì d'incontrare la sua amante divina ma, risvegliandosi, vede ancora accanto a se la giovane fanciulla indiana e le riconferma il suo amore. Mentre i cavalli trasportano i due giovani sempre più in alto verso il cielo, appare improvvisamente la luna ed in quel momento il corpo della ragazza indiana svanisce:

> Sgomento! Sgomento
> Vide il suo corpo svanire, smunto e frale
> Al freddo raggio della luna. Subito le serrò il polso;
> Si sciolse tra le sue dita: le baciò la mano,
> E, orrore! Baciò la propria – era solo.
> Il suo destriero salì ancora, e poi
> Calò come sparviero a terra. (IV, 506-512)

Anche questa scena sembra fare esplicito riferimento all'*Alastor* di Shelley, confermando il concetto romantico che, ahimè, l'ideale sognato svanisce con il contatto fisico. Tornato a terra, Endimione si ritrova sul monte Latmos e qui ritrova la fanciulla indiana a cui giura di nuovo d'amarla ma adesso lei gli rivela che, pur amandolo, non potrà essere lei il suo amore:

> Non sarò io il tuo amore: mi è proibito –
> Veramente proibito – avversata, spaventata, rimproverata,
> Con mezzi che fecero tremare, e gorgonea ira.
> ...
>   Non posso dirlo,
> Né sarò il tuo amore. Forse potremmo
> D'improvviso vendicarci; forse morire;
> Abbracciarci e morire – pensiero voluttuoso!
> Non accrescere il mio desiderio, o sarò presa
> Nelle panie di una perversa delizia.
> (IV, 752-761)

Poco dopo ricompare Peona, la sorella di Endimione, che li invita ad essere felici; a lei Endimione affida la giovane e lui si ritira a meditare. Successivamente riappaiono le due fanciulle ed a questo punto avviene una metamorfosi: la ragazza indiana si trasforma in Artemide, la dea della luna, la sua amante. Il poema finisce con i due innamorati che, riuniti per sempre, si allontanano nel cielo dove si ameranno per l'eternità:

> *Poi Cinzia brillante*
> *Baciò Peona, e la benedisse con soave buonanotte:*
> *La baciò anche il fratello, e s'inginocchiò*
> *Davanti alla sua dea, in beato deliquio.*
> *Lei gli porse le belle mani, e mirate,*
> *Prima che tre rapidissimi baci egli contasse,*
> *Svanirono lontano! – Peona tornò*
> *A casa tra i tristi boschi in stupore.*
> (IV, 996-1003)

Il 28 novembre del 1817, Keats partecipò ad una cena, a casa del suo amico pittore Haydon, a cui erano presenti anche Wordsworth, Lamb ed altri. Alla fine della cena Haydon chiese a Keats di recitare l'inno a Pan, tratto dal primo libro di *Endimione*. Alla fine, richiesto di fare un commento, Wordsworth disse seccamente: "Un grazioso pezzo di paganesimo"; Keats non glielo perdonerà mai.

Di Keats vorrei adesso commentare una strana poesia intitolata *La Belle Dame Sans Merci (La Bella Signora Senza Pietà)* scritta nell'Aprile del 1819 qualche giorno dopo la morte per tisi del fratello Tom e due anni prima della sua morte per la stessa malattia. Nonostante il titolo questa poesia è il racconto di un viaggio, anche questo alla ricerca di un ideale, di qualcosa che assomigli all'amore, ma che in realtà si trasforma in un incubo spaventoso da cui non si riesce ad uscire. I protagonisti principali sono due: un cavaliere medievale errante e la *Belle Dame*, un misterioso ed ambiguo personaggio femminile. La poesia è scritta come una ballata medioevale. Il riferimento che sorge spontaneo è alle tante storie legate all'epopea di Re Artù ed alla ricerca del Sacro Graal, ma in realtà nella poesia la ricerca è finalizzata all'amore ed alle sue delusioni, un tema caro a Keats, e da lui personalmente sperimentato. Il poema inoltre pone delle domande circa i limiti della consapevolezza umana e la relazione tra il mondo fisico materiale e il mondo spirituale, soprannaturale. È anche possibile che Keats usi le convenzioni del *romance* per evidenziare un punto della storia umana che è spesso dettata da una sorta di idealismo che porta inevitabilmente ad una forma di alienazione e di delusione, che a sua volta conduce alla disperazione, analogamente a quanto fatto da Shelley con il suo *Alastor*. Keats fu probabilmente influenzato anche dalla lettura approfondita, e dalla sua ammirazione, per il lungo poema epico *The Fairy Queen* (*La Regina delle Fate*), scritto da Edmund Spenser (1552-1599), un grande poeta contemporaneo di Shakespeare.

Il noto studioso e critico americano W. K. Wimsat (1907-1975) ha scritto:

> La storia migliore può essere analizzata come metafora senza un significato specifico, come simbolo che parla da solo. Per esempio *La Belle Dame* riguarda un cavaliere, quindi un uomo d'azione, ma in questo caso sensibile, come un giglio o una rosa, e riguarda una bella donna con degli occhi selvaggi. Ad un livello di astrazione più alto riguarda la perdita di identità nella misteriosa attrazione della bellezza – sia di una donna, o della poesia o della droga. Canta dell'irreversibile abbandono dalla pratica normalità, il vano isolamento dopo l'estasi. Ogni lettore avrà una o più esperienze diverse dal poema. La storia raccontata da un buon poema è come un sasso gettato nello stagno, ovvero nella nostra mente, dove ogni cerchio concentrico di significato si

allarga, e questo a causa della struttura della storia.[198]

La poesia sembra facile da capirsi a livello narrativo. Keats imita le ballate popolari e quindi adopera un linguaggio semplice, essenziale, senza fornire molti dettagli sui personaggi della storia, e senza formulare alcun giudizio finale sui loro comportamenti.   Alcuni dettagli sono realistici e ci appaiono familiari, altri invece misteriosi e strani. Il risultato è che il poema crea nel lettore un senso di mistero e di suspense. In questo poema Keats che, nell'immaginifico *Endimione* aveva descritto con un'abbondanza di iperboli la bellezza della natura lussureggiante ed un mondo pieno di vita e di passione, ci presenta adesso uno scenario totalmente opposto: una natura fredda, inospitale, ostile. Sembra quasi che Keats abbia voluto contrapporre la bellezza dell'immaginazione con la sterilità della vita reale.

La poesia è abbastanza breve e si compone di dodici quartine. Nelle prime tre un narratore, non meglio identificato, incontra un pallido cavaliere che vaga solitario e gli chiede:

Cosa ti angoscia, o cavaliere in armi,
Errante, solitario e pallido?
È vizzo il giunco in riva al lago,
E non cantano gli uccelli!

Cosa ti angoscia, o cavaliere in armi,
Così smunto e così tormentato?
Colmo è il granaio dello scoiattolo,
Ed il raccolto è stato fatto.

Vedo un giglio sulla tua fronte,
Madida d'ansia e di febbre,
E sulla tua guancia una rosa morente
Rapidamente appassisce.

---

[198] William Kurtz Wimsatt, - *The Verbal Icon: Studies in the Meaning of Poetry* – University of Kentucky Press, 1954

Il cavaliere racconta allora la storia del suo strano incontro nella foresta con una bella donna:

> *Una dama incontrai, nei prati*
> *Bellissima, una figlia delle fate,*
> *Lunghi avea i capelli, e leggero il passo,*
> *Ma i suoi occhi eran selvaggi.*
>
> *Composi una ghirlanda per il suo capo,*
> *Ed anche braccialetti, ed un cinto fragrante;*
> *Lei mi guardò come se mi amasse,*
> *Ed emise un dolce lamento.*
>
> *Sul mio cavallo al passo la sedetti,*
> *E null'altro vidi per quel giorno;*
> *Perché reclinata ella cantava*
> *Una canzone incantata.*

La donna porterà il cavaliere nella sua grotta dove si ameranno:

> *Essa per me trovò dolci radici*
> *E miele selvaggio e rugiada di manna;*
> *E certamente nella sua strana lingua disse,*
> *"Ti amo per davvero".*
>
> *Nella sua magica grotta mi condusse,*
> *Lì pianse tristemente, e sospirò dolente,*
> *E là chiusi gli occhi suoi selvaggi*
> *Con quattro baci.*
>
> *E lì lei mi cullò fino al sonno,*
> *E poi sognai – Ah! Sventura mi colse! -*
> *L'ultimo sogno da me mai sognato*
> *Sul pendio del freddo colle.*

Durante il sonno il cavaliere ha un incubo, ed al risveglio egli si ritrova da solo e *Sul pendio del freddo colle* svuotato di tutte le sue energie e senza alcuna volontà:

Vidi pallidi re, ed anche principi,
Cerei guerrieri, eran tutti mortalmente pallidi
Ed essi gridavano: "La Belle Dame Sans Merci
Ti ha reso schiavo!"

Le loro labbra smunte vidi al crepuscolo
In orrido allarme spalancate,
E svegliandomi qui mi ritrovai
Sul pendio del freddo colle.

Per questo io qui risiedo,
Solitario e pallido errante,
Benché il giunco in riva al lago sia vizzo,
E nessun uccello canti.

La lettura del poema, per quanto semplice, fa sorgere ad un attento esame alcuni dubbi. In molti si sono posti il quesito di quale sia il vero significato del poema, quale sia la vera natura della Dama. Quale sia il significato dell'esperienza del cavaliere. Perché il sogno o l'incubo ha così sconvolto il cavaliere? Che significato ha? Il cavaliere è stato deluso dalla dama o da se stesso? Quello che il cavaliere racconta è veramente accaduto oppure è soltanto un suo sogno, o il frutto della sua immaginazione, o di una sua visione? Chi è il narratore che ci racconta questa storia e che, dopo la descrizione del suo incontro con il cavaliere, sparisce? Il poema si chiude senza una vera fine, ma lascia nel lettore un senso di alienazione, di disperazione, di paura.

I critici si sono sbizzarriti nel tentativo di identificare a chi Keats volesse alludere descrivendo questa terribile ammaliatrice: la *Belle Dame*. Alcuni pensano che essa rappresenti Fanny Brawne, la ragazza di cui Keats era follemente innamorato, ma dalla quale forse non era del tutto ricambiato. Altri ritengono, vista la tragicità del testo, che la Dama possa rappresentare una terribile malattia come la sifilide, di cui forse Keats era affetto, e le sue terribili conseguenze. In questa ipotesi l'immagine della Dama ricorderebbe quella della donna bionda del *Vecchio Marinaio* di Coleridge che, sulla nave fantasma, gioca a dadi con la Morte la vita del marinaio, e che simboleggia la Morte-in-

Vita- *Le sue labbra erano rosse, il suo sguardo libero, /i suoi riccioli gialli come l'oro.* Altri critici hanno invece ritenuto che la Dama possa essere una metafora che rappresenti l'ispirazione poetica, che porta il poeta in un mondo ideale. Il cavaliere-poeta rimane allora affascinato e rapito, assorbito nei piaceri dell'immaginazione, ma l'immaginazione è una esperienza temporanea, che fugge, non persiste, ed al risveglio il freddo della realtà della vita prevale. Per il poeta Robert Graves (1895-1985) questa poesia è la celebrazione della distruzione del poeta da parte della sua stessa musa; o ancora la Dama potrebbe rappresentare il diavolo, il male che seduce con la sua bellezza, con i suoi modi, con le sue dichiarazioni di amore e con la sensualità ma poi, conquistata la sua preda, la distrugge. L'amore che distrugge la vita: un tema tipico delle ballate popolari.

Un altro esempio notevole della capacità poetica di Keats è la straordinaria *Ode su di un Urna Greca*, scritta dopo una visita alla sala del Partenone al British Museum. Ogni volta che io ammiro in qualche museo una di queste urne non posso non pensare a questa poesia che quindi, in qualche modo, altera ed influenza la mia visione:

> *Tu, ancora inviolata sposa della quiete,*
> *Tu, figlia adottiva del silenzio e del lento tempo,*
> *Narratrice silvana, tu che sai esprimere*
> *Una favola fiorita più dolcemente delle nostre rime*

> *«Quale leggenda intarsiata di foglie pervade la tua forma*
> *Di dei o di mortali, o di entrambi,*
> *Nella Valle di Tempe o in Arcadia?*
> *Quali uomini o dei sono questi? Quali fanciulle ritrose?*
> *Quale folle fine? Quale forzata fuga?*
> *Quali flauti e quali cembali? Quale estasi selvaggia? »*

> *«Le melodie ascoltate sono dolci, ma quelle inascoltate*
> *Sono più dolci; su, flauti lievi, continuate;*
> *Non per l'orecchio sensibile, ma, più accattivanti,*
> *Suonate per lo spirito melodie silenziose [..]*

In realtà con questi versi il poeta, riempiendo di significati e di vita le immagini scolpite sull'urna, esercita una sorta di violenza sull'integrità di quest'opera d'arte che consiste nel suo eloquente silenzio. Il poeta tuttavia sembra quasi pentirsi di questa sua intrusione affermando *Le melodie ascoltate sono dolci, ma quelle inascoltate/Sono più dolci*. Queste divagazioni intellettuali, suscitate dall'osservazione delle testimonianze del passato, si concludono spesso con un'amara riflessione riguardante il confronto tra la gloria del passato con la miseria e la desolazione intellettuale del presente; questa riflessione, per il romantico, porta sempre ad una conclusione favorevole al passato.

Nel 1821 le condizioni di salute di Keats si aggravarono e i medici gli prescrissero un cambiamento d'aria, suggerendogli un periodo di soggiorno in Italia il cui clima mediterraneo gli avrebbe giovato. Gli amici fecero una colletta per pagargli il viaggio e uno di loro, il pittore Joseph Severn (1793 –1879), si offrì di accompagnarlo. Il viaggio venne fatto a bordo di un piccolo veliero, il *Maria Crowther,* un brigantino a due alberi – ogni albero con tre vele quadre di color mattone, di circa centoventisette tonnellate, e con una lunghezza di poco più di ventiquattro metri. La traversata, da Londra a Napoli, durò trentaquattro giorni e fu caratterizzata da numerose burrasche e da mare quasi sempre agitato, facendo soffrire sia Keats che il suo amico. Oltre a loro, a bordo vi erano altri due passeggeri, due donne, una delle quali molto malata. All'arrivo a Napoli, avvenuto il 21 Ottobre del 1821, i passeggeri non erano nello spirito giusto per apprezzare la bellezza del panorama che lentamente si andava dischiudendo di fronte ai loro occhi stanchi. Keats e il suo amico restarono qualche giorno a Napoli, per riprendersi dalle fatiche del viaggio, e poi procedettero per Roma, viaggiando su una piccola e scomoda carrozza trainata da due cavalli. Il percorso da Napoli a Roma, con alcune tappe intermedie, venne percorso in sette giorni, e finalmente il 15 Novembre del 1821 i due amici arrivarono a Roma, dove presero alloggio in un piccolo appartamento in Piazza di Spagna, in una casa vecchia di cento anni chiamata la

Casina Rossa dai colori delle mura esterne. Questa casa era, ed è tuttora, situata ai piedi della famosa e ben nota scalinata (costruita dal Carlo VIII di Francia nel 1494) che porta in alto alla chiesa di Trinità dei Monti, che a quei tempi era circondata da campi coltivati. In quella zona, e in quella casa, Keats, sotto la protezione fraterna dell'amico Severn e di un medico scozzese, il dottor James Clark, consumò la sua breve e sofferta vita romana. La piazza era animata e viva con venditori di fiori, ruffiani, questuanti, artisti di strada, musicisti e pittori, carrozze, perdigiorno. Al centro la bella fontana del Bernini, chiamata "La Barcaccia", raffigura una barca semiaffondata, che imbarca continuamente acqua per ributtarla subito fuori. Questa era l'Italia che probabilmente Keats aveva sempre immaginato, allegra, rumorosa, piena di colori e di suoni. Questa zona di Roma è stata spesso associata alla presenza di molti personaggi letterari sia inglesi che americani in visita a Roma come Tobias Smollett, George Eliot, Charles Dickens, Lord Byron, Robert ed Elizabeth Browning, Henry James, Oscar Wilde e molti altri. La sera del 23 Febbraio del 1822, a poco più di tre mesi dal suo arrivo e dopo alcuni giorni di una penosa e dolorosa agonia, Keats morì circondato dall'affetto dei suoi pochi amici: aveva venticinque anni e quattro mesi. Il poeta era stato ucciso da una terribile forma di tubercolosi, la malattia di famiglia, aggravata probabilmente dal dispiacere provocato dalla critica negativa che alcune autorevoli riviste letterarie inglesi avevano chiaramente espresso in merito alla qualità della sua opera poetica.

Due giorni più tardi, al mattino presto, una piccola processione attraversava le strade ancora deserte e dormienti della pigra Roma, raggiungendo il cimitero protestante, fuori le mura Aureliane, vicino alla Piramide di Caio Cestio. In quel cimitero John Keats venne sepolto. Nella bara vennero anche messe alcune lettere ancora chiuse, e quindi non lette, che Keats aveva ricevuto dalla ragazza che amava, Fanny Browne, ma che a causa della malattia non aveva avuto la forza di aprire. Secondo la sua volontà la tomba venne ricoperta di margherite e di violette, i suoi fiori preferiti. Sempre secondo le sue istruzioni, sulla pietra tombale venne scritto un semplice epitaffio con le parole *Qui giace uno il cui nome fu scritto sull'acqua* insieme con il disegno di una Lira greca con alcune corde spezzate.

Quello fu l'ultimo viaggio di Keats. Un viaggio verso una forma di felicità trascendente. La morte infatti lo aveva liberato dalle angosce e dalle pene che la vita gli aveva riservato e che lui aveva invocato, quale alternativa alla vita stessa in molte delle sue poesie. Alcuni giorni dopo la morte di Keats il suo amico Severn, sfogliando la sua copia dei *Sonetti* di Shakespeare, trovò scritto, su di una pagina bianca di quel libro, a fronte di un sonetto del Bardo, un sonetto di Keats probabilmente scritto durante la lunga navigazione da Londra a Napoli e dal titolo *Stella Splendente*:

> *Stella splendente! Fossi anch'io come te costante-*
> *Ma non in solitario splendore sospesa in alto nella notte,*
> *Guardando, con ciglia eternamente dischiuse,*
> *Quale insonne, paziente eremita della natura,*
> *Le mobili acque nel loro sacerdotale compito*
> *Di pura abluzione intorno ai lidi umani della terra,*
> *O contemplando la maschera di nuova neve*
> *Sofficemente scesa sui monti e sulle brughiere-*
> *No – costante sempre, mai mutevole,*
> *Adagiare il capo sul maturante seno del mio dolce amore,*
> *Sentendo per sempre il suo dolce pulsare,*
> *Per sempre sveglio in dolce inquietudine,*
> *Ancora, per sempre udire il suo tenero respiro*
> *E vivere così in eterno – o svenire altrimenti nella morte.*

Sarebbe molto romantico pensare, come hanno fatto alcuni critici, che questa sia stata l'ultima poesia scritta da Keats durante quella lunga e disagiata navigazione. Il poeta seduto sul ponte della nave, alla luce incerta di una traballante lanterna, leggendo i sonetti del suo Vate ispiratore viene colto da un improvviso *raptus* poetico che lo spinge a scrivere, proprio su di una pagina dello stesso libro che stava leggendo, questo splendido e commovente sonetto. Anch'io, da vecchio romantico, avevo creduto a questa versione dei fatti ma, ahimè, quest'illusione venne smentita alcuni anni fa quando, frequentando un corso su Keats all'Università di

Cambridge, il nostro professore ci mostrò il manoscritto di questo sonetto conservato presso il Fitzwilliam Museum di Cambridge.

La morte di Keats sarà sentita profondamente da Shelley che, pur conoscendolo superficialmente, aveva nei suoi confronti una grandissima stima. Sotto l'impulso emotivo di questa morte Shelley scrisse una lunga e bellissima elegia, intitolata *Adonais*, la cui prima stanza dice:

> *Io piango per Adonais – lui è morto!*
> *Piangete tutti per Adonais, anche se le nostre lacrime*
> *Non sciolgono il gelo che cinge un capo così caro!*
> *E tu, triste ora, scelta tra tutti gli anni*
> *Per piangere la nostra perdita, sveglia i tuoi oscuri compari,*
> *E unisciti al nostro dolore, e dì "Con me*
> *È morto Adonais; e fino a che il Futuro*
> *Non oserà dimenticare il Passato, il suo destino*
> *E la sua fama resteranno un eco ed una luce per l'eternità.*

Keats è stato il più giovane e il più poetico di tutti – qualcuno lo ha definito il poeta dei poeti, ed è sicuramente quello che ha condotto la vita più miserevole rispetto a tutti gli altri. Nel 1877 Oscar Wilde (1854-1900) fece un viaggio a Roma e gli venne accordata un'udienza con il Papa Pio IX. Al mattino presto dello stesso giorno dell'udienza egli andò a visitare la tomba di Keats. S'inginocchiò sull'erba e vi rimase assorto per oltre mezz'ora, dichiarando alla fine che quello era il "posto più sacro di Roma".

Con la morte di Keats, si avvicina la fine del Romanticismo. Questa fine sarà completata con la morte di Shelley meno di due anni dopo, affondato con la sua barca da una violenta tempesta al largo di Viareggio e con la morte di Byron, circa tre anni dopo, in Grecia. Alla notizia della morte di Keats, William Hazlitt scrisse:

> Anche Keats è morto. Lui ci ha dato la più grande promessa di genialità di ogni poeta di questi tempi. Ha mostrato un'estrema tenerezza, bel-

lezza, originalità e delicatezza della fantasia; tutto quello che lui voleva era soprattutto forza e coraggio per rigettare le tentazioni di peculiarità nei sentimenti e nelle espressioni. Alcune delle sue ultime poesie sono senza difetti e piene di bellezza. [199]

Concludendo possiamo dire che John Keats ha messo in pratica la teoria "dell'arte per l'arte". Lui non fu un poeta tipico, ma un vero artista che visse in funzione soltanto della sua arte. Nella già citata lettera a Reynolds del 17 Aprile 1817 scrisse:

> Io penso che non potrei esistere senza la poesia – senza la poesia eterna – la metà del giorno, anzi l'intero giorno, non esisterebbe.

Ed in un'altra lettera del 9 Aprile del 1818 allo stesso Reynolds scrisse:

> Non ho mai scritto un singolo verso di Poesia sotto la minima ombra dell'opinione pubblica.

Keats non ebbe una grande personalità, il suo lavoro ci giunge come qualcosa di molto più grande della sua personalità. Quando noi leggiamo la sua poesia, pensiamo alla ricchezza ed alla bellezza dei suoi versi, non pensiamo all'uomo come invece facciamo quando ad esempio leggiamo la poesia di Byron.

La differenza tra Keats e Byron viene chiaramente espressa da Keats in una lunga lettera indirizzata al fratello George, nel Settembre del 1819, in cui tra l'altro scrisse:

> Tu parli di Lord Byron e di me – Vi è una grande differenza tra di noi. Lui descrive quello che vede, io descrivo quello che immagino. Il mio è il compito più duro.

---

[199] William Hazlitt - *Select British Poets or New Elegant Extracts – from Chaucer to the Present Time* – WM. C. Hall, 1824

Keats, come avviene anche per il suo ispiratore Shakespeare, rappresenta l'artista per il quale l'arte è più importante della vita.

Conclusione

Come appare dai brani esaminati i poeti romantici credevano che l'aspetto Dionisiaco (in contrapposizione con quello Apollineo dei Neo Classici) era essenziale all'esperienza umana e ritenevano quindi che una misteriosa forza vitale permeasse sia l'uomo che la natura, giustificando così l'aspetto irrazionale e creativo dell'animo umano. Inoltre, partendo dalla mitologia greca tentarono, talvolta anche senza riuscirci, di fare una sintesi tra la tradizione Platonica o idealistica con quella Dionisiaca o erotica. Essi credevano nella misteriosa ed inspiegabile potenza della mente che, tramite la loro poesia, cercarono di spiegare e forse di controllare.

Come il lettore avrà certamente notato gli stili letterari, i soggetti delle opere ed anche la forma poetica utilizzata dai tre poeti presentati in questo capitolo, sono molto diversi tra di loro, così come sono diversi da quelli dei loro predecessori. Questa constatazione ha spinto alcuni critici ad affermare che è sbagliato parlare di Romanticismo, ma che invece sarebbe più corretto affermare l'esistenza di più Romanticismi. Io non condivido questa opinione. Al di là degli approfondimenti e delle analisi tecniche, certamente necessarie ed importanti, quello che secondo me è fondamentale è il riconoscere a questi poeti un forte, appassionato e costante spirito che li accomuna. Questo spirito si concretizza nella loro grande fiducia nell'immaginazione, nella loro onestà intellettuale non disponibile a compromessi, nella convinzione della forza della loro poesia e, soprattutto, nella loro capacità di identificare l'arte con la vita. Questo è quello che Shelley ha chiamato "la poesia della vita" che un'importante studiosa ha così spiegato:

...è stata un'esperienza che ispira una risposta creativa, che fornisce una manifestazione di valori estetici, che suscita l'immaginazione, che da piacere e che dà un senso di coerenza e di armonia.[200]

Tutte le caratteristiche umane dei poeti romantici sopra dette se da una canto non hanno contribuito a fornire loro una popolarità in vita, dall'altro hanno dato un aiuto fondamentale al loro successo postumo ed alla loro indubbia immortalità. In un mondo sempre più prosaicamente avvinto alla materialità, al consumismo ed al denaro, leggere una loro poesia è come respirare una salutare boccata di aria pura che ristora e rinfranca. Purtroppo è melanconico il constatare che, sia pure con alcune lodevoli eccezioni, che esamineremo nel prossimo capitolo, quelle stesse caratteristiche si ritrovino di rado negli scrittori contemporanei.

---

[200] Marilyn Gaull – *English Romanticism – The Human Context* – W. W. Norton & Co., 1988

Capitolo Quinto

L'Eredità del Romanticismo

In quest'ultimo capitolo desidero affrontare il tema dell'eredità lasciata dal Romanticismo, ovvero di quale sia stata l'influenza del movimento Romantico sui poeti che sono venuti dopo, i cosiddetti post-romantici, ma sempre avendo come riferimento il nostro tema: il viaggio alla ricerca della felicità. Prima però desidero fare ancora una riflessione, già fatta in precedenza, ma che intendo ripetere perché la ritengo fondamentale per capire bene il senso della storia della letteratura.

Nel valutare le opere del Romanticismo, ma questo vale per tutti i periodi storici per noi lontani nel tempo, bisogna usare molta cautela. Tra noi e loro infatti vi è più di un abisso non soltanto di tempo ma anche, e soprattutto, di pensiero, di costumi, di tecnologia, di modi di vivere, etc. Ecco perché, nella Premessa ho sottolineato che, per apprezzare veramente le opere del periodo romantico, è assolutamente necessario liberare la mente dalle incrostazioni della cultura contemporanea, *cancellare le tavole della memoria* come dice Amleto. E questo invito lo ribadisco, anche per le opere scritte nei periodi che seguirono immediatamente il Romanticismo.

Fino a circa la metà del 19° secolo le arti, e quindi anche la letteratura ed in parte anche la scienza, si basavano sul principio che gli avvenimenti che accadevano nel mondo si svolgevano prevalentemente sullo sfondo di una immutabile scena della natura e compiuti da esseri umani anch'essi fondamentalmente immuni dal cambiamento. L'arte, la letteratura e la moralità dell'Europa erano basate, per la maggior parte, sulla Bibbia che veniva letta e capita in modo diretto e lineare. Dalla metà del 19° secolo in poi, con il progresso e l'affermazione della scienza, questa convinzione iniziò a cambiare. Lo scenario infatti si modificò, si iniziò a constatare che non vi era più soltanto l'immutabile natura, ma che il nuovo quadro di riferimento era creato, nel bene o nel male, dall'uomo e che lui stesso stava cambiando, evolvendo sia in termini fisici (grazie ai progressi della medicina e della biologia) che in senso intellettuale (grazie allo sviluppo e diffusione della psicologia, della psicoanalisi e della sociologia). Questo sostanziale cambiamento provocherà un profondo effetto di estraneazione: da quel momento in poi l'uomo perderà quasi definitivamente il suo rapporto originario con la natura, andando alla ricerca di una sua nuova collocazione nell'universo che ancora oggi non sembra aver trovato. La maggiore consapevolezza del tema del trascorrere del tempo ed il maggiore egoismo, soprattutto economico, sono state probabilmente le due determinanti più importanti che hanno definito le caratteristiche essenziali del ventesimo secolo.

Ho accennato alla presenza di più di un abisso, un esempio per tutti. Nel lungo periodo Vittoriano (il regno della regina Vittoria durerà ben sessantatré anni, dal 1837 al 1901) e quindi nel periodo immediatamente successivo al Romanticismo, si riteneva che il mondo avesse avuto inizio meno di seimila anni prima. In conseguenza la lettura della Bibbia, e delle sue storie, era inquadrata in una matrice spazio-tempo ben precisa e ad essa si faceva riferimento con certezza e con convinzione assoluta. Era quindi stato redatto una sorta di calendario degli eventi biblici, attribuendo agli stessi delle date ritenute abbastanza esatte. Questa convinzione, su cui si reggeva la profonda religiosità di quel periodo, venne però presto messa in discussione. Nel 1857 vennero scoperti i resti dell'Uomo di Neanderthal, due anni dopo, nel 1859, Darwin pubblicò la sua *Origine delle Specie*, creando uno shock teologico profondo, che dura ancora oggi, e che allontanò molti dalla religione. Oggi molti scienziati ritengono che l'uomo apparve sulla terra oltre duecento mila anni fa. Con questa ipotesi quella matrice spazio-tempo in cui erano inquadrate le storie della Bibbia perde ogni validità, con l'inevitabile conseguenza che gli stessi insegnamenti biblici perdono di credibilità, e quindi la stessa Bibbia viene messa in discussione, se non altro come fonte di una teologia, in un modo che sarebbe stato impensabile nel 18° e nel 19° secolo. L'evoluzione del pensiero si è rivelata molto più veloce ed inarrestabile dell'evoluzione della scienza, ecco il perché di quegli abissi cui ho accennato in precedenza.

Parlando di viaggi, ad esempio, è curioso ricordare una strana anomalia che evidenzia le differenze tra il nostro tempo e il loro, e di cui oggi non ci rendiamo conto. Le guide turistiche dell'Italia del 19° secolo riportavano una "Tabella delle Ore Italiane" (da qui il titolo del saggio di Henry James sui suoi viaggi in Italia intitolato per l'appunto *Ore Italiane*). Questa tabella era importante perché ogni regione aveva un'ora diversa. Questo comportava che, spostandosi da una città all'altra, il viaggiatore dovesse cambiare l'ora. Le differenze non erano significative ma potevano arrivare anche ad oltre mezz'ora, con tutti i conseguenti disagi sugli orari dei viaggi e gli appuntamenti. L'Italia venne unificata nel 1870 ma soltanto nel 1884 venne adottata, per tutto il Regno, l'ora sincronizzata con il Meridiano di Greenwich.

Con la morte di Byron nel 1825, seguita due anni dopo da quella di William Blake, finisce il periodo eroico e glorioso del Romanticismo. Un periodo certamente importante per la storia della cultura occidentale e per la letteratura inglese in particolare. Un movimento di persone libere, che aspiravano a cambiare la società con la forza delle loro idee, frutto di un potente uso dell'immaginazione creativa, ed espresse soprattutto in forma poetica e, da quel momento in poi:

> ... il bagliore svanì dall'aria. Forze reazionarie reimposero le loro regole in tutta l'Europa, e la

classe borghese, che era stata la fonte di un'energia radicale, diventò prospera e conservatrice.[201]

Con la fine del Romanticismo scompaiono quasi del tutto i "viaggiatori", ed al loro posto arrivano le masse di turisti, passando dalle emozioni forti, soprattutto se improvvise ed inaspettate, generate dalla visione del Sublime, agli agi ed alle banalità della vita quotidiana che si tenta di ricreare in qualunque posto ci si trovi. Oggi dobbiamo chiederci cosa sia successo dopo quel periodo glorioso e soprattutto se qualcosa di quello che i protagonisti di quel periodo hanno fatto e scritto abbia lasciato traccia nelle opere dei loro successori. La domanda è alquanto complessa e richiederebbe un lungo approfondimento anche in relazione ai numerosi abissi di cui si è accennato in precedenza e della sempre maggiore velocità dei cambiamenti. Mi limiterò quindi a sfiorare questo argomento per poi esaminare come alcuni scrittori delle generazioni successive abbiano continuato scrivere con lo stesso spirito dei romantici, sia pure con alcune modifiche ed adattamenti.

Nell'affrontare il tema conduttore del nostro viaggio alla ricerca della felicità abbiamo avuto modo di vedere la grande diversità di stili, di idee, di sentimenti che hanno caratterizzato gli scrittori romantici, quindi non sarebbe del tutto corretto parlare di "eredità del Romanticismo". Sarebbe invece più corretto parlare di eredità dei singoli poeti, ognuno dei quali, ebbe, nel periodo successivo alla loro morte, più di un ammiratore. Ad esempio Wordsworth venne tenuto in grandissima considerazione dai due grandi scrittori e critici d'arte Vittoriani John Ruskin (1819-1900) e Walter Pater (1839-1894); Shelley venne venerato da Browning, Keats e Shelley da Tennyson e così via.

È indubbio che la letteratura di ogni periodo storico sia influenzata dalle grandi idee che prevalgono in quel periodo. Quindi la storia della letteratura è essenzialmente una storia delle idee: più forti sono le idee, più il loro effetto è pervasivo.

---

[201] George Steiner - *The Death of Tragedy* - Yale University Press, 1980

Da questo punto di vista è naturale ritenere che la letteratura romantica sia stata una letteratura forte in quanto nata dalla rivoluzione francese, della quale riflette i valori più alti che, in seguito, condurranno ai moderni principi di democrazia, libertà, autonomia e dignità dell'essere umano.

Alla fine del periodo del Romanticismo storico i movimenti artistici che seguirono sembrarono essere disorientati. Essi non ebbero la forza di cambiare radicalmente le radici del Romanticismo, come questi aveva fatto a suo tempo con il periodo Augusteo, e continuarono a subire ancora per molto tempo il fascino della potenza dell'Idea Romantica.

Si iniziò con una forte critica al Romanticismo avanzata da alcuni studiosi del periodo vittoriano che vedevano le ideologie romantiche come un attentato alle leggi della società ed alla morale comune, derivanti da un uso *malsano dell'immaginazione*.[202] Probabilmente l'influenza maggiore fu quella fornita dallo scrittore, e critico d'arte, John Ruskin (1819-1900) che, nonostante le sue idee liberali, esercitò una critica del Romanticismo da lui strettamente associato con il Gotico. Nella terza parte del suo *Modern Painters*[203] Ruskin attacca in particolare il concetto da lui definito come *pathetic fallacy* (sofisma patetico), ovvero il dare vita e sentimenti a oggetti o elementi della natura, facendo specifico riferimento all'uso fattone da Wordsworth ma che, come abbiamo visto, era comune a quasi tutti i romantici. Per Ruskin questo concetto rappresenta il fallimento dell'immaginazione, ovvero il pericolo di scambiare la visione immaginaria di un oggetto per la sua reale natura. A questa posizione si oppose un altro grande scrittore, anche lui importante critico d'arte, Walter Pater (1839-1894), che sarà ricordato come uno dei fondatori del movimento estetico. Pater difese il concetto romantico affermando che la conoscenza è sempre relativa e che in

---

[202] In particolare da W. J. Courthope (1842-1917), come indicato da Kenneth Daley nel suo *The Rescue of Romanticism* – Ohio University Press, 2001

[203] John Ruskin – *Modern Painters* – Smith, Elder & Co., 1848

conseguenza quello che conta nell'arte è esclusivamente il sentimento, l'emozione, la sensazione percepita dall'artista anche attraverso l'immaginazione, che quindi assume un ruolo fondamentale nella concezione artistica. In realtà l'atteggiamento di Ruskin nei confronti di Wordsworth è ambiguo; infatti nei suoi scritti egli alterna verso di lui sia ammirazione che condanna. La maggiore obiezione è legata a quella che egli definisce come l'arroganza di Wordsworth che pone sempre e soltanto se stesso al centro della sua poesia; quell'atteggiamento che Keats aveva definito come *il sublime egoismo*. Nella sua critica di Wordsworth Ruskin scriverà "Chi pensa a sé stesso guardando verso il cielo?" che, guarda caso, è un verso tratto dal poema *L'Isola* di Byron.[204]

Questa alternanza di vedute sul Romanticismo dure-rà a lungo ed in parte continua ancora oggi, influenzando in vario modo i vari scrittori da allora ad oggi. Molti scrittori modernisti, come ad esempio T. S. Eliot, pur professandosi anti-romantici, hanno, in alcune loro opere, atteggiamenti ed espressioni tipicamente romantiche. Lasciando da parte queste polemiche intellettuali si può affermare che dopo il romanticismo non vi fu più una visione comune, uno *Spirito dei Tempi* come si verificò nel periodo Romantico, bensì il succedersi di molte tendenze. Si passò quindi al Realismo, al Naturalismo e, verso la fine del 19° secolo, al Simbolismo, al Decadentismo ed all'Estetismo. Eppure il desiderio di cambiare, di seguire nuove strade resterà molto forte ma dovrà passare oltre un secolo perché questo desiderio trovi una sua realizzazione con Ezra Pound (1885-1872) e la rivoluzione Modernista. Il periodo Vittoriano che durò quasi un secolo, si caratterizza quindi come un periodo di transizione: dalla Rivoluzione Romantica a quella Moderni-sta. Di conseguenza il Romanticismo della fine del 18° secolo e dell'inizio del 19° secolo, allungò la sua ombra su tutto il 19° secolo e parzialmente anche oltre, sia pure con molte modifiche ed adattamenti. Quelli che erano stati gli acciden-tati sentieri percorsi dagli scrittori romantici, stretti, sterra-ti, contorti, senza meta, che si svolgevano prevalentemente

---

[204] Riportato in Kenneth Daley opera citata.

dentro la Natura, e che muovevano dalla città verso la campagna, attraverso i boschi, su per i monti, lungo i fiumi, e di cui abbiamo visto alcuni esempi nei Capitoli precedenti, diventeranno con il tempo ampie e comode strade, invase da turisti, sia pure ancora con qualche curva e che, invertendo il senso di marcia metaforica, punteranno prevalentemente dalla campagna verso la città. Vi furono alcune circostanze che provocarono questa inversione e ad alcune di esse ho già accennato, come il declino della poesia a favore del romanzo, la trasformazione dello scrittore da isolato e ispirato cantore ad elemento di una catena commerciale che segue ed insegue i gusti di un mercato in continua crescita perseguendo una ferrea logica economica, ma anche il continuo sviluppo della scienza, della psicologia, della sociologia e della tecnologia. In altre parole si verificò il continuo ed inarrestabile ritorno della ragione quale elemento dominante di una società sempre più complessa ed asservita, non più al *Dio poeta* descritto da Berlin,[205] ma al Dio denaro della modernità. Tutto questo portò a profondi cambiamenti e non tutti per il meglio. Dopo i Romantici vi sono stati certamente molti interessanti e bravi scrittori ma nel lungo orizzonte della Letteratura Eterna ritengo che pochi di loro troveranno un posto di rilievo. Sono infatti convinto che tra qualche secolo molti ancora leggeranno Shakespeare, Milton, Byron o Shelley ma pochi leggeranno la maggior parte degli autori che sono a loro succeduti. Questo non tanto per un loro demerito artistico ma a causa del prevalere della forma letteraria del romanzo sulla poesia, e in particolare del cosiddetto romanzo realista che si affermò subito dopo la fine del Romanticismo e che in parte continua ancora oggi. Uno degli attributi di tale tipo di romanzo è l'ambientazione realistica della trama, la storia è raccontata nel momento storico in cui il testo viene scritto, riflettendo quindi tutte le caratteristiche di quel periodo; quel testo, dopo qualche anno, diventa frequentemente obsoleto e quindi poco interessante. Pochi leggono oggi quelli che furono i grandi romanzi di successo del 19° secolo o dei primi anni del 20° secolo. La

---

[205] Vedi pag. 37

poesia al contrario è immortale, in quanto esprime sentimenti, passioni, emozioni umane che non cambieranno mai con il trascorrere del tempo; noi conti-nuiamo ad amare, odiare, godere, soffrire allo stesso modo dei nostri genitori, nonni, antenati. Walt Whitman, il grande poeta epico americano, di cui parleremo in seguito, nella prefazione al suo *Foglie d'Erba* scrive:

> Una grande poesia è in comune per secoli e secoli e per tutti i ranghi e carnagioni e tutti gli ambiti e sette per una donna come per un uomo e per un uomo come per una donna.

L'epoca Vittoriana, fu un periodo molto importante per la storia politica ed economica dell'Inghilterra; si formò infatti allora l'impero britannico e l'Inghilterra divenne il centro del mondo sotto l'aspetto politico, economico, sociale, industriale e scientifico. Questo successo verrà celebrato con la prima Esposizione Universale di Londra del 1850 che venne signifi-cativamente chiamata "Grande Esposizione dei Lavori dell'Industria di tutte le Nazioni". Ma, come spesso accade nella storia delle nazioni, nel momento del suo più grande splendore l'Impero Britannico iniziò il suo lento ed ineso-rabile declino. La seconda parte del 19° secolo sarà caratte-rizzata da una serie di eventi storici, scientifici e politici importanti, che porteranno gradualmente alla dissoluzione dell'Impero Britannico che si concluderà con la Prima Grande Guerra Mondiale.

I cinquant'anni che intercorrono tra il 1850 e il 1900 furono anche caratterizzati da molti cambiamenti intellett-ualmente forti che comportarono radicali modifiche nel pensiero corrente, nei valori dominanti e nelle credenze religiose, come accennato all'inizio di questo Capitolo. Nel 1859 Charles Robert Darwin (1809-1882), naturalista e geologo britannico, pubblica il suo rivoluzionario testo *Sulla Origine delle Specie per mezzo della Selezione Naturale, o la Conservazione delle Razze Favorite nella Lotta per la Vita.* In questo libro Darwin proclama la sua teoria dell'evoluzione delle specie animali e vegetali per selezione naturale agente

sulla variabilità dei caratteri ereditari, e della loro diversi-
ficazione e moltiplicazione per discendenza da un antenato
comune. L'acceso dibattito che quel libro provocò continua
ancora ai giorni nostri. In Francia, il filosofo Joseph Ernest
Renan (1823-1892) pubblicò nel 1860 *La Vita di Gesù*, un
libro che ebbe anch'esso una grande diffusione e che sollevò
molte polemiche e discussioni. Nel 1874 un uomo d'affari ed
archeologo dilettante, Heinrich Schlieman (1822-1890), scavò
l'area di Micene provando l'esistenza di Troia. L'archeologia
riportò in vita antiche civiltà, prima pressoché ignorate,
aumentando il freddo inverno dello scetticismo religioso. Nel
1890 l'antropologo scozzese Sir James George Frazer (1854-
1941) pubblicò il suo libro *Il Ramo Dorato* che presenta
un'approfondita ed analitica inchiesta sulle origini delle
credenze religiose e che ebbe anch'esso, dopo *l'Origine delle
Specie*, un forte impatto anti-religioso dimostrando in modo
chiaro la similitudine di tutti i riti e di tutte le religioni. In
quel libro Frazer scrive "La somiglianza tra le abitudini dei
selvaggi e le idee fondanti della dottrina Cristiana, è
impressionante".[206] La crisi religiosa sarà anche alimentata
dal progresso della scienza, dalla filosofia di Nietzsche che
affermava che *Dio è morto,* e dal crescente materialismo della
società che privilegiava i valori materiali rispetto a quelli
spirituali. *Il Capitale* di Karl Marx (1818-1883), scritto nel
1867, lanciò una nuova e radicale evoluzione nella concezione
della Società, della Giustizia, dell'Eguaglianza e delle
riforme. Il periodo Vittoriano fu dunque un periodo prevalentemente materialista dove il Dio dominante era tornato
ad essere, dopo la breve stagione romantica, la Ragione.

Anche il romanzo, nel corso del secolo, subirà molti
cambiamenti. All'inizio infatti l'influenza dei romantici si
fece sentire sui romanzieri in modo profondo. Non abbiamo
spazio per esaminare questa influenza ma certamente Walter
Scott (1771-1832) influenzò moltissimo Charles Dickens
(1812-1870), da molti considerato il più grande romanziere

---

[206] James George Frazer – *The Golden Bough - A study in Magic and
Religion* – MacMillan & Co. 1963

del periodo vittoriano; le sorelle Bronté mostrarono una appassionata evocazione dei sentimenti con *Jane Eyre* (scritto da Charlotte), *Cime Tempestose* (scritto da Emily), ed *Agnes Grey* (scritto da Anne); tutti romanzi che si pongono nel solco della tradizione romantica. Ma subito dopo, nella prima parte del secolo, si verifica un cambiamento con l'emergere del romanzo realista, ovvero il romanzo che racconta soprattutto storie e personaggi collocati nel quadro dei grandi cambiamenti in atto in quella società, provocati soprattutto dalla rivoluzione industriale e dall'emergere di una nuova classe benestante e dinamica: la borghesia. Verso la fine del secolo invece il romanzo si fa più introspettivo, percependo quasi una sorta di fallimento della ideologia del progresso continuo. Ecco apparire allora i romanzi di Joseph Conrad (1857-1924) e di Thomas Hardy (1840-1928) e, alcuni anni dopo, di Virginia Woolf (1882-1941) fino a giungere all'estremo con James Joyce (1882-1941). Per quanto riguarda il nostro tema è interessante notare che il tema del viaggio, e il tema della Felicità, vengono completamente stravolti rispetto alla loro interpretazione romantica. Non sono molti i romanzi post-romantici che parlano del viaggio così come ne parlarono i romantici. Il Capitano Achab di *Moby Dick*, fa un viaggio verso la tragedia, non certamente animato dal desiderio di raggiungere la felicità; Conrad fa fare ai suoi personaggi dei viaggi verso il *Cuore di Tenebra*, come metafora di un viaggio verso la tenebra che oscura sia i propri sentimenti che la concezione stessa della vita.

Il concetto stesso di Felicità si modifica. Per i romantici essere felici nei modi che abbiamo descritto era importante, rappresentava quasi l'essenza stessa della loro vita. Per i loro successori non fu tanto importante essere felici, quanto apparire felici, con una esibizione del lusso o del piacere, che spesso tradiva una povertà di sentimenti e di passioni. Apparire, possedere più che essere, una tendenza che ahimè continua, in modo ancora più esaltato, ancora oggi. Samuel Butler (1835-1902) nel suo *Darwin tra le*

Macchine[207] scrive, nel 1863, che il denaro era diventato per l'uomo come delle antenne senza le quali l'uomo-insetto perde il contatto con l'ambiente. La visione dell'artista sembra gradualmente muoversi dall'esterno verso l'interno, guardando soprattutto al proprio io.

È interessante a questo punto inserire una breve riflessione sui poeti americani post-romantici. L'America infatti scoprirà, sia pure gradualmente, una "propria vocazione poetica" del tutto autonoma da quella inglese spesso anche in termini sia di linguaggio che di fonetica. Il poeta inglese W. H. Auden (1907-1973), che visse gran parte della propria vita negli USA e che fu sia un interprete che un attento osservatore di quella cultura, in un suo interessante saggio, intitolato *La Poesia Americana*, evidenzia le grandi differenze stilistiche, culturali e di linguaggio esistenti tra i poeti americani e quelli inglesi. A conclusione di quel saggio Auden scrive:

> Se questa è un'esatta definizione di quella poesia che noi chiamiamo "moderna", possiamo allora dire che l'America non ne ha mai conosciuta una diversa.[208]

Con questa affermazione Auden attribuisce inequivocabilmente il concetto di modernità alla poesia americana ma forse trascura di evidenziare il fatto che, pur nella loro modernità, anche i poeti americani del 19° e 20° secolo hanno subito, forse inconsciamente, il fascino e quindi l'influenza del movimento romantico. Ne esamineremo alcuni nelle pagine seguenti, ma qui mi preme ricordare alcune caratteristiche che, in riferimento al nostro tema, distinguono la poesia post-romantica americana. Innanzitutto il diverso rapporto con la natura. Il poeta romantico inglese nel suo vagabondare, per quanto lungo, per quanto faticoso, trovava sempre ad un certo momento un segno di insediamento urbano: una casa, una locanda, una fattoria dove se necessa-

---

[207] Samuel Butler - *Darwin among the Machines* - The Press of Christchurch, New Zealand, 13 June, 1863
[208] W. H. Auden - *Lo scudo di Perseo* – Adelphi, 2000

rio poteva fermarsi, riposare, mangiare. I luoghi frequentati erano spesso noti e trasmettevano quel senso di amicizia e di familiarità che così bene Wordsworth ci ha trasmesso. Il poeta americano invece nel suo cammino spesso non incontrava nessuno. La grandiosità del paesaggio di quel continente, se paragonato con la sua scarsa densità abitativa, faceva sì che si potesse camminare per giorni senza incontrare anima viva. I paesaggi incontrati erano spesso sconosciuti ed incutevano grazie alla loro maestosità un senso di timore, rendendo molto diverso il rapporto tra l'uomo e la natura. Non vi era più quel senso di intimità e di "fratellanza" così palese nei romantici inglesi. Ecco che allora spesso il viaggiatore non amava andare da solo, ma cercava un compagno di viaggio con cui condividere le ansie e i timori. Un esempio di questo aspetto ci è fornito da questa poesia di Henry David Thoreau (1817-1862), che è stato uno dei primi ad affrontare l'incognita della natura:

> *Cammino nella natura sempre solo,*
> *Non conosco nessuno,*
> *Non distinguo un lineamento o un tratto*
> *Di nessuna creatura.*
> *Il firmamento è chino*
> *Su di me,*
> *Pure mi manca la grazia*
> *Di un volto intelligente a me simile.*
> *Ancora debbo cercare l'amico*
> *Che con la natura si fonda.*
> *Che sia la persona dietro quella maschera*
> *L'uomo io chiedo.*[209]

Con questi versi Thoreau, differenziandosi dai romantici inglesi, invoca la presenza di un amico che lo aiuti nell'affrontare la grande incognita della natura con cui egli deve confrontarsi, esprimendo il timore che da solo non vi riesca. Vedremo in seguito come l'invocazione ad un amico sia presente spesso anche nella poesia di Whitman. Thoreau fu, insieme con Ralph Waldo Emerson (1803-1882), uno dei

---

[209] Tratta da Auden libro citato.

rappresentanti più importanti della corrente del trascendentalismo.[210] In realtà Thoreau più che poeta fu uno
scrittore che dedicò gran parte della propria attività proprio
a ricercare un rapporto stretto con la natura. Per questo si
ritirò per circa due anni a vivere in una capanna nei boschi
presso un lago. Da questa esperienza nacque il suo libro
Walden ovvero La Vita nei Boschi che contiene un'approfondita riflessione sul rapporto dell'uomo con la natura e che
è considerato un classico della letteratura americana.

Negli ultimi anni del periodo Vittoriano si diffuse in Inghilterra un esteso senso di smarrimento, di incertezza, di preoccupazione analogo a quello che si era verificato negli ultimi
anni di regno della grande regina Elisabetta I, tra il 1590 e
l'inizio del 17° secolo. In entrambi i casi una grande regina,
che aveva regnato a lungo ed aveva dato gloria e potere alla
Nazione, stava giungendo al termine della sua vita terrena e
quindi la sua successione poneva dei problemi e fomentava
delle preoccupazioni. Nel caso della Regina Vittoria morta
nel gennaio del 1901 si aggiungeva, rispetto ad Elisabetta,
una dimensione economica importante creata sia dalla
crescente industrializzazione che dall'espansione, spesso con
la forza e nel sangue, dell'Impero britannico in molti
continenti. La nuova affluente classe borghese che stava
crescendo e conquistando fette sempre più ampie della
ricchezza del paese, vedeva con preoccupazione il rischio che
questa crescita potesse interrompersi bruscamente. Allo
stesso tempo si verificò, in alcuni strati della società
intellettuale, una sorta di ribellione proprio contro la classe
medio-borghese vittoriana che sembrava voler ridurre
qualunque cosa alla dimensione economica, incluso il valore
della vita. Questi contrastanti aspetti della società di fine

---

[210] Il trascendentalismo è stato un movimento filosofico e poetico, che si
sviluppò in Nord America nei primi decenni dell'Ottocento che esprimeva
una reazione al razionalismo e privilegiava un rapporto trascendentale
dell'individuo nei rapporti con la natura e la società ricollegandosi così
proprio all'ideologia romantica, sia pure rivendicando con forza
l'indipendenza della cultura americana da quella europea.

secolo si riflettono ovviamente sulla letteratura di quel periodo, che si divide essenzialmente in due grandi filoni: da un lato essa sembra essere pervasa da storie che rivelano la mancanza di coraggio, la sensazione che la cultura tradizionale e la civiltà Inglese stiano per giungere ad un capolinea, e che non si abbia più il coraggio di guardare avanti con lo stesso entusiasmo della generazione precedente, dall'altro nasce un folto gruppo di scrittori satirici che mettono alla berlina proprio quei valori tipici della società vittoriana, come l'austerità, il materialismo, il puritanesimo. Si distinguono tra gli altri H. G. Wells (1866-1946), D. H. Lawrence (1885-1930), Samuel Butler (1835-1902), ed in particolare John Galsworthy (1867-1933) con la *La saga dei Forsytes* e che ricevette il Premio Nobel nel 1932. Non è un caso che in quel periodo siano state scritte molte elegie, ovvero poemi dedicati al ricordo dei morti, quasi a voler simboleggiare la nostalgia di una Inghilterra perduta per sempre. La scena letteraria inglese, salvo rare eccezioni, sarà dominata da stranieri come gli americani Henry James (1843-1916), T. S. Eliot (1888-1965), Ezra Pound (1885-1972), i nuovi "potenti" che, emigrati dalla vecchia colonia, impongono alla declinante Inghilterra il loro stile, la loro poetica, il loro modo di vedere il mondo. Ad essi si aggiungono Joseph Conrad, polacco, W. B. Yeats e James Joyce irlandesi, così come Oscar Wilde (1854-1900) e Bernard Shaw (1856-1950), che anche se non possono considerarsi dei veri modernisti furono tuttavia certamente dei "sovvertitori culturali".

In un mondo freddo, spietato, calcolatore, in cui la classe politica aveva adesso a disposizione sofisticati strumenti di potere, di distruzione di massa, d'informazione, tutti i valori, che in passato avevano prevalso e avevano permeato i modi di vivere, venivano adesso messi in disparte, sovvertiti da altri valori, o forse sarebbe meglio dire disvalori. La prima guerra mondiale sarà una terribile, sanguinosa e tragica conseguenza di questa svolta nella società, con il suo lungo elenco di morti e di distruzioni. Possiamo dire che quella guerra, quel fenomeno sociale, rappresenta un baratro, una valle profonda ed oscura che separa in modo netto ed irredimibile non soltanto la letteratura, ma tutte le manifestazioni artistiche. Prima della guerra, a monte di essa vi era un mondo, dopo la guerra ce ne fu un altro, profondamente diverso, una nuova collina su cui l'umanità tentò disperatamente di salire, ma spesso non vi riuscì e ricadde in altri dirupi, in altri abissi, in altre guerre, terrorismi, attentati, altre prepotenze, tutte con un sempre crescente sanguinoso tributo di vite umane.

In questo non brillante panorama fanno eccezione le opere di alcuni scrittori, soprattutto poeti, che influenzati dai poeti Romantici sembrano voler raccogliere e continuare quell'eredità adattandola ai loro tempi e quindi reinterpretandola. Ad alcuni di loro dedicheremo le pagine che seguono.

Alfred Lord Tennyson

Volendo attenerci al tema del viaggio quale migliore guida, per quest'ultima tappa, che non quella di un viaggiatore di eccellenza, il viaggiatore per antonomasia: Ulisse. Nel primo capitolo ho scritto che Ulisse non è stato, a differenza di Achille, un eroe romantico. Egli infatti era astuto, calcolatore, talvolta cinico, si era sempre posto degli obiettivi precisi per il raggiungimento dei quali non si faceva alcuno scrupolo: la conquista di Troia con l'inganno, il lungo viaggio di ritorno, nel quale sacrifica tutti i suoi compagni, tant'è che tornerà da solo ad Itaca, perfino la rinuncia all'immortalità, che gli era stata offerta dalla bella ninfa Calipso. Perché allora scegliere lui? Quanto detto sopra è quello che ci racconta Omero, chiunque egli sia stato. Ma la storia di Ulisse non finisce con Omero. Nell'*Odissea* infatti si racconta che, su suggerimento della maga Circe, Ulisse effettua un viaggio negli Inferi dove si reca per interrogare l'indovino Tiresia in merito al proprio futuro. E Tiresia, oltre a predirgli il ritorno a casa nonostante l'ira del dio Poseidone per l'accecamento di suo figlio Polifemo, gli predice anche che, dopo aver sconfitto i Proci e riconquistato il trono e la moglie, egli dovrà intraprendere un nuovo viaggio verso terre lontane, ai confini del regno degli uomini. Ulisse dovrà raggiungere una terra i cui abitanti non conoscono né il mare né il sale, e quando un viandante scambierà il remo di Ulisse per un ventilabro,[211] allora Ulisse potrà fermarsi, piantare il remo ed offrire sacrifici a Poseidone. A quel punto egli potrà ritornare ad Itaca, offrire sacrifici a tutti gli dei ed attendere una lieta morte che verrà dal mare, durante una serena vecchiaia circondato da popoli pacificati. Così infatti parlerà Tiresia:

> *E quando i pretendenti nel tuo palazzo avrai spento,*
> *O con l'inganno, o apertamente col bronzo affilato,*
> *Allora parti, prendendo il maneggevole remo,*
> *Finché a genti tu arrivi che non conoscono il mare,*
> *Non mangiano cibi conditi con sale,*
> *Non sanno le navi dalle guance di minio,*
> *Né i maneggevoli remi che sono ali alle navi.*
> (Odissea libro XI, 121-125)[212]

Di questo secondo viaggio di Ulisse Omero non ne parla. Saranno altri a raccontarlo: il primo fu Dante, che metterà Ulisse all'Inferno, nell'ottava bolgia, quella dei "Consiglieri di Frodi" ovverosia di coloro che non prevalsero per le loro doti o coraggio bensì per l'utilizzo spregiudicato del loro ingegno. Dante dà ad Ulisse anche un pregio, quello di essere un appassionato ricercatore della conoscenza, e gli farà fare un viaggio oltre le Colonne d'Ercole, riprendendo così un'antica tradizione dei geografi greci del primo secolo D.C. per i quali vi era testimonianza di una città chiamata "*Odisseia*" nei pressi dell'attuale Stretto di Gibilterra. Dante scriverà:

> *... Quando*
> *mi dipartì da Circe, che sottrasse*
> *me più d'un anno là presso a Gaeta,*

---

[211] Ventilabro: Strumento agricolo, già noto a Omero, consistente in una pala di legno, della quale si servivano i contadini per ventilare il grano sull'aia allo scopo di separarlo dalla pula. (dalla Enciclopedia Treccani)
[212] Omero – *Odissea* – traduzione di Rosa Calzecchi Onesti, Einaudi

prima che sì Enea la nomasse,
né dolcezza di figlio, né la pietà
del vecchio padre, né 'l debito amore
lo qual dovea Penelope far lieta,
vincer potero dentro a me l'ardore
ch'i' ebbi a divenir del mondo esperto
e de li vizi umani e del valore;
ma misi me per l'alto mare aperto
sol con un legno e con quella compagna
picciola da la qual non fui diserto.
L'un lito e l'altro vidi infin la Spagna,
fin nel Morrocco, e l'isola d'i Sardi,
e l'altre che quel mare intorno bagna.
Io e ' compagni eravam vecchi e tardi
quando venimmo a quella foce stretta
dov' Ercule segnò li suoi riguardi
acciò che l'uom più oltre non si metta;
da la man destra mi lasciai Sibilia,
da l'altra già m'avea lasciata Setta.
"O frati", dissi, "che per cento milia
perigli siete giunti a l'occidente,
a questa tanto picciola vigilia
d'i nostri sensi ch'è del rimanente
non vogliate negar l'esperïenza,
di retro al sol, del mondo sanza gente.
Considerate la vostra semenza:
fatti non foste a viver come bruti,
ma per seguir virtute e canoscenza".
(Divina Commedia, Canto XXVI, 90-120)[213]

Per Dante quindi Ulisse interpreta l'inquietudine intellettuale, la curiosità, la sete di conoscenza. Dopo Dante altri scriveranno di questo secondo misterioso viaggio. Giovanni Pascoli vi dedicò, nel 1904, un lungo poema intitolato *L'ultimo viaggio*, suddiviso in quattordici canti (come l'*Odissea*) per un totale di mille e duecento undici versi; ma quello che a noi interessa è il poema scritto da Alfred Lord Tennyson

---

[213] Dante Alighieri – *Divina Commedia* – a cura di U. Bosco e G. Reggio, Editoriale L'Espresso, 2005

(1809-1892). Tennyson fu Poeta Laureato per ben quaranta-
due anni ed è stato, insieme a Robert Browning (1812-1889),
tra i più noti ed importanti poeti del periodo Vittoriano.
Studiò al Trinity College di Cambridge, lo stesso di Byron, la
cui poetica esercitò su di lui un certo ascendente. Ma è stato
soprattutto Keats che di tutti i romantici ebbe la maggiore
influenza su Tennyson. Egli fu la perfetta incarnazione del
Poeta Vittoriano, con tutti i pregi e i difetti. Un importante
letterato scozzese John William Mackail (1859-1945) lo definì
"il portavoce e l'interprete dei suoi contemporanei".[214]

La poesia di Tennyson ebbe una notevole influenza
sui vittoriani, egli contribuì a far nascere ed a consolidare
quell'amore per il proprio paese che caratterizza il popolo
inglese, e che dovrebbe animare ogni popolo, fondato sulle
migliori qualità del carattere nazionale e sulle antiche
tradizioni. Il poema intitolato *Ulisse* venne pubblicato nel
1842, ma venne scritto nel 1833, l'anno della scomparsa di un
compagno di università di Tennyson: Arthur Henry Hallam,
morto improvvisamente di emorragia cerebrale a Vienna.
Questa morte improvvisa sconvolse Tennyson che era legato
da fraterna amicizia ad Hallam ed a lui dedicò una lunga
elegia intitolata "*In Memoriam*" la cui scrittura lo occupò per
circa diciassette anni.

Ulisse è un poema scritto sotto forma di monologo
drammatico (forma successivamente sviluppata e perfeziona-
ta da Browning) in cui parla il protagonista, Ulisse per
l'appunto. Egli si presenta come un vecchio Re che, tornato
ad Itaca, si annoia con la monotonia della vita che ora
conduce, circondato da *una moglie vecchia* un *figlio conformista* e da sudditi che costituiscono una *razza selvaggia*.
Questa sua insoddisfazione, unita al rimpianto per la
movimentata vita passata piena di viaggi e di avventure
fantastiche, è soprattutto animata da un rinnovato desiderio
di conoscenza che lo spinge a desiderare di intraprendere un
nuovo viaggio, l'ultimo, *a veleggiare verso Occidente* che,
come è stato già detto a proposito della poesia di Word-

---

[214] J. W. Mackail – *Studies of English Poets* – Longmans, Green and Co.
Ltd., 1926

sworth,[215] non indica una destinazione ma una direzione. Nonostante l'età avanzata Ulisse è ancora un leader, un trascinatore ed un abile oratore che convince dei vecchi marinai a seguirlo in questa sua ultima impresa. Al di là della sua squisita forma poetica, che purtroppo viene totalmente persa nella traduzione, in questo poema Tennyson presenta un tema affascinante, un tema allineato con la concezione romantica dello spirito eroico errante, mai sazio di novità, di conoscenza per l'appunto. Se inquadriamo questo poema nello spirito del periodo Vittoriano risulta evidente il rifiuto del conformismo Vittoriano che viene invece incarnato nella figura "conformista" del figlio Telemaco. Questi sembra proprio essere l'antitesi di Ulisse, il suo opposto, un passaggio generazionale alla rovescia. Se Ulisse è l'eroe allora Telemaco è l'antieroe. Telemaco personifica l'essenza del Vittorianesimo: la necessità di avere un re buono e saggio, quello che Ulisse non è mai stato né vuole essere. In quest'ottica ora Ulisse assume le caratteristiche dell'eroe romantico. In realtà Tennyson sembra voler celebrare non tanto la morte di Ulisse, quanto la fine del Romanticismo e l'avvento di una nuova era, quella del positivismo, della razionalità e del materialismo.[216] Il materialismo, teorizzato da August Comte (1798-1857), fu infatti il rifiuto di ogni ideale astratto, di ogni retorica, di ogni elemento metafisico, di ogni forma di attività e di pensiero che non si richiamassero alla scienza ed alla utilità economica concreta. Questo movimento filosofico esprime dunque la negazione di ogni idealizzazione e quindi della figura stessa dell'eroe. L'uomo, calato in un contesto eroico, non diventa un eroe, ma si comporta in modo strettamente realista e razionale, diventando pertanto un antieroe.

La poesia di Tennyson non ci presenta soltanto il viaggio fisico di Ulisse ma, anche e soprattutto, il viaggio emotivo del poeta. Ulisse infatti dirà che andrà avanti nella

---

[215] Vedi pag. 136

[216] È interessante notare come anche Giuseppe Tomasi di Lampedusa, nel suo *Il Gattopardo*, scritto all'incirca un secolo dopo, giungerà alle stesse conclusioni.

consapevolezza che la morte è la fine di tutto, ed è proprio questo il bisogno del poeta, ovvero la necessità di superare con la poesia quel momento di grande tristezza provocato dalla morte dell'amico.

Ma veniamo adesso ad un'analisi di questo poema che inizia così:

> *A poco giova che un re ozioso,*
> *Accanto a questo spento focolare, fra queste sterili rupi,*
> *Sposato a una vecchia donna, io misuri e ripartisca*
> *Leggi inadatte ad una stirpe selvaggia,*
> *Che accumula, e dorme, e mangia, e che non mi*
> *conosce.[217]*
> (1-5)

In questi primi versi emerge la noia della routine quotidiana che assale Ulisse, che manifesta la tristezza della vecchiaia insieme alla nostalgia per la vita errante ed avventurosa avuta da giovane. Emerge anche la sterilità dell'età avanzata: lo spento focolare, le *sterili rupi*, la vecchiaia della moglie, quasi una denuncia dell'inutilità e dell'improduttività della vecchiaia. Vi è poi un atteggiamento di biasimo nei riguardi dei suoi sudditi che sembrano non avere alcun interesse se non quello di vivere alla giornata, senza ideali, senza ambizioni, se non quelle legate con il corpo e con i beni materiali. Quest'atteggiamento non è accettabile né condivisibile dal vecchio Ulisse, che ricorda con nostalgia le sue avventure giovanili, tutte tese a nuove esperienze, all'acquisizione di nuova conoscenza. Infatti egli continua dicendo:

> *Non posso smettere di viaggiare: berrò*
> *La vita fino all'ultima goccia: ho sempre molto*
> *Goduto, molto ho sofferto, molto, sia con coloro*
> *Che mi amavano, che da solo, sulla riva, e quando*
> *Fra nubi erranti, le piovose Iadi[218]*

---

[217] Alfred Lord Tennyson – *Selected Poems* – Edited by Aidan Day, Penguin Books, 2003, e da me liberamente tradotto.

[218] Le Iadi sono un ammasso di stelle della costellazione del Toro, ma secondo la mitologia greca, le Iadi erano le ninfe figlie di Atlante, il titano

Indispettirono l'oscuro mare: io son diventato un nome;
Per aver sempre vagato con cuore affamato
Molto ho visto e conosciuto; città di uomini
E costumi, climi, consigli, governi,
E non meno me stesso, ma da tutti onorato;
E ho assaporato il piacere della battaglia coi miei pari,
Lontano sulle risonanti piane della ventosa Troia.
(6-18)

Ulisse spiega perché l'esercizio del potere lo annoia e dichiara la propria intenzione di voler vivere la *vita fino all'ultima goccia* esprimendo così il rifiuto di vivere una vecchiaia *inutile*, tra un popolo amorfo, in una sterile attesa della morte. Tutti i sacrifici fatti nel passato, le avventure, le sofferenze, le traversie hanno fatto di Ulisse un mito *io sono diventato un nome*, quasi un simbolo del viaggiatore alla ricerca di nuove esperienze e conoscenze. La sua erranza ha contribuito a creare conoscenza, attraverso gli incontri, i contatti, gli scambi avvenuti con tanti popoli. È importante sottolineare l'affermazione di Ulisse che dichiara che durante queste sue peregrinazioni, ha avuto anche modo di conoscere se stesso. Tennyson sembra voler riprendere lo stesso concetto poeticamente presentato da Kafavis, nella sua *Ithaca*.[219] Ulisse, in qualche modo sembra voler dimenticare gli aspetti negativi del suo passato e, come è tipico della vecchiaia, ricordare soltanto le cose belle. Egli infatti non parla delle astuzie con le quali ottenne dei risultati, dei suoi ozi nell'isola di Ogigia con la bella ninfa Calipso, delle sue arrischiate curiosità che costarono la vita a tutti i suoi uomini:

Sono parte di tutto ciò che ho incontrato;
Eppure tutta l'esperienza è un arco attraverso cui

---

condannato a trasportare il globo terrestre sulle sue spalle per l'eternità. Queste erano le ninfe dei boschi, delle paludi e delle sorgenti, il cui nome significa per l'appunto "piovose", in quanto forniscono l'umidità alla terra.
[219] Vedi pag. 51

Brilla quel mondo inesplorato i cui confini sbiadiscono
Per sempre e per sempre quando mi muovo.
Com'è tedioso fermarsi, raggiungere uno scopo,
Arrugginire senza smalto, non brillare vivendo!
Come se respirare fosse vivere! Vita ammucchiata su vita
Sarebbero tutte troppo poco, e di una sola a me
Poco rimane: ma ogni ora è risparmiata
Da quell'eterno silenzio, qualcosa di più,
Un portatore di nuove cose; e vile sarebbe
Per tre giorni conservare e accumulare me stesso,
E questo grigio spirito bramante nel desiderio
Di seguire la conoscenza come una stella cadente,
Oltre il limite più estremo del pensiero umano.
(19-32)

In questa parte del poema, Ulisse afferma di sentirsi tutt'uno con le sue esperienze del passato,[220] quasi a significare che ovunque egli sia stato ha lasciato una parte di sé e che quindi nel presente, ad Itaca, egli si sente in qualche modo monco e quindi incompleto fisicamente e moralmente. Il pensiero del poeta che si identifica con la natura è, come abbiamo già visto, un *topos* classico del Romanticismo, ma mentre i romantici lo limitavano alla natura (Wordsworth, Shelley, Byron) qui Tennyson lo estende a tutto. Ma le esperienze della gioventù con il passare del tempo sbiadiscono nella memoria, e quindi ecco sorgere la necessità, l'urgenza di riviverle nella vecchiaia. La vita non consiste infatti soltanto nel respirare, ma ha bisogno di un alimento intellettuale, spirituale che trascende il corpo. Subentra quindi una dichiarazione di tedio per la monotonia di una vita confortevole ma senza slanci, senza emozioni, senza nuovi desideri. Nel verso finale appare un esplicito riferimento a Dante *non vogliate negar l'esperienza, di retro al sol, del mondo sanza gente.*

---

[220]   In questa affermazione Tennyson echeggia Byron che nel *Pellegrinaggio del Giovane Aroldo* scrive *"Non vivo in me stesso, ma divengo/ parte di ciò che mi circonda"*.

Questo è mio figlio, il mio Telemaco,
Al quale io lascio lo scettro e l'isola
Da me molto amata, che discerne come adempiere
Questo lavoro, con calma prudenza per moderare
Un popolo rozzo, e attraverso moderati passi
Sottometterli all'utile ed al bene.
Il meno biasimabile è egli, concentrato nella sfera
Dei comuni doveri, dignitoso per non sbagliare
Nelle azioni affettuose, e onorare
Con idonee preghiere gli dei della mia casa,
Quando sarò partito. Egli fa il suo lavoro, io il mio.
(33-43)

Ulisse introduce adesso suo figlio Telemaco di cui elogia la prudenza e la moderazione, doti che a lui non appartengono; egli quindi è più adatto a governare il *popolo rozzo*, indirizzandolo verso la corretta via. Ulisse afferma la sua incapacità di governare e ribadisce che il suo sarà un *lavoro* diverso. Sembra quasi che Tennyson, esaltando questa dicotomia, voglia affermare che le doti necessarie per governare siano diverse da quelle necessarie per accrescere la propria conoscenza, e probabilmente egli ha ragione:[221]

Lì giace il porto; il vascello gonfia la sua vela:
Là si attristano i neri, estesi mari. Miei marinai,
Anime che hanno faticato, e lavorato, e pensato con me
Che sempre con un allegro benvenuto accolsero
Il tuono e la luce del sole, e offrirono
Liberi cuori e menti libere - voi ed io siamo vecchi;
La vecchia età ha ancora il suo onore ed il suo impegno;
(44-50)

Ora Ulisse ridiventa un capo, un condottiero e si rivolge ai suoi vecchi marinai, incitandoli a seguirlo nel suo nuovo

---

[221] Questo concetto è in qualche modo accennato anche nella *Tempesta* di Shakespeare, infatti Prospero, quando riprende la sua posizione di Duca di Milano, decide di buttare in mare tutti i suoi libri, quei libri che a suo tempo gli costarono la sua posizione e che adesso non gli servono più.

viaggio trasmettendo loro un nuovo entusiasmo. Ma questa è una finzione perché nessuno dei marinai che a suo tempo navigarono con Ulisse si salvò, morirono tutti, Ulisse ritornò ad Itaca da solo come ci racconta Omero! Ritengo che Tennyson abbia voluto sottolineare, con questa palese "invenzione", che in realtà i marinai siamo tutti noi che leggiamo questo poema; siamo noi che dobbiamo seguire Ulisse con la nostra mente, il nostro cuore, la nostra immaginazione: l'invito è quindi rivolto al lettore. Ulisse però non parla ai giovani ma ai vecchi. Questa inversione dei ruoli è molto interessante. Egli infatti lascia ai giovani, al figlio Telemaco, che possiede la necessaria *calma presenza*, il governo del regno, mentre egli, vecchio, si lancia verso nuove avventure. L'invito quindi è a far sì che non sia l'ozio, l'occupazione della vecchiaia, ma un continuo impegno verso nuove e stimolanti frontiere della conoscenza. L'ultimo verso richiama proprio a questa responsabilità della vecchiaia, che oltre all'onore ha anche un *impegno*:

> *La morte conclude tutto: ma qualcosa prima della fine,*
> *Qualche lavoro di nobile natura, può ancora essere fatto,*
> *Uomini non sconvenienti che lottarono contro gli Dei.*
> *Le luci iniziano a scintillare dalle rocce:*
> *Il lungo giorno s'affievolisce: la luna lenta si innalza: il mare*
> *Geme vicino con molte voci.*
> (51-56)

Il poeta dunque ci spinge ad affrontare nuove sfide, non più ovviamente sul campo di battaglia, non in cerca di onori o di ricompense materiali ma per dare un significato alto agli ultimi giorni che ci restano da vivere.

Ulisse è consapevole che con la morte tutto termina ma ritiene che prima di quel momento egli, nonostante l'età, possa ancora fare qualcosa di utile, richiamando anche il mito degli Dei che, per quanto non direttamente impegnati, presero parte attiva nella guerra di Troia. Il richiamo del mare, e delle stelle che *iniziano a scintillare dalle rocce*, è un presagio della fine, un canto di nascoste sirene che stimolano a non perdere altro tempo ed a guadagnare il mare al più presto:

> *Venite, amici miei,*
> *Non è troppo tardi per cercare un mondo più nuovo.*
> *Spingete, e sedendo bene in ordine colpite*
> *I sonori solchi; perché il mio scopo consiste*
> *Nel navigare oltre il tramonto, e là dove si bagnano*
> *Tutte le stelle occidentali, finché io muoia.*
> *Potrebbe accadere che gli abissi ci inghiottano:*
> *Potremmo forse toccare le Isole Felici,*
> *E vedere il grande Achille, che conoscemmo.*
> (57-65)

Ulisse continua il suo incitamento nei confronti dei marinai, istruendoli sul come debbano remare al meglio indicando anche la rotta che seguiranno: *oltre il tramonto*, quindi verso Occidente, ovvero al di là del mondo conosciuto, oltre le Colonne d'Ercole nel tentativo di superare i limiti dell'umana conoscenza. Il desiderio di Ulisse è dunque quello di Faust, andare oltre la conoscenza umana, affrontare l'inesplorato, per potersi sentire ancora vivi nonostante la vecchiaia in quanto *vivere non è soltanto respirare*. Questo verso è anche un esplicito richiamo a Dante che dice le stesse cose sia pure con altre parole: *fatti non fosti a viver come bruti, ma per seguir virtute e conoscenza*. Il raggiungimento delle Isole Felici, una sorta di Eden secondo la mitologia greca, ed il possibile nuovo incontro con il grande Achille, sembrano obiettivi realizzabili anche se non certi:

> *Sebbene molto sia stato preso, molto rimane; e anche se*
> *Noi non abbiamo ora quella forza che negli antichi giorni*
> *Mosse terra e cieli, ciò che siamo, siamo;*
> *Un'eguale tempra di eroici cuori,*
> *Indeboliti dal tempo e dal destino, ma forti nella volontà*
> *Di combattere, di cercare, di trovare, e di non cedere.*
> (66-70)

Nel finale Ulisse ribadisce il concetto che nonostante la tarda età e la diminuita energia fisica, che nei bei tempi andati *mosse terra e cieli*, vi sia ancora molto da fare, animati da un sacro fuoco che alberga dentro i cuori che, per quanto indeboliti dal tempo e dalle avversità, sono ancora in grado, grazie all'indomita volontà di *combattere, di cercare, di trovare e di non cedere*. Certamente l'Ulisse, così come rappresentato da Tennyson, ha molti difetti: l'abbandono della vecchia moglie, che lo aveva fedelmente atteso per dieci anni, la fuga dalle responsabilità del governo dello stato, il coinvolgere di nuovo altri esseri umani in un viaggio pericoloso, forse ancora di più del precedente, mostrando così un egoismo sconfinato che lo porta a porsi continuamente al centro della scena, incurante delle eventuali conseguenze della sua scelta sugli altri. Questo egoismo è l'egoismo romantico, e questi suoi umani difetti lo fanno scendere dal piedistallo costruito da Omero e rendono Ulisse più umano, più vicino, più comprensibile a ciascuno di noi, la sua umanità ci ispira e ci consola, consentendoci di trovare l'eroe dentro ciascuno di noi. Ulisse diventa così un eroe romantico che lotta contro la conformità della vita borghese, rispettosa ma inutile e monotona, senza luci, senza stimoli, senza fantasie e soprattutto senza il desiderio della ricerca di una Felicità diversa da quella conforme, accettata passivamente dalla maggioranza. L'artista romantico deve essere in grado di sperimentare una nuova epifania, per ottenere la quale egli deve essere disposto a pagare un prezzo che può anche essere molto alto, soffrendo, rischiando anche la propria vita e la propria anima.

Nel cuore di ogni Vittoriano vi era il desiderio di Ulisse, di *seguire la conoscenza* e questo desiderio cresceva all'annuncio di nuove conoscenze scientifiche che si andavano rivelando in quel periodo. Questa poesia è anche emblematica di quello spirito nazionalista che anima gli inglesi a qualunque categoria essi appartengano, così come abbiamo già visto a proposito della poesia *Jerusalem* di Blake posta in musica e diventata un'alternativa all'inno nazionale. Il brano finale della poesia di Tennyson:

> *Ciò che siamo, siamo*
> *Un'eguale tempra di eroici cuori,*

Indeboliti dal tempo e dal destino, ma forti nella volontà
Di combattere, di cercare, di trovare, e di non cedere.

è molto popolare in Inghilterra ed è stato scritto sui muri del villaggio olimpico di Londra in occasione delle Olimpiadi del 2012 quale monito ed incitamento per gli atleti, oltre ad essere stato ripetuto in numerosi discorsi di politici o articoli di giornali durante tutta la durata di quelle Olimpiadi. Inoltre viene pronunciato da Judy Dench, forse la più grande attrice drammatica inglese vivente che, nell'ultimo film dell'agente segreto 007, impersona il capo dei servizi segreti M, per rincuorare i propri agenti contro i burocrati intriganti e i nemici cattivi. Ecco dunque un altro esempio della letteratura che entra nella realtà sociale, aiutando a formare l'identità nazionale. Alfred Lord Tennyson divenne quindi, e permane ancora oggi, una sorta di monumento nazionale. Con molta ironia Ezra Pound scrisse "Egli divenne la Tate Gallery della poesia".

La circostanza particolare è che Tennyson scrisse questa poesia, che sembra voler rappresentare un inno alla vecchiaia attiva, nel 1833 quando aveva appena ventiquattro anni e che, come illustrato in precedenza, la scrisse in uno stato d'animo particolare per la morte del suo miglior amico.

Walt Whitman

Si è accennato all'inizio di questo capitolo che una delle caratteristiche salienti della letteratura inglese tra la fine del 19° e l'inizio del 20° secolo è stato l'arrivo in Europa, e in Inghilterra in particolare, di alcuni scrittori stranieri che influenzarono in modo determinante la scrittura di quel periodo. Da questa considerazione nasce l'opportunità di inserire a questo punto un grande poeta americano, un poeta che può essere definito come un "moderno romantico", anche se lui tese sempre a differenziarsi dalla tradizione europea nella ricerca del "Mito del Nuovo" che sarà poi apertamente dichiarato, alcuni anni dopo, da Ezra Pound con il suo incitamento *Fate qualcosa di Nuovo*. Il poeta in questione è Walter Whitman (1819-1892) che può essere considerato il padre della grande poesia americana moderna e che, pur non essendo mai stato in Europa, eserciterà una grande influenza non solo sui poeti, ma su tutti gli scrittori americani che poi giunsero in Europa come Henry James, T. S. Eliot e Ezra Pound.

Il rapporto di Whitman con la tradizione europea è stato ambiguo. Egli infatti studiò a lungo tutti i grandi protagonisti della letteratura del vecchio mondo: Shakespeare, Dante, Spenser, Rousseau, Wordsworth, Keats e molti altri ma, sempre inseguendo il mito del fare qualcosa di nuovo, decise che non avrebbe mai inserito nei suoi poemi citazioni o riferimenti a quei testi. Purtuttavia la loro influenza rimane e in alcune delle sue più belle liriche si possono indentificare notevoli affinità soprattutto con le grandi Odi romantiche di Wordsworth o di Keats.[222]

Whitman nacque a Long Island, cinque anni prima della morte di Byron, da una famiglia povera di discendenza inglese e olandese, il secondo di nove figli. La sua formazione culturale fu quasi del tutto autodidatta avendo abbandonato la scuola ad undici anni. Il primo viaggio sulle strade del continente americano Whitman lo intraprese nel febbraio del 1848, a ventinove anni quando gli venne offerto un impiego presso il *Crescent*, un giornale di New Orleans. Whitman effettuerà il lungo viaggio da New York a New Orleans, seguendo un faticoso e complicato itinerario, che lo porterà per ferrovia via Baltimora e Cumberland, poi per strada attraverso le montagne e il Cumberland Gap, ed infine via fiume, discendendo l'Ohio e il Mississippi, fino al porto della Louisiana. A New Orleans rimane poco, solo tre mesi, ed è questo un periodo poco conosciuto della sua vita e sul quale si sono fatte numerose congetture. Si è parlato di un amore appassionato, di un amore deluso e persino di un figlio

---

[222] Sandra M. Gilbert – *The American Sexual Practice of Walter Whitman and Emily Dickinson* – in Sacvan Bercovitch (ed.) – *Reconstructing American Literary History* – Harvard University Press, 1986

illegittimo, ma nessuno di questi fatti ha mai trovato una conferma credibile; si sa soltanto che, dopo appena tre mesi, Whitman ritornò a New York passando per i Grandi Laghi e il Canada e, dopo aver visitato le Cascate del Niagara, s'imbarcò a bordo di una nave che, navigando lungo l'Hudson, lo portò a Brooklyn, dove si stabilì e diresse fino a tutto il 1849 il *Freeman*, un giornale legato al partito antischiavista *Freesoil*, mentre per sopravvivere faceva il falegname insieme ad alcuni fratelli ed al padre. Durante questo periodo lesse e studiò moltissimo, anche in modo disordinato. In molte sue opere l'influsso della poesia romantica è presente, come ad esempio in *Out of the Cradlle Endlessly Rocking* (*Fuori dalla Culla che dondola perennemente*) in cui, come Wordsworth, Whitman prende ispirazione dalla natura, ma con qualche variante; mentre Wordsworth è ispirato da un sentimento di timore e di rispetto che lo lascia spesso senza parole, Whitman dialoga con la natura che gli fornisce dirette risposte alle sue domande sui concetti importanti. Questa poesia rappresenta un esempio del romanticismo di Whitman e dei temi che continuerà in seguito a sviluppare, sull'amore, la sessualità, la morte e la perdita. In particolare la poesia sembra voler alludere alla nascita del poeta e contemporaneamente alla morte dell'io: due aspetti dello stesso fenomeno; vi è tuttavia dell'altro che lo differenzia sia da Wordsworth che dai suoi più immediati predecessori, e cioè Emerson e Thoureau; per loro infatti, come abbiamo visto, la fonte del linguaggio risiedeva nella natura, mentre invece per Whitman essa risiede nella cultura democratica a lui contemporanea che non esclude, ma che non è limitata, ai fenomeni della natura. "Il linguaggio – afferma Whitman – deve esprimere la molteplicità delle abitudini, delle eredità e delle razze che hanno creato la nazionalità Americana."[223] In una sua Introduzione ad una delle tante edizioni del suo *Foglie d'Erba*, scriverà:

---

[223] B. Erkkila – *Whitman the Political Poet* – Oxford University Press, 1989

Io canto, ed includerò o lascerò fuori, quasi esclusivamente i riferimenti all'America, ad oggi.

La sua ossessione era soprattutto la veloce "maturazione" del
19° secolo, un tempo che egli vedeva scorrere velocemente e
di cui voleva afferrare e fissare, nella sua poesia, le caratteristiche essenziali, e parlerà del suo libro come "soltanto un
esperimento di linguaggio". In effetti il suo linguaggio sfida
ogni tradizionale convenzione poetica. Nell'edizione del 1855
di *Foglie d'Erba* scrive:

> La qualità poetica non è schierata ed allineata con
> rime ed uniformità... L'utilità delle rime è che
> porta i semi di una più dolce e più lussureggiante
> rima, e dell'uniformità che si esprime nelle pro-
> prie radici, nel terreno fuori dalla vista.

Questa affermazione sembra essere coerente con le idee che
Coleridge espose in una sua conferenza pubblica del 1818 dal
titolo *Shakespeare, a Poet Generally* (*Shakespeare, un poeta
in generale*). Nel testo di quella conferenza Coleridge,
difendendo le presunte grossolanità ed irregolarità che gran
parte della critica ufficiale rivolgeva alla poesia di Shakespeare, afferma ironicamente:

> Le supposte irregolarità e stravaganze di Shake-
> speare sono soltanto i sogni di una pedanteria che
> giudica negativamente l'aquila perché non ha le
> stesse dimensioni del cigno.[224]

Alto, con la camicia perennemente aperta, muscoloso e con
una testa piena di capelli, Whitman sembra impersonare
l'immagine del maschio americano delle praterie, rozzo,
sincero, spontaneo. A questa immagine tuttavia non corri-
sponderà del tutto la realtà della sua vita privata caratterizzata dalla sua omosessualità. Del romanticismo egli

---

[224] E. P. Dutton (ed.) – *Coleridge's Essays and Lectures on Shakespeare &
some other old poets and dramatists* – J. M Dent, 1907

assumerà molti aspetti, come ad esempio l'autocelebrazione; nelle sue poesie egli è quasi sempre al centro della narrazione, giungendo a scriverne una intitolata *Canzone di me stesso*. Nelle sue poesie Whitman usa spesso i pronomi come *Io, Me, Me stesso, mio* e aggiunge "conosco perfettamente il mio egoismo ma non posso farne a meno", un ammissione sincera che peraltro Wordsworth non ha mai fatto.

La sua è una poesia molto difficile e complessa e l'influenza della sua poesia sulla sua vita è stata molto importante. Nel 1855 Whitman auto-pubblica la prima versione di *Leaves of Grass* (*Foglie d'Erba*), contenente una prefazione e dodici poesie senza titolo. Nella Prefazione a quella edizione scriverà, a proposito della tradizione europea, definendola come:

> Un cadavere...nato lentamente dalle sale da pranzo e dalle camere da letto della casa...adatta per quei tempi e che ora ogni sua azione era discesa sui prodi e ben attrezzati eredi.[225]

Chiaramente Whitman si considerava un erede "prode e ben attrezzato" di quella tradizione e diventerà il poeta che canterà l'America che è "il poema nei nostri occhi" come la definì proprio il suo vate, lo scrittore Valdo Ralph Emerson (1803-1882).

Whitman iniziò a vendere questo suo libriccino di persona, girando di casa in casa come un ambulante. Una copia la spedì nel luglio del 1855 ad Emerson, allora considerato come il più grande letterato americano vivente, e questi gli rispose con una lettera di elogio e di incoraggiamento. La critica ufficiale tuttavia giudicò molto negativamente questa prima raccolta, soprattutto a causa della grande sensualità che traspare da quei versi e che non poteva essere accettata dalla puritana società americana di quel tempo. Pertanto le poesie di Whitman vennero classificate come *una raccolta di letame* o *un insieme di stupida sporcizia* o ancora *la putrida immondizia di pensieri*

---

[225] Sandra M. Gilbert, opera citata

licenziosi.[226] La seconda edizione di *Leaves of Grass*, apparsa nel 1856, conteneva la lettera di Emerson, una nuova lettera aperta di Whitman a Emerson e trentatré poesie. Questa raccolta verrà in seguito rimaneggiata ed ampliata in successive edizioni, l'ultima delle quali, l'ottava verrà pubblicata nel 1892, pochi mesi prima della morte del poeta, e conterrà circa quattrocento poesie. *Foglie d'Erba* è in complesso un invito rivolto al popolo americano a desiderare un miglioramento della propria cultura letteraria, non soltanto leggendo, ma anche assorbendo ciò che si sperimenta.[227]

Di Whitman vorrei esaminare adesso alcune poesie. La prima di queste è certamente la più popolare anche se non la sua migliore. La poesia parla del ritorno vittorioso da una battaglia di un Capitano, che però è stato colpito a morte:

O Capitano! Mio Capitano!

O Capitano! Mio Capitano! Il nostro pauroso viaggio è completato,
La nave ha superato ogni rovina, l'ambito premio è vinto,
Il porto è vicino, sento le campane, il popolo esulta,
Gli occhi seguono la solida chiglia, l'audace e altero vascello;
Ma o cuore! Cuore! Cuore!
Oh rosse gocce di sangue sul ponte
Dove è disteso il mio Capitano
Caduto freddo e morto.[228]

Questa prima stanza ci presenta un marinaio che parla al suo capitano nel momento in cui la nave, dopo un lungo e pericoloso viaggio e dopo aver superato tanti ostacoli, avvista il porto di arrivo e vede il popolo assiepato sulla banchina che

---

[226] Sandra M Gilbert, opera citata

[227] Judith Connors – *Biography of Walt Whitman*, in Harold Bloom (ed.) – *Walter Whitman* – Chelsea House Publishers, 2003

[228] I brani delle poesie di Whitman sono tratti da Walt Whitman – *Complete Poetry & Selected Prose and Letters* – ed. by Emory Holloway, The Nonesuch Press, 1971 e da me liberamente tradotti salvo diversa indicazione.

aspetta di salutare con gioia il ritorno della nave ed onorare il capitano che l'ha riportata a casa sana e salva. Ma dopo l'invito del marinaio ad alzarsi il capitano non si alza e giace sul ponte *freddo e morto* e questo stesso verso verrà ripetuto tre volte alla fine di ogni stanza.

Vi è qualcosa di angoscioso nel fatto che il marinaio realizzi improvvisamente che il capitano è morto e che non può quindi gioire dell'arrivo. La gioia del ritorno è rovinata e il lettore prova lo stesso senso di delusione della folla sul molo quando questa capirà che il capitano è morto.

Il Capitano a cui si allude nella poesia altri non è che Abramo Lincoln e la poesia è una commovente elegia scritta nel 1865 in occasione del suo assassinio. Il poeta parla sia come viaggiatore sulla stessa nave che come erede del leader ucciso che chiama *padre*:

> *O Capitano! Mio Capitano! Alzati e ascolta le campane;*
> *Alzati - per te svetta la bandiera, per te suona la tromba,*
> *Per te mazzi di fiori e ghirlande intrecciate, per te la riva è nera di folla,*
> *Chiamano te, le masse ondeggianti, volgendo gli ansiosi volti.*
> *Qui Capitano! Amato padre!*
> *Questo braccio sotto il tuo capo!*
> *È solo un sogno che sul ponte*
> *Cadesti freddo e morto.*
>
> *Ma non risponde il mio Capitano, esangui ed immobili le sue labbra,*
> *Mio padre non sente il mio braccio, non ha più polso e volontà;*
> *La nave è ancorata sana e salva, il viaggio è finito,*
> *Torna dall'orrendo viaggio la vittoriosa nave col premio conquistato;*
> *Esultate Rive, e voi suonate campane!*
> *Ma io con passo funebre cammino sul ponte*
> *Dove è disteso il mio Capitano*
> *Caduto freddo e morto.*

Quando, il 15 Aprile del 1865, il presidente Lincoln fu assassinato la nazione americana, logorata dalla Guerra Civile, fu molto scossa. Le ultime grandi battaglie di quella guerra erano ancora nella memoria recente di molti e l'assassinio sembrò essere una coda sanguinosa ed inutile dopo quattro anni di conflitto e d'instabilità. Whitman aveva vissuto a Washington durante la guerra ed era un grande ammiratore di Lincoln che per lui personificava le grandi virtù americane. Sull'onda emotiva di quel tragico evento Whitman scrisse questa poesia che ebbe subito un grande successo popolare ma non di critica. Il poema evoca un trionfo offuscato dalla disperazione. Il viaggio vittorioso a cui si allude è evidentemente la ritrovata unità della nazione americana dopo anni di conflitti e la capacità del Capitano, Lincoln, di condurre abilmente in porto il vascello, la nazione, nonostante le tempeste affrontate e superate. Whitman scriverà un'altra poesia elegiaca per Lincoln, intitolata *When Lilacs Last in the Dooryard Bloom'd* (*Quando i lillà fiorirono per l'ultima volta*) che venne invece molto apprezzata dalla critica e che ancora oggi è uno dei caposaldi della poesia americana. Il grande critico americano Harold Bloom ricorda che, durante una sua penosa permanenza in ospedale, continuava a ripetere quella poesia che contribuì così alla sua guarigione psicologica.[229]

L'altra poesia interessante è quella a cui si è accennato nella quale il poeta celebra se stesso. Pubblicata originariamente nella prima edizione del 1855 di *Foglie d'Erba* questa poesia rappresenta il cuore della visione poetica di Whitman. Come molte altre sue poesie anche questa è stata rivista e modificata diverse volte, raggiungendo la sua forma definitiva soltanto nel 1881 ed è composta da una serie di scene.

Il suo titolo originale avrebbe dovuto essere *Poesia di Walt Whitman, un Americano* e solo dopo venne intitolata *Canzone di me stesso*. Questo poema esplora la possibilità di

---

[229] Harold Bloom – *The Anatomy of Influence – Literature as a Way of Life* – Yale University Press, 2011

una comunione tra individui diversi che parte dalla premessa che *quello che io penso tu penserai.*

È un poema lungo che è oggi considerato una sorta di epica americana che inizia a metà della vita del poeta (di nuovo un'analogia con Dante) e che segue la forma di un viaggio di ricerca di una qualche forma di felicità: *mancando me un posto ricerca un altro* ed *io mi fermo da qualche parte per aspettarti* dice il poeta al lettore invitandolo a seguirlo in questo suo viaggio interiore. Nella sua illustrazione di alcuni aspetti della tipica vita Americana e nella sua costante ricerca dei limiti del proprio io, la poesia ha molto in comune con una sorta di epica classica. Il senso epico dello scopo della ricerca è unito con una sorta di valorizzazione Keatsiana del riposo e della percezione passiva, poiché per Whitman il posto di nascita della poesia è dentro il proprio io, il miglior modo di imparare la poesia e di rilassarsi e di osservare il lavoro della propria mente:

La Canzone di me stesso

Io canto me stesso, e celebro me stesso,
E ciò che io penso tu penserai
Perché ogni atomo che mi appartiene, appartiene anche a te.
...
So che ho la meglio sul tempo e lo spazio, e non fui mai misurato né mai lo sarò.
Sono il viandante perpetuo, (ascoltatemi tutti!)
I miei segni sono un impermeabile, un buon paio di scarpe, un bastone reciso nel bosco,
Nessun mio amico poltrisce sulla mia sedia,
Non ho cattedra, né chiesa, né filosofia,
Non invito nessuno a tavola, in una biblioteca, alla borsa
Ma ogni uomo, ogni donna io condurrò in vetta a un colle,
La mia sinistra agganciata alla sua vita,
La destra che indica paesaggi di continenti e una strada maestra.

Non io né nessun altro può percorrere quella strada per te,
Devi percorrerla per conto tuo.
Non è lontana, è facile raggiungerla,
Forse tu la percorri da quando sei nato, senza neppure saperlo,
Forse è dovunque, per acqua e per terra.

Qui il poeta richiama il suo interlocutore: il lettore, alla necessità della sua autonomia ed assunzione di responsabilità *Non io né nessun altro può percorrere quella strada per te, /Devi percorrerla per conto tuo* lasciando tuttavia incerto il percorso, la direzione ed il senso della ricerca, in una intonazione tipicamente romantica:

Se ti stanchi m'addosso i tuoi fardelli, e tu poggiami il grosso della mano sull'anca,
E a tempo debito mi renderai un uguale servizio,
Perché, una volta in cammino, non dobbiamo fermarci mai più.

Oggi, prima dell'alba, sono salito sul colle e ho contemplato il cielo gremito,
E ho detto al mio spirito: Quando avremo abbracciato quei mondi, e il piacere e la scienza di ogni cosa in quei mondi, ci sentiremo sazi e soddisfatti?
Rispose il mio spirito: No, perché, raggiunto quel termine, dobbiamo superarlo e procedere oltre.

Tu mi rivolgi anche domande e io ti ascolto,
E ti rispondo che non posso risponderti, che le risposte devi trovarle tu.

Riposati un momento, figlio caro,
Ecco biscotti per la tua fame, latte per la tua sete,
Ma non appena hai dormito e indossato abiti lindi ti bacio col bacio d'addio e t'apro il cancello, ché tu te ne vada.

Troppo a lungo hai sognato spregevoli sogni,

Ora ti lavo la cispa dagli occhi,
Devi abituarti al fulgore della luce e di tutti gli istanti
della tua vita.

Troppo a lungo hai guazzato timido presso la riva,
aggrappandoti a una tavola,
Ora voglio che tu divenga un nuotatore audace,
Che ti tuffi nel mezzo del mare, e ne emerga, mi lanci un
saluto, un grido, e che ridendo tu scuota la chioma.

In aggiunta al suo romanticismo la poesia sembra anticipare anche una sorta di realismo che diventerà un fattore importante nella letteratura americana dopo la Guerra Civile.

Il poema più interessante per il nostro tema è un lungo poema composto da diciassette stanze irregolari intitolato *Song of the Open Road* (*La Canzone della Strada Aperta*). Questa poesia era inclusa nelle ventuno poesie dell'edizione del 1856 di *Foglie d'Erba* e celebra una comunione ed una democrazia basata sui luoghi. Whitman inizia un viaggio utopico, in uno spazio democratico in quanto aperto a tutti: la strada, un luogo in cui tutti gli uomini posso andare insieme. Questo poema è più strutturato di molti altri di Whitman. Il grido inziale di *Allons!* (Andiamo) che verrà spesso ripetuto, dà al lettore il senso di un invito ad incamminarsi insieme al poeta. Sembra quasi che Whitman voglia emulare l'*Ulisse* di Tennyson. Questa relazione nasce dalla constatazione che Whitman ammirava molto la poesia di Tennyson al punto che lo chiamava *il boss di tutti noi*.[230] Il poema ha le caratteristiche di una canzone: musicale e ritmica, mentre è allo stesso tempo completamente non convenzionale. In questo poema Whitman celebra lo spazio aperto, ed in particolare la strada, come luogo in cui gli uomini possono trovarsi insieme e in contatto a prescindere dalle loro caratteristiche sociali. La strada è qualcosa che viene usata da tutti, ricchi o poveri, e costringe le persone a venire in con-

---

[230] Harold Bloom – *The Anatomy of Influence – Literature as a Way of Life* – Yale University Press, 2011

tatto, sia pure accidentalmente. La strada significa inoltre mobilità, movimento: si può sempre iniziare a camminare verso una nuova direzione e in America questo significa che si può sempre ricominciare daccapo; per Whitman inoltre la strada è lo spazio in cui lui, il poeta, riesce a raccogliere il materiale per la sua poesia. Mentre il poeta viaggia incontra una grande varietà di persone, conosce molti nuovi luoghi ed ascolta una pletora di storie. Lui è contrario a restare troppo tempo in un posto, sebbene l'ospitalità possa essere un richiamo, perché soltanto le prove della strada sono utili. In contrasto gli spazi chiusi sono immobili e quindi mortificanti come se fossero tossici. *Tu non devi dormire e gingillarti qui nella casa*, egli ingiungerà. La casa al suo interno è un posto di *segreto disgusto silenzioso e disperazione* dove la morte si annida ovunque e le ossa delle persone sono visibili come segno della loro mortalità e del loro innato sconforto. La vera compagnia non è possibile all'interno perché le persone, legate alle loro abitudini, vivono troppo vicine e la conoscenza reciproca è una passività piuttosto che un legame d'amore.

Vi è quindi una chiamata alle armi, un'esortazione per coloro che sono sufficientemente forti ad unirsi al poeta sulla strada che lui intraprende. Il viaggio oltre ad essere la fonte della poesia, è per il poeta qualcosa di ancora più importante: un modo di vivere, la poesia è secondaria. Quello che è in ballo è quindi più rilevante e più universale della letteratura: la strada diventa il simbolo di una società democratica, aperta e vitale che, per caso, è l'occasione per fare della buona poesia. Il poema inizia in modo gioioso:

A piedi ed a cuore leggero, io prendo la libera strada,
In salute, libero, il mondo davanti a me,
Il lungo percorso bruno davanti a me, si dirige ovunque
io scelga.
D'ora in poi non chiedo la buona fortuna – io stesso sono
la buona fortuna;
D'ora in poi io non mi lamento più, non rimando oltre,
non ho bisogno di nulla,
Forte e contento, io viaggio per la strada aperta.

La terra – questa mi basta,
Non voglio che le costellazioni vengano più vicine,
So che stanno bene dove sono
So che bastano a quelli che appartengono a loro.

Andiamo la strada è davanti a noi!
È sicura
....
La terra si espande a destra e sinistra,
Il quadro è vivo, ogni particolare nella sua luce migliore,
La musica piove ove richiesta, e tace dove non è chiesta,
L'allegra voce della strada pubblica, il gaio e fresco
sentimento della strada.
....
O grande strada su cui viaggio! Tu mi dici, "Non
lasciarmi?"
Tu dici "Non avventurarti? Se mi abbandoni, ti
perderai?"
Ti dici "Sono già pronta – sono logora ed incerta –
seguimi?"

O strada pubblica! Ti rispondo che non temo lasciarti,
sebbene ti ami;
Tu mi esprimi meglio di quanto io possa esprimere me
stesso;
Tu sarai per me ben più che il mio poema.

In questo brano Whitman riprende la *pathetic fallacy* di Wordsworth attribuendo alla strada una sua autonoma personalità, una voce e dei sentimenti, così come a suo tempo aveva anche fatto Shelley nella sua *Ode al Vento di Ponente*:

Andiamo! Chiunque tu sia, vieni viaggia con me!
Viaggiando con me, troverai ciò che non stanca mai.
La terra non stanca mai;
La terra è rude, silenziosa, incomprensibile all'inizio-
La Natura è rozza ed incomprensibile all'inizio;
Ma non scoraggiarti - vai avanti – vi sono cose divine,
ben nascoste;
Ti giuro che vi sono cose divine più belle di quanto possa
dirsi con le parole.

Andiamo! Non dobbiamo fermarci.

Andiamo! Gli stimoli saranno più grandi;
Noi navigheremo in mari selvaggi e rotte ignote;
Andremo dove soffia il vento, le onde frangono
Ed il clipper Yankee naviga veloce a vele spiegate.

Andiamo! Con forza, libertà, la terra, gli elementi!
Salute, sfida, allegria, fiducia, curiosità;
Andiamo! Lontano da tutte le formule...

Nell'ultima stanza il poeta continua a rivolgere un invito sempre più pressante ed insistente al lettore affinché abbandoni le convenzioni della vita di tutti i giorni ed insieme a lui intraprenda quel viaggio che lo porti alla scoperta di nuove emozioni, di nuove sensazioni in cui lui ed il poeta resteranno uniti per sempre:

Andiamo! La strada è tutta davanti a noi!
È sicura – io l'ho già provata – anche i miei piedi l'hanno provata.
Andiamo! Non trattenerti!
Lascia che le carte rimangano non scritte sul tavolo, ed il libro non aperto sullo scaffale!
Lascia gli attrezzi nell'officina! Lascia che il denaro rimanga non guadagnato!
Lascia che la scuola rimanga! Non ti curare delle grida degli insegnanti!
Lascia che il predicatore predichi dal suo pulpito! Lascia che l'avvocato discuta nella corte ed il giudice illustri la legge.

Ragazzo mio! Ti do la mia mano!
Ti do il mio amore, più prezioso del denaro
Ti do tutto me stesso, prima di predicare o legiferare;
Tu ti darai a me? Viaggerai con me?
Saremo vicini l'uno all'altro per quanto duri la nostra vita?

Sembra che questa poesia fosse la preferita della grande danzatrice Isadora Duncan. Prima di partire per una lunga tournée in Russia, il suo amico Edward Gordon Craig[231] le regalò una copia di *Foglie d'Erba*, che lei lesse avidamente durante i lunghi viaggi in treno. Da quel momento non se ne staccherà più portando quel libro sempre con sé.

Concludo con una breve ma significativa poesia del 1881 intitolata *Una Limpida Mezzanotte* che amo molto:

> *Questa è la tua ora, Oh Anima, il tuo libero volo nell'assenza di parole,*
> *Via dai libri, via dall'arte, cancellato il giorno, conclusa la lezione,*
> *Te che emergi pienamente, silenzioso, osservando,*
> *riflettendo sugli argomenti che ami di più,*
> *Notte, sonno, morte e le stelle.*

Come detto all'inizio Whitman ebbe un grandissimo ascendente sulla poesia americana, che giunge fino ad Allen Ginsberg (1926-1997), il cantore beat, ma anche a T. S. Eliot, Wallace Stevens, Hart Crane; tutti grandi poeti americani, pur tentando di liberarsi di lui, non riuscirono a sottrarsi alla sua influenza. A proposito di Whitman Borges scriverà "Byron e Baudelaire drammatizzarono, in illustri volumi, le proprie disgrazie, Whitman la propria felicità".[232]

Robert Frost

Un'altro americano, Robert Frost (1874-1963), fu poeta molto ammirato ed onorato in vita: vinse ben quattro volte il

---

[231] Craig è stato attore, regista, scenografo, critico teatrale ed era figlio della grande attrice shakespeariana Ellen Terry.

[232] Jorge Luis Borges – *Tutte le Opere* – Arnoldo Mondadori, 1984

premio Pulitzer,[233] gli venne data la medaglia d'oro del congresso e nel 1961, ad ottantasette anni, alla cerimonia d'insediamento del presidente John Kennedy fu invitato sul palco presidenziale per leggere una poesia da lui appositamente composta per l'occasione. Ma un po' per l'emozione, ma soprattutto per le continue raffiche di vento e il sole abbagliante che si rifletteva sulla neve, non riuscì a leggere quella poesia ed allora ne recitò, tra la commozione generale, un'altra già nota che inizia così:

> *La terra fu nostra prima che noi fossimo della terra*
> *Fu la nostra terra cent'anni prima*
> *Che noi fossimo il suo popolo.*[234]

Con questi versi Frost si riconferma come "L'Icona dei valori Yankee" come lo definì Derek Walcott.[235]

Nel 1912, a trentotto anni Frost andò in Inghilterra con la famiglia e vi rimase per circa tre anni. In Inghilterra incontrò e divenne amico di molti poeti suoi contemporanei e questa frequentazione lo convinse a diventare poeta lui stesso. Tra di essi Edward Thomas, Robert Graves, T. S. Eliot ed Ezra Pound che lo incoraggiò a pubblicare le sue opere aiutandolo anche materialmente. Il suo primo libro di poesie venne pubblicato a Londra, nel 1913, con il titolo *La volontà di un ragazzo*, che Yeats definì come "le migliori poesie scritte in America da molto tempo a questa parte".[236] Al suo ritorno in America nel 1915 la sua fama crebbe e si consolidò. Nel 1949, in occasione del suo settantacinquesimo anniversario, il Senato americano, nel conferirgli una

---

[233] Il Premio Pulitzer è un premio annuale considerato come la più prestigiosa onorificenza americana per il Giornalismo, le Opere Letterarie e le Composizioni Musicali, suddivise in un totale di ventun categorie.

[234] I brani delle poesie di Frost qui citati sono stati tratti da Robert Frost – *Selected Poems* – Edited by Ian Hamilton, Penguin Books, 1973, e da me liberamente tradotti.

[235] Derek Walcott – *What the Twilight Says – Essays* – faber and faber, 1998

[236] Ibid.

medaglia d'oro, approvò una risoluzione in suo onore che tra l'altro afferma:

> Le sue poesie hanno aiutato ad orientare il pensiero Americano, il suo umore e la sua saggezza, affermando nella nostra mente una rappresentazione affidabile di noi stessi e di tutto il genere umano.

Nel 1955 lo Stato del Vermont decise di chiamare con il suo nome un monte vicino a Ripton, la città dove lui risiedeva e nel 1974 le Poste Americane stamparono un francobollo con il suo ritratto.

Nonostante la sua amicizia con Pound ed Eliot, la poesia di Frost non ha nulla delle caratteristiche della poesia modernista, ma richiama piuttosto molti aspetti della poesia romantica orientata alla campagna e non alla città, con un forte uso dell'immaginazione e non della visione realistica e talvolta cinica, tipica della poesia modernista.

Frost, sia in Inghilterra che in America, predilesse quasi sempre la vita in campagna e la sua poesia risente di questo suo stato d'animo, collocandosi in una posizione intermedia tra una sorta di romanticismo moderno ed il modernismo. La sua poesia è infatti caratterizzata da descrizioni di campagne, boschi, radure e soprattutto dalla solitudine dell'uomo che vive una realtà che sembra a lui indifferente. La sua poesia è spesso letta come se fosse il risultato di una conversazione con uno sconosciuto, e per questo è stato anche criticato, ma questo aspetto rende le sue poesie apparentemente semplici, certamente piacevoli e con una forte connotazione romantica, grazie all'uso della sua immaginazione che sollecita quella del lettore. In una recensione di un suo libro di poesie Ezra Pound scrisse sulla prestigiosa rivista *Poetry*, "Quest'uomo ha il buon senso di parlare naturalmente e di dipingere le cose così come le vede."

Una delle sue poesie più conosciute sembra sia il risultato di lunghe passeggiate in campagna, nel periodo in cui Frost visse in Inghilterra, con il suo amico Edward Thomas (1878-1917) che diventerà anche lui, proprio su insistenza di Frost, poeta ma che purtroppo morirà molto giovane durante la prima guerra mondiale. Durante quelle passeggiate sembra che Thomas rimproverasse spesso Frost per le sue scelte di prendere una strada piuttosto che un'altra. Frost confermò, in una sua conferenza, che questa poesia la scrisse proprio pensando a Thomas:

> Una stanza della *Strada non presa* fu scritta mentre ero seduto su di un divano in Inghilterra: venne ritrovata tre o quattro anni dopo, e non potei resistere alla tentazione di finirla. In quella poesia non pensavo a me stesso, ma ad un amico (Thomas) che era andato a combattere in guerra, una persona che, qualunque strada avesse preso, era dispiaciuto di non avere preso l'altra.[237]

La strada non presa

Due strade divergevano, in un bosco autunnale,
E purtroppo non avrei potuto percorrerle entrambi.
Ed essendo solo, a lungo restai
Ad osservare una di esse, finché potei,
Là dove curvava nel sottobosco.

Poi presi l'altra, altrettanto piacevole,
Ed avendo forse un aspetto migliore,
Perché erbosa e quasi intonsa;
Sebbene per questo, il passaggio là
Aveva logorato entrambi, allo stesso modo.

Ed entrambi quella mattina giacevano eguali
Con foglie non ancora calpestate.
Oh! Mi riservai la prima per un altro giorno
Sebbene, sapendo che ogni strada ne porta ad un'altra,
Dubitai che io potessi tornare indietro.

---

[237] Bread Loaf Writers' Conference, 23 Aug. 1953

Io questo dirò con un sospiro
Da qualche parte, con maggiore età, quindi:
Due strade divergevano in un bosco, ed io
Io presi la meno trafficata,
E questo ha fatto tutta la differenza.

All'inizio questa poesia sembra voler invitare il lettore ad andare per la propria strada: prendi la strada meno frequentata, come ho fatto io e questo farà tutta la differenza. Poi il poeta sembra soffermarsi sul fatto che in realtà le due strade, che gli si aprivano davanti, sembravano essere quasi eguali e che, scegliere l'una rispetto all'altra, sarebbe stato soltanto una questione di impulso e non il risultato di un ragionamento. Nel brano finale si nota che il verbo passa al futuro e allora capiamo una storia diversa, una storia detta sospirando e con l'esperienza di una maggiore età, quasi l'espressione di un rimpianto verso ciò a cui l'altra strada avrebbe potuto portare e che il poeta, ed il lettore con lui, non conosceranno mai. Un rimpianto quindi non per la propria vita, ma per una vita immaginaria, alternativa, che nessuno è però in grado di raccontare.

La poesia ha anche un tono ambiguo ed ironico, quale è in definitiva la strada presa? Entrambe sembrano eguali, e quella meno battuta sembra voler fornire un'indicazione di indipendenza, di desiderio di non seguire la massa, sia pure con la consapevolezza che, anche quando volesse tornare indietro, e percorrere l'altra strada il narratore comunque non sarà più la stessa persona di prima. La scelta è evidentemente illusoria, ed è l'esperienza che ciascuno di noi fa ogni giorno con le proprie scelte individuali, creando così, scelta dopo scelta, passo dopo passo, accumulando errori ed esperienza, il proprio futuro e il proprio destino. In qualche modo la poesia è quasi una riflessione sul passare del tempo, e sulle opportunità che, illusoriamente, riteniamo di avere perso. Nella poesia vi è quasi un'ossessione nell'osservazione e nel confronto delle due strade, quasi un richiamo dantesco:

Nel mezzo del cammin di nostra vita
Mi ritrovai per una selva oscura,
Ché la diritta via era smarrita.

Vi è anche una strana coincidenza temporale: Dante quando scrisse la *Commedia* aveva trentacinque anni, Frost scrisse la sua poesia quando aveva circa trentasei anni.

Nel Maggio del 1964 il leader indiano Jawaharlal Nehru morì durante il sonno. La sua morte venne celebrata con grande commozione da tutta la nazione da cui era stato molto amato. Alcuni giorni dopo, nel riordinare la sua stanza, sulla scrivania tra le varie carte venne trovato un foglio contenente questi versi scritti di suo pugno:

I boschi sono piacevoli, bui e profondi
Ma io ho una promessa da mantenere,
E miglia da andare prima di dormire,
E miglia da andare prima di dormire.

Questi versi costituiscono l'ultima stanza di una poesia di Robert Frost intitolata *Fermandosi nel Bosco*, e vennero considerati come una sorta di messaggio con cui Nehru comunicava che il suo impegno nello stabilire una vera e completa democrazia in India *Ma io ho una promessa da mantenere,* era ancora lungo da completare *E miglia da andare prima di dormire.* Venne anche intrepretato come un invito ai suoi successori, ed a tutta la nazione, a completare il lavoro da lui iniziato. Questo episodio è una sorta di omaggio della qualità poetica della poesia di Frost, nel riuscire ad esprimere in modo così semplice ma anche efficace e vibrante un'idea profonda come quella di un impegno politico. Tutta la poesia di Frost apparentemente semplice e diretta, ambientata prevalentemente nello scenario della Natura, trasmette un immediato e diretto senso di tranquillità e di umanità difficilmente superabile. Il testo completo della poesia è il seguente:

Di chi sia questo bosco penso di saperlo.
Ma essendo la sua casa nel villaggio

Non mi vedrà mentre mi fermo qui
A guardare il suo bosco ricoperto di neve.

Al mio cavallino sembrerà strano
Fermarsi senza una fattoria vicina
Tra gli alberi ed il lago gelato
La sera più buia dell'anno.

Lui da una scrollata ad i sonagli
Per chiedere se non vi sia errore-
L'unico altro suono è il fruscio
Del facile vento e del fiocco lanoso.

I boschi sono deliziosi, bui e profondi
Ma io ho una promessa da mantenere,
E miglia da andare prima di dormire,
E miglia da andare prima di dormire.

Anche questa poesia ha visto molte interpretazioni critiche relative al suo vero significato. La ripetizione dell'ultimo verso, apparentemente superflua, potrebbe invece essere usata dal poeta per fornire allo stesso un significato aggiuntivo, cambiandone il senso. Infatti istintivamente pensiamo che nel penultimo verso il percorso che il narratore si prefigge di percorrere sia reale, una distanza fisica da coprire, una lunga strada su cui andare prima di riposare. Nell' ultimo verso invece la ripetizione amplia quel significato, e la distanza non è più soltanto una strada da percorrere, ma diventa una metafora per il tempo della vita che rimane ancora da vivere, ed il riposo una metafora della morte. Molti hanno visto nella forza della natura, espressa dal cadere della neve che nasconde ed annulla tutte le caratteristiche fisiche dello scenario naturale, un desiderio di auto-annientamento del narratore e quindi una sorta di intenzione del narratore di annunciare un suicidio imminente. Intervistato su questo punto sembra che Frost, sorridendo, abbia smentito questa esegesi affermando che spesso i critici passano delle notti ad elaborare delle interpretazioni che sono lontane dalle intenzioni del poeta. In una lettera ad un suo amico, Frost scrive:

La poesia è qualcosa di misurato di tutto ciò che abbiamo da dire se ne abbiamo voglia. Noi dobbiamo essere giudicati dalla delicatezza dei nostri sentimenti. Le persone giuste conoscono, ma noi artisti dovremmo conoscere meglio di loro.

Un'altra bella poesia in cui Frost dà sfogo alla sua immaginazione romantica, sia pure interpretata in chiave moderna è *Le Betulle* da cui ho estratto questo brano:

Da **Betulle**

Vorrei andare via dalla terra per un po'
E poi tornare e ricominciare daccapo.
Voglia che il destino non mi fraintenda
E mi garantisca la meta del mio desiderio
Cacciandomi via senza ritorno.
La Terra è il posto giusto per amare:
Non conosco altro posto dove sia migliore.
Mi piacerebbe arrampicarmi su di una betulla,
E salire neri rami su di un tronco bianco come la neve
Verso il cielo, fino a quando l'albero possa sopportare,
Chinando il capo e facendomi scendere.
Questo sarebbe bello sia andando che tornando.
Si potrebbe fare di peggio che non essere un
Piegatore di betulle.

Di Frost Borges scriverà "egli usa ciò che è rurale ed ordinario per fornire un breve ed adeguato suggerimento di realtà spirituali."

William Butler Yeats

Yeats (1865-1939) è stato un grande poeta irlandese che in una sua poesia si auto-definì orgogliosamente come "l'ultimo dei Romantici".[238] Ricevette il Premio Nobel nel 1923. Egli sembra aver ereditato dai romantici una spiccata sensibilità che unisce alla sua passione per il mito, il folklore e le leggende dell'antica Irlanda. Anche lui subì l'influenza di Keats e soprattutto di Shelley. Nella sua autobiografia scrive:

> Negli ultimi anni la mia mente ha dedicato se stessa ad affiatarsi con il sogno di Shelley di un giovane, i suoi capelli diventati bianchi dal dispiacere, che studia filosofia in qualche torre solitaria, o del suo vecchio, un maestro della conoscenza umana, nascosto, alla vista degli uomini, in qualche caverna cosparsa di conchiglie sulle coste del Mediterraneo. [239]

Nel 1900 Yeats scriverà anche un lungo ed analitico saggio su Shelley, intitolato *La filosofia della Poesia di Shelley*.

Il primo importante poema, che fece conoscere Yeats al grande pubblico fu un lungo canto intitolato *L'Erranza di Oisin*, pubblicato nel 1889 a ventiquattro anni. *Oisin* è un personaggio della mitologia irlandese che in questo poema fa un lungo dialogo con San Patrizio, il santo simbolo dell'Irlanda, raccontando la sua vita in un'isola incantata abitata dalle fate e in cui egli visse per trecento anni. Il poema inizia con San Patrizio che, rivolgendosi ad Oisin, gli chiede:

> *Tu che sei curvo, e calvo, e cieco*
> *Con un cuore pesante ed una mente errante.[240]*

Ecco dunque che Yeats, ci presenta un vecchio con *una mente errante*, il lettore è quindi invitato a considerare il racconto

---

[238] La poesia è *Coole Park and Ballylee*, 1931

[239] W. B. Yeats – *Autobiographies* – edited by W. H. O'Donnel and D. N. Archibald, Scribner, 1999

[240] Le poesie di W. B. Yeats qui citate sono tratte da W. B. Yeats – *Selected Poetry* – Penguin Books, 1991 e da me liberamente tradotte salvo diversa indicazione.

che farà *Osin* come un'erranza romantica della mente,
dell'immaginazione.

Tra le poesie di Yeats che sono in linea con il nostro
tema ho scelto questa che descrive un viaggio, o piuttosto il
desiderio di un viaggio intellettuale:

Navigando verso Bisanzio

Questo non è paese per vecchi. I giovani
Tra di loro abbracciati, gli uccelli sugli alberi
Quelle mortali generazioni - al loro canto intenti
Il salmone salta, i mari affollati di sgombri,
Pesci, carne o caccia, lodano per l'intera estate
Qualunque cosa generata, che nasce e che muore.
Travolti dalla sensuale musica tutti dimenticano
I monumenti dell'eterno intelletto.

In questa prima strofa il poeta descrive un paesaggio
idilliaco, romantico, probabilmente ispirato alla natia Irlanda; tuttavia potrebbe anche essere una rappresentazione
simbolica di una terra immaginaria: la "Terra delle
Gioventù". L'amara constatazione iniziale, fatta dal narratore, che è evidentemente una persona anziana, nasce dall'osservazione che tutto ciò che lo circonda e che rappresenta la
fioritura della natura in tutte le sue manifestazioni: i giovani
che si amano, gli uccelli che cantano sugli alberi, i pesci che
saltano nel mare, è destinato a morire; nel frattempo però
quei giovani godono della loro incosciente ed inconsapevole
vivacità. Questa è una descrizione, ed un'allusione, all'eterno
ciclo della vita animato e sostenuto dalla sensualità; ma
proprio la sensualità, che anima e riempie la vita dei giovani,
fa sì che il valore eterno dell'arte venga da loro trascurato
tutti dimenticano/I monumenti dell'eterno intelletto, ovvero
la carne, e la sua soddisfazione fisica, riguardano la gioventù
mentre la solennità della ragione è riservata all'età
avanzata, quando gli stimoli sessuali, anche se presenti, non
possono più essere soddisfatti. Ecco perché il narratore sente
il bisogno intellettuale di andare via da questo posto che non
fa per lui. Qui Yeats risente dell'influsso della teoria

Freudiana che pone proprio l'istinto sessuale, che lui chiama la *sensuale musica*, quale elemento primario che anima le azioni degli esseri umani e dell'intera natura e che fa dimenticare ai giovani la saggezza del pensiero. In questa, come in altre poesie, Yeats fa un esteso ricorso al simbolismo, giocando anche con i doppi sensi e sollecitando il lettore anche a interpretazioni diverse:

> *Misera cosa è un vecchio,*
> *Lacera veste su di un bastone, a meno che*
> *L'anima non batta le mani e canti, e più forte canti*
> *Per ogni strappo nella sua veste mortale,*
> *Non v'è scuola di canto che non sia lo studio*
> *Dei monumenti della propria magnificenza;*
> *E per questo ho navigato i mari e sono giunto*
> *Nella sacra città di Bisanzio.*

Questo secondo brano denuncia l'amara constatazione della caducità fisica della vecchiaia che rende il corpo simile ad uno spaventapasseri ma non quella dell'anima a condizione però che questa rispetti delle condizioni: che sia viva *batta le mani* e che *canti*. Anche Yeats sembra voler riprendere il tema affrontato da Tennyson nell'*Ulisse*, e che abbiamo esaminato nelle pagine precedenti. Proprio affinché l'animo impari a cantare è necessario che esso conosca e studi *i monumenti della propria magnificenza* ovvero le opere d'arte create dagli artisti del passato, che rappresentano la bellezza dello spirito. Ed allora, con la stessa motivazione di Ulisse, ecco che il poeta deve intraprendere un viaggio ma questa volta il viaggio non sarà verso una destinazione ignota *oltre il tramonto*, ma verso un luogo ben preciso: *Bisanzio*, l'antica Costantinopoli, città simbolo dell'eccellenza e della magnificenza artistica del passato, la Città d'oro capitale dell'Impero Romano d'Oriente. Durante l'Impero di Giustiniano, Bisanzio assurse infatti a simbolo della perfetta sintesi tra l'antichità classica e la Cristianità. Storicamente quel momento segnò la fine dell'Impero Romano pagano e l'inizio dell'Impero Romano cristiano. Naturalmente per il poeta Bisanzio non è tuttavia una vera città, un luogo fisico, ma piuttosto il simbolo di un luogo denso di attività e manifestazioni artistiche, un luogo dell'immaginazione, come *Xanadu* per Coleridge. In un'intervista rilasciata alla BBC, Yeats spiegò "Ho simbolizzato la ricerca della vita spirituale con un viaggio in quella città". In altri termini il poeta fugge da un paese giovane e pieno di erotismo per rifugiarsi in un luogo spirituale, passando dalla musica sensuale ad una musica diversa, più adatta ai *monumenti dell'eterno intelletto*. La poesia poi continua così:

> *O saggi che state nel sacro fuoco di Dio*
> *Come nel mosaico dorato di un muro,*
> *Uscite dal sacro fuoco, perno di una spirale,*
> *E siate i maestri cantori del mio animo.*
> *Consumate il mio cuore; malato di desiderio*
> *E' avvinto ad un animale morente*
> *Che non conosce ciò che è; e portatemi*
> *Nell'artificio dell'eternità.*

Nello scrivere questo brano Yeats, che non visitò mai Bisanzio, s'ispirò probabilmente ai mosaici bizantini visti a Ravenna in cui sono raffigurati dei santi e dei martiri bruciati per la loro fede, o a quelli visti durante una visita in Sicilia. Ecco dunque che il poeta-narratore si rivolge a quei saggi, che rappresentano un mondo che va oltre il mondo fisico, affinché essi diventino i suoi *maestri cantori* ovvero coloro che possono insegnargli a conoscere la cultura del passato e che, tramite una purificazione con il fuoco, insegnino al suo animo a cantare. Interessante notare l'allusione al *perno di una spirale* un simbolo molto spesso usato da Yeats quale indicatore del passaggio dalla corporalità alla spiritualità. Ecco allora che, a seguito dell'insegnamento dei saggi, l'animo del poeta, benché temporaneamente avvinto ad un corpo decadente, potrà essere portato nell'immortalità. Yeats tuttavia su questo punto sembra esprimere qualche dubbio, in quanto parla *dell'artificio dell'eternità*. Gli studiosi hanno espresso pareri diversi su questo verso; il più convincente a me sembra essere il parere della nota professoressa di Harvard, Helen Vendler, che scrive:

> "*L'artificio dell'eternità*" rappresenta lo sforzo di rendere visibile in qualche forma artistica, l'invisibilità dell'eterno; la sua controparte "*l'artificio del tempo*" è lo sforzo di rendere comprensibile tramite l'arte gli eventi temporali.[241]

A questo punto il poeta si proietta nel futuro, dopo la sua morte fisica, e quindi in quello che lui sarà o che vorrebbe essere:

> *Una volta fuori dalla natura io non assumerò più*
> *La mia corporea forma da cosa naturale,*
> *Ma tale forma come fece un orefice Greco*
> *D'oro battuto e smalto dorato*
> *Per tenere desto un sonnolento Sovrano;*
> *O, posato su di un ramo dorato, canterò*
> *Ai signori ed alle dame di Bisanzio*
> *Di ciò che è stato, o che è, o che verrà.*

In quest'ultima strofa il poeta, che già s'immagina immortale, libero dal suo corpo mortale, spiega che vorrebbe essere trasformato in un oggetto materiale, un uccello dorato e smaltato con un meccanismo che lo faccia cantare per un Sovrano.[242] Yeats effettua quindi una metamorfosi: dalla prima strofa che descrive il mondo della natura a quest'ultima che descrive un mondo meccanico. Il narratore-poeta tramite la propria trasformazione da uomo ad opera d'arte potrà allora parlare un linguaggio universale ed eterno, proprietà questa di tutte le opere d'arte. È anche interessante notare l'ironia implicita in quest'ultimo brano

---

[241] Helen Vendler - *Our Secret Disciplines - Yeats and Lyric Form* - Harvard University Press, 2001

[242] L'allusione qui è all'imperatore bizantino Teofilo (813-842), che si fece costruire, da un artigiano chiamato Leone il Saggio, un uccello meccanico che cantava posato sui rami di un albero d'oro. (Fonte Enciclopedia Treccani)

che conclude la poesia, in cui si accenna al *sonnolento Sovrano* ed alla ipotizzabile indifferenza dei *signori ed alle dame di Bisanzio* al suo canto.

L'ultimo verso sembra inoltre essere un'esplicita allusione alla *Teogonia* di Esiodo. Nel proemio di quel libro infatti Esiodo descrive come egli sia diventato poeta, a seguito di una vera e propria *esperienza mistica* causata dall'apparizione delle Muse mentre lui era intento a pascolare le sue greggi sul monte Elicona. Le muse lo avrebbero rimproverato in quanto appartenente ad un ceto, quello dei pastori, dedito ai soli piaceri dello stomaco, e poi:

> *Così dissero le figlie del grande Zeus, abili nel parlare,*
> *E come scettro mi diedero un ramo d'alloro fiorito,*
> *Dopo averlo staccato, meraviglioso; e mi ispirarono il canto*
> *Divino perché cantassi ciò che sarà e ciò che è stato.*[243]

Le muse quindi impongono al pastore Esiodo di diventare poeta per cantare *ciò che sarà e ciò che è stato* consacrandolo in questo suo nuovo ruolo di poeta e di profeta con il dono di un ramo d'alloro. Ecco allora che Yeats, con questa chiara allusione, oltre a rifarsi alla mitologia greca, si auto-consacra poeta avendo anche lui attraversato, almeno nella poesia, un'altrettanto importante *esperienza mistica*. L'ultimo verso richiama inoltre il penultimo verso della prima stanza in cui si dice *Qualunque cosa generata, che nasce e che muore*, quasi a voler indicare l'ambizione del poeta a diventare, oltre che un cantore, anche e soprattutto un profeta.

Il viaggio di Yeats si conclude quindi nell'eternità, nell'immortalità dell'opera d'arte. Yeats riconfermerà questo suo pensiero affermando, in continuazione nei suoi scritti: "L'Arte è Arte perché non è la Natura".

---

[243] Esiodo – *Teogonia* – traduzione di Graziano Andrighetti, Mondadori, 2007

Un'altra bella poesia di Yeats che illustra un viaggio, o meglio il desiderio di un viaggio che porti il poeta via dai frastuoni della città, lontano verso un luogo di pace e di serenità: un lago in Irlanda da lui conosciuto nella sua infanzia. Yeats raccontò, durante un'intervista radiofonica alla BBC, come gli venne l'ispirazione per scrivere questa poesia:

> Ho sempre avuto il desiderio, che si era formato a Sligo[244] quando avevo una decina di anni, di vivere come Thoreau[245] a Innisfree, una piccola isoletta in Lough Gill,[246] ed un giorno, mentre camminavo in Fleet Street con molta nostalgia della mia casa natale, ho sentito un piccolo scroscio d'acqua ed ho visto una fontanella nella vetrina di un negozio su cui galleggiava una pallina e mi ha ricordato l'acqua del lago.

Sulla spinta emotiva di questa semplice visione Yeats ha scritto questa che è diventata una delle sue poesie più conosciute:

L'isola del lago di Innisfree

Io mi alzerò ed andrò ora, e andrò ad Innisfree,
E una capanna costruirò là, fatta d'argilla e canne:
E nove filari di fave avrò, e un alveare per le api,
E vivrò da solo nella radura dove ronza l'ape.

E un po' di pace avrò, che la pace scende lentamente
Cadendo dai veli del mattino là dove i grilli cantano;
La mezzanotte è tutta un luccichio, e il mezzodì un
bagliore viola,
E la sera è piena delle ali dei cardellini.

---

[244] Sligo è una cittadina irlandese sulla costa Nord occidentale dell'Irlanda, dove abitavano i nonni di Yeats e dove lui passava da bambino le estati.
[245] Vedi pag. 348
[246] Lough Gill è un lago vicino a Sligo

*Io mi alzerò ed andrò ora, perché sempre di notte e di
giorno
Sento l'acqua del lago lambire la riva con un suono lieve;
Mentre mi soffermo per la strada, o sui grigi
marciapiedi,
La sento nel profondo intimo del cuore.*

La poesia è composta da tre quartine separate, con una breve
pausa dopo i primi tre versi di ogni quartina in modo che il
lettore, secondo le intenzioni del poeta, legga lentamente per
percepire la calma e la tranquillità che i versi vogliono
trasmettere. Inoltre Yeats insiste sui suoni e sui colori della
natura (le api, i grilli, l'acqua, il bagliore viola del settimo
verso fa probabilmente riferimento al riflesso dei ciuffi
d'erica sul lago) per marcare la differenza d'atmosfera tra
questa idilliaca isoletta ed i *grigi marciapiedi* della città.
Nella versione originale la poesia è perfettamente rimata.
Questa poesia è stata messa in musica da molti cantautori ed
è molto popolare sia in Irlanda che in Inghilterra.

Un'altra leggera e romantica poesia di Yeats che racconta di
un viaggio alla ricerca della felicità, brevemente assaggiata e
poi perduta, è questa:

Il canto dell'errante Aengus[247]

*Me ne andai al bosco di nocciolo,
Perché c'era un fuoco nella mia testa,
Tagliai e scorticai una bacchetta di nocciolo,
E appesi una bacca ad un filo;
E quando le bianche falene volavano,
E stelle come falene tremolavano in cielo,
Buttai la bacca in un ruscello
E presi una piccola trota argentata.*

---

[247] Aengus è un personaggio della mitologia irlandese, così cara a Yeats,
simile ad Apollo e rappresenta il dio della giovinezza, dell'ispirazione
poetica e dell'amore. Spesso lo stesso Yeats si paragonava a Aengus.

In questa prima stanza il protagonista, evidentemente un uomo, andando nel bosco si costruisce una primitiva canna da pesca e in un ruscello pesca una *piccola trota argentata*. A prima vista questa sembrerebbe essere la descrizione di un'ordinaria scena pastoral-idilliaca, ma non è così. Ancora una volta Yeats carica la sua poesia di simboli che vanno interpretati. Innanzitutto il protagonista va nel bosco *Perché c'era un fuoco nella mia testa*, quindi una passione, un'idea, un'insoddisfazione, che egli tenta di appagare addentrandosi nel bosco, quindi nella natura. Questo verso potrebbe essere una metafora dell'ispirazione poetica. Il protagonista, che in realtà è lo stesso poeta, sente bruciare entro di sé il fuoco dell'ispirazione ma non riuscendo a percepirlo chiaramente si mette in viaggio alla ricerca di qualcosa o di qualcuno che lo aiuti. Nel suo itinerare il protagonista-poeta non va in un bosco qualunque, ma in un bosco di alberi di nocciole. Il poeta Robert Graves, che è stato un importante studioso dei miti e che ha pubblicato un volume dal titolo *I Miti Greci*,[248] classifica il nocciolo come uno dei Sette Alberi Signori-Nobili, insieme a quercia, agrifoglio, tasso, frassino, pino e melo. Nell'importante, e ben conosciuta da Yeats, mitologia Celtica si puniva con la morte colui che avesse osato abbattere illegalmente un nocciolo. Esso infatti veniva considerato l'albero della magia bianca, della poesia e della saggezza. Sempre in quella mitologia sono numerose le leggende che narrano di boschetti sacri di noccioli. Ecco che allora il gesto di *tagliare e scortecciare* un ramo di nocciolo acquista una valenza simbolica molto forte. Inoltre il protagonista aspetta un momento particolare della giornata per la sua pesca *quando le bianche falene volavano, /E stelle come falene tremolavano in cielo* soltanto in quel momento magico, di notte, egli butta nel ruscello la sua improvvisata canna e pesca *una piccola trota argentata*. La trota è uno dei pesci più comuni che si possono pescare nei fiumi Irlandesi, ma qui sta a simboleggiare che la pesca ha avuto successo ovvero che l'ispirazione poetica si è concretizzata e il poeta può quindi

---

[248] Robert Graves – *The Greeks Myths* - Penguin Books, 1960

tornare a casa per iniziare a scrivere; ma qui l'attende una
sorpresa:

> *Dopo averla posata sulla terra,*
> *Andai a soffiare sul fuoco per ravvivarlo,*
> *Ma qualcosa fece un rumore come un fruscio,*
> *E qualcuno mi chiamò per nome:*
> *Era diventata una ragazza splendente*
> *Con boccioli di fiori di mela nei capelli*
> *Che mi chiamò per nome e corse via*
> *E scomparve nell'aria che schiariva.*

Potremmo continuare nell'analisi simbolica di questa poesia,
ma credo che la stessa sia ora abbastanza chiara. L'immaginazione poetica, bellissima come una *ragazza splendente/
Con boccioli di fiori di mela nei capelli*, trascurata dal poeta,
che l'aveva posta sul pavimento, fugge via scomparendo
all'alba *nell'aria che schiariva*. Qui vi è anche un riferimento
autobiografico di Yeats. Egli infatti per tutta la sua vita fu
follemente innamorato di una donna, Maud Gonne (1866-
1953), un'attrice e rivoluzionaria femminista irlandese, con
cui ebbe una burrascosa ed alternante relazione: ebbene il
loro primo incontro avvenne proprio sotto un albero di melo.
Il protagonista-poeta dopo la scomparsa della ragazza, ovvero
dell'ispirazione poetica, inizia una ricerca, un viaggio che
durerà tutta la vita nella speranza di ritrovare quell'immagine fugacemente vista e poi svanita:

> *Sebbene io sia invecchiato per il gran vagabondare*
> *Fra terre basse e terre collinose*
> *Scoprirò dove è andata*
> *E bacerò le sue labbra e le toccherò le mani;*
> *E cammineremo fra l'erba alta e variegata*
> *E coglieremo, finché durerà il tempo,*
> *Le mele d'argento della luna,*
> *Le mele d'oro del sole.*

L'affermazione *Scoprirò dove è andata* non esprime una
speranza ma una certezza, che nella versione inglese è confermata dall'uso di "*will*" e non di "*shall*". Nel finale ritorna

l'allegoria delle *mele* che qui simboleggiano l'auspicata felice conclusione della storia di una passione, sottolineata anche dall'*argento*" e dall'*oro*: i due simboli alchemici di una perfetta unione sessuale. Nella versione originale di questa poesia, scritta in ottava rima, e con perfetto ritmo poetico vi sono numerosi giochi di parole che si perdono nella traduzione. Questa è fondamentalmente una poesia d'amore, di un amore, assaggiato e poi perso ma non nell'animo che senza perdere la speranza continuerà per sempre con fiducia a cercarlo; quindi un momento di esaltazione romantica a cui dedicare tutta la propria vita. Anche questa poesia, molto diffusa in Irlanda, è stata, come molte altre poesie di Yeats, trasformata in una ballata che viene spesso cantata entrando così nella cultura popolare irlandese.

Dylan M. Thomas

Dylan Thomas (1914-1953) nacque a Swansea, una cittadina sul mare nel Galles meridionale, una regione con una profonda ed antica tradizione di leggende e miti Celtici. Una terra di poeti e di menestrelli che nel Medioevo giravano da una corte all'altra dei vari signorotti locali, cantando storie incredibili risalenti a quella mitologia. Dylan Thomas, sebbene il padre non gli consentì di imparare il Gallese ritenendolo una lingua troppo volgare, sentì indubbiamente il fascino di quella tradizione a partire dal proprio nome. Infatti sia Dylan che Marlais, il suo secondo nome, sono nomi che appartengono proprio alla mitologia gallese pre-cristiana. Così si chiamò anche un suo zio paterno che fu predicatore e poeta ribelle e che incitava i contadini a ribellarsi contro i loro padroni. Nella tradizione gallese Dylan significa "Il Figlio dell'Onda" anche se Thomas, sbagliando volutamente, affermava che il suo significato fosse "Il Principe delle Tenebre".

Da bambino Thomas aveva una costituzione debole con problemi respiratori e frequenti emorragie, che lo costringevano spesso a restare a casa; in questa circostanza sviluppò una passione insaziabile per la lettura, aiutato dalla madre che era una maestra. Si radicò in lui anche la ferma convinzione di essere tisico e che sarebbe morto giovane, ed andava in giro a dire, non senza un certo orgoglio, che era malato *il doppio di Keats*. Thomas fu uno scrittore precoce anche se è sempre stato considerato come un ragazzo che avrebbe dovuto maturare ma che, per la sua stessa natura, non maturerà mai. Per tutta la sua breve vita egli ha continuamente cercato di percorrere una sua strada, un suo cammino personale senza nemmeno sapere dove stesse andando; ma di questo lui non si è mai preoccupato. Questo atteggiamento lo porterà a commettere molti errori fino a raggiungere la sua autodistruzione. Fu un artista ribelle e geniale, sempre in cerca di un suo ruolo e di una sua collocazione nel mondo della poesia, ruolo che, nonostante la sua vita sregolata e disordinata, egli raggiunse precocemente essendo stato considerato da molti critici come il poeta più popolare in lingua inglese del ventesimo secolo. La sua poesia *Do not go gentle into that good night* (*Non andare docilmente in quella buona notte*) scritta mentre il padre era gravemente ammalato e stava morendo, è ancora oggi una delle poesie più conosciute e recitate. Tuttavia questa fama durò poco; Thomas è quindi un tipico esempio del romantico moderno che vive la propria vita come un viaggio senza una vera destinazione. Egli è stato un poeta la cui opera è stata sempre oggetto di grande discussione tra i critici lodata e criticata non tanto per la sua capacità poetica, apprezzata anche dai critici più severi, ma soprattutto per la scelta dei temi da lui trattati; temi che sembrano tutti nascere dalle sue ossessioni, dal suo disordinato modo di vivere, dalle sue fobie, dalle sue paure e dalla mancanza di una visione unitaria e di una prospettiva chiara. Ciononostante la sua poesia ha sempre creato grandi emozioni ricevendo un buon successo di pubblico e di popolarità. Tra gli altri Thomas fu apprezzato da Edith Sitwell (1887-1964) la grande poetessa del modernismo inglese, dallo scrittore Philip Toynbee (1916-1981) che addirittura scrisse che Thomas era "il più grande poeta vivente della lingua inglese" e lo stesso austero T. S.

Eliot lo apprezzò, scrivendo di lui "Io certamente lo considero come un poeta di considerevole importanza".

A soli diciannove anni, dopo aver già pubblicato alcune poesie, lasciò la natia Swansea, e si trasferì a Londra pieno di speranze, iniziando a collaborare con alcune riviste letterarie, ed a pubblicare, nel tempo, alcuni volumi di poesie vivendo una vita da Bohemienne. Thomas inizia la sua carriera di scrittore scrivendo soprattutto storie brevi, la maggior parte delle quali caratterizzate da una melanconia che si concretizza in un gioco della memoria, memorie familiari della sua gioventù, memorie di amici, di fugaci avventure, che riemergono dal passato e che vengono raccontate con il timbro della poesia lirica anche se scritte in prosa. La sua opera è un esempio di quella *dissociazione della sensibilità* di cui parleranno sia T. S. Eliot che Ezra Pound, quale conseguenza data dallo sbigottimento dell'uomo proiettato in una realtà che si muove ad un ritmo insostenibile per lui, così che i suoi riferimenti tradizionali non possono più essergli di aiuto. Un esempio di questa scrittura è il brano che segue tratto dal racconto, ironicamente intitolato *Ritratto dell'Artista come un giovane cane*:[249]

> ... *Anche in quel giorno di piena calma un vento soffiava lungo il Verme. All'estremità del corpo gibboso e serpentino, tanti gabbiani quanti non ero mai riuscito a vedere in vita mia piangevano sui loro morti recenti e sugli escrementi dei secoli. Sulla punta, il timbro tranquillo della mia voce fu raccolto e ingigantito in un cavernoso rimbombo, come se il vento avesse formato attorno a me una conchiglia o una grotta, con pareti e volte azzurre e intangibili, alte e ampie come tutto l'arco del cielo, e lo sbatter d'ali dei gabbiani si tramutò in un rombo di tuono... Restammo immobili così a lungo che i gabbiani*

---

[249] L'allusione ironica all'opera giovanile di James Joyce *Ritratto dell'artista da giovane*, è evidente.

> color grigio sporco si quietarono e alcuni vennero a
> posarsi accanto a noi.[250]

Per comprendere appieno l'espressione dei suoi sentimenti
sarebbe necessario conoscere e comprendere i luoghi in cui
egli nacque e da cui ereditò il fascino del mito che lui trasformerà in una forma lirica fortemente complessa e difficile.
Ed è lo stesso Thomas ad annunciare la sua filosofia poetica:

> Una mia poesia abbisogna di una falange di
> immagini, giacché il suo centro è una falange di
> immagini. Io creo un'immagine - sebbene "creo"
> non sia la parola giusta; io lascio, forse, che un
> immagine "si crei" in me emotivamente e quindi vi
> applico quel tanto di potere critico e intellettuale
> che posseggo.[251]

Come detto Thomas fu uno scrittore precoce, già a tredici
anni scriveva apprezzato da molti oltre ad avere una vera
passione per il teatro che lo porterà, da adulto, a prediligere
la recitazione delle sue poesie davanti al pubblico, anche se
spesso si presentava ubriaco. La sua notorietà venne in
qualche modo offuscata dalla presenza contemporanea di
quelli che vengono considerati i due più grandi poeti inglesi
del ventesimo secolo e cioè T. S. Eliot e W. B. Yeats.

Fu uno scrittore molto meticoloso ed attento, che
vagliava con cura ogni parola. Scriveva e riscriveva la stessa
poesia molte volte prima di decidere la versione che gli
sembrava migliore. La sua liricità fornisce ai suoi versi un
forte, anche se non sempre chiaro, accento romantico che si
mostra in decisa opposizione con la forma poetica modernista
asciutta ed erudita.

La sua notorietà fu anche dovuta alla BBC che nel
1947 gli affidò un programma dal titolo *Viaggio di Ritorno*.
In quella trasmissione Thomas raccontava di un suo ritorno a

---

[250] Tratto da Roberto Sanesi – *Dylan Thomas* – Lerici editori, 1960
[251] Tratto da Dylan Thomas – *Poesie* – Traduzione di Ariodante Marianni,
Einaudi, 1981

Swansea dopo la guerra, sperando di ritrovare la città della sua giovinezza, trovando invece al suo posto una città molto distrutta dalla guerra. Ogni puntata durava circa trenta minuti e la trasmissione ebbe un grande successo sia per il tono poetico del linguaggio usato da Thomas, che per la sua voce calda, intima, suadente.

Se, come già detto, in generale la poesia presenta di per se grandi difficoltà di traduzione, quella di Thomas è ancora più difficile a causa del suo complesso ed immaginifico linguaggio denso di simbolismi che ricordano quelli utilizzati da Blake, sia pure inseriti in un contesto del tutto diverso. All'inizio della sua carriera Thomas non amava dare un titolo alle sue poesie e, nella poesia che segue, sembra voler esprimere il suo grande desiderio di scappare, andare via dal suo mondo, dalla monotonia di tutti i giorni, sospinto dalla sua vena poetica verso nuovi e sconosciuti lidi, verso un nuovo mondo dove trovare appieno la gioia della vita:

> *Ho desiderato ardentemente andare via*
> *Dal sibilo della esausta menzogna*
> *E dall'urlo incessante dei vecchi terrori*
> *Che crescono temibili quando il giorno*
> *Va oltre il colle nel profondo mare;*
> *Ho desiderato ardentemente andare via*
> *Dalla ripetitività dei saluti,*
> *Perché nell'aria fluttuano fantasmi*
> *Ed echi spettrali echeggiano dalla carta,*
> *Ed il tuono dei richiami e degli appunti.*[252]

Questa prima stanza descrive tutti gli incubi emergenti dal passato i *vecchi terrori* che affliggono il giovane poeta, oltre alla *ripetitività dei saluti*. In questo brano vi sono poche metafore, tra cui *echi spettrali echeggiano sulla carta* ovvero le cattive memorie scritte dal poeta e che lui ora rinnega. Mentre invece il verso successivo descrive i sentimenti

---

[252] I brani di Dylan Thomas sono tratti da Dylan Thomas – *Selected Poems* – edited by Walford Davies, Everyman, 1998, e da me liberamente tradotti, salvo diversamente indicato.

interiori che richiamano il poeta verso il suo oscuro passato. Ma dopo aver espresso questo suo desiderio di partire ecco che subentra la paura dello sconosciuto, la paura di dover affrontare prove per lui insuperabili, non tanto fisiche quanto intellettuali:

> *Ho desiderato ardentemente andare via, ma ho paura,*
> *Qualche vita non ancora spesa, potrebbe esplodere*
> *Dalla vecchia menzogna che arde sul terreno,*
> *E, deflagrando nell'aria, mi lascerebbe mezzo cieco.*
> *Non per le antiche paure della notte,*
> *Il distacco del cappello dai capelli,*
> *Labbra contratte al ricevitore,*
> *Dovrò cedere alla piuma della morte.*
> *Di questi non mi curo di morire*
> *Metà convenzioni e metà menzogne.*

Anche la seconda stanza descrive i vecchi terrori ma in modo diverso. Adesso il narratore sembra timoroso di lasciare indietro il proprio passato, temendo le conseguenze, fisiche ed intellettuali, *Dovrò cedere alla piuma della morte*, di quella fuga; tutta la poesia denuncia una forte emotività che tuttavia non porta ad alcuna risoluzione. Alla fine si ha la sensazione che il narratore desideri suicidarsi non dando alcuna importanza alla morte e quindi alla vita. Tutto sommato il significato di questa poesia è abbastanza oscuro, in cui la ripetizione insistente del verso *Ho desiderato ardentemente andare via*, non porta ad alcuna vera conclusione. Dylan sente che è in qualche modo perseguitato da antichi fantasmi, non meglio definiti, che albergano nella sua casa, e quindi nel suo animo, e vorrebbe quindi andare via lontano da essa per liberarsi da queste terribili memorie ma non vi riesce, trattenuto da oscuri vincoli. Non vi è, nella versione originale della poesia, uno schema di rime costanti ma nel complesso il poema trasmette un forte ed emotivo messaggio di un uomo che sta tentando di sfuggire al proprio passato senza riuscirvi, temendo l'incognita del futuro. Questa poesia è stata anche messa in musica, sotto forma di cantata per voce e piano.

Dylan condusse una vita insensata, si sposò ma commise molte infedeltà che causarono un forte risentimento da parte della moglie e per tutta la vita combatté sempre con difficoltà economiche, aggravate dalla sua forte propensione all'alcolismo.

Essendo nato in una città sul mare, ed avendo un nome che evoca il mare, Thomas non poteva sottrarsi al fascino di raccontare una storia di mare e quindi scrisse una Ballata che racconta un viaggio, peraltro molto strano e misterioso; già il titolo è inconsueto: *La Ballata dell'Esca dalle Lunghe Gambe*. Questo poema è fortemente impregnato dal mare e ricorda sia *La Ballata del Vecchio Marinaio* di Coleridge, che le navigazioni del *Pequod* di Melville, o le descrizioni delle navigazioni di Conrad anche se il soggetto è totalmente diverso. Questa è la poesia più lunga scritta da Thomas ed è composta da cinquantaquattro quartine per un totale di duecento sedici versi; è anche una delle poesie più complesse ed oscure di Thomas e decine di critici si sono sbizzarriti nel darne una loro personale interpretazione, senza peraltro riuscire ad essere del tutto convincenti. Io quindi non mi cimenterò in questo esercizio, ma ne illustrerò sommariamente alcune parti attenendomi a quanto detto dallo stesso Thomas al critico americano William York Tindall durante una lunga bevuta nel bar dell'albergo Cavanagh di New York e da lui successivamente riportato in un suo libro. In quell'occasione Thomas disse a Tindall, a proposito di questa Ballata:

> Un giovane uomo va a "pesca" di esperienze sessuali, ma il pescatore pesca "la chiesa ed il prato del villaggio". In altre parole Thomas indicava che quel poema era la narrativa del giovane licenzioso che porta alla sobrietà ed alla responsabilità del matrimonio. Il giovane spensierato diventa un adulto attraverso sensazioni diverse. Il pescatore è pescato... Sebbene seduto al

bar Thomas non l'abbia detto, la sua Ballata è anche un ritratto dell'artista.[253]

In questa Ballata dunque Thomas si cimenta nella descrizione di un viaggio per mare come metafora della vita, come già prima di lui aveva fatto Shelley con il suo *Alastor*, Coleridge con la sua *Ballata del Vecchio Marinaio* e molti altri ancora. Ma rispetto a questi Thomas introduce un elemento nuovo: il viaggio non è un viaggio qualsiasi ma è una battuta di pesca, quindi ha uno scopo ben preciso, il tentativo di "pescare" qualcosa. Questo tema di per sé semplice viene tuttavia svolto da Thomas in modo altamente immaginifico, inserendo nella sua poesia una notevole serie di simboli, metafore, mostri, allucinazioni, incubi, scene crudeli e selvagge che, come si è accennato, rendono ardua la sua comprensione.

La poesia ha una chiara impronta surrealista, come quella di un quadro di Dalì, e racconta di un viaggio simbolico durante il quale il poeta-viaggiatore, che qui è trasformato in un pescatore, tenta di approdare in molti porti, che altro non sono che gli incerti ed inaspettati approdi della vita. L'inizio del poema è un esempio di quello che potremmo chiamare una sorta di romanticismo moderno:

> *La prua scivolò in basso, e la costa*
> *Annerita dagli uccelli gettò un ultimo sguardo*
> *Ai suoi riccioli sferzanti e all'occhio azzurro-balena.*
> *La città calpestata suonò i suoi ciottoli augurando*
> *fortuna.*
>
> *Quindi addio alla barca dei pescatori*
> *Libera dalla sua ancora e veloce*
> *Come un uccello agganciato sopra il mare,*
> *Alto ed asciutto sulla cima dell'albero.*
>
> *Sussurrò l'affettuosa spiaggia*
> *E i parapetti dell'abbagliato molo,*

---

[253] William York Thomas – *A Reader's Guide to Dylan Thomas* – Syracuse University Press, 1962

> *Per amor mio naviga e non voltarti indietro,*
> *Disse l'osservante terra.*

Comincia così il viaggio del poeta-pescatore salutato dai luoghi a lui cari. Come si nota anche Thomas fa qui ricorso alla *pathethic fallacy* di Wordsworth, dando un'immagine vitale e facoltà di espressione a cose inanimate, come la città che augura buona fortuna con i ciottoli delle sue strade o il sussurrio della spiaggia o la stessa terra. Questi brani inoltre fanno esplicito riferimento al porto di Swansea, a cui Thomas rende così un omaggio esplicito, ma allo stesso tempo egli si pone al centro della scena descrivendosi come il pescatore con i *riccioli sferzanti* e gli occhi *azzurro-balena*, due sue caratteristiche fisiche ben evidenti. L'invito a navigare e la raccomandazione a non voltarsi indietro rinnova la paura del rimpianto del passato, e del ritorno alla normale banalità da cui il poeta vuole fuggire:

> *Le vele bevvero il vento e bianco come il latte*
> *Corse veloce nel bevente buio;*
> *Il sole ad occidente naufragò su una perla*
> *E dalla sua carcassa nuotò fuori la luna.*
>
> *Passarono in un turbine alberi e ciminiere*
> *Addio all'uomo sul ponte barcollante*
> *Alla lenza che canta nel suo mulinello*
> *All'esca che allungò le gambe fuori dal sacco,*
>
> *Perché noi lo vedemmo lanciare ai veloci flutti*
> *Una ragazza viva con i suoi ami sulle labbra;*
> *Tutti i pesci furono irraggiati nel sangue,*
> *Dissero le navi rimpicciolendo.*

Continuando nella *pathetic-fallacy* adesso sono gli *alberi e le ciminiere* che vedono la barca allontanarsi e salutano *l'uomo sul ponte barcollante;*[254] poi assistono ad una scena strana e macabra. Il pescatore prende la lenza ed estrae dal sacco la

---

[254] In realtà la parola inglese è "sea-legged man" dove "sea-legged" potrebbe tradursi con "piede marino".

sua esca che è *Una ragazza viva con i suoi ami sulle labbra* e
che lui butta in acqua. È molto difficile capire il macabro
verso *Tutti i pesci raggiarono nel sangue*; potrebbe essere un
modo oscuro per illustrare l'unione tra lo spirituale e il carnale, il misterioso rito dell'accoppiamento tra esseri umani,
forse la prima esperienza sessuale.

La navigazione continua con la barca che trascina la
lenza con la sua insolita esca:

> *Ma udiva l'esca impennarsi nella scia*
> *E azzuffarsi con un branco di amanti.*
> *Metti giù la tua canna, perché il mare*
> *È tutto collinoso di balene,*
> *Lei smania fra angeli e cavalli*
> *Il pesce-arcobaleno si curva alle sue gioie,*
> *Galleggiò la perduta cattedrale*
> *Tra i rintocchi delle cullate boe.*

Forse queste strofe indicano una sorta di gelosia nutrita da
Thomas nei conforti della moglie, che molti critici indivi-
duano come, *l'esca dalle lunghe gambe* e che lui trascurava e
tradiva in continuazione. Pertanto il pescatore è tentato di
buttare via la *sua canna*, lasciando perdere definitivamente
la sua esca circondata come è da un *branco di amanti* ed altri
se ne vedono arrivare *perché il mare/È tutto collinoso di ba-
lene*:

> *Balene nella scia come Capi ed Alpi*
> *Scrollavano il mare malato e affondavano i musi,*
> *Profonda la grande esca boscosa con le labbra gocciolanti*
> *Sfuggì le pinne di quelle tonnellate sporgenti*
>
> *E sfuggì al loro amore con un tuffo sgusciante.*
> *Ah, Gerico crollava nei loro polmoni!*
> *Se la svignò e s'immerse nel momento dell'amore,*
> *Roteò sopra un getto come una palla dalle gambe lunghe*
>
> *Finché ogni bestia strombettò con uno scarto*
> *Finché ogni tartaruga frantumò il suo guscio*

Finché ogni osso trascinantesi nella tomba
Si alzò e cantò trionfante e ricadde!

Il viaggio dunque continua tra una serie di allucinazioni e di strani accoppiamenti simbolici tra pesci ed altri animali con il corpo della ragazza e l'evocazione di luoghi maestosi: *Capi ed Alpi* e biblici: *Gerico*. Non mi dilungo in altre osservazioni se non per richiamare un'allusione importante alla Bibbia che Thomas inserisce in modo inequivocabile e misterioso nel suo poema. Infatti una successiva quartina reciterà:

Del mare altro non rimane che il rumore,
Sotto la terra il rumoroso mare cammina,
Sui letti di morte dei frutteti muore il battello
E l'esca annega tra i mucchi di fieno.

Questo drammatico passaggio che sembra voler alludere ad una sorta di Apocalisse, sembra fare riferimento ad un noto passo del *Libro delle Rivelazioni*:

Ed io vidi un nuovo cielo ed una nuova terra.
Infatti il cielo e la terra di prima erano scomparsi
neppure il mare c'era più.
(Libro delle Rivelazioni, XXI-1)

Verso la fine del poema il pescatore, dopo aver appagato il suo desiderio sessuale, inizia a riavvolgere la sua lenza e trova che all'esca dalle lunghe gambe e rimasto attaccato non soltanto tutto il mare, ma molto altro:

Alla mano di lei, lento avanza un giardino
Pieno d'uccelli e d'animali

D'uomini e donne, con cascate ed alberi
Freschi ed asciutti nel gorgo delle navi,
E muta e immota sopra il prato, giaceva
Un velo di sabbia, con leggende nei vergini fianchi

E profeti clamanti sulle bruciate dune;
Insetti e valli stringono forte le sue cosce,

Il tempo e i luoghi afferrano il suo sterno,
Ella rompe con nuvole e stagioni;

Intorno al suo polso ondeggia acqua dolce,
Con pesci guizzanti e ciottoli rotondi,
Su e giù con onde più grandi
Un fiume disgiunto scorre e respira.

Batte e canta la sua preda dei campi
Perché l'onda è seminata d'orzo,
Pascola il bestiame sulla schiuma coperta

Finalmente la sua preda e la sua esca conducono a casa il pescatore come in un incubo:

E terribilmente lo conducono a casa vivo,
Conducono il suo prodigo a casa al suo terrore,
Il furioso mattatoio dell'amore.
....
Terra, terra, terra, più nulla rimane
Del passeggiante, famoso mare, salvo le sue parole,
E nelle sue loquaci sette tombe
L'ancora affonda sui pavimenti d'una chiesa.

Quindi questa allucinante esperienza sessuale si conclude con il matrimonio: *L'ancora affonda sui pavimenti d'una chiesa:*

Addio, buona fortuna, rintoccano il sole e la luna
Al pescatore sperduto sulla terraferma.
Egli sta solo, sulla porta di casa sua,
Col cuore dalle lunghe gambe tra le mani.

Alla fine del viaggio dunque il pescatore è *sperduto in terraferma*, sulla porta della sua casa avendo definitivamente catturato il *cuore dalle lunghe gambe*. Ma sembrerebbe in realtà che sia stato proprio il pescatore ad essere stato pescato dalla propria esca.

Molti critici analizzando il poema hanno ritenuto di individuare la descrizione simbolica del ciclo del corteggiamento – matrimonio – accoppiamento – gravidanza – nascita - morte, che tanto preoccupava i pensieri di Thomas. Un uomo che audacemente sposa la donna che desidera di più e questo lo trascina in una servile prigionia e diventa un sacrificio nel *furioso mattatoio dell'amore*. L'animalità e l'urgenza brutale che Thomas associa al desiderio sessuale è trasmessa in questo poema dalla descrizione di immagini violente tratte specialmente dalla vita sul e del mare.

Uno dei pochi veri amici di Thomas fu il poeta Vernon Watkins (1906-1967), anche lui Gallese, che di Thomas disse che era "Il più profondo e completo Gallese che avesse scritto poesie in Inglese". Con Watkins Thomas intrecciò un lungo scambio di lettere nelle quali i due amici si consigliavano e criticavano a vicenda, scambiandosi i loro pareri sulle rispettive poesie.[255]

Nel 1947 Thomas abitò per qualche tempo a Firenze, avendo affittato una villa a Mosciano sulle colline di Scandicci. In questa sua permanenza Thomas incontrò e frequentò molti intellettuali italiani tra cui Eugenio Montale, Enrico Luzi ed altri. Era solito passare i suoi pomeriggi al Caffè *Giubbe Rosse*, luogo di ritrovo degli intellettuali fiorentini, e usualmente il suo tavolo era pieno di bottiglie di vino e di birra che egli offriva a chiunque volesse sedersi.

Nel 1950 fu invitato da un amico a fare un tour in America, per leggere le sue poesie. Questo tour ebbe una grande notorietà e fu un vero successo letterario, ma i comportamenti privati di Thomas, come il corteggiamento di molte donne e la sua propensione all'alcol, scandalizzarono molte persone. Essendo stato invitato a cena da Charlie Chaplin, che Thomas voleva conoscere, arrivò in ritardo, completamente ubriaco e urtò con la sua macchina contro un albero del giardino di Chaplin. In seguito fece altri tre viaggi in America, e nell'ultimo il 9 Novembre 1953 morì da solo in un albergo di New York, quando aveva soltanto trentanove anni.

L'ultimo dei figli di Dylan, Colm Thomas, che ha studiato e vissuto in Italia, ricorda così suo padre:

---

[255] Dylan Thomas – *Lettere a Vernon Watkins* – Il Saggiatore, 1957

Di mio padre Dylan non ricordo quasi nulla, ero troppo piccolo quando è morto. Si può dire che lo conosco tramite quello che mi ha raccontato mia madre. Ho però come un'impressione che il suo sguardo ancora mi segua, quello sguardo che mi demoliva quando facevo qualcosa di sbagliato, perché non sopportava i bambini che piangevano e urlavano. A dire il vero non credo che si curasse molto dei suoi figli. Come diceva la mamma, era un gran bastardo. Al biografo, che aveva scritto su di lei, mia madre disse: "Non è stata data sufficiente enfasi all'alcol, non solo alla fine, ma anche all'inizio: l'alcol divorò tutti i nostri soldi e le nostre esistenze". Le era maturato dentro un gran risentimento: "Vostro padre, con tutte le sue infedeltà, era un gran bastardo" ripeteva e ogni tanto piangeva, ma senza farsi vedere da noi.

Derek Walcott

L'ultimo poeta post romantico ad affrontare il tema del viaggio in modo ammirevole è Derek Walcott, (1934 -).

Walcott nasce a Santa Lucia, una piccola isola dei Caraibi, da una famiglia con discendenze sia dagli schiavi africani che dai colonizzatori olandesi. La madre era un insegnante, il padre un pittore che morì prima della nascita di Derek e di suo fratello gemello Roderick. All'inizio sembrava che Derek volesse seguire le orme del padre facendo anche lui il pittore, ma molto presto scoprì la sua vocazione per la poesia e per la lingua inglese. Sin da ragazzo lesse molto e fu influenzato dalle opere di T. S. Eliot e di Ezra Pound. A soli quattordici anni pubblicò, su di un giornale locale, la sua prima poesia; studiò poi, grazie ad una borsa di studio, all'Università di Kingston in Giamaica e dopo la laurea si spostò a Trinidad, nel 1953, dove iniziò la sua carriera di critico, insegnante e giornalista, continuando a scrivere e pubblicare poesie che ricevettero un positivo giudizio sia dai critici che dal grande pubblico. Alcuni anni dopo venne chiamato all'Università di Boston ad insegnare letteratura. Vi rimase per oltre vent'anni, continuando nella sua attività di poeta. Tra i suoi amici di quel periodo vi sono stati il poeta russo Joseph Brodsky (1940-1996), premio Nobel per la Letteratura nel 1987 e il poeta irlandese Seamus Heaney (1939-2013) anche lui premio Nobel per la Letteratura nel 1995. Proprio Brosdky, elogiando la poesia di Walcott, ha scritto:

> Per quasi quarant'anni, senza sosta, i suoi versi pulsanti e inesorabili sono arrivati nella lingua inglese come onde di marea, coagulandosi in un arcipelago di poesie senza il quale la mappa delle letteratura moderna assomiglierebbe, di fatto, a una carta da parati.[256]

Nel 1990 Walcott pubblica quello che molti pensano sia il suo capolavoro *Omeros*, e nel 1992 ricevette anche lui il Premio Nobel per la Letteratura e nella motivazione vi è scritto che la sua poesia era "un lavoro poetico di una grande luminosità, sostenuto da una visione storica, il risultato di un impegno multiculturale". Oltre al Premio Nobel Walcott ha ricevuto molti altri premi letterari.

Nella sua poesia Walcott mostra tutta l'ambiguità di un uomo che sembra essere in continuo conflitto tra un'identità costruita tramite i suoi studi e la sua identità originaria, quella che va indietro nei secoli, e che risale ai suoi antenati: schiavi importati dall'Africa. Questo contrastante dualismo traspare spesso dalle sue poesie, come una sorta di continuo conflitto, o di dialogo tra le due diverse parti in cui si divide sia la mente che il cuore del poeta. Nel suo capolavoro *Omeros* Walcott scriverà: "Ho una tradizione entro di me che va in una direzione ed un'altra tradizione che va in un'altra."

---

[256] Le poesie di Derek Walcott sono tratte da: *Isole - Poesie scelte (1948-2004)* - A cura di Matteo Campagnoli, traduzione di Barbara Bianchi, Adelphi, 2009. Ho apportato qualche modifica alla traduzione.

Questa ambivalenza verrà drammaticamente espressa nella sua poesia *Lontano dall'Africa*:

> Io, che sono avvelenato dal sangue di entrambi,
> Dove mi volgerò, diviso fin dentro le vene?
> Io che ho maledetto
> L'ufficiale ubriaco del governo britannico, come
> sceglierò tra quest'Africa e la lingua inglese che amo?
> Tradirle entrambe, o restituire ciò che danno?
> Come guardare a un simile massacro e rimanere freddo?
> Come voltare le spalle all'Africa e vivere?

Egli sembra non avere alcuna certezza, ma piuttosto un insieme di dubbi, insicurezze, neurosi, ma la sua poesia è chiara e limpida come il sole, come una fresca giornata di vento che porta con sé l'odore del mare, il soffio del vento tropicale, il panorama delle isole natali, perché proprio questi elementi naturali costituiscono le sue muse, le ispiratrici della sua poesia, come ad esempio in questa:

Isole

> *Nominarle soltanto è la prosa*
> *Dei diaristi, è rendervi famose*
> *Per lettori che come viaggiatori lodano*
> *I loro letti e le spiagge come eguali;*
> *Ma le isole possono esistere soltanto*
> *Se in esse abbiamo amato.*
> *...*
> *Quindi come un diarista che scriva sulla sabbia,*
> *Annoto la pace che hai donato*
> *A certe isole, scendendo*
> *Una scala stretta per accendere le lampade*
> *Contro i rumori dell'onda notturna, proteggendo*
> *Un ondeggiante mantello con la mano,*
> *O soltanto pulendo il pesce per la cena,*
> *Cipolle, lucci, pane e dentici;*
> *E su ogni bacio il gusto aspro del mare,*

E come alla luce della luna foste create
Per studiare più di tutto l'inflessibile pazienza
Dell'onda benché sembri inutile.

Proprio le isole dei Caraibi sono uno dei temi più cari a Walcott, che nel discorso tenuto alla cerimonia di accettazione del Nobel disse:

> In tutte le Antille, ogni isola è uno sforzo della memoria; ogni mente, ogni biografia razziale culmina nella amnesia e nella nebbia. Raggi di sole attraversano la nebbia ed improvvisi arcobaleni. Questo è lo sforzo, il lavoro della immaginazione delle Antille, nella ricostruzione dei suoi Dei dalle cornici di bambù, frase dopo frase.

Alcuni anni fa, durante una lettura pubblica delle sue poesie tenuta a Roma, Walcott ha detto: "La scrittura poetica è una vela che solca l'orizzonte" e di vele e di orizzonti, oltre che di metafore, sono dense le sue poesie come in questa:

Uve di mare

Quella vela inclinata sulla luce,
Stanca delle isole,
Una goletta che rimonta i Caraibi

Verso casa, potrebbe essere Odisseo,
Diretto a casa nell'Egeo;
Desideroso d'essere padre e marito,

Sotto acini aspri e raggrinziti, è come
L'adultero che sente il nome di Nausicaa
In ogni grido di gabbiano.

Questo non porta pace a nessuno. L'antica guerra
Fra ossessione e responsabilità
Non finirà mai ed è stata sempre la stessa

Per il navigante errante o per chi sulla costa
Ora calza i suoi sandali per andare a casa,
Da quando Troia sospirò la sua ultima fiamma.

Ed il macigno del gigante cieco sollevò il mare
Dalla cui onda lunga i grandi esametri arrivano
Alle conclusioni dell'esausta risacca.

I classici possono consolare, ma non abbastanza.

In questa splendida poesia Walcott, sembra voler ribadire sia l'universalità della poesia, ovunque la stessa venga composta tanto nei Caraibi quanto nell'Egeo, che la continuità dell'amore e delle passioni umane, la famiglia, la pulsione sessuale, l'alternanza dei sentimenti che *Non finirà mai ed è stata sempre la stessa*. Inoltre egli, pur rendendo omaggio a Omero il *gigante cieco* che di fatto ha creato la poesia *i grandi esametri*, tende sul finale a distaccarsene ritenendo che la cultura classica non sia più sufficiente e quindi che sia necessario andare avanti, scrive infatti *I classici possono consolare, ma non abbastanza*. Ecco quindi che Walcott, come a sua tempo fece Shelley, pur ammirando i poeti greci parte da loro per proseguire un suo cammino autonomo che troverà per l'appunto una splendida conclusione nel suo *Omeros*. Non è certamente un caso che nel discorso tenuto alla ricezione del Nobel, Walcott citerà più volte proprio Shelley. Accanto a queste ispirazioni naturali, in Walcott troviamo anche una possente memoria storica, che cerca di collegare il presente vissuto con un passato sognato. Il passato è una storia che rimanda alla memoria la tratta degli africani, la schiavitù, lo sterminio senza pietà, la miseria al servizio di una presunta "civiltà bianca" che si preoccupava soltanto dei propri interessi, creando fratture e lacerazioni profonde nel cuore degli uomini. Una sorta di eredità tragica, ricevuta dai suoi antenati diretti, confrontata e contrapposta con una eredità culturale che invece egli riceve dalla sua educazione e dai suoi studi, che invece esaltano una cultura umanistica che non fa distinzione di colore della pelle, e che privilegia il sentimento e la bellezza. Queste due eredità si confrontano continuamente nella sua poesia, che sembra restare in bilico tra di esse, non riuscendo a collegarsi stabilmente con nessuna di esse. Da qui la sensazione di isolamento, la difficoltà dell'esistenza e quindi la necessità di un viaggio poetico alla ricerca di una propria identità, lontano dalla propria isola natale, abbandonata ma sempre presente, verso una realtà che porti avanti la sua visione del mondo, non verso una meta ben stabilita ma verso una condizione che si avvicini ad una sorta di appagamento intellettuale interiore.

Fra le tante poesie di Walcott, quella che più è attinente al nostro tema è *"The Schooner Flight"* (*La Goletta Flight*). È un lungo poema di undici capitoli che narra di un viaggio per mare, o meglio di una fuga per mare ma che è anche la storia di un uomo; un uomo stanco di una società marcia e prepotente in cui è costretto a vivere, dominata da uomini potenti, corrotti e senza scrupoli e che, nonostante l'amore per la moglie Maria Conception e per i figli, decide di imbarcarsi su una goletta, il *Flight*, e partire. Il viaggio porterà il protagonista, il meticcio Shabine, ad una lunga navigazione in mezzo alle tante isole dei Caraibi con il loro fascino esotico, le loro atmosfere, le albe e i tramonti, tra momenti di calma e momenti di tempesta, inseguito sempre dal grido dei gabbiani. Questa poesia venne scritta nel 1976 anno in cui Walcott lasciò Trinidad e i Caraibi per andare a Boston ad insegnare. Un momento importante e difficile per lui, un momento in cui inizia un viaggio intellettuale, che continuerà ininterrotto per il resto della sua vita. Il nome della goletta *Flight* (volo, fuga) è un'esplicita allusione al volo dell'immaginazione che caratterizza questo poema, in esso tutte le ambiguità, le incertezze, i dubbi e i conflitti, che contraddistinguono tutta la poesia di Walcott, vengono espressi in forma altamente lirica; tutti temi che egli riprenderà, espandendoli, nel suo capolavoro *Omeros*. Anche questo viaggio è dunque un'allegoria del viaggio della vita, con le sue tempeste e i suoi momenti di calma, i suoi piaceri e i suoi dolori e con il continuo grido della coscienza che insegue tutti noi. In realtà Shabine, nel più puro spirito romantico, viaggia per scappare da qualcosa e non verso qualcosa. Il futuro per lui è un punto interrogativo; sembra quasi che Walcott intenda alludere ai versi di *Tintern Abbey* di Wordsworth:

> *Più come un uomo*
> *Che fugge da qualcosa che teme*
> *Che uno che ha cercato ciò che ama.*

Di questo lungo poema vi presento alcuni brani significativi della poetica di Walcott. Anche lui, come Dylan Thomas, all'inizio descrive il protagonista della storia dandogli alcune sue caratteristiche fisiche, in una sorta di auto descrizione:

> *Io sono soltanto un negro rosso che ama il mare,*
> *Ho avuto una buona istruzione coloniale,*
> *Ho in me dell'Olandese, del negro e dell'Inglese*
> *E o sono nessuno, o sono una nazione.*

Per l'appunto Walcott ha dei capelli rossicci, ha ricevuto una *buona istruzione coloniale* ed è un meticcio; è anche interessante notare nell'ultimo verso la parola *nessuno* che evoca il collegamento con Ulisse, che si era dato proprio quel nome per ingannare Polifemo, ed Ulisse è il simbolo di tutti i naviganti mitici. Allo stesso tempo Walcott afferma come alternativa "*sono una nazione*", alludendo così alla ricerca di una unità ed identità politica per le isole dei Caraibi, una loro indipendenza dai vari colonizzatori che nei secoli le hanno possedute e depredate. Il poeta sembra quindi oscillare tra l'incertezza dell'essere che ha davanti a se o l'alternativa di sparire, e quindi di essere una nullità, o di avere successo e diventare quindi una vera nazione (l'autonomia caraibica). Ma questo è un pensiero tanto ambizioso quanto vano; come meticcio infatti Shabine non è né dalla parte dei bianchi, con la loro forza e il loro potere economico, né dalla parte dei negri con il loro orgoglio, egli è dunque veramente *nessuno* non avendo una collocazione ben definita nella società degli uomini. Nasce così la forte motivazione ad andare via, fisicamente e metaforicamente, verso un destino diverso, che si spera possa essere più felice e più soddisfacente, augurandosi di trovarlo da qualche parte, su una delle tante isole, anche se lui non sa ancora dove. La poesia è costruita come un lungo monologo del protagonista

Alla partenza Shabine, pur avendo trascurato la famiglia per un'altra relazione, nutre ancora un forte sentimento di rimpianto per ciò che sta abbandonando:

> *Ma Maria Conception era ogni mio pensiero*
> *Mentre guardavo il mare che saliva e scendeva*
> *E il fianco sinistro di canotti, golette e yacht*
> *Veniva ridipinto dalle pennellate del sole*
> *Che in ogni riflesso scriveva il suo nome.*

E poi quasi in crisi di disperazione urla tutto il proprio amore nei confronti di coloro che sta lasciando:

> *Lo giuro a tutti voi, sul latte di mia madre,*
> *Sulle stelle che voleranno dalla fornace di questa notte,*
> *Che li ho amati, i miei figli, mia moglie, la mia casa;*
> *Lì ho amati, come i poeti amano la poesia*
> *Che li uccide, come i marinai annegati amano il mare.*

Una drammatica dichiarazione d'amore per la moglie, i figli, la casa. Poi vi è un cambio di prospettiva e il poeta si rivolge direttamente al lettore, a cui illustra come egli scriverà questa poesia:

> *Avete mai guardato da una spiaggia solitaria*
> *Scorgendo lontano una goletta? Bene, mentre scrivo*
> *Questo poema, ogni frase sarà intrisa di sale;*
> *Io scrivo ed annodo ogni verso strettamente*
> *Come le cime di questo sartiame: in semplici parole*
> *Sia il vento il mio linguaggio comune,*
> *Le vele della goletta Flight le mie pagine.*

Il viaggio di Shabine, dalla corruzione e l'infelicità verso l'incognito, prosegue tra contrabbandieri, incontri con navi di negrieri, risse tra marinai e altre avventure; poi Shabine si immerge come palombaro per recuperare dei relitti, testimonianze di violenze fisiche e morali che nei secoli si sono consumate in quelle acque:

> *Ma questo mare dei Caraibi e così ingorgato di morti*
> *Che quando mi scioglievo nell'acqua di smeraldo,*
> *Il cui soffitto s'increspava come una tenda di seta,*
> *Li vedevo coralli: cervello, fuoco, ventagli di mare,*
> *Dita di morti e poi gli uomini morti.*
> *Vidi che la sabbia polverosa era le loro ossa.*

In questo brano vi è un esplicito e chiaro riferimento a Shakespeare che ne *La Tempesta* farà cantare dal folletto Ariel al giovane principe Ferdinando la presunta morte per affogamento del padre Alonso, Re di Napoli:

> *Sotto cinque piedi d'acqua tuo padre giace*
> *Son di corallo ora le sue ossa,*
> *Quelle sono le perle che furono i suoi occhi;*
> *Nulla di lui svanisce*
> *Ma subisce dal mare un cambiamento*
> *In qualcosa di ricco e strano.*
> (La Tempesta, 1,2, 394-400)

Ritorna quindi la metafora della salvezza tramite la morte, cara alla teologia religiosa. Quando poi la goletta lascerà le acque di Trinidad, Shabine dirà:

> *Non avevo altra nazione adesso, salvo l'immaginazione-*
> *Dopo l'uomo bianco, i negri non mi vollero*
> *Quando il potere passò dalla loro parte.*

Adesso dunque il poeta non ha più una sua patria se non la propria immaginazione, il proprio estro, la propria ispirazione, ma questo non è sufficiente a scappare dal passato con cui bisogna sempre fare i conti, soprattutto se si è in una situazione di ambiguità anche razziale, come è il caso di Shabine. Poi la goletta Flight incontra una tempesta:

> *Non ho amato abbastanza quelli che ho amato.*

Peggio che un calcio del mulo del Canale Kick-'Em-
Jenny:[257]
La pioggia inizia a scrosciare sulla Flight tra
Montagne d'acqua. Se avevo paura?
I paletti delle tende d'acqua che sgorgano reggenti il cielo
Cominciano a fluttuare, le nuvole scuciono le cuciture,
E l'acqua dal cielo c'inzuppa e mi sento urlare:
Sono il marinaio annegato nel suo Libro dei Sogni.[258]

L'allusione alla figura del *marinaio annegato* nel Libro dei
Sogni fa riferimento ad una dimensione mitica e richiama il
ciclo della natura che deve morire per poter rinascere, tema
che era stato già ripreso, con uno stile del tutto diverso, da T.
S. Eliot nella sua *Terra Desolata*. La navigazione continua:

Vi è una luce fresca che segue la tempesta
Mentre l'intero mare è ancora devastato:
Nell'onda luminosa ho visto il volto velato di Maria
Conception
Che sposava l'oceano e poi andava alla deriva
Nell'allargante pizzo del suo strascico nuziale
Con bianchi gabbiani come damigelle, finché scomparve.
Non ho voluto nulla dopo quel giorno.

Ci sono tante isole!
Tante isole quante le stelle della notte
Su quei rami dell'albero da cui le meteore sono scrollate
Come frutti cadenti intorno alla goletta Flight.
Ma le cose devono cadere, e così è sempre stato,
Da un lato Venere, dall'altro Marte:
Cadono, e solo una cosa sola, come questa terra
È un'isola in un arcipelago di stelle.

---

[257] Il Kick-'em-Jenny è un vulcano sottomarino attivo che si trova nel Mar
dei Caraibi a circa cinque miglia a Nord dell'isola di Grenada.
[258] *Il Libro dei Sogni*, ovvero la Cabala, è il libro che, in una parte
antecedente del poema, la moglie Maria Conception consulta.

La navigazione prosegue tra molte avventure, bonacce e tempeste e Shabine, sul finire del poema, sempre più immerso in quell'universo irreale dirà, riconoscendo l'inutilità della sua ricerca:

> *Io ho un solo tema*
> *Il bompresso, la freccia, il rimpianto, lo slancio del cuore-*
> *Il volo ad un bersaglio di cui non sapremo mai lo scopo,*
> *Vana ricerca di quell'isola che risani con il suo porto*
> *E un orizzonte senza colpa, dove l'ombra del mandorlo*
> *Non ferisca la sabbia.*

L'ultimo drammatico verso trasforma Shabine in una mera voce che canta al lettore dal fondo del mare *Shabine ha cantato per te dagli abissi del mare.*

La fine del poema è incerta, i problemi non si risolvono con la fuga, la felicità non è a portata di mano, ne è su di un'isola che non esiste, quindi il poeta non è alla fine del suo viaggio ma soltanto al suo inizio e, come novello Odisseo, dovrà ripartire verso nuove avventure e nuove esperienze.

Il senso della poesia di Walcott è magistralmente esposto da lui stesso nel già citato discorso di accettazione del Nobel in cui tra l'altro dirà:

> La poesia, che è il sudore della perfezione ma che deve apparire fresca come gocce di pioggia sulla fronte di una statua, combina il naturale con il marmoreo; coniuga entrambi i tempi simultaneamente: il passato e il presente, se il passato è la scultura e il presente le gocce di rugiada o di pioggia sulla fronte del passato. Vi è il linguaggio sepolto e vi è il vocabolario individuale, e il processo della poesia è di scavo e di auto scoperta. Dal punto di vista del tono la voce individuale è un dialetto; forma il proprio accento, il proprio vocabolario e melodia, sfidando il concetto imperiale del linguaggio, il linguaggio di

Ozymandias,[259] biblioteche e dizionari, aule di tribunali e critici, e chiese, università, dogmi politici, la dizione delle istituzioni. La poesia è un'isola che si distacca dalla terra ferma. I dialetti del mio arcipelago mi sembrano freschi come quelle gocce di pioggia sulla fronte della statua, non come il sudore dallo sforzo classico del marmo accigliato, ma come la condensa di elementi rinfrescanti quali la pioggia e il sale.

Conclusioni

I poeti che abbiamo esaminato in questo capitolo, anche se vissuti dopo il periodo romantico, hanno continuato a percorrere, sia pure in forme e modi diversi, la strada tracciata a suo tempo da Wordsworth e dagli altri. Naturalmente il contesto in cui loro scrivono è cambiato ed è molto diverso da quello in cui scrissero i romantici e di questo la loro poesia ne risente. Tuttavia anche loro danno sfogo e vitalità alla forza dell'immaginazione nel tentativo di creare una realtà diversa e migliore di quella in cui vivono. È necessario però osservare che le loro motivazioni sono molto diverse da quelle dei romantici. Abbiamo infatti visto che alla base della rivoluzione romantica vi è stato il grande ideale di libertà affermatosi con la rivoluzione francese, che spinse i romantici a ricercare una loro caratteristica forma di felicità, che si realizzò nel tentativo di estetizzare (Bellezza, Verità e Libertà) la vita. Questo tentativo venne tuttavia accompagnato dalla tragica consapevolezza della loro incapacità, o impossibilità, di portare veramente a termine questo percorso e questa consapevolezza, come abbiamo visto, darà un tono tragico alla loro poesia. Dopo di loro il desiderio dell'uomo di conoscere e di capire il vero significato della propria esistenza si acuì a causa della crisi della religione e del

---

[259] Ozymandias è un sonetto di Shelley

progresso della scienza di cui si è detto all'inizio di questo capitolo. Ecco che allora in molti artisti nacque quello che è stato chiamato "il desiderio romantico",[260] ovvero il tentativo di percorrere percorsi diversi nel tentativo di raggiungere una felicità che i limiti temporali, che la scienza aveva rivelato esistere, sia nello spazio che nel tempo, potessero essere superati tentando così di dare un significato ed una giustificazione alla propria esistenza.

---

[260] Jos De Mul – *Romantic Desire in (Post)modern Art and Philosophy* – State University of New York Press, 1999

Epilogo

Siamo così giunti alla conclusione del viaggio in compagnia dei poeti romantici e, come loro, al termine del cammino ci sentiamo tristi ma anche arricchiti dall'esperienza accumulata, come ci ricorda Konstantin Kafavis nella sua *Ithaca*.[261]

Ripensando alle opere ed alla vita di quei poeti quello che più invidiamo è soprattutto la loro immensa fiducia e fede nella forza sia dell'immaginazione creativa, che della disponibilità ad aprire il loro animo a nuove, inaspettate e talvolta anche spiacevoli esperienze, ma sempre animati dalla loro capacità di stupirsi anche di fronte al più piccolo e semplice miracolo della natura, una capacità che noi moderni abbiamo totalmente perso. Il vantaggio che noi abbiamo, rispetto a loro è che questo viaggio possiamo ricominciarlo quando vogliamo, basta prendere un loro libro, aprirlo ad una qualunque pagina ed iniziare a leggere. Ci ritroveremo allora immersi in quella magica atmosfera che i loro versi sanno creare.

In conclusione desidero ritornare a Coleridge che nella parte finale del suo *Le Rime del Vecchio Marinaio* scrisse:

> *Io passo come la notte, da terra a terra,*
> *Ed ho uno strano potere di parola,*
> *Nel momento che il suo viso io scorgo,*
> *Conosco l'uomo che dovrà ascoltarmi.*
> *A lui la mia storia insegno.*

---

[261] Vedi pag. 51

Ritengo che in questi versi sia racchiusa la vera essenza della grande letteratura. Raccontare, tramandare la storia, le storie, vissute o immaginate non ha importanza, ma tutte con il loro carico di emozioni e di esperienze che lo scrittore incontra nel suo viaggio. Melville, terminerà il suo capolavoro *Moby Dick*, facendo esclamare all'unico superstite di quella tragica spedizione, *Ed io sono sopravvissuto per raccontarvi questa storia*. Nelle pagine di questo libro anch'io vi ho presentato delle storie, storie di viaggi reali o immaginari dei poeti romantici, e spero di essere riuscito nel mio intento di trasmettervi tutto l'entusiasmo, la passione, la gioia (che non necessariamente è sinonimo di allegria) con cui io continuamente leggo e rileggo le opere di quei poeti. Così facendo io mi indentifico con loro e, usando la mia modesta immaginazione, partecipo dei loro viaggi, delle loro emozioni, entro nel loro mondo così diverso e così lontano dal mio. Se il lettore, che abbia avuto la pazienza di seguirmi sino a questo punto, sarà stimolato dalla lettura di queste pagine a rileggere qualcuna delle opere qui commentate, allora il mio sforzo sarà stato pienamente ricompensato.

Breve nota biografica

Luigi Giannitrapani è nato a Trapani nel 1933. Dopo le scuole superiori ha frequentato i Corsi Normali dell'Accademia Navale di Livorno e, per alcuni anni, ha svolto il ruolo di Ufficiale di Stato Maggiore della Marina Militare. Lasciata la Marina nel 1963 ha iniziato una nuova carriera come Dirigente Industriale lavorando, oltre che in Italia, negli USA, in Germania, Francia e Russia. Ha conseguito la laurea in ingegneria ed un Master in Business Administration.

Ha insegnato per diversi anni "Gestione d'Impresa" ai corsi post-universitari organizzati dalla Sogea di Genova e da alcuni anni tiene un regolare corso di Letteratura Inglese presso l'UNITRE di Bogliasco-Genova.

La letteratura inglese è sempre stato il suo hobby e, da molti anni, frequenta regolarmente la English Literature Summer School dell'Università di Cambridge e alcuni seminari invernali organizzati dalla stessa Università. Ha già pubblicato altri due libri Willy ed altri amici (2006) ed Il Romanticismo dopo Auschwitz (2009).

Bibliografia

- Abrams, M.H. - *The Mirror and the Lamp* - Oxford University Press, 1971
- Abrams, M.H. - *Natural Supernaturalism* – W.W. Norton & Co., 1971
- Abrams, M.H. - *The Correspondent Breeze* –W. W. Norton & Co., 1984
- Abrams, M. H. – *English Romantic Poets: Modern Essays in Criticism* – Oxford University Press, 1975
- Ackroyd, Peter – *Blake* - Minerva, 1996
- Adorno, Theodor W. – *Interpretazione dell'Odissea* – a cura di Stefano Petriccioli, manifestolibri, 2011
- Alighieri, Dante – *Divina Commedia* – a cura di U. Bosco e G. Reggio, Editoriale L'Espresso, 2005
- Aske, Martin - *Keats and Hellenism* - Cambridge University Press, 2004
- Auden, Wystan Hugh – *The Enchafèd Flood, or The Romantic Iconography of the Sea* – Faber & Faber, London, 1987
- Auden, Wystan Hugh – *Gli Irati Flutti* – Fazi Editore, 1995
- Auden, Wystan Hugh - *Lo scudo di Perseo* – Adelphi, 2000
- Bacon, Francis – *Of Beauty*, in *British Essays* – The Colonial Press, 1900
- Barth, J. Robert - *The Symbolic Imagination: Coleridge and the Romantic Tradition* – Fordham University Press, 2001
- Bate, Jonathan – *Soul of the Age. The Life, Mind and World of William Shakespeare* – Penguin, 2009
- Bate, Jonathan – *Shakespeare and the English Romantic Imagination* – Oxford, Clarendon Press, 1986

- Bailey, John – *The Romantic Survival* – Constable and Co.,1957
- Baudelaire, Charles – *I Fiori del Male* – Traduzione di Giovanni Raboni, Einaudi, 1992
- Beer, Henry A. - *A History of English Romanticism in the Eighteenth Century* – Henry Holt and Co. 1898
- Beer, Henry A. - *A History of English Romanticism in the Nineteenth Century* – Henry Holt and Co. 1901
- Beer, John - *Post Romantic Consciousness* – Palgrave, 2003
- Beer, John - *Romantic Consciousness* - Palgrave, 2003
- Bennett, Andrew - *Romantic Poets and the Culture of Posterity* - Cambridge University Press,1999
- Bennet B. T. & Curran S. (ed.) - *Shelley, Poet and Legislator of the World* - John Hopkins University Press, 1996
- Berlin, Isaiah – *Politic Ideas in the Romantic Age* – ed. Henry Hardy, Pimlico, London 2007
- Berlin, Isaiah – *Le Radici del Romanticismo* – Adelphi, 2001
- Blake, William – *Jerusalem – The Emanation of the Giant Albion* – edited by E. R. D. Maclagan e A. G. R. Russel, A. H. Bullen, 1904
- Blackstone, Bernard - *The Lost Traveller* – Longmans,1962
- Blanning, Tim – *The Romantic Revolution* – Phoenix,
- Blessington Lady – *A Journal of the Conversation with Lord Byron* – Richard Bentley and Son, 1893
- Bloom , Harold - *Romanticism and Consciousness* – Norton,1970
- Bloom, Harold - *The Visionary Company: A Reading of English Romantic Poets* - Cornell University Press,1971
- Bloom, Harold - *Come si legge un libro (e perché)* – traduzione di Roberta Zuppet, Rizzoli, 2000

- Bloom, Harold – *The Anatomy of Influence – Literature as a Way of Life* – Yale University Press, 2011
- Bloom & Hilles - *From Sensibility to Romanticism* - Oxford University Press, 1965
- Bodkin, Maud – *Archetypal Patterns in Poetry*, Oxford University Press, 1934
- Borges, Jorge Louis – *Tutte le Opere* – Arnoldo Mondadori, 1984
- Borges, Jorge Louis – *La Biblioteca Inglese* – a cura di M. Arias e M. Hadids, traduzione di I. Buonafalce e G. Felici, Einaudi, 2000
- Borges, Jorge Louis – *L'Invenzione della Poesia – Le Lezioni Americane* – a cura di C. A. Mihailescu, Mondadori, 2001
- Bowra, Maurice - *The Romantic Imagination* - Oxford University Press,1950
- Brailsford, H. N. - *Shelley, Godwin and their Circle* - Henry Holt & Co.
- Brewer, William D. - *The Shelley-Byron Conversation* – University Press of Florida,1994
- Bradley, F. H. - *Appearance and Reality* - London: S. Sonnenschein; New York: Macmillan, 1893.
- Brand, C. P. - *English and the Romantics - The Italianate fashion* - Cambridge University Press,1957
- Brailsford, H. N. – *Shelley, Godwins and their Circle* – Henry Holt & Co.,
- Brookner, Anita - *Romanticism and its discontent* - Penguin Books. 2000
- Brooks, Cleanth– *The Well Wrought Urn* – Harcourt Brace & Co. 1970
- Brown, Nathaniel - *Sexuality and Feminism in Shelley* - Harvard University Press,1979
- Burswick F. and P. Douglas (ed.) – *Dante and Italy in English Romanticism* – Palgrave, 2011
- Butler, Marilyn - *Romantics, Rebel and Reactionaries* - Oxford University Press,1981

- Butler, Samuel - *Darwin among the Machines* - The Press of Christchurch, New Zealand, 13 June, 1863
- Buxton Forman, Maurice (ed.) – *The Letters of John Keats* – Oxford University Press, 1942
- Buzard, James - *The beaten track : European tourism, literature, and the ways to culture 1800-1918* – Oxford, Clarendon Press, 1993
- Bygrave, Stepehn (ed.) - *Romantic Writings* – Routledge, 1996
- Byron, Lord George – *Poetical Works* - ed. Frederick Page, Oxford University Press, 1970
- Cafavy, C. P. – *Collected Poems* – edited by George Savidis, Princeton University Press, 1992
- Cavallero, Roderick - *Italia Romantica* - I. B. Tauris, 2005
- Cecchi, Emilio - *I grandi romantici inglesi* – Adelphi,1981
- Chase, Cynthia (ed.) – *Romanticism* – Longman,1993
- Chateaubriand, René – *Memorie dell'Oltretomba* – Einaudi-Gallimard, 1995
- Christensen, Jerome - *Romanticism at the End of History* - The John Hopkins University Press, 2000
- Clapton, G. T. (ed.) - *Selected Letters of Charles Lamb* - Methuen & Co,1925
- Cline, C. L. - *Byron, Shelley, and Their Pisan Circle* - Harvard University Press, 1952
- Coleridge, Samuel Taylor – *Diari 1794-1819* – ed. Edoardo Zuccato, Pierluigi Lubrina Editore, 1991
- Coleridge, Samuel Taylor – *Essays and Lectures on Shakespeare* – J.M. Dent
- Coleridge, Samuel Taylor – *Poems* - Everyman's Library, 1991
- Coleridge, Samuel Taylor– *Collected Letters* - edited by E. L. Grigg, Oxford Clarendon Press, 1956

- Coleridge, Samuel Taylor – *La Ballata del Vecchio Marinaio*, traduzione di Beppe Fenoglio, Giulio Einaudi Editore, 1964
- Coleridge, Samuel Taylor – *Biographia Literaria* – ed. George Watson, Everyman's Library, 1991
- Collini Patrizio - *Wanderung - Il viaggio dei romantici* – Feltrinelli, 1996
- Colmer, John – *Coleridge to Catch 22* – The Macmillan Press, 1978
- Connors, Judith – *Biography of Walt Whitman*, in Harold Bloom (ed.) – *Walter Whitman* – Chelsea House Publishers, 2003
- Cooke, Katharine – *Coleridge* – Routledge & Kegan Paul, 1979
- Coxe, William - *Travels in Switzerland* - 1789
- Curran, Stuart (ed.) - *The Cambridge Companion to British Romanticism* – Cambridge University Press, 2000
- D'Angelo, Paolo - *L'Estetica del Romanticismo* - Il Mulino, 1997
- Daley, Kenneth - *The Rescue of Romanticism* - Ohio University Press, 2001
- Davies, Hugh Sykes – *Wordsworth and the Worth of Words* – Cambridge University Press, 1986
- De Man, Paul - *The Rhetoric of Romanticism* – Columbia University Press, 1984
- De Mul, Jos – *Romantic Desire in (Post)modern Art and Philosophy* – State University of New York Press, 1999
- De Quincey, Thomas – *Recollections of the Lake and the Lake Poets* – Penguin Books, 1976
- Duffy, Cian - *Shelley and the Revolutionary Sublime* Cambridge University Press 2009
- Dutton, E. P. (ed.) – *Coleridge's Essays and Lectures on Shakespeare & some other old poets and dramatists* – J. M Dent, 1907

- Edward, David L. – *Poets and God* – Darton, Longman & Todd, 2005
- Eliot, T. S. – *I quattro Quartetti – Little Gidding* – faber & faber, 1944
- Eliot, T. S. – *The Sacred Wood* – Dover Publication, 1997
- Eliot, T. S - *Selected Essays* - faber & faber,1953
- Ende, Stuart A. - *Keats and the Sublime* - Yale University Press, 1976
- Eisler, Benita – *Byron, Childe of Passion Fool of Fame* – Penguin Books, 1999
- Erkkila, Betsy – *Whitman the Political Poet* – Oxford University Press, 1989
- Evans , B. Ifor - *Tradition and Romanticism* - Methuen & Co, 1940
- Ferris, Donald S. - *Silent Urn - Romanticism, Hellenism, Modernity* - Stanford University Press, 2000
- Fischer, Hermann - *Romantic Verse Narrative* - Cambridge University Press, 1991
- Foot, Paul - *Red Shelley* - Bookmarks Publication, 2004
- Fowler, Alastair (ed.) - *Milton – Paradise Lost* –Longman, 1998
- Fry, Roger – *Vision and Design* – Chatto & Windus, 1920
- Frye, Northrop – *Fearful Symmetry – A Study of William Blake* – Princeton University Press, 1974
- Frazer, James George – *The Golden Bough - A study in Magic and Religion* – MacMillan & Co. 1963
- Frost, Robert – *Selected Poems* – Edited by Ian Hamilton, Penguin Books, 1973
- Frye, Northrop - *A Study of English Romanticism* - Random House, 1968

- Frye, Northrop – *The Drunken Boat* in *Romanticism Reconsidered* – ed. da N. Frye, Columbia University Press, 1963
- Garnett, Richard (ed.) – *Browning's Essay on Shelley* – Alexander Moring, 1903
- Gaull, Marilyn - *English Romanticism - The Human Context* - W. W. Norton, 1988
- Giannitrapani, Luigi – *Il Romanticismo dopo Auschwitz*, 2009
- Gilbert, Sandra M. – *The American Sexual Practice of Walter Whitman and Emily Dickinson* – in Sacvan Bercovitch (ed.) – *Reconstructing American Literary History* – Harvard University Press, 1986
- Gilmour, Ian – *The Making of the Poets – Byron and Shelley in their Time* – Pimlico, 2003
- Gilroy, John - *Romantic Literature* – Longmans, 2010
- Graves, Robert – *On English Poetry* – Alfred A. Knopf, 1929
- Graves, Robert – *The Greeks Myths* - Penguin Books, 1960
- Grierson, H. J. C. – *Milton and Wordsworth, Poets and Prophets, A Study of their Reactions to Political Events* – Cambridge University Press, 1937
- Gross, John (ed.) – *The New Oxford Book of Literary Anecdotes* – Oxford University Press, 2006
- Guiccioli, Teresa - *My recollections of Lord Byron and those of eye-witnesses of his life* – Richard Bentley and Son, 1869
- Hagstrum, Jean H. - *The Romantic Body* - University of Tennessee Press, 1985
- Harvey, Paul (ed.) – *The Oxford Companion to Classic Literature* – Oxford at The Clarendon Press, 1959
- Hay, Daisy – *Young Romantics – The Tangled Lives of English Poetry's Greatest Generation* - Harrar, Strauss and Giroux, 2010

- Hazlitt, William – *Lectures on the Dramatic Literature of the Age of Elizabeth* – John Warren, London, 1821
- Hazlitt, William - *Select British Poets or New Elegant Extracts – from Chaucer to the Present Time* – WM. C. Hall, 1824
- Hazlitt, William – *My first acquaintance with Poets* , from *"Sketches and Essays"* – George Bell & Sons, London, 1909
- Hay, Daisy – *Young Romantics – The Tangled Lives of English Poetry's* – Farrar, Strauss and Giroux, 2010
- Hazlitt, William - *Lectures on English Poets & The Spirit of the Age* - J. M. Dent, 1910
- Hazlitt, William – *Table talk or Original Essay* – John Warren, 1822
- Hebron S. & Denlinger E. C. - *Shelley's Ghost* - Bodleian Library, 2010
- Heine, Heinrich - *The Romantic School and Other Essays* - Bloomsbury, 1985
- Helsinger, Elizabeth – *Ruskin and the Art of the Beholder* – Harvard University Press, 1982
- Hilles F. W. e Bloom H (eds.) - *From Sensibility to Romanticism: Essays presented to Frederick A. Pottle* - Oxford University Press, 1965
- Hobhouse, John – *Historical illustrations of the Fourth Canto of Childe Harold* – Kirk & Mercken, 1818
- Hoffman, Harold Leroy - *An Odyssey of the Soul, Shelley's Alastor* - Columbia University Press, 1933
- Holmes, Richard – *Coleridge – Early Vision and Darker Reflections*- Flamingo, 1998
- Holmes, Richard - *Shelley on Love* – Flamingo, 1996
- Hughes, Bettany – *The Hemlock Cup, Socrates, Athens and the Search for the Good Life* – Vintage Books, New York, 2012.

- Hutchinson, Thomas (ed.) -*The Complete Poetical Works of Percy Bysshe Shelley* – Oxford University Press, 1935
- Jarvis, Robin – *The Romantic Period – The Intellectual and Cultural Context of English Literature 1789-1830* - Longman, 2004
- Jones, John - *John Keats - Dream of Truth* - Chatto and Windus, 1980
- Jones, T. H. – *Dylan Thomas* – Oliver & Boyd, 1963
- Kant, Immanuel - *Critica del giudizio* - traduzione di Alfredo Gargiulo, Bari: Laterza, 1907
- Kant, Immanuel - *Critica della Ragion Pura e altri Scritti morali* – a cura di P. Chiodi, UTET, 2006
- Keach , W. - *Shelley's Style* – Methuen, 1984
- Keats, John – *The Poetical Works* – edited by H. W. Garrods – Oxford at The Clarendon Press, 1939
- Kermode, Frank - *Romantic Image* – Routledge -2002
- Kerouac, Jack – *On the Road* – Chelsea House Publisher, 2004
- Kneale, J. Douglas – *Romantic's Aversion* – McGill-Queen's University Press, 1999
- Lacan, Jacque - *Seminario Libro VIII* – Einaudi, 2008
- Lamb, Charles - *Selected Prose* – Penguin, 1985
- Leask, Nigel - *British Romantic Writers and the East* - Cambridge University Press, 2004
- Leighton, Angela - *Shelley and the Sublime* - Cambridge University Press, 1984
- Lipking, Lawrence (ed.) - *High Romantic Argument – Essays for M. H. Abrams*, Cornell University Press, 1981
- Lockeridge, Laurence S. - *The Ethics of Romanticism* - Cambridge University Press, 2005
- Logan, Stephen – *The Emergence of Romanticism* - fascicolo preparato per il corso tenuto presso l'Università di Cambridge nel Luglio del 2013.

- Lovell, Ernest J. (ed.) - *Medwin's Conversation with Lord Byron* - Princeton University Press, 1966
- Lowes, John Livingstone – *The Road to Xanadu* – Houghton Mifflin Co. 1927
- Lucas, F. L. – *The Decline and Fall of the Romantic Ideal* – 1936
- Mackail, J. W. – *Studies of English Poets* – Longmans, Green and Co. Ltd., 1926
- Marino, Elisabetta - *Mary Shelley e l'Italia* - Le Lettere, 2011
- McFarlane, Thomas - *Romanticism and the Forms of Ruin: Wordsworth, Coleridge and Modalities of Fragmentation* – Princeton University Press, 1981
- McGann, Jerome J - *The Romantic Ideology* – University of Chicago Press, 1985
- McGann, Jerome J, - *Fiery Dust* - University of Chicago Press, 1968
- McLean Harper, George – *William Wordsworth, his Life, Works and Influence* – John Murray, 1916
- Mellor, Anne K. - *Romanticism and Feminism* - Indiana University Pres, 1988
- Mellor, Anne K. - *Romanticism & Gender* – Routledge, 1993
- Medwin, T – *Memoir of Percy Bysshe Shelley* – Whittaker, Treacher & Co., 1833
- Middleton Murry, John – *Keats and Shakespeare* – Oxford University Press, 1942
- Milton. John – *Paradise Lost* – Edited by Alastair Fowler, Longman, 1998
- Motion, Andrew – *Keats* - Faber and Faber, 1997
- Moynihan, William T. – *The Craft and Art of Dylan Thomas* – Cornell University Press, 1966
- Nietzsche, Friedrich – *Così parlò Zaratustra* – a cura di G. Sossio - Bompiani, 2010
- Olson, Elder – *The Poetry of Dylan Thomas* - University of Chicago Press, 1972 -

- Omero – *Odissea* – traduzione di Rosa Calzecchi Onesti, Einaudi
- O' Neil, Michael – *Percy Bysshe Shelley – A literary life* – Palgrave, 1989
- Papetti, Viola (ed.) - *John Keats – Endimione* - Biblioteca Universale Rizzoli, 2005
- Pater, Walter – *Appreciations, with an Essay on Style* – Macmillan, 1910
- Polo, Marco – *Il Milione* – Giulio Einaudi editore, 1954
- Perry, Seamus (ed.) – *Coleridge's Notebooks* – Oxford University Press, 2002
- Pound, Ezra - *The Spirit of Romance* – New Directions Publishing Co., 2005
- Praz, Mario – *La Fortuna di Byron in Inghilterra* – Editrice La Voce, 1925
- Praz, Mario – *Bellezza e Bizzarria* – a cura di Andrea Cane, Arnoldo Mondadori, 2002
- Praz, Mario – *Il Patto col Serpente* – Adelphi, 2013
- Prickett, Stephen – *Coleridge and Wordsworth – The Poetry of Growth* – Cambridge University Press, 1970
- Prickett Stephen (ed.) - *The Romantics* - Methuen & Co, 1981
- Pulos, C. E. – *The Deep Truth – A Study of Shelley's Scepticism* – University of Nebraska Press, 1962
- Purkis, John – *A Preface to Wordsworth* – Longman, 1986
- Raleigh, Walter – *Wordsworth* – Edward Arnold, 1939
- Reynolds, Joshua – *Seven Discourses on Art* – The Floating Press, 2008
- Retzlaff, Jonathan – *Exploring Art Song Lyrics* – Oxford University Press, 2012
- Roe, Nicholas - *Romanticism* - Oxford University Press, 2005
- Roe, Nicholas (ed.) – *Keats and History* – Cambridge University Press, 1995

- Roe, Nicholas - *John Keats and the Culture of Dissent* - Clarendon Press Oxford, 1997
- Rosen, Charles – *Romantic Poets, Critics, and Other Madman* – Harvard University Press, 1998
- Rousseau, *Jean* Jacques – *Les Rêveries du Promeneur Solitaire* - Gallimard, 1959
- Ruskin, John – *Modern Painters* – Smith, Elder & Co., 1848
- Ryan, Robert M. - *The Romantic Reformation* - Cambridge University Press, 2004
- Safransky, Rudiger – *Il Romanticismo* – Longanesi, 2011
- Sanesi, Roberto – *Dylan Thomas* – Lerici editori, 1960
- Schlegel, Frederick – *Study of Greek Poetry* – ed. by Stuart Barnett – State University of New York, Albany, 2001
- Schoina, Maria - *Romantic Anglo-Italian* – Ashgate, 2009
- Scott, Walter – *The Journal* – edited by W. E. K. Anderson. Canongate Classics
- Shakespeare, William - *The Norton Shakespeare* - Greenbatt, S., Gohen, W., Howard, J. E., Eisaman Maus, K. (ed.), Norton Company, 1997
- Shakespeare, William – *I Sonetti* – a cura di Alessandro Serpieri, Rizzoli, 1991
- Shelley, Mary - *History of a six weeks' tour through a part of France, Switzerland, Germany and Holland: with letters descriptive of a sail round the Lake of Geneva, and of the glaciers of Chamouni* – T. Hookman, jun. and C. and J. Ollier, 1817
- Shelley, Mary - *The Journals of Mary Shelley - 1814-1822* – edited by P. R. Feldman and D. Scott-Kilvert, The Clarendon Press Oxford, 1987
- Shelley, Percy Bysshe – *Essays, Letters from Abroad* – edited by Mary Shelley, Edward Moxon, 1852

- Shelley, Percy Bysshe – *History of Six Weeks Tour* – T. Hookham, Jun. 1817
- Shelley, Percy Bysshe – *Letters to Jane Clairmont* – Privately Printed, 1889
- Spender, Harold – *Byron and Greece* – John Murray, 1924
- Spender, Stephen – *Shelley* - British Council and the National Book League, 1968
- Sperry, Stuart M. – *Keats the Poet* – Princeton University Press, 1994
- Stendhal – *Racine e Shakespeare* – Sellerio Editore, 1980
- Steiner, George - *The Death of Tragedy* – Yale University Press, 1980
- Stevenson, EW. H (ed.) – *Blake - The Complete Poems*, Longman, 1999
- Strachan, John (ed.) - *Literary Sourcebook on the Poems of J. Keats* – Routledge, 2003
- Strahan, J. A. – *Byron in England* -Constable, 1921
- Sultana, Donald – *Samuel Taylor Coleridge in Malta and Italy* – Basil Blackwell Oxford, 1969
- Swinburne, Algernon Charles – *William Blake – A Critical Essay* – John Camden Hotten, 1868
- Swinburne, Algernon Charles – *Essays and Studies* – Chatt & Windus, 1883
- Symons, Arthur – *The Romantic Movement in English Poetry* – E. P. Dutton & Co., 1909
- Tennyson, Alfred – *Selected Poems* – Edited by Aidan Day, Penguin Books, 2003
- Thompson, Carl - *The Suffering Traveller and the Romantic Imagination* - Clarendon Press, 2007
- Thomson, A. W. (ed.) – *Wordsworth's Mind and Heart* – Oliver and Boyd, 1969
- Thomas, Dylan – *Selected Poems* – edited by Walford Davies, Everyman, 1998

- Thomas, Dylan – *Poesie* – Traduzione di Ariodante Marianni, Einaudi, 1981
- Thomas, Dylan – *Lettere a Vernon Watkins* – Il Saggiatore, 1957
- Thomas, William York – *A Reader's Guide to Dylan Thomas* – Syracuse University Press, 1962
- Tomasi di Lampedusa, Giuseppe – *Lezioni di Letteratura Inglese* – Arnoldo Mondadori, 1996
- Trelawny, Edward John - *Records of Shelley, Byron and the Author* – Penguin, 1973
- Vargaftig, Bernard (ed.) – *La Poésie des Romantiques* – Editions J'ai lu, 1993
- Vaughan C. – The *Influence of English Poetry upon the Romantic Revival on the Continent* –Warton Lectures on English Poetry at the British Academy, 1913
- Vendler, Helen - *The odes of John Keats* - Harvard University Press, 2001
- Volney, Constantine-Francois – *Ruins or Meditation on the Revolutions of Empires* – G. Vale, 1853
- Walcott, Derek – *Selected Poetry* – edited by Wayne Brown, Heinemann, 1993
- Walcott, Derek – *What the Twilight Says – Essays* – faber and faber, 1998
- Walcott, Derek – *Isole - Poesie scelte (1948-2004)* - A cura di Matteo Campagnoli, Adelphi, 2009
- Watson, J. R. – *English Poetry of the Romantic Period* – Longman, 1992
- Weiskel, Thomas - *The Romantic Sublime* - John Hopkins University Press, 1976
- White, R. S. - *Keats as a reader of Shakespeare* - The Athlone Press, 1987
- Whitman, Walt – *Complete Poetry & Selected Prose and Letters* – ed. by Emory Holloway, The Nonesuch Press, 1971
- Wilson, Douglas B. - *The Romantic Dream: Wordsworth and the Poetics of the Unconscious* – University of Nebraska Press, 1933

- Wilson, Milton - *Shelley's Later Poetry: A Study of His Prophetic Imagination* – Columbia University Press, 1959
- Wimsatt, William Kurtz - *The Verbal Icon: Studies in the Meaning of Poetry* – University of Kentucky Press, 1954
- Wollstonecraft, Mary – *Rambles in Germany and Italy* – Edward Moxon,
- Wordsworth, William – *The Prelude – The Four texts (1798, 1799, 1805, 1850)* – ed. by J Wordsworth, Penguin
- Wordsworth, William – *Il Preludio* – traduzione di Massimo Bacigalupo, Oscar Mondadori, 1990
- Wordsworth, William – *Poetical Works* – Oxford University Press, 1978
- Wordsworth, William – *Guide to the Lakes* – Ernest de Selincourt (ed.) Frances Lincoln, 2004
- Wordsworth e Coleridge – *Balate Liriche* – traduzione di Franco Marucci, Oscar Mondadori, 1999
- Woudhuysen, H. R. (ed.) – *Samuel Johnson on Shakespeare* – Penguin Books, 1989
- Wroe, Ann - *Being Shelley* - Vintage Books, 2008
- Wu, Duncan (ed.) – *Romanticism, An Anthology* – Blackwell Publishing, 2000
- Yarlott, Geoffrey – *Coleridge and the Abyssinian Maid* - Methuen & Co Ltd. 1971
- Yeats, W. B. – *Selected Poetry* – Penguin Books, 1991
- Yeats, W. B. – *Autobiographies* – edited by W. H. O'Donnel and D. N. Archibald, Scribner, 1999